获第十届孙冶方经济科学著作奖

图书在版编目(CIP)数据

政府管制经济学导论:基本理论及其在政府管制
实践中的应用/王俊豪著.—北京:商务印书馆,2017
(中华当代学术著作辑要)
ISBN 978－7－100－13150－6

Ⅰ.①政 … Ⅱ.①王… Ⅲ.①政府管制—研究
Ⅳ.①F20

中国版本图书馆 CIP 数据核字(2017)第 061390 号

中华当代学术著作辑要
政府管制经济学导论
——基本理论及其在政府管制实践中的应用
王俊豪 著

商 务 印 书 馆 出 版
(北京王府井大街36号 邮政编码100710)
商 务 印 书 馆 发 行
北 京 冠 中 印 刷 厂 印 刷
ISBN 978－7－100－13150－6

2017 年5 月第1 版 开本787×960 1/16
2017 年5 月北京第1 次印刷 印张29
定价:75.00 元

中华当代学术

政府管制经济

基本理论及
政府管制实践中

王俊豪 著

商务印书馆
The Commercial Pres

2017年·北京

中华当代学术著作辑要

出 版 说 明

　　学术升降，代有沉浮。中华学术，继近现代大量吸纳西学、涤荡本土体系以来，至上世纪八十年代，因重开国门，迎来了学术发展的又一个高峰期。在中西文化的相互激荡之下，中华大地集中迸发出学术创新、思想创新、文化创新的强大力量，产生了一大批卓有影响的学术成果。这些出自新一代学人的著作，充分体现了当代学术精神，不仅与中国近现代学术成就先后辉映，也成为激荡未来社会发展的文化力量。

　　为展现改革开放以来中国学术所取得的标志性成就，我馆组织出版"中华当代学术著作辑要"，旨在系统整理当代学人的学术成果，展现当代中国学术的演进与突破，更立足于向世界展示中华学人立足本土、独立思考的思想结晶与学术智慧，使其不仅并立于世界学术之林，更成为滋养中国乃至人类文明的宝贵资源。

　　"中华当代学术著作辑要"主要收录改革开放以来中国大陆学者、兼及港澳台地区和海外华人学者的原创名著，涵盖文学、历史、哲学、政治、经济、法律、社会学和文艺理论等众多学科。丛书选目遵循优中选精的原则，所收须为立意高远、见解独到，在相关学科领域具有重要影响的专著或论文集；须经历时间的积淀，具有定评，且侧重于首次出版十年以上的著作；须在当时具有广泛的学术影响，并至今仍富于生命力。

　　自1897年始创起，本馆以"昌明教育、开启民智"为己任，近年又确立了"服务教育，引领学术，担当文化，激动潮流"的出版宗旨，继上世纪八十年代以来系统出版"汉译世界学术名著丛书"后,近期又有"中华现代学术名著丛书"等大型学术经典丛书陆续推出,"中华当代学术著作辑要"为又一重要接续,冀彼此间相互辉映,促成域外经典、中华现代与当代经典的聚首,全景式展示世界学术发展的整体脉络。尤其寄望于这套丛书的出版,不仅仅服务于当下学术,更成为引领未来学术的基础,并让经典激发思想,激荡社会,推动文明滚滚向前。

商务印书馆编辑部

2016 年 1 月

序

正好是两年前，我曾为王俊豪教授主笔的《中国政府管制体制改革研究》一书作序，据我了解，该书出版后引起了较大的社会反响，在推动我国自然垄断产业政府管制体制改革方面产生了良好的社会效益。比如，信息产业部的同志就曾向我打听，怎样才能找到王俊豪博士，以便向他咨询。我在为他写的那本书作序时，就希望他在政府管制经济学基础理论方面作深入研究，为促进这一新兴学科在中国的发展作出更大的贡献。今天，他主持的国家自然科学基金（管理科学）项目的研究成果——《政府管制经济学导论》将由著名的商务印书馆出版。我为这位中青年经济学家所取得的又一研究成果而感到由衷地高兴，并再次乐于为该书作序。

经济发达国家从20世纪70年代以来，在政府管制经济理论研究方面有了较大的进展，提出了许多新的管制理论与方法，特别强调在一些自然垄断产业中充分发挥市场竞争机制的积极作用，以增加企业活力，提高经济效率。这反映在政府管制实践上，从80年代以来，美国、英国、日本等经济发达国家，对电信、电力、铁路运输、管道燃气和自来水供应等具有物理网络的自然垄断产业，实行了重大政府管制体制改革，积极引进并不断强化市场竞争机制，打破了长期以来政府或企业垄断经营的格局，提高了经济效率。这从理论与实践上促进了政府管制经济学的形成与发展。但即使在经济发达国家，政府管制经济学也尚未成为一门较为成熟的学科。我国从20世纪80年代末，特别是进入

90 年代以来,对电信、电力等自然垄断产业的政府管制体制进行了初步改革,如采取逐渐实行政企分离,放松进入管制,培育市场竞争力量,推行股份制等改革措施,并取得了一定的成效。但由于我国的政府管制体制改革在整体上还处于初始阶段,在投资管制、价格管制、进入产业的管制以及对企业竞争行为的管制等方面都面临着许多实际问题,需要相应的理论指导。而我国目前对政府管制经济理论的研究还处于起步阶段,缺乏系统研究,存在不少理论上的"空白点"。《政府管制经济学导论》一书在作者前期研究成果的基础上,结合实际对政府管制经济理论作了较为系统的、开拓性的研究,因此,它不仅具有相当的理论价值,而且具有重要的实用价值。

我认为,该书在以下几个方面颇有特色:

第一,理论体系完整。该书的框架结构由总论、经济性管制、社会性管制和对中国政府管制的展望四部分组成。这些内容既有相对独立性,又相互联系,融为一体,从而形成了比较完整的理论体系。

第二,内容比较新颖而有深度。如该书运用经济学理论,对政府管制的需求与供给、成本与收益的分析,对中国政府管制发展趋势及其政策思路的探讨等,都颇有新意。对自然垄断理论、投资管制理论、价格管制理论、进入管制理论和竞争理论等的研究都有相当的深度,读后能给人以启发。

第三,重视理论的应用性。该书不仅联系实际阐述政府管制的基本理论,而且对电信、电力、自来水供应这 3 个自然垄断产业的政府管制实践问题作了较为系统的探讨。并以中国的现实情况为主要背景,讨论了政府对环境污染的管制和对产品质量的管制问题。这些都显示了重视理论的应用性。

第四,前期研究比较深厚。作者曾作为访问学者去英国做学术研究工作,主要研修政府管制经济理论,先后出版《英国政府管制体制改革研究》、《中国政府管制体制改革研究》等专著,在《经济研究》等杂志上发表了多篇有关政府管制的学术论文,研究成果相当丰富。同时,作者还主持了多项国家级、省部级研究课题,为有关政府部门制定管制政策提供理论依据。这些前期研究都使该书具有了良好的理论与实践基础。

需要指出,该书对社会性管制的研究相对薄弱,该书提出的某些理论观点和方法也需要实践检验。

政府管制经济学在我国还是一个新的研究领域,据我了解,该书是我国最早系统研究政府管制经济学的著作。我相信,这本具有相当学术水平的专著由商务印书馆出版,将会对我国政府管制经济学的研究与应用,产生积极的推动作用。希望该书会得到理论界与实际部门的重视和广大读者的欢迎。

张卓元

2001 年 3 月 10 日于北京

自　　序
——写在本书第八次印刷之际

本书自 2001 年出版以来，得到理论界和实际部门许多读者的关注和重视，特别是 2002 年本书荣获中国经济学最高奖——孙冶方经济科学奖，这是对本书学术价值和应用价值的充分肯定。在电子图书方兴未艾、纸质图书销量相对下降的时代，本书能多次印刷，我感到十分欣慰。近日接商务印书馆通知，本书已入选"中华当代学术著作辑要"，将第八次重印发行，趁此机会，我想谈谈对管制经济学的几点认识，以期增进大家对这一新兴学科的理解，促进其在中国的发展和完善。

"管制"是英文 regulation 的翻译，regulation 在学术界通常被译成"管制"、"规制"或者"监管"。例如，在《新帕尔格雷夫经济学大词典》中，"regulation"就被译为"管制"；也有一些学者更多地使用"规制"。而在实际部门，习惯使用"监管"，如市场监管、金融监管、电力监管、公用事业监管，等等。需要指出的是，无论是"管制"，还是"规制"或者"监管"，它们在本质上是基本一致的。只是一些实际工作者将"监管"理解为是"监督与管理"的简称，这样，凡是政府机关的行政监督与管理行为都被泛称为监管，因此，将监管使用的范围泛化了。这是值得注意的。

需要强调的是，中国在计划经济体制下，不存在现代管制经济学所讲的管制问题，不能把计划理解为管制、把计划经济体制理解为传统管制体制。因为市场是对计划的替代，而管制是对市场失灵的校正和补充。管制是由法律授权、具有相对独立性的管制主体(政府机构),依据一定的法规对被管制对象实施的特殊行政管理与监督行为。管制和计划不相关。否则,就没有必要讨论管制经济学在中国的发展,也没有必要讨论通过深化改革如何建立高效率的管制体制问题。

中国作为一个从计划经济体制向市场经济体制过渡的转型国家,政府管制是在建立与完善社会主义市场经济体制的过程中不断加强的一个政府职能。传统经济理论认为,自然垄断产业、公用事业等基础设施产业是市场失灵的领域,市场机制不能发挥作用,主张直接由国有企业实行垄断经营,以解决市场失灵问题。在实践中,长期以来中国对这些基础设施产业实行政府直接垄断经营的管理。但是,新的经济理论与实践证明,国有企业垄断经营必然导致低效率,并强调在这些产业发挥竞争机制的积极作用。因此,从 20 世纪 90 年代以来,中国借鉴一些国家的成功经验,对这些产业逐步实行两大改革,一是引进并强化竞争机制,以形成有效竞争的格局;二是积极推行民营化,在这些产业形成许多混合所有制的经营主体,一定数量的民营企业还成为这些产业的独立经营主体,以适应市场经济体制的需要。这样,政府就不能用过去管理垄断性国有企业的方式去管理具有一定竞争性的混合所有制企业或民营企业,而必须转变政府职能,建立新的政府管制体制,对这些产业实行有效管制。同时,中国在经济发展的基础上,日益强调对环境保护、卫生健康和工作场所安全等方面的管制。这些都使政府管制职能具有不断强化的趋势。为此,党的十六大明确提出政府的四大基本职能是经济调节、市场监管、社会管理和公共服务,首次把市场监管(政府管制)作为一个重要的政府职能。为完善社会主义市场经济体制,党的十八大三中全会通过的《中共中央关于全面深化改革若干重大问题的决定》,更是高度重视市场监管问题。可见,理论与实践都证明,市场监管(政府管制)是适应中国市场经济体制的需要而产生并不断加强的一个重要政府职能。

进一步说,在市场经济体制下,加强有效的政府管制是提高政府治理能力的核心内容。大家知道,政府治理、市场治理和社会治理是现代国家治理体系中三个最重要的次级治理体系,其中,政府治理的主体是政府,它是政府行使政治、经济和行政的权力对社会事务实施管理的一套制度、机制。政府治理要通过政府职能来实现,而政府管制是市场经济体制下政府的一个重要职能。从目前政府管制的现状看,中国在不少垄断性产业存在成本和价格过高、利益分配扭曲等生产与分配的低效率问题;在食品药品安全、水污染、空气污染、垃圾处理、生产安全等方面更是面临着一系列严重的社会性问题。这些问题集中反映了政府治理能力还不能较好适应现实社会经济发展的需要,但在相当程度上导源于政府管制职能不到位,缺乏有效的政府管制。可见政府管制效率和政府对社会经济的治理能力密不可分,要从根本上解决上述突出问题,需要通过完善政府管制的法规体系、建立高效率的管制机构体系、形成多元化的管制监督体系、构建科学的管制绩效评价体系,以实现有效的政府管制,从而提高政府治理能力。这迫切需要我们加强对政府管制理论与实践问题的深入研究,为制定与实施科学的政府管制政策提供理论依据。

需要说明的是,管制不同于一般的行政管理。首先,从对象上看,行政管理发生在政府部门内部,其对象是政府部门的下级(下属)单位。而管制的对象则是独立的市场主体(企业和个人)。其次,从主体与客体的相互关系看,行政管理是政府部门与政府部门的关系,主体和客体之间往往是上下级关系,并不是完全独立的。而管制实际上是政府与市场主体(企业和个人)的关系,其主体与客体之间是完全独立的。最后,从手段上看,行政管理通常依靠(主观的)行政命令直接控制下级(下属)单位,而管制主要依靠(客观的)法规来规范和约束经济上、法律上独立的市场主体。因此,应该将政府的管制职能和行政管理相区别,由相对独立的政府机构专司管制职能。

管制经济学是以经济学原理研究政府管制科学性的一门新兴应用性学科。从管制经济学产生和发展的过程看,它是应实践的需要而产生与发展的,其理论研究紧密结合现实社会经济问题,具有明显的应用性学科性质。这要求我们对管制经济学的理论研究要以现实问题为导向,紧密联系实际,为实践服务。同时,管制经济学涉及经济、政治、法律、行政管理等方面的内容,这又决定了管制经济学是一门边缘性交叉学科。因此,需要不同学科的学者共同努力,实行跨学科研究,协同促进这一学科在中国的快速发展。

就现实需要看,中国从 20 世纪 90 年代以来,先后在航空、电信、电力、铁路、城市公用事业等领域不同程度地进行了体制改革,但不少领域的改革效果并不理想,这些改革还需要不断深化。这迫切需要在管制理论的理论指导下,建立高效率的管制体制,实现有效管制,以取得较为理想的改革效果。特别是近年来,中国越来越强调对以环境污染、卫生健康、工作场所安全为核心内容的社会性管制,以应对这些领域面临的严重挑战。这些都要求我们加强政府管制经济学理论研究,为政府制定与实施相关管制政策提供政策思路与实证资料。这为中国学者学习、研究管制理论提供了对象和丰富的资料,必将激起理论界对这一领域的研究热情。因此,我们不难预料并期待着在不久的将来,中国在管制经济学领域将有较大的发展,管制经济学将成为中国经济学的一个重要组成部分。

王俊豪

2016 年 10 月 25 日

目　　录

第三篇 社会性管制

第四篇 展望

CONTENTS

Part 3　Social Regulation

Chapter 12　Theory of Externalities ························· 297

Chapter 13　Theory of Asymmetry of Information ······ 317

Chapter 14　Regulation of Environmental Pollution ······ 333

Part 4   Prospects

导　言

　　政府管制(government regulation 或 regulation)是具有法律地位的、相对独立的政府管制者(机构),依照一定的法规对被管制者(主要是企业)所采取的一系列行政管理与监督行为。政府管制经济学(Economics of Regulation)则是以经济学原理研究政府管制科学性的一门新兴应用性学科。由于政府管制涉及经济、政治、法律、行政管理等方面的内容,这决定了政府管制经济学是一门综合性的学科。其中,经济学是基础学科,这是因为,政府管制经济学不仅要研究政府管制本身的需求与供给,包括需求的强度和供给能力,而且要分析政府管制的成本与收益,通过成本与收益的比较以确定某一政府管制的必要性。政府管制政策的制定与实施也要以经济学原理为依据,如政府管制的核心内容是进入管制与价格管制,进入管制政策的选择要以规模经济、范围经济、垄断与竞争等经济理论为重要依据,以在特定产业领域形成规模经济与竞争活力相兼容的有效竞争;而价格管制政策的制定则是以成本与收益、需求与供给等经济理论为主要依据。政治学是与政府管制经济学密切相关的一门学科,从某种意义上讲,政府管制行为本身就是一种政治行为,任何一种政府管制政策的制定与实施都体现着各级政府的政治倾向,一定程度上包含着政治因素。法学(特别是行政法学)与政府管制经济学也紧密相关,这是因为,政府管制者必须以一定的法律授权,取得法律地位,明确其权力和职责,同时,政府管制的基本依据是有关法律规定。这就使政府管制经济理论与法学理论存在必然联系。

行政管理学与政府管制经济学具有更为直接的联系,因为政府管制的基本手段是行政手段,政府管制者可以命令被管制者强制执行有关法规,对它们实行行政监督。因此,政府管制经济学需要运用行政管理学的理论与方法。此外,管理学与政府管制学也有一定的联系,管制者与被管制者之间通常存在着相当程度的信息不对称性,管制者如何引导被管制者尽可能采取有利于社会公众利益的行为,这是一个复杂的博弈过程,这要求管制者必须掌握管理学知识,具有较强的管理能力。

政府管制经济学的学科体系通常包括三大部分,即经济性管制、社会性管制和反托拉斯管制。其中,经济性管制的研究领域主要是自然垄断领域(其典型产业包括有线通信、电力、铁路运输、管道燃气和自来水供应等具有物理网络的自然垄断产业)和存在严重的信息不对称的领域(其典型产业主要是金融保险业),它是以某个具体产业为主要研究对象的,因此,有的学者认为,政府管制经济学是产业组织学的延伸与发展。社会性管制的研究领域主要包括卫生健康、安全和环境保护,与经济性管制不同的是,社会性管制不是以特定产业为研究对象,而是围绕如何达到一定的社会目标,实行跨产业、全方位的管制,其中,外部性理论与信息不对称理论是社会性管制的基本理论,主要研究内容包括对环境污染的管制,对产品质量的管制、对工作场所安全的管制、对卫生健康的管制等。反托拉斯管制具有相对独立性,其主要研究对象是垄断企业,特别是垄断行为,旨在保护社会公平竞争,维护市场竞争机制的正常运行。

虽然在20世纪70年代以前,经济发达国家的许多学者就发表了不少有关价格管制、投资管制、进入管制、对食品与药品的管制、反托拉斯管制等方面的论著,但这些论著各自在较小的领域就特定对象进行研究,缺乏相互联系,而且,运用经济学原理研究政府管制的论著更不多见。到了70年代,一些学者开始重视从经济学的角度研究政府管制问题,并试图将以前的研究成果加以系统化,从而初步形成了政府管制经济学。其中,美国经济学家乔治·J.施蒂格勒发表的《经济管制论》等经典论文对政府管制经济学的形成产生了特别重要的作用。80年代以来,美国、英国和日本等经济发达国家对一些自然垄断产业的政府管制体制进行了重大改革,并加强了对环境保护、产品质量与安全、卫生健康方面的管制,这为政府管制经济理论的研究提供了大量丰富的实证资料,促进了政府管制经济理论与管制实践的结合,从而推动了政府管制经济学的发展,但至今,即使在经济发达国家,政府管制经济学也还没有成为一门较为成熟的学科,表现为对政府管制经济学中的一些基本概念、基本理论还存在较大的分歧,特别是对社会性管制的研究还比较薄弱,尚未形成比较完整的学科体系等。

我国对政府管制经济学的研究起步较晚,据笔者所掌握的资料,最早介绍到我国的政府管制经济学著作是乔治·J.施蒂格勒著的《产业组织和政府管制》(潘振民译,上海三联书店1989年版),在这部论文集中,其中有4篇是关于政府管制方面的论文。随后,出版了植草益著的《微观规制经济学》(朱绍文、胡欣欣等译,中国发展出版社1992年版),这是介绍到我国的第一本专门讨论政府管制经济学的专著,在我国有很大的影响。1997年,我国学者余晖出版了《政府与企业:从宏观管理到微观管制》(福建人民出版社)一书,该书的主要部分就是讨论政府管制理论的,其中对中国的政府管制问题也作了探讨。余晖等学者还翻译了史普博著的《管制与市场》(上海三联书店、上海人民出版社1999年版),产生了较大的社会影响。张昕竹等学者所著的《网络产业:规制与竞争理论》(社会科学文献出版社2000年版)一书,则对网络产业的政府管制问题作了较为深入的研究。笔者先后出版的《英国政府管制体制改革研究》(上海三联书店1998年版)、《中国政府管制体制改革研究》(经济科学出版社1999年版)和《自然垄断产业的政

府管制理论》(浙江大学出版社 2000 年版)这 3 本拙作,也分别对英国
和中国的电信、电力、铁路运输、煤气和自来水供应等自然垄断产业的
政府管制体制改革问题作了专题研究,并试图探讨了自然垄断产业政
府管制的基本理论,这也算是笔者为推动我国政府管制理论的研究与
应用发挥了添砖加瓦的作用。此外,我国不少学者还发表了多篇学术
论文,对特定领域的政府管制理论与应用作了深入研究。感谢肖兴志、
钱勇两位学者整理出了由我国学者撰写的、研究政府管制的 25 篇代表
性论文(见于立主编:《产业经济学:理论与实践问题研究》,经济管理
出版社 2000 年版)。但从总体上而言,我国对政府管制经济学的研究
还处于初始阶段,在许多方面需要结合我国实际进行深入研究。值得
高兴的是,我国从 20 世纪 80 年代末以来,先后在航空运输、电信、电力
等产业不同程度地进行了政府管制体制改革,这为我国学者研究政府
管制经济理论提供了研究对象和实证资料,激起了理论界对这一领域
的研究热情,因此,我们不难预料并期待着在不久的将来,中国在政府
管制经济学方面将有较大的发展。

　　本书是笔者对政府管制经济学作探索性研究的一个成果。由于政
府管制经济学体系庞大,范围宽广,内容丰富,笔者写作此书的指导思
想是"有所为有所不为",考虑到反托拉斯管制部分具有相对独立性,
因此,没有把这方面的内容纳入本书的范围。在社会性管制方面,也只
选择了目前社会最为关注的政府对环境污染的管制和对产品质量的管
制问题作为本书讨论的重点。本书的侧重点是经济性管制,但省略了
对金融保险业管制的讨论,因为这是一个内容丰富,需要独立研究的领
域。因此,本书不追求"全"而尽可能追求"专",本书的书名中"导论"
两字也暗含着这一特色。

　　本书的框架结构由四篇共 16 章组成。第一篇(总论)包括第一、
第二章,讨论了政府管制这种特殊公共产品的需求与供给、成本与收

益,为政府管制的经济分析提供了基本方法和工具,并从总体上阐述了经济性管制与社会性管制、政府管制过程、信息不对称下的政府管制理论和政府管制俘虏理论等政府管制的基本问题。第二篇(经济性管制)由第三至第十一章组成,这是本书的核心内容,较为深入地讨论了自然垄断的基本理论、投资管制理论、价格水平与价格结构管制理论、进入管制理论和自然垄断产业的竞争理论;并以电信、电力和自来水供应这三个自然垄断产业为例,较为详细地讨论了上述管制理论在实践中具体应用的问题。第三篇(社会性管制)由第十二至第十五章组成,探讨了外部性理论和信息不对称理论,在此基础上,讨论了政府对环境污染的管制和对产品质量的管制问题。第四篇(展望)为第十六章,分别对中国放松经济性管制与加强社会性管制这两大发展趋势作了预期,并提出了相应的政策思路。

由于政府管制经济学是一门新兴学科,在我国还处于发展初期,可供参阅的文献资料比较缺乏,加上笔者的理论功底有限,书中难免存在不少缺陷,敬请读者批评指正。同时,如果本书出版后,能受到理论界和实际部门(特别是有关政府部门)的关注,推动政府管制经济理论在我国的研究与应用,这样,笔者就感到非常欣慰了。

第一篇　总论

第一章　政府管制的经济分析

在一定意义上,政府管制是政府向社会提供的一种特殊公共产品。本章的主要任务是运用微观经济学的分析方法,分析政府管制这种特殊公共产品的需求和供给,探讨为什么会产生政府管制需求,以及怎样提供政府管制,以满足这种需求,并分析政府管制供给与需求的均衡问题。同时,本章将探讨政府管制的成本和收益问题,为政府管制的经济合理性提供一种分析工具。

第一节　政府管制是一种特殊公共产品

政府管制(regulation)是一个颇有争议的概念。维斯卡西(Viscusi)等学者认为,政府管制是政府以制裁手段,对个人或组织的自由决策的一种强制性限制。政府的主要资源是强制力,政府管制就是以限制经济主体的决策为目的而运用这种强制力。[1] 丹尼尔·F. 史普博(Daniel F. Spulber)则认为,政府管制是行政机构制定并执行的直接干预市场机制或间接改变企业和消费者供需决策的一般规则或特殊行为。[2] 而日本学者植草益对政府管制所下的定义是:社会公共机构依

---

[1]　Viscusi W. K., J. M. Vernon, and J. E. Harrington, Jr., 1995, *Economics of Regulation and Antitrust*, The MIT Press, p. 295.

[2]　〔美〕丹尼尔·F. 史普博:《管制与市场》,上海三联书店,上海人民出版社1999年版,第45页。

照一定的规则对企业的活动进行限制的行为。这里的社会公共机构或行政机关一般被简称为政府。①

综合上述对政府管制这一概念的讨论,我们不难归纳出这样几点结论:(1)政府管制的主体是政府行政机关(简称"政府"),这些行政机关通过立法或其他形式被授予管制权,通常被称为管制者。(2)政府管制的客体是各种经济主体(主要是企业),通常被称为被管制者。(3)政府管制的主要依据和手段是各种规则(或制度),明确规定限制被管制者的什么决策,如何限制以及被管制者违反规则将受到的各种制裁。可见,在政府管制概念的3个构成要素中,最关键的是作为政府管制依据和手段的各项规则(或制度)。这些规则可能是法律(如各国颁布的《电信法》《电力法》等),也可能是法律效力较低的各项规定。无论是法律还是规定,它们都是政府制定的,具有相当的强制力。而且,从制度经济学的角度看,这些政府管制法规实质上都是公共产品。或者笼统地说,政府管制就是公共产品。这是因为,政府管制不是针对某一经济主体的,而是具有针对众多经济主体的特点,同时,政府管制在运用中不具有排他性,可以同时作用于所有的被管制对象。但政府管制是一种特殊公共产品。这主要表现在:

第一,一般的公共产品都是有形的,处于某种实物状态(如公园、道路、桥梁、灯塔等等),而政府管制是无形的,只表现为法律制度、规则等,在政府管制实施过程中,还具有一定的灵活性,甚至具有相当的主观任意性。

第二,一般公共产品的提供主体可能具有多元性,既可能由政府提供,也可能由私人(企业或个人)赞助提供,还可能通过特许投标制,由私人竞争性供应。但政府管制的供应权具有垄断性,只能由政府独家供应。

---

① 〔日〕植草益:《微观规制经济学》,中国发展出版社1992年版,第1—2页。

第三,一般公共产品能为消费者提供基本相同的利益,如美丽的公园、湖泊和江河等都能吸引不同国家的游客来观赏,从而使国际旅游为许多人所喜爱。但政府管制要受到价值观、意识形态、政治制度等因素的影响,具有一定的"地域专用性",即在一国被认为是成功的政府管制,在另一国不一定合适。因此,任何国家都不能照搬他国的政府管制模式。同时,在微观层次上,一项政府管制对不同的利益集团会产生不同的影响,对一些利益集团有利的,对另一些利益集团可能是不利的。

正因为政府管制是一种特殊公共产品,我们就可以运用经济学原理分析政府管制的需求与供给以及供需均衡问题;分析政府管制的成本与收益,探求提高政府管制效率的有效途径。

第二节　政府管制的需求与供给

需求与供给是对政府管制进行经济分析的一对最基本的范畴,需求与供给均衡似乎应该是政府管制的一个理想目标,但由于政府管制需求受多种因素的影响,处于不断变化之中,而政府管制供给具有相对稳定性,这就决定了在现实中,政府管制需求与供给的均衡是难以实现的,不均衡是一种常态。因此,政府管制的一个次优目标就是尽可能减少政府管制需求与供给不均衡的程度。

一、政府管制的需求

政府管制需求是政府提供管制政策的理论依据。我们可以从宏观和微观两个层次上分析政府管制需求。从宏观层次上分析,政府管制需求主要导源于自然垄断性(natural monopoly)和外部性(externalities)这两大类问题。

就自然垄断性问题而言,我们知道,在竞争性产业中,竞争具有一种内在的刺激机制,它能促使企业自觉追求生产效率(努力提高企业内部的运作、管理效率),保证分配效率(按照包括正常利润在内的成本定价),从而促进整个产业的经济效率。可是,自然垄断产业的一个显著特点是具有成本弱增性,由一家或极少数家企业提供特定的产品或服务能使成本极小化。[①] 但由于企业实行垄断经营,垄断企业就会本能地追求自身利益最大化。这就使以追求社会整体经济效率(特别是分配效率),实现社会福利最大化为导向的政府管制成为必要。我们可以从以下 3 个方面讨论由于自然垄断性问题而产生的对政府管制的需求:

1. 抑制企业制定垄断价格,维护社会分配效率。自然垄断产业的成本弱增性意味着,在成本弱增的范围内,从理论上讲,应该由一家企业提供产品,以保证较高的生产效率。但在另一方面,由于该企业处于独家垄断地位,如果不存在任何外部约束,它就成为市场价格的制定者(price maker),而不是价格接受者(price taker),它就可能会制定出大大高于成本的价格,以取得垄断利润,其结果必然扭曲分配效率。这就需要实行政府管制。我们可以用图 1—1 来说明:

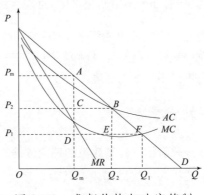

图 1—1 垄断价格与政府管制

---

① 我们将在本书第三章详细讨论自然垄断的基本理论。

在图1—1中,垄断企业为了追求利润最大化,按照边际收益等于边际成本的原则制定垄断价格 P_m,并相应地决定产量 Q_m。实行政府管制,至少可以通过三种方案提高社会分配效率:第一种方案是,政府按照边际成本决定管制价格 P_1 和相应的产量 Q_1,由于在一定的产出范围内成本处于递减状态,这会造成企业亏损,其亏损额由政府的税收来弥补。第二种方案是,政府按照平均成本决定管制价格 P_2 和相应的产量 Q_2,这样,企业就不会发生亏损,不需要政府补贴。第三种方案是,政府管制者运用本书第八章将讨论的特许投标竞争理论,拍卖某种产品或服务的独家经营权,只要竞争者是充分的,竞争的结果也会使价格接近于 P_2,产量接近于 Q_2。无论采取哪一种方案,政府管制的结果都会抑制企业制定垄断价格,从而维持社会分配效率。

2. 防止破坏性竞争,保证社会生产效率和供应稳定。自然垄断产业的显著特点是需要巨额投资,投资回报期长,资产专用性强,规模经济非常显著,具有成本弱增性。因此,由一家或极少数家企业垄断经营能使社会生产效率极大化。但如果不存在政府管制,在信息不完全的情况下,许多企业就会盲目地进入自然垄断产业,进行重复投资,过度竞争,一种可能的结果是竞争力最强的企业最后将其他企业赶出市场,这些退出市场的企业的投资就不能得到回报,专用性强的资产就会置闲,造成社会资源的浪费。另一种可能结果是势均力敌的几家企业互不相让,最后造成两败俱伤,在生产能力严重过剩的状况下,互相争夺市场份额,从而造成生产低效率。因此,为了防止这些破坏性竞争,需要政府对自然垄断产业实行管制,通过控制进入壁垒,抑制企业过度进入,以保证社会生产效率。[1]

同时,电信、电力、铁路运输、煤气和自来水供应等自然垄断产业提

---

[1]　Giles H. Burgess, Jr., 1995, *The Economics of Regulation and Antitrust*, New York: Harper Collins College Publishers, pp. 43-44.

供的产品或服务是社会的生活必需品,也是大多数企业必需的投入要素,需要保证生产供应的高度稳定性。这也需要对这些自然垄断产业实行政府管制,设立退出壁垒,控制企业在无利可图或者在更好的投资业务吸引下,任意退出市场,以免造成特定社会产品或服务生产供应的不稳定性。

3. 制约垄断企业的不正当竞争行为。自然垄断产业并不是铁板一块,现实的状况是,某些业务领域具有自然垄断性,另一些业务领域则是竞争性的。而经营自然垄断性业务的企业往往同时经营竞争性业务,这就为垄断企业采取不正当竞争行为提供了条件。在无政府管制的条件下,垄断企业完全有可能在垄断性业务领域制定垄断高价,而在竞争性领域制定低价,通过内部业务间的交叉补贴行为以排斥竞争企业。同时,在自然垄断产业也存在少数垄断企业采取合谋行为,共同获取垄断利润的可能性。因此,为制约垄断企业的各种不正当竞争行为,也需要实行政府管制。

对于外部性问题,有许多学者曾对它作了探讨。外部性是指一定的经济行为对外部的影响,造成私人(企业或个人)成本与社会成本、私人收益与社会收益之间相偏离的现象。外部性可分为正外部性(positive externalities)与负外部性(negative externalities)。正外部性是指一种经济行为给外部造成积极影响,使他人减少成本,增加收益。负外部性则是指一种经济行为给外部造成消极影响,造成他人成本增加,收益减少。外部性问题在许多领域都是广泛存在的。这需要通过政府管制促进正外部性,减少甚至消除负外部性。

与自然垄断性相关的,自然垄断产业的许多活动具有正外部性,但某些活动也具有负外部性。例如,电信、电力、铁路运输、煤气和自来水供应等产业的发展,不仅会相互促进这些产业的自身发展,也会大大推动整个国民经济的发展,因而带来巨大的正外部性。这要求政府通过宏观规划和具体的管制活动,以促进这种有利于社会经济发展的正外部性。具体到特定产业(如电信产业),原有通信网络使用者可能会因新的使用者增加而支付较低的价格,得到更广泛的通信便利,这就产生了在使用者之间通信网络的正外部性,政府在制定管制政策时应该考虑到这种正外部性,如采取一定的措施鼓励新用户使用现有的通信网络系统。在具有输送网络的自然垄断产业,由于小规模的输送网络系统相对于一个较大规模的网络系统会发生较高的单位成本,因此,这也是政府通过管制活动,促使各竞争企业的网络进行联网,以获得网络规模经济的基本依据。而向人口稀少的地区提供电力、通信、铁路运输等产品和服务则是另一种类型的正外部性,如果没有政府管制,就难以取得这类正外部性。当然,政府管制者在鼓励有关企业产生正外部性的同时,应该让提供这些产品和服务的企业得到成本补偿,并取得正常利润。除了正外部性外,自然垄断产业的某些活动也会产生负外部性问题。例如,如果自来水生产企业提供的自来水未达到卫生标准,就会影响消费者的身体健康。将未经完全处理的污水流入江河、海洋则会污染水源。这些都产生了对社会有害的负外部性。又如电力产业,如果发电厂没有必要的设备,将有害的烟尘散落在居民区和农作物上,也会引起负外部性问题。为了控制这些负外部性,也需要政府管制,政府管制者通过收取排污费、制定处罚政策等管制手段,以尽可能减少甚至消除自然垄断产业的各种负外部性问题。

对外部性问题讨论得最多的是环境问题,而且,主要是从负外部性的角度讨论的。[①] 由于许多环境资源的产权不存在或不完全,不仅会使人们对环境资源的保护、管理和投资缺乏积极性(如空气、河流和海洋水体没有明晰的产权,私人通常不会对合理使用这些资源感兴趣),

---

① 我们将在本书第十二章对此深入讨论。

而且,还会产生严重的负外部性问题,如一些生产企业的浓烟,一些印染企业的污水污染了周围的环境,对社会造成了危害;又如私人在上游砍伐森林导致水土流失,淤积了下游河道,加剧了洪涝灾害,等等。这些负外部性的经济后果是造成私人成本与社会成本产生很大的偏差,没有排污装置的企业和个人为了降低成本而污染了环境,但他们不会承担周围受害者在防治污染、医疗等方面的损害费用,其结果造成污染者的私人成本低于社会成本。而且,这些企业和个人实际上则以损害社会利益为代价获得了低成本的竞争优势,反而使注重环境保护的正常企业处于高成本的竞争劣势,从而造成不平等竞争。由于这些环境的负外部性问题难以通过市场机制解决,这就需要政府对环境进行管制。

许多外部性问题还和产品质量相联系。企业向市场提供高质量的产品,有利于丰富人们的消费内容,提高消费水平,增进社会福利,从而产生正外部性。但在现实经济中,不少企业为减少私人成本,增加收益,利用消费者对许多商品知识不了解的弱点,向市场提供质次价高,甚至是假冒伪劣产品,其结果损害了消费者利益,产生了负外部性。特别是药品和食品的质量还和消费者的健康与生命安全密切相关,假冒伪劣的药品和食品会严重影响消费者的健康,甚至危及生命安全。这也需要政府对产品质量,特别是药品、食品的质量实行管制。

经历了东南亚金融风暴后,金融业的外部性问题已经越来越为人们所关注。① 金融业作为整个国民经济的"造血"、"输血"系统,其发展不仅能直接创造更多的社会财富,更为重要的是,金融业的发展是整个国民经济发展的重要保证,因此,它有明显的正外部性。但金融业又是一个具有高风险的特殊行业,也存在产生负外部性的潜在可能性。这是因为,金融企业经营的主要是货币,它们把社会资金盈余部门(存

---

① 金融业除了存在外部性问题,还存在信息不对称问题。

款人)的货币集中起来,转借给资金短缺部门(借款人),从中获得利差收益。这样,金融企业作为资金流转的中介,一旦某一家金融企业经营不善,受直接影响的将是该企业众多存款人的资金安全,而作为整个金融体系的一个环节,就可能造成金融企业间运转和支付链条的中断,进而影响其他金融企业的正常运转,严重的会影响整个金融体系,给一个国家甚至整个世界的经济活动带来灾难性的冲击,近几年发生的金融风暴就是对此的有力证明。因此,金融业可能造成的负外部性具有涉及面广、危害程度严重等特点,这促使各国政府都必须十分重视对金融业的管制。

　　上面是从宏观层次上来分析政府管制需求的,此外,在微观或中观(主要是作为同类企业集合体的产业)层次上也存在政府管制需求。对此,施蒂格勒(Stigler)在"经济管制论"一文中作了较为详细的论述,①在他看来,管制或许正是一个产业积极寻求的,也可能是强加于它的。但他撰写该文的中心论点是,管制通常是产业自己争取来的,管制的设计和实施主要是为被管制产业的利益服务的。因为国家拥有一个在纯理论上即使是最有势力的公民也不能分享的资源:强制权。这些权力能为一产业利用国家的这种强制权以提高赢利水平创造条件。施蒂格勒指出,一个产业至少可以通过4种政策途径而谋求利益:一是谋求获得直接的货币补贴。如美国国内航空业在1968年曾得到15亿美元的"航空邮件"的补贴。二是普遍谋求控制新竞争者进入的政策。企业固然可以采取许多策略以阻止新竞争者进入,"但一纸便利的,必需的营业许可证要比这些策略有效得多(经济得多)"。三是谋求那些能影响它替代物和补充物的干预。如白脱生产者希望压制麦琪淋生产

---

　　① 详见〔美〕乔治·J.施蒂格勒:"经济管制论",载《产业组织和政府管制》,上海三联书店1989年版,第210—241页。

而鼓励面包的生产,航空业积极支持联邦补贴机场。四是谋求固定价格。在单个企业可以不断地扩大规模而不会导致规模不经济的场合,价格控制本质上是为了获取高于竞争时的报酬率。

正因为企业能从政府管制中获取利益,企业往往会要求政府对它们所在的产业实行管制,这就在微观层次上产生了政府管制需求。当然,应该指出的是,施蒂格勒对政府管制的"产业需求论"是以政府管制能为被管制产业带来利益为基本假设的。显然,这种假设存在片面性,因为在现实中,政府管制对被管制产业往往具有两重性,即政府管制既能为被管制产业带来一定的利益,也可能对被管制产业形成种种约束(如最高限价、服务质量标准等),限制企业的决策空间,甚至会对企业的利益造成损害(如政府要求企业制定低价)。在这种情况下,企业对政府管制的需求不仅决定于政府管制所带来的利益和各种损失的对比,而且,企业对政府管制的需求往往具有选择性,即选择那些只为企业带来实际利益的政府管制政策,特别是限制新竞争者进入产业的进入壁垒政策。

二、政府管制的供给

由前面的分析可知,政府管制的需求是多方面的、错综复杂的,又是不断变化的。显然,政府不可能针对每一种具体需求而提供相应的管制政策。因此,与对政府管制的需求分析相比较,对政府管制的供给分析就显得较为抽象,也较为简单。

在人们熟知的一般产品市场决策模型中,由生产要素的价格和技术水平规定边际成本表,而厂商追求利润最大化的行为规则假设,又把边际成本表转换为产品供给表。然而,由于政府管制是一种"特殊公共产品",它对不同的利益集团具有不同的(甚至相反的)使用价值和价值,因此,政府管制的供给比一般产品的供给要复杂得多。政府管的供给主要取决于政府对提供新的管制政策的认识和条件。

就政府对管制供给的认识而言，它可能由某一重大的突发事件而引起，如近年来发生金融风暴后，许多国家的领导人认识到政府加强金融管制的重要性，并出台了相应的金融管制政策。又如中国在 1998 年经历了严重的洪涝灾害后，大大增强了政府对环境管制必要性的认识。政府对管制供给的认识也可能来源于长期的积累。如由于不少产品质量差，在消费使用过程中经常发生人员伤亡、财产损失等事故，当诸如此类的事件积累到一定程度后，政府就会认识到加强产品质量管制的需要，并通过立法与执法手段促使企业提高产品质量。但更为一般地，政府对管制供给的认识主要出于对管制供给的理性认识和分析，如对自然垄断产业实行价格管制，就是因为政府出于经济学的分析，认识到价格管制能有效地抑制垄断企业利用其市场力量制定垄断高价，从而保护广大消费者的利益；而对自然垄断产业实行进入管制，则能避免重复建设，防止破坏性竞争。

政府对某一管制供给的认识会经历一个由浅到深的过程，只有当政府对管制供给的认识达到一定的深度，才会产生提供管制供给的动机。但政府最后能否提供某种已被认知的管制供给，还取决于政府提供该种管制供给的条件。例如，从国际经验看，许多经济发达国家在电信产业政府管制体制的重大改革前，首先颁布《电信法》作为政府管制体制改革的纲领性文件，并对整个电信产业的政府管制体制的框架作出法律规定，从而为政府管制体制的改革和新体制的运行奠定法律基础。而中国从 20 世纪 80 年代就开始改革电信产业的政府管制体制，特别是 1994 年以中国联通公司成立为标志，中国电信产业的政府管制体制进入实质性改革阶段，但至今还没有颁布一部《电信法》。虽然中国政府早已认识到应该颁布一部适合中国国情的《中华人民共和国电信法》，事实上，几年前，中国政府就已经组织有关人员着手制定《电信法》,但由于长期以来中国对电信产业实行高度集中的国家垄断经营体制,对于如何打破垄断,积极运用市场竞争机制的作用,建立符合市场经济要求的政府管制体制,这些都处于探索过程中,因此,颁布一部具有相当稳定性的,又具有权威性的《电信法》的客观条件没有完全成熟。这或许是中国的《电信法》至今未能出台的基本原因。

就政府管制供给的内容而言,主要包括政府管制立法和政府管制执法。政府管制立法是政府管制执法的基础和依据,而政府管制执法是政府管制立法的落实和保证,两者密不可分。考虑到我们在下一章探讨政府管制过程时,将较为详细地论述政府管制立法和政府管制执法的问题,这里就不对此展开讨论。

三、政府管制的供需均衡分析

对于政府管制的供需均衡,一些经济文献已作了分析,如施蒂格勒在其"经济管制论"中认为,政府是一社会中每个产业潜在的资源或潜在的威胁。政府可以而且确实通过禁止或强制、取走或给予资金等方式有选择地帮助或损害了许多产业。政府拥有强制权,这些权力就为一产业利用政府增加赢利提供了可能性。这种可能性又会转化为某些产业利益集团为获取利益而向政府寻租的可能性,即这些利益集团用金钱帮助政客选举以获得政府管制,合法享受垄断租金。1976 年,佩尔兹曼(Peltzman)发展了施蒂格勒理论,认为政治家所采取的政府管制政策不仅要满足选票数最大化,还要使政治的边际替代率等于企业利润与消费者剩余之间的相互转移的边际替代率,从而达到管制均衡。① 这种政府管制均衡理论在西方国家存在很大的争议,而且,它是

---

① Peltzman S.,1976,"Toward a More General Theory of Regulation",*Journal of Law and Economics*,19 August,pp. 211–240.

建立在所谓的代议制基础上,不符合中国的国情。因此,我们需要从新的角度分析政府管制的供需均衡问题。

为分析政府管制供需均衡,我们先简单地回顾一下一般产品市场的供需均衡模型(见图1—2):

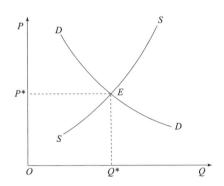

图1—2　一般产品市场的供需均衡

在图1—2中,纵轴为产品价格,横轴为产品数量,DD是需求曲线,SS是供给曲线,随着价格的提高,需求量递减而供应量递增。供给曲线与需求曲线相交于E点,E为均衡点($Q_s = Q_d$),由此决定均衡价格OP^*,均衡数量OQ^*。在E点的下方,需求量大于供应量,这会引起价格上升,导致需求量减少,供应量增加,从而渐近均衡点E;而在E点的上方,供应量大于需求量,产品过剩会引起价格下跌,导致需求量增加,供应量减少,从而回归到均衡点E。可见,在一般产品市场上,市场机制会自动促使产品供需达到平衡。

而在政府管制市场上,由于政府管制是一种特殊公共产品,它一般不具有价格标准,而表现为政府为提供管制产品所承担的成本(我们将在下一节较为深入地讨论政府管制成本问题)。因此,政府管制供给会因管制成本的增加而减少;同时,除了一些被管制企业外,由于许多政府管制需求具有客观性,或无须需求方承担多大的管制成本,因此,对成本的反应不敏感,甚至几乎没有什么反应。这就使政府管制需求在成本弱约束的情况下,出现递增的趋势。我们可用图1—3加以说明:

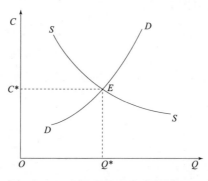

图1—3 政府管制的供需均衡

在图1—3中,纵轴为政府管制成本,这种成本主要是政府承担的;横轴为政府管制量,可解释为政府管制的工作量;DD为政府管制需求曲线,由于政府管制需求只受政府管制成本的弱约束,因此,表示为递增的需求;SS为政府管制供给曲线,它受政府管制成本的直接约束,因而,随着成本的增加而递减。政府管制需求曲线(DD)和供给曲线(SS)在E点达到均衡,表现为政府面对管制需求,在可承受的管制成本(C^*)下提供Q^*数量的管制供给。因此,这是政府的一种理性选择。在E点的下方,政府管制供给大于政府管制需求,意味着政府管制过剩,需要放松管制,甚至取消部分政府管制,以实现供需均衡;而在E点的上方,政府管制需求大于供给,说明政府未能满足部分管制需求,这要求政府对这部分尚未满足的管制需求进行具体分析,决定如何创造条件,提供相应的政府管制,从而使政府管制供需趋向均衡。

可见,在一般产品市场上,市场机制会同时作用于供需双方,自动促使产品供需达到平衡,而在政府管制市场上,由于政府管制成本对政府管制需求的调节作用较弱,政府管制供需均衡主要是通过政府单方面调节管制供给才能实现。这也说明了政府在实现管制供需均衡中的主动地位和核心作用。

第三节　政府管制的成本与收益

政府管制是有成本的,同时也为社会带来一定的收益。对政府管制的成本与收益分析,有利于权衡政府管制的利弊得失,从而为政府决定对哪些领域应该实行管制,对哪些领域不应该采取管制提供理论依据。

一、政府管制的成本

我们将在下一章第二节讨论政府管制过程,它包括政府管制立法、政府管制执法、法规的修改与调整、放松或解除政府管制等环节,在政府管制的每一个环节都会发生相当的成本,有时会因为政府管制的成本太大而不得不延迟甚至停止对某一领域的政府管制。

在公众看来,政府管制立法就是政府颁布某项法规,并不发生多大的成本。但实际的立法过程却复杂得多,因为政府管制立法是政府管制执法的基础和依据,这就决定了政府管制立法是一种十分严肃的管制活动,它需要进行广泛的调查研究工作,征求各利益集团的意见,然后起草某项政府管制法规,再以座谈会、论证会、听证会等多种形式征求公众的意见,作为修改草案的依据。如果一项管制法规未能达成各利益集团较为一致的意见,这项法规就有可能被延迟颁布。因此,政府管制的立法成本是相当大的。这种政府管制的立法成本不仅仅发生在政府身上,一些利益集团(主要是企业)为了促使政府颁布对其有利的法规,常常会对立法者进行游说,甚至行贿,这也构成由相关利益集团承担的立法成本。一项法规对利益集团的关系越密切,这种由利益集团承担的立法成本也越大。

表1—1 1970—1991年美国联邦政府管制机构的成本费用

单位:百万美元

政府管制机构＼年份	1970	1975	1980	1985	1989	1990	1991
联邦通信委员会	25	47	76	96	101	108	118
联邦能源管制委员会	18	33	68	98	108	117	123
州际商务委员会	27	47	78	50	43	44	44
联邦贸易委员会	21	39	66	66	67	74	77
证券交易委员会	22	45	72	105	141	167	193
联邦航空管理局	126	196	281	294	424	490	541
联邦高速公路管理局	6	15	29	33	93	101	101
联邦铁路管理局	21	52	85	44	45	66	63
食品与药品管理局	80	207	334	437	530	625	696
矿井安全与健康管理局	27	67	144	150	162	168	173
职业安全与健康管理局	—	97	191	220	248	267	288
原子能管制委员会	64	148	396	445	421	451	474
所有经济性管制机构	293	521	995	1420	2061	2117	2396
所有社会性管制机构	1116	2975	5308	6522	8497	9143	9850
所有联邦政府管制机构	1409	3496	6303	7942	10558	11260	12246

资料来源:Viscusi W. K., John M. Vernon, Joseph E. Harrington, Jr., 1995, *Economics of Regulation and Antitrust*, The MIT Press, pp.39-44.

在政府管制的总成本结构中,政府管制执法成本(或称政府管制运行成本)所占的比重最大,而且,它与某项政府管制法规的有效期密切相关,即该项法规的有效期越长,则该项法规的实施成本也越大。政府管制的运行成本直观地表现为政府管制机构所发生的日常成本费用和政府管制机构的职员人数。表1—1列出了美国较为重要的12个联邦政府管制机构从1970年到1991年的成本费用情况,在该表的最后三行,还分别列出了美国所有经济性管制机构、所有社会性管制机构和所有联邦政府管制机构的成本费用情况。

表 1—2　1970—1991 年美国联邦政府管制机构的专职职员人数

单位:人

政府管制机构 ＼ 年份	1970	1975	1980	1985	1989	1990	1991
联邦通信委员会	1645	2022	2156	1828	1839	1839	1839
联邦能源管制委员会	1164	1323	1605	1533	1428	1500	1500
州际商务委员会	1912	2142	1940	839	675	661	619
联邦贸易委员会	1391	1569	1665	1075	860	899	919
证券交易委员会	1436	2150	2100	2046	2265	2451	2598
联邦航空管理局	6947	6692	6358	4556	5432	5804	6171
联邦高速公路管理局	194	278	292	271	448	633	633
联邦铁路管理局	286	495	666	460	461	501	514
食品与药品管理局	4414	6441	7419	7104	7226	7565	8246
矿井安全与健康管理局	1380	2940	3857	2829	2671	2592	2592
职业安全与健康管理局	—	2435	3015	2176	2415	2399	2433
原子能管制委员会	688	2006	3041	3318	3078	3043	3080
所有经济性管制机构	19361	23976	26436	23845	24981	25532	26880
所有社会性管制机构	54014	81076	92413	77435	80876	83479	86431
所有联邦政府管制机构	73375	105052	118849	101280	105857	109011	113311

资料来源:Viscusi W. K., John M. Vernon, Joseph E. Harrington, Jr., 1995, *Economics of Regulation and Antitrust*, The MIT Press, pp. 45–50.

表 1—2 则列出了在表 1—1 中 12 个美国联邦政府管制机构 1970—1991 年的专职职员人数,在表的最后三行,分别列出了美国所有经济性管制机构、社会性管制机构和所有联邦政府管制机构的专职职员人数。

由表 1—1 和表 1—2 可见,美国联邦政府管制机构所发生的运行成本是十分巨大的,而且还呈现出不断增长的发展趋势,所有联邦政府管制机构在 1991 年所发生的运行成本是 12246 百万美元,比 1970 年的 1409 百万美元增长 769.13%,同期,在美国联邦政府管制机构的专职职员增长 54.43%。如果加上美国 50 个州政府管制机构的运行成本,那么,所有政府管制机构的运行成本将更是大得惊人。

人们不禁要问,为什么会发生这么巨大的政府管制运行成本呢?

其中一种基本解释是,政府管制机构(管制者)与被管制企业的目标之间存在高度的不一致性,表现为管制者强调社会分配效率,通过制定价格管制模型,控制企业的最高价格,强制企业保证产品和服务质量,严格履行法定的社会责任,以实现社会经济福利最大化。而被管制企业则偏重于追求生产效率,并试图通过制定垄断高价,承担尽可能少的社会责任以实现利润最大化。管制者与被管制者之间的目标差异,必然会导致两者之间的矛盾及其相应的行为结果:政府管制者的管制效率在很大程度上取决于它所掌握的管制信息的数量与质量,但由于在管制者与被管制者之间存在严重的信息不对称问题,这就在管制者与被管制者之间普遍发生了"政府管制游戏"(regulatory game),作为管制者,它们总是要求被管制者提供尽可能多的信息,但被管制者为了在"政府管制游戏"中处于优势地位,往往采取一定的策略应付管制者的信息要求,以垄断真实信息。例如,被管制企业在成本、利润、质量等比较敏感的方面只提供尽可能少的真实信息,而在次要的业务领域则提供许多无关紧要的、不清晰的信息。而且,着重提供对企业成本、利润不利的信息,甚至提供虚假信息,以掩盖企业生产经营活动的真实情况,旨在误导管制者,以取得较为优惠的管制政策。如在 1984 年英国电信产业政府管制体制改革前,作为电信垄断企业的英国电信公司曾公布许多成本、质量指标,但政府管制体制改革后,企业成为经济实体,该公司就以这些成本、质量指标是商业秘密为由拒绝提供这方面的信息。英国煤气供应(管制)办公室(Office of Gas Supply,简称 OFGAS)也注意到英国煤气公司并没有向它提供有价值的管制信息。[1] 管制者

---

① John Winward, 1994, "Privatization and Domestic Consumers", in Matthew Bishop, John Kay and Colin Mayer(ed.), *Privatization & Economic Performance*, Oxford University Press, pp. 251-264.

在"政府管制游戏"中得不到被管制者的合作,就只能通过雇用大量的工作人员,进行广泛而深入的调查研究和分析活动,以取得必要的管制信息。这些管制机构的工作人员的工资及其活动经费便构成政府管制的重要运行成本。同时,作为被管制企业,它们总是千方百计努力减少管制者的管制行为对本企业所可能造成的成本和利润的负影响。为此,许多被管制企业在企业内部设置了政府管制对策部门,其主要职能当然是对付管制者,试图通过对管制者的一系列游说、谈判活动以取得理想的预期结果。它们经常评价管制者的目标函数,并预计其可能采取的管制措施,然后针对性地采取相应的企业行为。可见,被管制企业在这种"政府管制游戏"中需要有较大的投入,这实际上也构成了政府管制的运行成本,而这种运行成本经常是被忽视的。

政府管制法规的修改与调整通常关系到有关利益集团的利益重新分配,一些利益集团要维护既得利益,而另一些利益集团要求瓜分一定的利益,政府则要从公正的立场协调各利益集团的关系。因此,政府管制法规的修改与调整像政府管制立法一样,也会发生相当的管制成本。

建立在一定政府管制法规基础上的管制者与被管制者的关系,类似于企业间的合同关系,因此,放松或解除政府管制固然能在以后减少政府管制运行成本,但会因违反原有的"合同条款"而发生成本。如政府管制机构因放松或解除了某一领域的管制而不能兑现以前的承诺,被管制企业就可能会诉讼管制机构说话不算数,损害了企业的利益,要求政府实行经济补偿,等等。放松或解除某种政府管制后,政府就需要为原来在政府管制机构工作的职员安排新的工作岗位,或者提供失业后的经济补偿。此外,一些利益集团还会因失去既得利益而抵制政府放松或解除政府管制。这些都会发生一定的成本。

对政府管制成本的分析可见,政府管制成本可分为两大类,一类是由政府承担的成本,主要表现为政府管制机构的各种成本费用,因此比较容易估量;另一类是主要由被管制企业承担的成本,主要用于向政府管制立法者和执法者游说,甚至进行寻租活动。这一类成本在企业的财务报表中往往是被掩盖掉的,因而,比较难以估量。

二、政府管制的收益

许多经济文献主要是通过论证在政府管制下,垄断者收益减少而消费者收益增加来衡量政府管制收益的。[①] 如在前面的图1—1中,政府若按照平均成本决定管制价格 P_2 和相应的产量 Q_2,则垄断者的利润减少的数量是:$P_mACP_2 - CBED$;同时,消费者可以得到两方面的收益:一是消费者剩余增加,增加量是 ABC,在价格管制前,消费者的购买量是 Q_m,实行价格管制后购买这部分商品的开支可以减少,减少量是 P_mACP_2。当然,我们也可以把 $ABC+P_mACP_2$ 看成是实行政府管制后,消费者剩余总增加量。这样,实行政府管制后,垄断者的部分所失(P_mACP_2)被消费者的部分所得(P_mACP_2)所抵消,只是在垄断者和消费者之间实现了利益再分配,并不发生政府管制净收益的增加。因此,从福利经济学的角度看,衡量政府管制收益的较好办法是计算消费者剩余和生产者剩余的总增加量,即消费者剩余增加量(ABC)和生产者剩余增加量($CBED$)。这为测度政府管制收益提供了理论工具。但由于消费者剩余和生产者剩余只是人们心理上的一种感觉,并不是消费者和生产者实际收入的增加。因此,在现实中难以定量测度消费者剩余与生产者剩余的实际数值。这意味着我们必须设计一种比较具有可操作性的度量政府管制收益的办法。

借助于测度实行政府管制后,消费者剩余和生产者剩余净增量而

---

① 参见〔美〕乔治·J. 施蒂格勒:《产业组织和政府管制》,上海三联书店1989年版,第243—247页。

衡量政府管制收益的基本思路,笔者认为,一种较为简单可行的方法就是,通过计量实行政府管制后,消费者支出的减少数量和生产者因效率提高而增加收益的数量的加总数来衡量政府管制收益。其中,消费者支出减少数量的计算方法是:以不存在政府管制条件下的垄断价格(P_m)和实行政府管制后的价格(P_r)之差,乘以所有消费者购买某种被管制产品或服务的数量(Q_r),即(P_m-P_r)·Q_r,如某地区自来水公司若在不存在价格管制的情况下,自来水售价为1.50元/吨,而政府管制价格为1.00元/吨,设该地区所有消费者每年使用自来水10亿吨,则消费者因政府管制而减少的支出为:0.50元/吨×10亿吨=5亿元。

　　把实行政府管制后,生产者因效率提高而增加收益的数量作为政府管制收益的理论依据是,一种有效的政府管制机制能刺激企业努力提高效率,以降低成本,增加收益。以英国为例,在20世纪80年代以前,英国政府对电信、电力、煤气、航空等基础设施产业实行政企合一的垄断经营体制,在这种体制下,以政府部长为首的有关政府管理部门随时可以利用其对企业的控制权,干预企业的生产经营活动,这些国有企业经常被政府当作干预宏观经济的工具。由于许多国有企业在特定经营领域具有法定垄断经营地位,因而它们缺乏竞争活力和经营风险,生产效率低下。[①] 80年代初,英国以电信产业为开端,相继对电力、煤气和自来水供应、铁路运输等基础设施产业进行了重大改革,其改革的中心内容是,政府不再直接干预企业的经营活动,而是在各产业依法设立政府管制机构,对企业的产品或服务的价格、质量等实行管制,间接干预企业的经营活动,并通过设计最高限价模型等政策措施,以刺激企业提高效率。表1—3反映了英国9个国有企业在20世纪70年代和80年代的劳动生产率平均发展速度。

[①]　有兴趣的读者可详见王俊豪:《英国政府管制体制改革研究》,上海三联书店1998年版,第65—72页。

表1—3　劳动生产率平均发展速度

单位:%

企 业 名 称	1970—1980 年	1981—1990 年
英国航空公司	7.4	6.0
英国机场管理局	0.6	2.7
英国煤炭公司	−2.4	8.1
英国煤气公司	4.9	4.9
英国铁路公司	−2.0	3.2
英国钢铁公司	−1.7	13.7
英国电信公司	4.3	7.1
英国电力供应局	3.7	2.5
英国邮政局	−0.1	3.4
平　　均	1.6	5.7

资料来源:Mattew Bishop and David Thompson,1993,"Privatization in the UK:Deregulatory Reform and Public Enterprise Performance," in V. V. Ramanadham (ed.), *Privatization*:*A Global Perspective*,London:Routledge.

　　由表1—3可见,这9个国有企业在整个70年代的劳动生产率平均发展速度为1.6%,而在80年代,劳动生产率平均发展速度为5.7%,其主要原因就是英国政府经过改革管制体制,减少了政府的直接干预,强化了政府管制的作用。就具体企业而言,如作为英国电信产业主导企业的英国电信公司在新的政府管制体制下,强化内部管理,进行大幅度裁员,职工人数从1991年的22.7万人到1996年3月底减少到13万人,而营业额则从1991年的131.54亿英镑到1996年增加到144.46亿英镑,从而大大提高了生产效率。从社会分配效率的角度看,在最高限价管制模型下,从1984年以来,该公司的电话收费价格已平均下降一半。此外,在1984年以前,该公司经济效益差,不但没有利润上交给政府,也没有交过税。但从1984年政府管制体制重大改革以后,截至1996年,该公司已累计向政府交纳各种税收、红利330亿英镑。①

---

　　①　王俊豪:《中英电信产业政府管制体制改革比较》,《中国工业经济》1998年第8期。

从英国的具体例子可见,实行政府管制后,生产者因效率提高而增加收益的数量是可以计量的。它既可以按整个被管制产业效率提高后成本下降,收益增加的总量测度政府管制收益,也可以对被管制企业逐一计量,然后加总以测度政府管制收益。当然,这其中需要扣除非政府管制因素(如竞争因素)引起的效率增长而增加的部分收益。

三、政府管制成本与收益对政府管制的影响

对政府管制成本与收益分析的意义在于,从理论上说明对特定领域的政府管制是有必要的,还是没有必要的。大家知道,在西方经济学中,是按照边际收益等于边际成本的原则(即最大利润原则)决定最佳产量的。但对特定领域的政府管制不具有像实物产品那样的可分性,难以计算政府管制的边际成本和边际收益,因此,也就不能用边际成本等于边际收益的原则决定最佳政府管制。对此,植草益和施蒂格勒从不同的角度对政府管制的成本与收益作了分析。植草益认为,[①]政府管制必然会引起成本增大,如果全部政府管制成本通过价格转嫁给消费者,如图1—4所示,自然垄断产业的平均成本由于政府管制成本的增加而从 AC 上升至 AC',以平均成本为基础的管制价格便从 OP_r 上升到 OP_r'。由此,消费者就要承担由政府管制引起的成本 $P_r'BCP_r$。如果政府管制引起的成本负担($P_r'BCP_r$)比不实行管制时的垄断价格下的生产者剩余(P_mJKP_r)和资源配置效率损失(JKI)之和(P_mJIP_r,即政府管制收益)小,则实行政府管制是有意义的。反之,这种政府管制是没有必要的。施蒂格勒则是从福利经济学的角度来分析政府管制成本与收益,以说明政府管制的必要性的。他认为,[②]如果管制成本小于

---

① 〔日〕植草益:《微观规制经济学》,中国发展出版社1992年版,第149—150页。

② 〔美〕乔治·J.施蒂格勒:《产业组织和政府管制》,上海三联书店1989年版,第245页。

消费者剩余增量与生产者剩余增量之和,则管制增加了社会福利,也就是说,管制的社会成本是负的。如果相反,一产业通过管制获得垄断,管制的社会成本就是正的。也就是说,只有当管制成本小于消费者剩余增量与生产者剩余增量时,采取某项政府管制才是有必要的,反之,就没有必要。

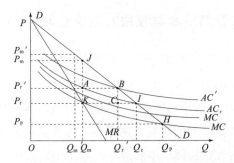

图1—4 自然垄断产业的政府管制成本和收益

但是,由于消费者剩余与生产者剩余只是人们在心理上的感觉,很难进行定量计算的,这就决定了上述两位学者的观点在现实中是难以操作的。因此,笔者认为,可以运用前面所讨论的计量政府管制收益和成本的方法,即预计实行某项政府管制后,消费者支出的减少数量和生产者因效率提高而增加收益的数量的加总数以计算政府管制收益,而以政府管制立法成本和运行成本等的预计加总数以计算政府管制成本,然后,通过对比政府管制收益与成本,以决定对特定领域是否值得采取某项政府管制,如果政府管制收益大于政府管制成本,则这种政府管制是必要的,否则,就没有必要采取这种政府管制。

根据上述观点,我们还可以引申出如下结论:即使客观上存在某种政府管制需求,但如果为满足这种需求而提供的政府管制成本太高,这也不值得采取这种政府管制。也就是说,需要对上一节的观点作修改,即政府管制供需均衡未必是一种最理想的状态。

　　最后值得讨论的是,由于被管制对象(如某一特定产业)的技术经济特征和其他因素在不断发生变化,与此相关的政府管制需求和供给也会发生相应的变化,从而会引起政府管制收益与成本的对比关系的变化,例如,电信产业原来是一个具有显著自然垄断性的产业,需要对它实行政府管制,以保护广大电信消费者的利益,促使垄断企业提高生产效率,因此,从动态上对电信产业实行较为严格的政府管制是必要的。但随着光纤技术等在电信产业中的应用,电信产业的自然垄断性发生明显的变化,逐渐向竞争性产业的方向发展,为适应这种变化特点就要求尽可能发挥市场竞争机制的作用,这就需要放松对电信产业的政府管制。而随着自然资源的不断减少,环境污染问题日益突出,为保护人民的健康,保证社会经济的可持续发展,这就要求政府加强对环境的管制。因此,从动态上对政府管制成本与收益的对比分析也是政府决定对某一领域放松管制还是加强管制的重要政策依据。

第二章 政府管制概述

本章的任务是从总体上讨论两大类政府管制,即经济性管制(economic regulation)与社会性管制(social regulation),政府管制过程、信息不对称下的政府管制理论和政府管制俘虏理论,为具体而深入地讨论其他政府管制理论作必要的铺垫。

第一节 经济性管制与社会性管制

根据政府管制的特点,我们可以把政府管制大致划分为经济性管制与社会性管制这两大类型。本节主要讨论这两类政府管制的概念,政府管制的领域及其主要内容。

一、经济性管制

维斯卡西等学者认为,经济性管制通常是指政府通过价格、产量、进入与退出等方面而对企业决策所实施的各种强制性制约。[1] 植草益则认为,经济性管制是指在自然垄断和存在信息偏在的领域,主要为了防止发生资源配置低效率和确保利用者的公平利用,政府机关用法律权限,通过许可和认可等手段,对企业的进入和退出、价格、服务的数量

---

[1] Viscusi W. K., J. M. Vernon, and J. E. Harrington, Jr., 1995, *Economics of Regulation and Antitrust*, The MIT Press, p. 295.

和质量、投资、财务会计等有关行为加以管制。① 植草益的这一定义说明了经济性管制的领域、目标、手段和内容，因此，这是一个比较具体和完整的定义。

经济性管制的领域主要包括自然垄断领域和存在信息不对称（信息偏在）的领域。我们将在本书第三章详细讨论自然垄断理论，自然垄断的基本特征在于其成本弱增性，具有显著的规模经济、范围经济、网络经济性和资源稀缺性。其典型产业包括有线通信、电力、铁路运输、自来水和煤气供应等产业。在这些产业的主要业务领域，由一家或极少数家企业提供产品和服务，通常比多家企业提供相同数量的产品和服务具有较高的生产效率。但由于这些产业的经营企业具有相当大的市场垄断力量，如果不对它们进行政府管制，这些企业就会利用其垄断力量，通过制定高价而取得垄断利润，从而扭曲社会分配效率。在自然垄断产业虽然也存在企业和消费者之间的信息不对称问题，而在另一些产业，虽然不具有自然垄断性，但存在着严重的信息不对称问题，企业往往是信息的发出者和操纵者，而消费者则只是信息的被动接受者。这使消费者未必拥有充分的信息以决定在多种多样的服务和价格中，选择哪种为好，结果难以实现帕累托效率那样的资源配置效率。而且，企业为了实现其利益最大化目标，完全有可能通过信息误导，欺诈消费者。因此，也需要政府对这些产业实行政府管制。这些产业主要包括银行、证券、保险等金融业和航空运输等运输业。

就经济性管制的内容而言，主要包括：（1）价格管制。政府管制者要制定特定产业，在一定时期内的最高限价（有时也要制定最低限价），规定价格调整的周期。（2）进入和退出市场管制。为了获得产业的规模经济性和成本弱增性，政府管制者需要限制新企业进入产业。

①　〔日〕植草益：《微观规制经济学》，中国发展出版社1992年版，第27页。

同时,为保证供给的稳定性,还要限制企业任意退出产业。(3)投资管制。政府管制者既要鼓励企业投资,以满足不断增长的产品或服务需求,又要防止企业间过度竞争,重复投资。还要对投资品的最优组合进行管制,以保证投资效率和效益。(4)质量管制。许多产品或服务的质量具有综合性,并不容易简单定义和直观认定。例如,航空服务质量包括准时性、安全性、机上服务、机舱设备、行李处理服务等方面,在管制实践中,很难将这些质量要素进行综合。因此,在一些被管制产业中,往往不单独实行质量管制,而是把质量和价格相联系,即在价格管制中包括质量管制,如果被管制企业没有达到质量标准,或者消费者对质量的投诉太多,政府管制者就要降低管制价格水平。在上述 4 个方面的管制中,价格管制和进入管制是最基本的管制内容。同时,由于各个被管制产业的技术经济特征存在很大差异,这就决定了同一政府管制内容在各个产业也存在很大的差异。

美国是最早实行经济性管制的国家之一,特别是在 19 世纪 70 年代,两个重要事件导致美国重视政府管制:一是美国最高法院的一项重要决定为对垄断的管制提供了依据;二是在铁路运输产业形成了明显的垄断力量,从而使这一产业成为美国联邦政府实行经济性管制的第一个主要产业。到 20 世纪 30 年代,美国出现了经济性管制的浪潮,从 1933 年一直持续到 1940 年,其间颁布了《银行法》、《证券法》、《电信法》、《汽车运输法》、《民用航空法》、《天然气法》和《运输法》等法律,设立了联邦通信委员会、联邦电力委员会、证券交易委员会和民用航空管制局等政府管制机构。1940—1970 年,美国的经济性管制继续加强。但在 1971—1989 年,出现了放松经济性管制的浪潮。① 我们将在

---

① 关于美国经济性管制的历史请详见 Viscusi W. K., and J. M. Vernon, and J. E. Harrington, Jr., 1995, *Economics of Regulation and Antitrust*, The MIT Press, pp. 299–304。

本书第十六章分析放松经济性管制的原因。

中国从改革开放以来,特别是进入 20 世纪 90 年代以来,在经济性管制方面也有较大的进展。表 2—1(见下页)列出了到 2000 年为止中国经济性管制的基本情况。

但应该指出的是,中国的经济性管制存在的主要问题是缺乏有效的法规支持,更缺乏具有独立性的政府管制机构,由于被管制产业绝大多数是由国有企业垄断经营的,实行政企合一的管理体制,因此,中国的经济性管制还不是严格意义上的政府管制,需要通过改革加以规范。

二、社会性管制

植草益对社会性管制下的定义是:以保障劳动者和消费者的安全、健康、卫生、环境保护、防止灾害为目的,对产品和服务的质量和伴随着提供它们而产生的各种活动制定一定标准,并禁止、限制特定行为的管制。[①] 与经济性管制相比较,社会性管制是一种较新的政府管制。虽然在 20 世纪初就存在对食品、药品等方面的管制,但直到 70 年代,美国等经济发达国家才开始重视社会性管制,理论界才开始较为系统地研究社会性管制问题。在 70 年代,美国设立了许多有关健康、安全和环境保护的政府管制机构,如美国环境保护局、国家高速公路交通安全管理局、消费品安全委员会、职业安全与健康管理局和原子能管制委员会等政府管制机构都是在这一时期产生的。

在生产技术日新月异地进步,经济快速发展的同时,许多经济行为经常会产生严重的负外部性,如一些企业的生产活动带来空气污染、水污染等问题;消费者的个人消费行为也会造成负外部性,如个人使用小汽车也会引起或加重空气污染。同时,由于消费者对许多食品和药品

---

① 〔日〕植草益:《微观规制经济》,中国发展出版社 1992 年版,第 22 页。

表 2—1　中国经济性管制概要

产业		进入管制	价格（收费）管制	主要管制法规	主要管制机构
公用事业	电力	供电营业许可证、营业执照	核准	电力法(1995.12)	国家、地方经贸委电力司(局)、物价司(局)
	城市供水	资质审查、工商登记	地方政府定价	城市供水条例(1994.1)	建设部、地方政府部门
	城市燃气、热力	地方政府垄断	地方政府定价	地方性法规	建设部、地方政府部门
	公共汽车、地铁	地方政府垄断	地方政府定价	地方性法规	建设部、地方政府部门
	城市出租车	营业执照	地方政府定价	城市出租车管理暂行办法(1988.6)	建设部、公安部、国家旅游局、物价局
邮电广播	邮政	国家垄断	法定价格	邮政法(1986.12)及实施细则(1990.11)	信息产业部
	国内长途	国家垄断	法定价格		
	国际长途	国家垄断	法定价格	中华人民共和国电信条例(2000.9)	信息产业部、物价司(局)
	地区通信	国家垄断	地方政府定价		
	无线移动电话	寡头垄断	法定价格		
	无线寻呼	许可证	地方政府定价		
	增值业务	申报			

	产业		进入管制	价格（收费管制）	主要管制法规	主要管制机构
邮电广播	无线电广播		审批	放开	中华人民共和国无线电管理条例(1993.9)	广电总局，国家无线电管理委员会
	有线电视		许可	地方政府定价	有线电视管理规定(1994.2)	广电总局
	卫星电视广播		许可	地方政府定价	卫星电视广播地面接收设施管理规定(1993.10)及实施细则(1994.2)	广电总局，公安部，安全部，工商局
	铁路	国家铁路	国家垄断	法定价格	铁道法(1990.9)	铁道部，物价司
		地方铁路	审批	地方政府定价		地方铁道局，物价司(局)
		专用铁路	审批	放开		地方铁道局，物价司(局)
交通运输	航空运输		许可，营业执照	法定价格	航空法(1995.10)	民航总局，物价司
	水路运输		许可，营业执照	行业指导价	中华人民共和国水路运输管理条例(1997.12)	交通部，物价司
	公路运输		营业执照	行业指导价(客运)放开(货运)		交通部，物价司
	管道运输		特许			石油天然气总公司，石油天然气管道管理局

（续表）

产业		进入管制	价格（收费）管制	主要管制法规	主要管制机构
	商业银行	许可、营业执照	法定指导利率	商业银行法(1995.5)	中国人民银行
非银行金融	信托投资公司	许可、营业执照	法定指导利率	信托投资公司管理办法(2001.1)	各级人民银行
	城市信用社	许可、营业执照	法定指导利率	城市信用合作社管理办法(1998.1)	各级人民银行
	农村信用社	许可、营业执照	法定指导利率	农村信用合作社管理规定(1997.9)	各级人民银行
证券	股票	审核		证券法(1998.12)	证监会
	期货	审批		期货交易管理暂行条例(1999.6)	证监会
	债券	审批	法定指导利率	企业债券管理条例(1993.4) 国库券管理条例(1992.3)	财政部（国债）、人民银行（金融投资基金债券）、国家计委（投资及投资公司债券）、人行、计委（中央企业债券）、地方政府（地方企业、投资公司债券）
金融	保险	审批、营业执照	法定	保险法(1995.6)	中国人民银行

注：1. 表中的"物价司"前身为国家物价局，现指国家计委的市场与价格调整司、价格管理司、价格监督检查司。
2. 本表主要参考余晖：《政府与企业：从宏观管理到微观管制》，福建人民出版社1997年版，第116—117页。

缺乏足够的知识,存在生产者和消费者之间的信息不对称问题,一些企业生产经营的食品和药品质量低劣,消费者也无法辨认,消费结果必然影响其身体健康。对于这些由环境污染、产品质量低而造成的社会问题,居民和消费者是最大的受害者,但由于他们不掌握足够的信息,或不能形成较大的社会力量去索要补偿损失,他们就难以得到经济补偿。这需要政府代表人民的利益,通过立法、执法手段加强对这类社会问题的管制。这也为政府实行社会性管制提供了理论依据。

社会性管制的内容非常丰富,植草益根据日本社会性管制的政策实践,将社会性管制的内容分为以下 A、B、C、D 四大类,各大类中又包括若干小类:①

A. 确保健康、卫生

A_1. 确保健康、卫生(药品法、医疗法、传染病预防法、检疫法、水道法、有关废弃物的处理与清扫方面的法律等);

A_2. 麻药取缔(麻药取缔法、大麻取缔法、鸦片法、兴奋剂取缔法等)。

B. 确保安全

B_1. 防止劳动灾害、疾病(劳动基本法、劳动基准法、劳动安全卫生法等);

B_2. 保护消费者(消费者保护基本法、消费生活用品安全法、家庭用品质量表示法、食品卫生法、分期付款销售法等);

B_3. 交通安全(道路交通法、道路运输车辆法、海洋交通安全法、船舶安全法、港口管理法、海上冲突预防法、水上遇难救护法、航空法等);

B_4. 消防(消防法);

B_5. 枪炮取缔(枪炮刀剑类持有等取缔法)。

C. 防止公害、保护环境

---

① 参见〔日〕植草益:《微观规制经济学》,中国发展出版社1992年版,第282—284页。

C_1. 防止公害（大气污染防止法、水质污染防止法、噪音防止法、振动规制法、矿山安全法、金属矿业等公害对策法等）；

C_2. 环境保护（自然环境保护法、自然公园法、水产资源保护法等）；

C_3. 产业灾害防止（核燃料、原子反应堆规则法、高压气取缔法、液化石油气安全法等）；

C_4. 防止自然灾害（国土利用法、港湾法、沿岸法、河川法、森林法、矿山法等）。

D. 确保教育、文化、福利

D_1. 提高教育质量（学校教育法、私立学校法、社会教育法等）；

D_2. 提高福利服务（社会福利事业法、老人福利法、残疾人就业促进法等）；

D_3. 文物保护（文物保护法、关于保护古都的历史性风土的特别措施法等）。

在美国，通常把社会性管制局限于健康、安全和环境保护这三方面，因此，把社会性管制称为 HSE 管制（Health、Safety and Environmental Regulation），甚至不对社会性管制下定义。[1]

中国从改革开放以来，也日益重视社会性管制，相继颁布了许多相关法律，表2—2（见第 45 页）列出了到 2000 年为止中国社会性管制的基本情况。

但像中国的经济性管制一样，中国在社会性管制方面也需要加强法制建设，通过精简政府机构，设立高效率的政府管制机构，以提高社会性管制的效率。

---

[1]　详见 Gruenspecht, H. K. and L. B. Lave, 1989, "The Economics of Health, Safety, and Environmental Regulation", in Schmalensee, R. and R. Willig, *Handbook of Industrial Organization*, Vol. 1 and Vol. 2, Amsterdam: North-Holland。

第二节　政府管制过程

政府管制过程是指政府决定对特定产业或特定领域实施管制，直到放松甚至解除这种管制的过程。正像产品生命周期要经过投入期、成长期、成熟期和衰退期一样，政府管制过程也可以看作一个政府管制周期，通常包括政府管制立法、政府管制执法、法规的修改与调整、放松或解除政府管制这四个阶段。本节的任务就是讨论政府管制过程中这四个阶段的特点和主要内容。

一、政府管制立法

政府管制立法的总体目标是为开展政府管制活动提供法律依据。其主要目的是限制自然垄断产业或特定领域的垄断力量，消除负外部性，以保护社会整体利益和消费者权益。根据政府管制的范围大小，政府管制立法的立法机构可能是全国性的（如我国的全国人民代表大会），也可能是地方性的（如某一个省、市、自治区的人民代表大会）。由于任何一项立法都会影响到垄断企业、消费者等利益集团的利益。因此在立法阶段，各种利益集团都会对立法机构和人员进行各种形式的游说活动，以维护本利益集团的既得利益，争取新的利益。政府管制立法的主要内容包括以下 3 个方面：

1. 确定政府管制机构的法律地位。政府管制机构实际上就是政府管制法规的执行机构，既可以新建一个管制机构，也可以利用原有管制机构，改变原有管制机构的管辖范围。政府管制立法要明确新的或原有管制机构的法律地位。

2. 明确政府管制机构的职责和权力。政府管制立法需要对管制机构进行定位，明确其基本职责。同时，由于政府管制活动涉及多方面的

表2—2　中国社会性管制概要

		主要管制方式	主要管制法规	主要管制机构
消费者保护	消费者基本权利	民事责任	消费者权益保护法(1993.10)	工商管理局
	广告	内容审查、许可证、营业执照	广告法(1994.10)、广告管理条例及其细则(1987,1988)	工商管理局
	房地产交易	价格评估及其申报、房地产所有权登记	城市房地产管理法(1994.7)	建设部、工商管理局、土地管理局
健康与卫生	药品	合格证、许可证、营业执照	药品管理法(1984.9)、药品管理法实施办法(1989.1)、关于进一步加强药品管理工作的通知(1994.1)	卫生部、医药管理局
	医疗	审批、执业许可证	医疗机构管理条例(1994.2)、医疗事故处理办法(1987.6)	卫生部
	食品	卫生标准、卫生许可证、营业执照	食品卫生法(1995.10)	卫生部、技术监督局
	化妆品	许可、批准文号、特殊化妆品证书	化妆品卫生监督条例(1989.11)、化妆品卫生监督条例实施细则(1991.3)	卫生部
生命安全	消费品质量	标准设立	产品质量法(2000.7)、标准化法及其实施条例(1988.12,1990.4)、计量法及其实施细则(1985.9,1987.1)	技术监督局、工商管理局、内贸部
	职业安全与卫生	标准设立	劳动法(1994.7)、矿山安全法(1992.11)、职业病范围和职业病处理办法的规定(1987.11)、尘肺病防止条例(1987.12)	劳动部、卫生部、产业主管部门

（续表）

	主要管制方式	主要管制法规	主要管制机构
一般环境管制	标准(环境质量、污染物排放)设立,三同时,超标排污费	环境保护法(1989.12)、征收排污费暂行办法(1992.2)、污染源治理专项基金有偿使用暂行办法(1988.7)、建设项目环境保护管理办法(1986.3)及程序(1990.6)	国家环保局
公害防治 — 大气污染	标准设立、申报,三同时,超标排污费,禁止特种污染排放	大气污染防治法(2000.4)、汽车排气污染监督管理办法(1990.8)	各级环保、公安、交通、铁路、渔业、经贸主管部门
公害防治 — 水污染	标准设立、申报,三同时,排污费、超标排污费,禁止特种污染排放	水污染防治法(1996.5)、水污染防治法实施细则(1989.7)、饮用水水源保护区污染防治管理规定(1989.7)、水污染排放许可证管理暂行办法(1998.3)	各级环保、航政、水利、卫生、地矿、市政管理机关及重要江河的专门水管机构
公害防治 — 环境噪声污染	标准设立,三同时,申报,超标排污费	环境噪声污染防治法(1996.10)	各级环保、交通、铁道、民航、公安
公害防治 — 固体废物污染	申报,排污费(排污设施建造改好前、危险固废填埋)、经营许可证(危险固废处置、转移固废填埋)、进口固废审批许可	固体废物污染环境防治法(1995.10)、废物进口环境保护管理暂行规定及补充规定(1996.3、1996.8)	各级环保、城建及经贸主管部门(当责令关、停超标企业时,停超标污染设施、工艺和企业)

本表主要参考余晖:《政府与企业:从宏观管理到微观管制》,福建人民出版社1997年版,第148—149页。

关系,政府管制立法虽然不能详尽规定管制机构的具体权力,但必须就政府管制的主要内容对政府管制机构的权力作出原则规定。

3. 规定政府管制的总体政策目标和基本内容。例如,要求政府管制者制定"合理的和公正的"管制价格;保证消费者都能享受所需要的产品和服务;阻止垄断企业采取价格歧视行为,等等。

我们以英国电信产业为例,比较形象地描述在政府管制立法阶段的主要内容。① 英国政府经过长达两年多的准备和反复辩论,终于在1984 年 4 月 12 日正式颁布并实施了《电信法》(*Telecommunications Act*),它成为英国电信产业政府管制体制改革的纲领性文件,大致规定了电信产业政府管制的制度框架。该法第 1 条授权英国贸工大臣(Secretary of State for Trade and Industry)委任电信(管制)总监(Director General of Telecommunications,简称 DGT),并由电信(管制)总监担任作为主要政府管制机构的电信(管制)办公室(Office of Telecommunications,简称 OFTEL)主任。该法第 3 条还规定了贸工大臣和电信(管制)总监的基本职责:(1)向全英国提供通信服务,满足所有的正当需求,特别是紧急通信服务,公共电话亭服务,提供通信地址服务、海上服务和农村地区通信服务。(2)保证通信服务经营者有财力从事其经营活动。为实施这些基本职责,该法另外规定了 8 个指令,要求促进以下几项目标:(a)促进在英国的消费者、购买者和其他使用者的利益;(b)促进高效率竞争;(c)促进效率与经济性;(d)促进研究与开发;(e)促进海外电信企业在英国开展通信业务;(f)促进提供国内通信服务;(g)通过提供通信服务和设备,促进英国企业的国际竞争力。这些准则虽然为实施该法提供了指南,但贸工大臣和电信(管制)总监具有

---

① 参见王俊豪:《英国政府管制体制改革研究》,上海三联书店 1998 年版,第114—116页。

相当大的决策权。如该法第 7 条规定,贸工大臣与电信(管制)总监协商后,有权发放通信服务经营许可证,或者,电信(管制)总监征得贸工大臣批准后也有权发放通信服务经营许可证。该法第 12 条还授予总监通过与经营许可证持有者达成协议后,有修改经营许可证条款的权力;同时,该法第 13 条规定电信(管制)总监有权将修改经营许可证之事提交垄断与兼并委员会处理。电信(管制)总监可要求垄断与兼并委员会对以下问题作出裁决:(1)原来的经营许可证主要条款是否违背或可能违背公共利益;(2)经营许可证的修改是否能校正或防止这种不良影响。如果垄断与兼并委员会的报告对上述问题是肯定的,除非贸工大臣出于对国家安全或外交关系的考虑而对电信(管制)总监有特别指示,电信(管制)总监可以按照他认为适当的方式修改经营许可证的主要条款。该法还授权电信(管制)总监监督通信服务经营者是否执行经营许可证所规定的各项条款,如果电信(管制)总监认为某经营者违反了经营许可证条款,而且,这个经营者也没有按照要求采取必要的改正措施,那么,总监必须对这个经营者下达命令,经营者若不执行总监的命令就是违背了法律职责,并可能被送交法院制裁,甚至吊销经营许可证。关于竞争问题,该法第 50 条授予电信(管制)总监拥有和公平交易总监(Director General for Fair Trading,简称 DGFT)平行的功能和权力。1973 年的《公平交易法》(Fair Trading Act)和 1980 年的《竞争法》(Competition Act)的有关条款都适用于电信产业。这两个总监有权联合把有关竞争问题提交垄断与兼并委员会处理。但公平交易总监对电信产业的兼并事件拥有独立的处理权。

由上可见,英国 1984 年的《电信法》把主要政府管制权力授予贸工大臣、电信(管制)总监、公平交易总监和垄断与兼并委员会这 4 个一级管制机构,这些机构的功能、权力和责任都比较广泛,特别是贸工大臣和电信(管制)总监拥有相当大的决策权。

二、政府管制执法

通过政府管制立法,作为执法者的政府管制机构被赋予特定的法律地位、基本职责和权力,以及政府管制的政策目标后,就开始政府管制执法活动。但由于政府管制立法所规定的内容是原则性的,政府管制机构在执法过程中往往存在很大的决策空间。如政府管制的政策目标之一是要求制定"合理和公正"的管制价格,对此,政府管制机构既可以采取"投资回报率价格管制模型",也可以采取"最高限价管制模型",特别是对"合理和公正"可以有不同的理解,从而使政府管制机构在执法过程中表现出相当的权力。如果像英国那样,政府管制机构的负责人具有很大的权力,政府管制机构的权力就表现为个人的权力。学术界对政府管制者的这种个人权力颇有争议。[1] 如一些学者认为,由于难以对政府管制者的职权范围、违反政府管制的行为作出准确的定义,而且,被管制产业的客观情况在不断发生变化,这些都需要给管制机构的负责人一定的决策空间,以保证管制决策的灵活性和适应性。有的学者还详细论证了赋予管制者个人权力是较好地保护管制者独立性的重要条件。[2] 如果管制机构负责人没有足够的权力,事事都要请求政府部长或其他政府部门,这就会给政府过多干预企业提供条件。管制机构负责人拥有一定的权限,才能独立地、灵活地制定管制决策。而许多学者则认为,管制权力应该由一个团体所掌握,不能由个人所控制。[3] 如果把管制权力集中于个人身上,就会形

---

① 详见王俊豪:《对英国现行政府管制体制的评论》,《经济科学》1998 年第 4 期。

② Foster, C. D., 1992, *Privatization*, *Public Ownership and the Regulation of Natural Monopoly*, Blackwell, pp. 258–259.

③ John Kay, 1996, "The Future of UK Utility Regulation", in M. E. Beesley (eds.), *Regulating Utilities: A Time For Change?* Redwood Press, pp. 145–171.

成政府管制个性化。同时,这也为被管制者"俘虏"管制者提供了方便和机会。①

三、法规的修改与调整

随着被管制产业或领域的技术经济特征、政府管制体制和指导思想的变化,需要对原有的管制法规作必要的修改和调整。例如,在1981年,英国政府曾颁布了一部《电信法》,按照这一法律,英国电信公司从英国邮政局分离出来,成为一个独立的法人企业,并废除了英国电信公司原来在通信网络操作、提供网络服务、供应大部分通信设备等方面的法定垄断地位。更具有实质性意义的是,英国政府授予莫克瑞电信公司经营全国性通信网络的特许权,成为英国电信公司的第一家竞争企业。1984年,由于英国政府决定对英国电信公司实行股份制改造,又颁布了一部新的《电信法》,作为指导英国电信产业实行政府管制体制改革的法律依据。而修改与调整的频率最高、幅度最大的是政府管制机构按照基本法律所制定的有关规定。例如,英国政府在1984年颁布的《电信法》一直沿用至今,体现了法律的相对稳定性,而由英国电信(管制)办公室制定的有关规定则是经常修改与调整的,如从1984年到1997年,英国电信产业的管制价格政策就调整了4次,从而使管制价格动态适应电信产业的成本需求变化特点。

由上可见,政府管制法规的修改与调整实际上是与政府管制执法交叉进行的,表现为在执法过程中修改与调整有关法规,而在法规修改与调整后又开始新的政府管制执法。

四、放松或解除政府管制

某些自然垄断产业或领域经过相当长的一段时期后,就会从量变

---

① 本章第四节将专门讨论政府管制俘虏理论。

发展到质变,即由自然垄断产业或业务转变为竞争性产业或业务,这就需要放松甚至解除政府管制,由市场竞争机制代替政府管制机制。例如,美国在 1938 年通过了《民用航空法》(*Civil Aeronautics Act*),并依法成立了"民用航空局"(Civil Aeronautics Board),1970 年,该局的工作人员多达 686 人。但随着美国航空运输技术和需求的变化,特别是政府领导人对政府管制必要性的认识的变化,美国在 20 世纪 70 年代开始放松管制运动,美国政府在 1977 年和 1978 年分别颁布了《航空货运放松管制法》和《航空客运放松管制法》,这场改革运动最后导致美国政府撤销了民用航空局,解除了对航空市场的政府管制,开放了关闭长达40 年之久的美国民航运输市场。

值得一提的是,从经济发达国家的政府管制实践看,放松或解除政府管制的主要动因不是在于被管制产业或领域的技术经济与需求的变化,而是在相当程度出于政府领导人对政府管制机制与市场机制的利弊权衡与取舍,如美国总统肯尼迪在 1962 年的运输咨文中就认为,过分严格的管制政策阻碍了美国运输业的发展,因此,明确提出今后要"多依靠市场的力量,少依靠管制的限制"。经过几年的准备,终于在70 年代在美国出现了放松管制运动。与此相类似,英国从 80 年代初开始,也相继对电信、电力、煤气、自来水和铁路运输产业的政府管制体制进行了一系列重大改革,其核心内容是引进并不断强化市场竞争机制的力量。其改革的主要动因也是出于英国政府不断重视市场机制的积极作用。

第三节　信息不对称下的政府管制理论

在现实世界中,政府管制者必须处理两类垄断:产品供应的垄断与信息供应的垄断。大多数经济分析集中于产品供应的垄断,但在不少方面,信息供应的垄断更为重要。事实上,不完全信息引起了严重的刺激机制问题,它大大增加了政府管制的难度。这是因为,如果管制者像被管制企业那样清楚地了解产业状况和企业行为,只要管制者有足够的权力,它就只需根据掌握的信息,按照社会最优目标,命令企业执行它所制订的计划。如果真是这样,一个更好的选择是:政府仅仅委托管制者直接经营企业,无须由企业的经理掌握生产经营决策权。但在现实经济中,企业的决策者(经理)远远比管制者掌握着更多的信息,而且,管制者既难以观察更难以推断企业的许多行为。这种管制者与被管制者之间信息不对称问题是政府管制经济学的一个核心内容。本节我们将运用委托-代理理论来解释管制双方的信息不对称问题。

一、委托-代理理论

对企业行为传统的经济分析方法是,假定决策者的目标是追求企业利润最大化,但在实践中,决策者也追求非利润目标。对此,我们首先来讨论委托-代理问题:在这一问题中,存在着两种行为主体,即所有者(雇主)和代理者(经理),所有者将其资产委托给代理者经营,由于两者是不同的行为主体,他们所追求的目标也不相同。所有者总是想诱导代理者按照自己的利益采取行动,但他不完全掌握代理者的状况和行为,因此,所有者面临着一个监督问题。由于所有者不能详细了解企业情况,他就不可能直接指示代理者做什么,他只能把决策权让给代理者。委托-代理理论主要关注信息与刺激问题,它要解决的一个核心问题是,所有者如何向代理者提供最优的刺激机制。

在这一理论中存在两种委托-代理解释模型。首先,令 W 和 π 分别表示所有者和代理者的效用函数,令 a 表示代理者的行为状况,θ 表示企业的环境状况。这样,所有者虽不能详细观察 a 和 θ,但他能观察在

给定的 θ 下代理者的行为结果 $x(a,\theta)$，然后采取相应的行为函数 $y(x)$（如向代理者支付报酬），$y(x)$ 便成为所有者向代理者提供的刺激机制。为此，所有者必须认识到两种约束条件:(1)代理者在给定的刺激机制下，可能会采取自利的行为;(2)刺激机制必须对代理者具有足够的力度，促使代理者从事风险活动。按照代理者在选择其行为决策时能否观察企业的环境状况(θ)，我们可以区分以下两种基本模型:第一种模型是，如果代理者不能观察 θ，他就会在给定的刺激机制 $y(x)$ 下选择 a，以最大限度地实现他所预期的效用。这时他所采取的行为决策在很大程度上取决于他对风险的态度。如果代理者是风险型的，他愿意承担风险，那么，这种刺激机制是有效的，不存在监督问题。可是，如果代理者不愿承担风险，那么，所有者就要向代理者提供在不良环境状况下的某种保障机制，否则，由于代理者只得到部分(通常只是小部分)风险利益，他就会缺乏追求风险利益的刺激。在第二种解释模型中，代理者在采取行为决策前能够观察环境状况(θ)。在给定的刺激机制 $y(x)$ 下，他们的行为决策是一个函数 $a(\theta)$，其最优决策取决于环境状况(θ)。像第一种解释模型一样，所有者也必须保证其刺激机制对代理者有足够的激励作用，否则，代理者就不会采取利润最大化的决策。

委托-代理理论在经济学中具有广泛的适用性。例如，它被应用于管制者与被管制者、雇主与工人、贷方与借方、地主与佃户等关系的处理。不少文献对这一理论及其应用作了较为深入细致的分析。[1] 这里，我们主要讨论如何运用这一理论来分析管制者与被管制者的信息不对称问题。

---

[1]　读者可参阅 Rees,R.,1985,"The Theory of Principal and Agent",*Bulletin of Economic Research* 37:3—26,75—95。他在这篇文章中还列出了有关这一理论的详细参考资料。

二、委托-代理理论在政府管制中的应用

虽然委托-代理理论是在信息不对称分布的状况下,主要探讨所有者如何为提高效率而设计合理刺激机制的问题。由于所有者掌握的信息不如代理者那么多,这就使所有者难以有效地监督代理者的行为。这种信息不对称现象会导致不完全刺激,其结果造成效率低下。但这一理论完全可以用来研究政府管制问题。这里,政府或管制机构是所有者,被管制企业或企业经理是代理者。采用这一方法,可以把管制制度看作是一种刺激机制。客观上,企业比管制者更了解成本等情况,但管制者努力诱导企业在给定的现实成本状态下,按照公共利益标准制定价格、产量和投资等决策,而企业则不管受哪一种管制制度的约束,都要按照自己的利益,追求利润最大化。

假定政府管制者的追求目标是由消费者剩余(S)和企业利润(π)所构成的社会福利(W),而企业的追求目标是利润最大化。令 C 表示管制者无法观察到的企业单位成本水平;令 Q 表示管制者能观察到的企业产出水平。管制者希望企业能选择一个价格等于边际成本的产出水平,以实现最优结果,但管制者并不知道企业的单位成本水平(C)。可是,有的学者认为,在这种情况下,如果管制者能够给企业一种特别的刺激,仍能达到最理想的结果。[1] 例如,管制者保证,若企业实现最优产出水平,企业就能获得一部分消费者剩余。运用这种刺激机制,企业不仅取得了利润,还获得了一部分由消费者剩余让渡而得的额外利益。因此,在这种特殊安排下,虽然管制者不知道企业的成本状况,但通过特定的刺激机制,可能达到最优的结果。但笔者认为,这种特殊刺

① Leob , M. and W. Magat,1979,"A Decentralized Method for Utility Regulation", *Journal of Law and Economics* 22:399-404.

激安排在理论上或许是巧妙的,可是,它显然存在一个操作上的严重缺陷,即这种刺激机制虽然不需要企业的成本资料,但管制者必须知道消费者剩余的大小,而这似乎是一种比掌握企业的成本信息更为艰难的工作。同时,不能把政府管制者的追求目标简单地解释为消费者剩余和企业利润的总和。出于对收入分配的考虑,政府往往会给消费者利益以较大的权重而给企业利润的权重则较小。在这种情况下,政府追求的目标形式可更确切地表示为:$W = s + \alpha\pi$,其中,$0 < \alpha < 1$。

　　一些经济学家还运用复杂的数学公式对在信息不对称状况下的政府管制模型作了深入的解释分析。例如,巴伦(Baron)和迈尔森(Myerson)对管制者不掌握成本信息的管制模型作了解释论证,[1]这是一个信息不对称模型,只有企业知道单位成本水平,而管制者并不掌握这方面的信息。相反,在拉丰特(Laffont)和蒂罗尔(Tirole)的模型中,[2]把企业的成本水平与企业降低成本的努力挂钩,并假定管制者能够观察企业的成本水平,但成本水平由自然状况和企业努力这两种因素共同决定,而管制者并不能观察任何一种因素。因此,管制者分不清降低成本是企业努力的结果还是因较好的自然状况造成的。由于这些模型涉及较为高深的数学技术,这里只作扼要的介绍。

　　综合以上讨论的内容,企业经理(代理者)比企业的所有者和管制者掌握更多的产业信息,而企业经理的行为难以被有效地控制和监督。这就需要解决以下两类问题:一是企业的所有者如何刺激经理(代理者)按照所有者的行为采取行动;二是政府管制者如何刺激企业(或经理)按照公共利益采取行动。因为被管制企业经理的行为受企业所有

　　① Baron,D. P. and R. B. Myerson,1982,"Regulating a Monopolist with Unknown Cost",*Econometrica* 50:911-930.

　　② Laffont ,J. J. and J. Tirole,1986,"Using Cost Observation to Regulate Firms",*Journal of Political Economy* 94:614-641.

者和政府管制者的双重影响,最理想的办法是把这两类问题结合起来讨论,但这会带来复杂性,所以,在运用委托-代理理论探讨政府管制问题时,往往把第一类问题搁在一边,而假定被管制企业的经理是完全代表所有者的利益,以利润最大化为追求目标。

在本书第四章讨论投资管制理论时,我们将发现在阿弗契(Averch)和约翰逊(Johnson)的投资理论模型中没有考虑到信息不对称问题,他们的研究目标是在给定的刺激机制下揭示企业的行为结果。而本节的信息不对称理论则讨论了在有限的信息下,什么是最优的管制机制的问题。在巴伦和迈尔森提出的模型中,政府不能观察企业的成本结构,在消费者利益和生产者利益两者之间,政府更多地考虑消费者利益。在洛布(Loeb)和麦盖特(Magat)设计的刺激机制中,企业除利润外还能获得由部分消费者剩余让渡而得到的额外利益,因此,从分配效率的角度看,这种机制是不理想的。政府管制者希望价格等于单位成本,但它又不能观察成本水平。如果政府强制企业制定低价,则会存在企业或明或暗地拒绝向市场供应产品的情况。为了避免这种尴尬的局面,政府设计管制机制时只能采取折中态度,结果往往使价格超过单位成本,导致分配无效率。更明确地说,企业由于对信息的垄断,取得了超额利润。在拉丰特和蒂罗尔的模型中,假设成本决定于企业的努力和特定的环境,并假定管制者能观察成本水平,但不了解企业为降低成本所作的努力,因此,政府不知道较低的成本水平是企业努力的结果还是由于良好的企业环境(或好运)。这样,企业内部效率和社会分配效率的替换关系是十分模糊的。也就是说,价格等于单位成本能对分配效率产生完全的刺激,但不存在降低成本的刺激;价格等于一个给定的常数能对内部效率产生完全的刺激,但会降低分配效率。与最优状况相比较,政府采取折中性的刺激机制往往会导致较低的产出水平和较高的价格,缺乏对企业降低成本的足够刺激,这就难免存在内部效率低的问题。这里,我们可以再次看到,企业从对信息垄断中获得利益,而政府在信息不对称状况下处于劣势地位,其结果导致较低经济效率。

一些学者还从其他角度对信息不对称状况下的政府管制问题作了分析。如巴伦和贝赞科(Besanko)在1984年提出了对企业的成本状况进行审计的设想,①通过缩小管制者与企业之间的信息不对称以提高效率。1987年,他们还把信息不对称看作是一个动态过程,随着时间的推移,管制者能掌握企业的成本信息,并可利用这种信息来制定管制政策,向企业提供更有效的刺激机制。②

从上面的讨论可见,在信息不对称的管制环境下,政府管制者总是面临着如何打破被管制者对信息垄断的问题,以取得尽可能多的管制信息,提高管制效率。

第四节 政府管制俘虏理论

到现在为止,我们所讨论的属于"政府管制公共利益理论"(public interest theory of regulation),它在一个很长的时期内一直以正统的理论而在政府管制经济学中居有统治地位。它假定政府管制的目的是,通过提高资源分配效率,以增进社会经济福利,并假定政府管制者专一地追求这一目标。可是,在20世纪70年代初,在西方国家出现了另一种相对的理论,对政府管制公共利益理论的这些假定提出了挑战。由于这一理论特别关注政府管制"供应"与"需求"的决定因素,因此,它通

① Baron, D. P. and D. Besanko, 1984, "Regulation, Asymmetric Information, and Auditing", *Rand Journal of Economics* 15:447–470.

② Baron, D. P. and D. Besanko, 1987, "Commitment and Fairness in a Dynamic Regulatory Relationship," *Review of Economic Studies* 54:413–436.

常被称为"政府管制经济理论"（economic theory of regulation），其研究重点是政府管制过程对收入分配后果的影响以及管制者本身所具有的各种动机。这种理论属于非规范性理论，它主要通过评价政府管制者为不同利益集团所做的各种替代性制度安排下的收益与损失，试图解释为什么某些特定的管制制度会出现并发生变迁。本节所探讨的"政府管制俘虏理论"（capture theory of regulation）就是这种政府管制经济理论的一个核心内容。本节讨论的逻辑起点是各种利益集团与政府管制的关系，然后分析作为一种特定利益集团的企业对政府管制的特殊影响力和政府管制者的各种动机；在此基础上探讨政府管制俘虏理论，并对这一理论进行简要评价。①

一、利益集团与政府管制

具有相同利益的组织和个人形成一个利益集团（interest group），各种利益集团都会对政府管制产生一定的影响。例如，一些利益集团对政府管制者制定垄断企业的管制价格的压力是十分明显的，消费者希望价格尽可能低，而企业则要求制定尽可能高的价格。此外，还存在更复杂的情况：如在管制价格问题上，企业工会组织成员有作为消费者要求享受较低的管制价格的一面，但另一方面作为企业职工也可能与企业管理者联合，希望通过制定较高的管制价格能以更高的工薪和较优的工作条件等形式分享垄断利润。通常，特定利益集团与政府管制者的接触频率越高，关系越密切，管制者越容易接受其意见。

管制机构的制度安排和管制权限等对管制者的约束机制也会影响各种利益集团对政府管制的作用方式。例如，许多管制机构的权限是

---

① 本节主要参考王俊豪、鲁桐、王永利：《西方国家的政府管制俘虏理论及其评价》，《世界经济》1998 年第 4 期。

相当模糊的（如笼统地要求它们制定公正、合理的管制价格），这就使管制者有相当大的决定权，并为各种利益集团进行游说活动提供了机会。同时，政府管制者的任职条件、工作年限、由上级任命还是选举产生、对下一时期的再任命或选举的约束条件等都会影响利益集团的游说对象和方式。

二、企业对政府管制的特殊影响力

在竞争市场上，企业追求长期利润最大化的主要手段是产品和技术创新，在此基础上形成一定的垄断力量。企业取得短期最大利润的主要手段则是生产成本极小化。企业若偏离成本最小化取向，在不存在进入壁垒的情况下，就会招致竞争者进入市场，抢夺企业的市场份额。同时，在竞争性市场上，企业仅仅是市场价格的接受者。总之，在竞争性市场上，市场机制会毫无偏见地制约企业的市场行为。但在受政府管制的自然垄断性产业（主要是基础设施产业）中，政府管制者扮演着竞争性市场的角色，以模拟发挥竞争机制的功能，试图通过类似竞争的刺激机制促使企业降低成本。在实践中，政府管制过程模拟竞争过程而发挥作用，主要反映在管制者制定的价格和被管制企业的成本这一关键问题上。管制者制定的价格应反映企业的真实成本，但由于管制双方的信息不对称性，管制者不能完全了解企业的现实成本。因此，管制者是凭借对企业成本的主观判断而决定管制价格水平的。这就诱使企业对管制者开展各种游说活动。

企业作为一个特定的利益集团，它与消费者等利益集团对政府管制者具有相对的游说目标，即企业要求制定高价，而消费者要求制定低价。但不同利益集团对政府管制者具有不同的影响力，其反作用是管制者在制定管制政策时，对不同利益集团会有不同的权重。这是因为：管制者通常偏重于组织性较好的利益集团，以便取得更强的政治力量，并让这些利益集团通过优惠的管制政策取得一定的额外利益,以诱使它们愿意在对管制者的政治支持方面进行投资。更简要地说,管制者往往会偏重那些对优惠的管制政策具有敏感反应的小利益集团的利益,而牺牲对管制政策反应较弱的大利益集团的利益。其理由在于不同利益集团对政府管制有不同的需求认识和行动方式。一些利益集团能敏感地认识到对某种管制政策的需求,也就是其集团成员能意识到可能从中取得大量的潜在利益;而一些利益集团却不能明确地意识到管制政策能为它们带来很大的潜在利益。由于利益集团的行为是由组成集团的每个成员的需求与动机决定的,因此,非常重要的一点是,每个利益集团成员只有联手努力才能获得共同利益。这要求每个成员都有一定的刺激去关心,并采取一定的行动,以争取优惠的管制政策。这就是说,某个利益集团内每个成员能从管制政策中得到的利益越多,这个利益集团就越能认识到怎样设计管制政策才能对他们有利。当然,仅仅对某种管制政策有一定的需求认识是不够的,为了达到预期目标,利益集团还需要采取相应的行动。这需要利益集团通过管制者能够觉察到的行为(如投票意向)给予管制者一定的政治力量和某些物质利益。这样,由于"搭便车效应"(freerider effect),大的利益集团反而处于劣势地位。这是因为,某个人为了本利益集团的利益所做的努力,集团内所有的人都有可能得益,但其成本则由这个人承担。这种成本和收益不对称的状况,会抑制集团成员为本利益集团而努力的刺激。虽然个人努力的成本与利益集团的规模无关,但利益集团越大,个人努力的边际作用就越小。当然,如果利益集团内每个成员都能共同努力,则个人成本就会相当小,但这在现实中往往是很难做到的。因此,可以作这样逆向推断:利益集团的规模越小,由于每个集团成员的努力对整个利益集团有较大影响,其个人成本和收益的不对称性相对较小,这就使搭便车效应明显减弱。

以上分析结果表明,由于企业这一利益集团的规模较小(在一些自然垄断产业只有极少数家甚至一家企业),而且,每个企业都能敏感地认识到可从优惠的政府管制政策中取得大量的利益,这就容易采取共同一致的行动;而与它(企业)相对的消费者利益集团则由数以万计的个体构成,政府管制政策对其造成的不利影响由各个消费者分担,对个人的影响并不大。因此,消费者个人往往缺乏为本集团的利益而积极努力的动机。这就使在众多的利益集团中,企业对政府管制具有特殊的影响力。许多实证资料都能证明这一结论。

三、政府管制者的追求目标

在西方正统的政府管制经济学中,通常假定政府管制者追求一系列社会目标,他们应该做的和他们实际做的是完全一致的。在这种假定下,对政府管制的理论分析就自然偏重于对政府管制行为的规范分析而忽视实证分析,即只分析管制者应该怎样做,而不是他们实际上是怎样做的。这种假定并不符合现代政治经济思想:在分析企业行为时,经济学家假定经理追求私利而不是股东的利益,为了使经理的利益与所有者的利益保持一致,必须对经理的决策加以一定的制约。在政治科学中,假定政治家追求政治权力和地位,而不是利他的目标。有关公共选择理论把这些内容概括为自利理论。但与正统的政府管制经济学不同,在一些有关政府管制的文献中,一些西方学者,如芝加哥学派(Chicago school)和弗吉尼亚学派(Virginian school)也采取了类似的分析方法。他们假定政府管制者是经济人,他们也追求私利。具体地说,政府管制者的追求目标可以分为直接与间接两类。根据芝加哥学派的理论,管制者的直接目标是收入最大化,从短期看,他们的收入水平可能并不高,但从长期看情况就不同。如一些政府管制者在退休前脱离政府部门而去高薪的企业工作,如特比特(Tebbit)勋爵和沃克(Walker)

勋爵原来分别负责制定英国电信公司和英国煤气公司的私有化政策方案,后来他们分别成为这两个被管制企业的董事会成员。[1] 管制者的间接目标包括追求那些非金钱的利益,例如,追求高级住宅、高级轿车等。正因为政府管制者有种种私利,才使企业进行各种寻租活动成为现实。

四、政府管制俘虏理论

企业作为一种利益集团,它对政府管制有特殊的影响力;而政府管制者有各种利己的动机。这两者相结合便为政府管制俘虏理论提供了现实基础。政府管制俘虏理论认为:政府管制是为满足产业对管制的需要而产生的(即立法者被产业所俘虏),而管制机构最终会被产业所控制(即执法者被产业所俘虏)。[2]

这一理论的最大贡献者是曾获得诺贝尔经济学奖的乔治·施蒂格勒(George Stigler),他在1971年发表的《经济管制理论》一文中指出:"经济管制理论的中心任务是解释谁是管制的受益者或受害者,政府管制采取什么形式和政府管制对资源分配的影响。"[3]他通过实证研究而得出的结论是:受管制产业并不比无管制产业具有更高的效率,较低的价格。他的结论是建立在以下假设基础上的:(1)政府的基本资源是权力,利益集团能够说服政府运用其权力为本集团的利益服务。(2)管制者能理性地选择可使效用最大化的行动。建立在这两个假设

---

① Dieter Helm,1994,"British Utility Regulation :Theory,Practice,and Reform", *Oxford Review of Economic Policy*,Vol.10,No.3,p.327.

② Kip,W. Viscusi, John M. Vernon, and Joseph E. Harrington, Jr., 1995, *Economics of Regulation and Antitrust*,The MIT Press,pp.33-34.

③ Stigler,G. J.,1971,"The Theory of Economic Regulation",*Bell Journal of Economics*, Vol.2,pp.3-21.

基础上的第三个假设是:政府管制是为适应利益集团实现收入最大化所需要的产物。政府管制是特定利益集团的一种收益来源,通过政府权力在社会各利益集团之间的再分配财富,该利益集团就增加了收益。

1976年,另一位芝加哥学派的经济学家佩尔特兹曼(Peltzmann)进一步发展了这一理论,并通过三个层次更全面地来阐述这一理论:[①]一是与市场失败相联系。哪里有自然垄断,哪里就有垄断利润。在无管制的情况下,垄断利润被垄断企业占有。在受管制的情况下,政府管制者被授予法律上的"垄断权",决定如何处理这些垄断利润。所以,被管制产业有一种经济刺激,试图影响政府立法管制者,以尽可能建立对本产业有利的管制制度。出于同样的目的,被管制产业会尽最大努力去影响政府执法管制者。这样,各种利益集团为各自的利益相互竞争,以影响立法者和执法者,在不同层次上都存在一个"政府管制市场"。二是对政府管制的结果作出预期,政府管制者通常会被受管制企业所"俘房"。这是因为,管制结果对被管制企业的得失影响最大,被管制企业会运用多种手段与政府管制者分享垄断利润。政府管制者既然成为垄断利润的受益者,就会通过管制活动为企业创造垄断利润服务。只要政府管制者所分享的利益不超过垄断利润,企业的这种"寻租投资"就是值得的。如果在被管制产业中有两个或两个以上的企业面对一个管制者,这些被管制企业就会扮演一个托拉斯的角色,共同与管制者谈判,以保留尽可能多的产业垄断利润,但它们无论如何也不可能像只有一个垄断企业那样有效地对付管制者。而且被管制产业中企业的数量越多,或者企业之间的竞争越激烈,它们共同对付管制者的合力就越弱。而垄断利润在企业间的分配则取决于各企业的相对力量。相

---

① Peltzmann,S.,1976,"Towards a More General Theory of Regulation", *Journal of Law and Economics*, Vol. 19,pp. 211-240.

反,如果一个被管制企业面对一个以上的管制者,而且,它们是相互独立的,那么,它们就较难剥夺垄断利润。三是对政府管制结果作出进一步预期,尽管存在政府管制俘虏问题,政府管制在经济上还是有效的。无论管制者是否获得利益,被管制产业的产量和价格并没有多大差异,其主要差别只在于收入在各利益集团之间的分配。但按照威廉姆森(Williamson)的解释,政府管制是在消费者与企业之间、企业与企业之间组织交易的一种方法,这种方法比不存在政府管制的情况下,让具有不同市场力量的消费者、企业实行外部交易更有效。①

除上述理论外,还有一些变异的政府管制俘虏理论。如"生命周期理论"(life-cycle theory)认为,管制机构起初能独立运用管制权力,但逐渐被垄断企业所俘虏。"合谋理论"(conspiracy theory)则认为,初始的管制政策就受被管制者与其他利益集团的影响,所以,它假定政府管制者一开始就被俘虏。此外,还有一些相关的理论。②

五、对政府管制俘虏理论的评价

由上可见,政府管制俘虏理论的核心内容是:具有特殊影响力的利益集团——被管制企业,针对管制者的自利动机进行寻租活动,使管制者成为被管制者的"俘虏",并参与共同分享垄断利润。这就使政府管制成为企业追求垄断利润的一种手段。但该理论是建立在以下三个假设条件基础上的,需要加以检验:

第一,政府管制者、垄断企业和消费者都被假定为纯粹的经济人,都是追求个人利益最大化。按照这种假定,政治家寻求政治上的支持

---

① Williamson, O. E., 1976, "Franchise bidding for natural monopolies", *Bell Journal of Economics*, Vol. 7, pp. 73–104.

② Foster, C. D., 1992, *Privatization, Public Ownership and the Regulation of Natural Monopoly*, Blackwell, p. 371.

力量(如争取选票),这只是一个假面罩,他们只是以此为手段实现收入最大化。在这种假定下,垄断企业有完全的效率,似乎不存在企业内部的 X 低效率或组织失败。① 这一假定显然不符合实际。诚然,一些政府管制者有可能与被管制企业进行权钱交易,但不能以偏概全,认为政府管制者都追求个人收入最大化。从现实性看,政府管制者还受公众和社会舆论等的监督,不可能在只有管制者和企业这两种"经济人"的世界里进行交易。更显然的是,垄断企业往往与 X 低效率密切相关。

第二,所有的利益相关者都被假定为有合理的预期。即假定它们各自运用各种可能的信息,通过谈判达成交易,从垄断利润中取得合理的收入。但正如前面所分析的,由于存在信息不对称问题,管制者往往难以像企业一样掌握大量详细的信息。因此,也就不可能有合理的预期。

第三,忽视政府管制成本对效率的影响。如果政府管制是无成本的或者成本非常小,那么,根据前面两个假定,在存在政府管制的情况下,虽然垄断利润在利益各方的分配并不相同,但对经济效率不会产生多大影响。可是,如果存在大量的管制成本,则就会降低产业的经济效率。虽然施蒂格勒认识到管制成本的存在,但把它看作是很小的,因而可以忽视的。佩尔特兹曼也指出政府管制无成本的这种假设是不现实的,在管制过程中既有管制者的成本,也有被管制者的成本。而且,管制形式本身也可能对产业效率产生消极影响。但遗憾的是他没有把管制成本真正纳入其理论分析框架。事实上,由于政府管制实践中存在大量的管制成本,这就有可能降低产业经济效率。

政府管制俘虏理论似乎是以否定政府管制和其他形式的政府干预

---

① Stigler, G. J., 1971, "The Theory of Economic Regulation", *Bell Journal Economics*, Vol. 2, pp. 3–21.

为出发点的。它的那些并不明确的结论也是保守的，在施蒂格勒等人看来，哪里有自然垄断，哪里就没有其他更有效率的可能。因此，按照这种假设，对于被管制的自然垄断产业，不是怎样提高经济效率，而是有关利益集团如何分享垄断利益的问题。以芝加哥学派为首的政府管制俘虏理论的总体影响是增强了反政府管制的倾向。正是在这种理论影响下，在 20 世纪 70 年代和 80 年代，美国出现了放松政府管制的运动。

　　由于政府管制俘虏理论存在相当大的局限性，它必然受到许多来自理论和实践的挑战。如果政府管制真是一种代价过于昂贵的政府干预，那么，就应该全面实行放松政府管制。但在现实中，许多国家对自然垄断性产业的政府管制仍然很有力度，有的国家还在加强政府管制。因此，一种更容易接受的观点是：存在自然垄断的地方，人们就不能完全依靠市场竞争力量，就需要有效的政府管制以刺激企业提高效率，保护消费者利益。但无论如何，政府管制俘虏理论的一个不可抹杀的贡献是：它为政府科学地制定与实施管制政策敲了警钟。

第二篇　经济性管制

第三章　自然垄断的基本理论

并不是所有的垄断都是自然垄断,例如,某一企业通过商标或专利,或通过政府授予的独家经营权而控制了某一市场,其基本特征是其他企业不能与这家企业进行平等竞争。这种类型的垄断从本质上看往往是短期的,通常是为实现某种社会功能(如专利权就是为刺激技术进步)而设置的。但这种垄断不是自然垄断。垄断力量也可能产生于企业采取掠夺性定价行为,以排斥竞争者,或通过若干家企业形成托拉斯组织。这种垄断扭曲了市场竞争机制,当然也不是自然垄断。因此,讨论自然垄断的基本属性是深入研究自然垄断产业政府管制理论的前提和基础。本章将简要回顾自然垄断理论的演进过程,着重讨论自然垄断的经济特性和可维持性,最后从静态和动态两个方面讨论自然垄断的边界问题。

第一节　自然垄断理论的演进

自然垄断理论是垄断理论的延伸和深化。本节我们首先简要回顾垄断理论的演进,然后讨论自然垄断理论的演进。

一、垄断理论的演进

在经济学研究的初期,经济学家的论著中很少提到"垄断"这一概念,虽然在那个时代,垄断是客观存在的,典型的是政府授予某家或极少数家企业从事某种经营业务的垄断经营权。但从总体上看,经济生活是以自由竞争为基本特征的。这样,为那个经济时代的现实经济服务的经济学家,对垄断的"忽视"是可以理解的。

奥古斯丁·库尔诺(Augustin Cournot)是第一个按照在一个卖者的情况下,需求曲线向下倾斜的理论来定义垄断的学者,这意味着垄断者可以自由地制定价格而不是被动地接受市场价格。库尔诺的一个经典例子是一个拥有矿泉的地主发现,他可以无需生产成本而出售天然矿泉水,但他要出售更多数量的矿泉水,就必须降低其价格。库尔诺为这个垄断者构思出最优定价策略,从而形成了著名的利润最大化公式——边际收益等于边际成本。①

不久,一个名叫朱尔斯·迪普特(Jules Dupuit)的桥梁和公路稽查官也对垄断理论作出了重要贡献。② 他在定量测算公共设施对社会带来的福利时发现,能够对不同的顾客制定不同价格(即歧视价格)的垄断者最终会选择能使社会福利最大化的产出。他的结论是,某些经济部门由一个追求利润最大化的企业垄断经营会比多个企业竞争性经营更有效。迪普特的分析是非常重要的,但将近100年以后,他的思想才被经济学家广泛了解。哈罗德·霍特林(Harold Hotelling)在一篇有关税收和公共设施收费的论文中讨论了迪普特对垄断理论的贡献。③ 霍特林在这篇论文中发展了迪普特的思想,并指出当价格等于边际成本

---

① Cournot, A., 1838, *Recherches Sur Les Principes Mathematiques De La Theorie Des Richesses*, Paris: Hachette. (English ed: *Researches into the Mathematical Principles of the Theory of Wealth*, N. T. Bacon, transl., New York: Augustus M. Kelly, 1960.)

② Dupuit, J., 1844, "De la Mesure de l'Utilite des Travaux Publics", Annales des Ponts et Chausses, 8. Reprinted in *Readings in Welfare Economics*, K. Arrow and T. Scitovsky, eds. 1969, Homewood, IL: Irwin, pp. 255–283.

③ Hotelling, H., 1938, "The General Welfare in Relation to Problems of Taxation and of Railway and Utility Rates", *Econometrica* 6: 242–269.

时能实现消费者福利最大化,而由此造成的经济亏损则由固定收费或
由税收补贴来弥补。

马歇尔(Marshall)在1927年出版的《经济学原理》(第8版)推动
了垄断理论的发展。① 马歇尔认识到在特定产业中,垄断是和成本与
生产状况相联系的,平均成本不断上升的产业一般是竞争性产业,而平
均成本不断下降的产业往往是垄断性产业。他进一步指出,在那些随
着产量增加,成本不断下降的产业中,垄断或许是一种理想的市场结
构,它比竞争性市场结构能使价格更低,产量更大。

继马歇尔之后,许多著名经济学家致力于研究垄断理论及其与纯
粹竞争理论的联系。在相当长的一段时期里,完全竞争与完全垄断被
认为是最基本的市场结构,但在现实经济中,许多产业的市场结构往往
处于完全竞争和完全垄断这两极之间,1933年,张伯仑(Chamberlain)
和罗宾逊(Robinson)分别发表了《垄断竞争理论》和《不完全竞争经济
学》,②这标志着垄断竞争和寡头垄断理论的形成,填补了完全竞争和
完全垄断两极之间的空白,大大丰富了垄断理论。

二、自然垄断理论的演进

有关自然垄断理论的文献散见于公共设施经济学、政府管制理论
和反托拉斯经济学等论著中。约翰·斯图亚特·穆勒(John Stuart
Mill)早在1848年就谈到自然垄断问题,他观察到英国伦敦的某些公
共设施不应该竞争性经营,并指出:如果伦敦的煤气、自来水由一家煤
气公司和一家自来水公司垄断经营,而不是像当时那样由许多家企业

---

① Marshall, A.,1927,*Principles of Economics*,8th ed. London:Macmillan.

② Chamberlain, E. H.,1933,*Theory of Monopolistic Competition*,Cambridge, MA:Harvard University Press;Robinson, J.,1933,*The Economics of Imperfect Competition*,London:Macmillan.

竞争性经营,就会取得巨大的劳动经济性。如果由一家企业经营特定的公共设施,按照当时的利润率定价就可以大大降低收费价格。[1]

托马斯·法勒(Thomas Farrer)是最早按照经济特征以辨认自然垄断的学者之一。他把那些从来没有发生过竞争,或者发生竞争而最终失败的产业归为自然垄断产业。他甚至具体列出了这些产业的5个经济特征,并认为这些特征是真正的自然垄断存在的必要条件。具体包括:(1)这些产业必须提供生活必需的产品或服务;(2)这些产业必须具有良好的生产环境和地理条件;(3)这些产业的产出品必须是无法储存的;(4)这些产业的生产必须以规模经济为特征;(5)这些产业的顾客要求获得稳定的、可靠的供应,通常只能由一个企业才能提供这种供应。[2]

1887年,亨利·卡特·亚当斯(Henry Carter Adams)在《政府与产业行为的关系》一文中讨论了自然垄断问题。[3] 按照不变的规模效益、下降的规模效益和上升的规模效益这三种状况,他把产业分为三种类型,他认为,对第一、二种产业类型可以运用市场竞争机制,但对于规模效益递增的产业应该实行政府管制。亚当斯把自然垄断的定义简化为产业的规模经济技术状况。另外,他也是最早主张对自然垄断产业实行政府管制,以实现社会福利最大化的学者之一。他把政府管制看作是维护大规模生产优势,同时,保护消费者免受垄断企业滥用垄断力量而造成损害的重要手段。

1937年,理查德·T. 伊利(Richard T. Ely)提出了有关自然垄断的不同观点,[4]他把自然垄断划分为以下三类:(1)那些依靠独一无二的

---

①　Mill, J. S., 1926, *Principles of Political Economy*, London: Longmans.

②　Farrer, T. H., 1902, *The State in Its Relation to Trade*, London: Macmillan.

③　该文重印于Dorfman, J., 1969, *Two Essays by Henry Carter Adams*, New York: Augustus M. Kelly.

④　Ely, R. T., 1937, *Outlines of Economics*, New York: Macmillan.

供应资源(如某种珍稀的矿藏)而形成的自然垄断;(2)那些以秘密或特权(如专利)而形成的自然垄断;(3)那些由于业务上的特性而产生的自然垄断。并且,他认为铁路和公共设施等最重要的自然垄断就是第三种类型的自然垄断。在伊利看来,自然垄断可以定义为"不可竞争性",这种"不可竞争性"可能来源于生产的规模经济状况,但他认为,还有其他因素会使竞争"自我破坏"(self-destructive),因而,垄断是较好的供应来源,因为它更稳定,有更高的效率。

虽然上述学者并不是发展自然垄断理论最著名的经济学家,但他们共同致力于描述自然垄断产业最重要的根本特征,后来的经济学家的主要工作是进一步阐述和拓展他们的基本研究成果。其中,对自然垄断理论的一个重要拓展是认识到简单的规模经济既不是自然垄断的必要条件,也不是充分条件。例如,詹姆斯·邦布赖特(James Bonbright)认为,对于某些公共设施服务来说,即使在单位成本上升的情况下,由一家企业提供服务也是最经济的。[1] 卡恩(Kahn)也认为,把自然垄断理解为不断下降的平均成本或规模经济应该持谨慎态度。[2] 波斯纳(Posner)则宣称,自然垄断并不是取决于市场上卖者的实际数量,而是取决于需求和供应技术的关系。[3] 凯森和特纳(Kaysen and Turner)虽然认为自然垄断与规模经济具有密切的关系,但他们强调,规模经济的存在严格地取决于市场范围。[4] 因为规模经济是一个相对的概念,

---

[1]　Bonbright, J. C., 1961, *Principles of Public Utility Rates*, New York: Columbia University Press.

[2]　Kahn, A. E., 1971, *The Economics of Regulation: Principles and Institutions*, Vol. II, New York: Wiley, p. 123.

[3]　Posner, R. A., 1969, "Natural Monopoly and Its Regulation", *Stanford Law Review* 21: 548-643.

[4]　Kaysen, C. and Turner, D., 1959, *Antitrust Policy: An Economic and Legal Analysis*, Cambridge, MA: Harvard University Press, pp. 191-195.

规模经济可能只存在于一个地区市场,也可能存在于全国性市场。因此,对自然垄断的判定首先要认定市场的范围。

从自然垄断理论的演进过程中,我们可以作出以下小结:

1.绝大多数学者都认为自然垄断产业主要是那些具有显著规模经济的产业。但一些学者提出,即使不存在规模经济,只要一家企业能比两家或两家以上的企业更有效地提供产品或服务,则自然垄断存在。

2.许多学者认识到,破坏性竞争状况是和自然垄断状况相联系的,即在自然垄断领域的竞争是不稳定的、破坏性的,因而不适宜竞争。

3.许多学者认为,简单地以规模经济(或以任何一种容易定量的方法)来识别自然垄断是困难的,甚至是不可能的,判别自然垄断性还需要考虑具体产业中市场的定义和范围、需求的性质等相关因素。

第二节　自然垄断的经济特性

自然垄断的经济特性是自然垄断的本质特征。本节我们首先提出对自然垄断经济特性的若干理论观点,然后分别讨论单一产品和多产品的自然垄断性。

一、有关自然垄断经济特性的若干理论观点

电信、电力、铁路运输、自来水和煤气供应等基础设施产业被公认为自然垄断产业,但经济学家对自然垄断的经济特征具有不同的认识。如克拉克森(Clarkson)等经济学家主要是从规模经济的角度来说明自然垄断的经济特征的。[1]　在他们看来,自然垄断的基本特征是生产函数一般呈规模报酬递增状态,即生产规模越大,单位产品的成本就越

---

①　Kenneth W. Clarkson, Roger Leroy Miller, 1982, *Industrial Organization: Theory, Evidence, and Public Policy*, McGraw-Hill Book Company, p. 119.

小。因此,由一个企业大规模生产,要比由几家较小规模的企业同时进行生产能更有效地利用资源。以图 3—1 加以说明:

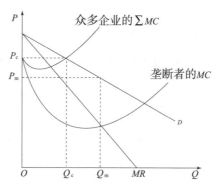

图 3—1 竞争和有巨大成本优势的垄断

在图 3—1 中,某产品在竞争条件下的市场供应曲线是若干家企业的 $\sum MC$,它是这几家企业在其平均可变成本曲线最低点上的边际成本曲线的水平加总线;P_c 是均衡价格;Q_c 是均衡产量。若假定这几家企业被一家垄断企业所替代,如果确实存在巨大的成本优势,新的边际成本曲线(即垄断者的 MC)将全部落在原来的产业供给曲线之下。垄断者若以边际收益等于边际成本的原则确定产量 Q_m,并制定相应的价格 P_m,就能以较低的价格提供更多的产品,从而能增进社会福利。

沃特森(Waterson)则认为,自然垄断是这样一种状况:单个企业能比两家或两家以上的企业更有效率地向市场提供同样数量的产品。[1]而夏基(Sharkey)和鲍莫尔(Baumol)等著名学者则认为,自然垄断最显著的特征是其成本函数的弱增性(Subadditivity)。[2]

———————————

[1] Waterson,M.,1988,*Regulation of the Firm and Natural Monopoly*,Oxford:Basil Blackwell.

[2] William W. Sharkey, 1982, *The Theory of Natural Monopoly*, Cambridge University Press,pp. 4 - 5;W. J. Baumol,1977,"On the Proper Cost Tests for Natural Monopoly in a Multiproduct Industry",*American Economic Review*,December 1977.

二、单一产品的自然垄断性

如果某一产业中的企业只提供单一的产品,则这一产业具有自然垄断性的基本条件是,在一定的产业范围内,由一家企业提供产品比多家企业共同提供产品具有更高的效率。若以 Q 表示产量,以 C 表示成本函数,以 $C(Q)$ 表示一家企业提供产量 Q 所发生的各种成本;为方便起见,假定其他企业的成本函数也为 C,如果产量 Q 由 K 家企业共同生产,企业 i 的产量为 q_i,则 K 家企业生产 Q 产量的成本之和为:

$$C(q_1)+C(q_2)+\cdots+C(q_K)=\sum_{i=1}^{K}C(q_i) \qquad (3.1)$$

则该产业在产量 Q 范围内存在自然垄断性的充要条件是:

$$C(Q)<\sum_{i=1}^{K}C(q_i) \qquad (3.2)$$

在上式中,$Q=\sum_{i=1}^{K}q_i,K\geqslant2$。 $\qquad (3.3)$

为进一步说明规模经济与成本弱增性的关系,我们以图形加以说明:

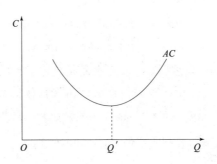

图3—2   单个企业的平均成本曲线

图3—2显示了单个企业的平均成本曲线。在产量达到 Q' 之前,平均成本是不断下降的,当产量超过 Q' 后,平均成本就开始上升。即当产量小于 Q' 时存在规模经济,产量大于 Q' 时则存在规模不经济。

　　成本弱增性所要讨论的是,由一家企业提供整个产业的产量成本较低还是这家企业与另外的企业共同提供相同产量的成本较低。显然,当产量小于Q'时,由一家企业生产能使成本最小化,所以,在这一产出范围内,成本当然是弱增的。为了考察当产量大于Q'时能使成本最小的方案,我们可引进两个企业的最小平均成本函数,在图3—3中,我们假定这两个企业具有相同的生产效率,则AC_2就是这两个企业的平均成本曲线,而AC_1则是从图3—2中复制过来的单个企业的最小平均成本曲线。

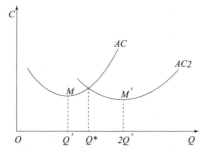

图3—3　两个企业的平均成本曲线

　　在图3—3中,AC_1和AC_2在产量为Q^*点处相交,Q^*点决定了成本弱增的范围,当产量小于Q^*时,由单个企业生产成本最低,所以,在此范围内成本函数是弱增的。值得注意的是,成本弱增性是描述自然垄断经济特征的最好方法,尽管在产量Q'与Q^*之间存在规模不经济,但从社会效率看,由一个企业生产效率最高。由此可见,规模经济并不是自然垄断的必要条件,决定自然垄断的是成本弱增性。

三、多产品的自然垄断性

　　在现实经济生活中,一个企业通常不只是生产一种产品(或服务),而是同时生产多种产品。在多产品自然垄断的情况下,成本弱增性与规模经济的区别更为明显。多种产品的总成本不是简单地取决于各个产品的规模经济,而主要取决于各种产品成本的相互影响,这种相互影响可用范围经济(economics of scope)描述:就古典经济学经常提到的羊毛和羊肉联合生产的例子而言,范围经济是指利用同一群绵羊同时生产羊毛和羊肉的成本,往往低于用一群羊只生产羊毛而另一群羊只生产羊肉的成本之和。产生范围经济的主要原因包括:(1)生产技术设备具有多种功能,可用来生产不同产品;(2)某些生产要素投入后可重复使用;(3)零部件或中间产品具有多种组装性能;(4)企业的无形资产。例如,企业的经营管理知识和技术在生产经营多种产品时同样可以使用,不会增加多少额外费用。

假设 $TC(Q_X, Q_Y)$ 表示一个企业生产 Q_X 单位的产品 X 和 Q_Y 单位的产品 Y 所发生的总成本,$C(Q_X)$ 表示一个企业只生产 Q_X 单位的产品 X 而发生的成本,$C(Q_Y)$ 表示另一个企业只生产 Q_Y 单位的产品 Y 而发生的成本。则存在范围经济的条件可用下式表示:

$$TC(Q_X, Q_Y) < C(Q_X) + C(Q_Y) \tag{3.4}$$

即由一个企业同时生产产品 X 和产品 Y 比一个企业只生产产品 X,另一个企业只生产产品 Y 所花的成本较少。这时,同时生产两种产品的那家企业在生产某一种产品时,可能具有规模经济性,也可能不具有规模经济性。规模经济通常是按照不断下降的平均成本函数来定义的,而范围经济通常是以一个企业生产多种产品和多个企业分别生产一种产品的相对总成本来定义的。因此,多产品自然垄断的成本弱增性主要表现为范围经济性。即在某一多产品的产业中,只要一家企业生产所有产品的总成本小于多家企业分别生产这些产品的成本之和,该产业就是自然垄断产业。

从以上讨论可见,如果一家企业能比两家或两家以上的企业以较

低的成本生产一定数量的某种产品或一组产品,则存在成本弱增性,相
应地,企业所在产业就是自然垄断产业。但是,虽然成本弱增性这一概
念本身是简单的、容易理解的,但对成本弱增性作出实证分析则是相当
困难的,因为这需要比较单个企业的生产成本和多个企业的生产成本,
而这种比较是不可能在实验室中进行的。尽管如此,成本弱增性这一
概念为我们理解自然垄断性提供了一种有用的工具。同时,通过前面
的讨论,我们不难得出以下两点结论:

1. 对单一产品的自然垄断性而言,规模经济是自然垄断的充分条
件,但不是必要条件,即只要规模经济存在,就具有自然垄断性,但自然
垄断不一定必须要求存在规模经济,在规模不经济的情况下,只要成本
弱增性存在,也同样存在自然垄断性。

2. 对多产品的自然垄断性而言,规模经济既不是自然垄断的充分
条件,也不是自然垄断的必要条件。决定自然垄断性的是成本弱增性,
而多产品的成本弱增性决定于联合生产的经济性,通常可用范围经济
性来表示。

第三节 自然垄断的可维持性

从成本弱增性的讨论中,可以引出这样一个结论:在成本弱增的产
出范围内,为实现较高的生产效率,应该由一家企业垄断经营;当产出
超过成本弱增的范围后,就应该允许新企业进入。但由于政府管制者
很难较准确地把握成本弱增的范围,在政府管制实践中,即使在成本弱
增的范围内,管制者也会允许新企业进入自然垄断产业,从而造成低效
率进入。

由鲍莫尔、贝利(Bailey)、威利格(Willig)和潘扎(Panzar)等经济学

家提出并得到发展的"可维持性理论"（theory of sustainability），①就是专门讨论新企业进入自然垄断产业而引起的问题的一个理论模型。在这一理论中，自然垄断企业被认为是产业中的主导企业，它在作出价格和产量决策时要受到一系列约束条件的制约。而如果新企业认为有利可图，它们可以无约束地进入市场。对自然垄断企业行为（价格和产量决策）的有关约束条件有：(1)产量等于特定价格下的市场需求总量；(2)收入等于生产这些产量的总成本；(3)如果新企业进入市场，垄断企业不能够改变原来的价格，并要求以原有价格满足新企业夺走后的剩余需求。在这些约束条件下，如果没有新企业企图进入市场，那么，垄断企业是可以维持的。从对垄断企业的约束条件看，在可维持性理论中，当新的竞争企业进入市场时，假定垄断企业不能作出任何反应，这虽然是不符合实际的假定，但也有一定的现实性。这是因为，垄断企业往往是受政府管制的，价格和产量的变动需要得到管制者的批准，由于政府管制过程的滞后性，表现为垄断企业的行为调整是缓慢的，缺乏应变性。

为了决定自然垄断的可维持性的条件，我们有必要用数学语言更精确地对可维持性作出定义。令 $D(P)$ 表示价格为 P 时自然垄断产业的需求函数；令 Q 表示垄断企业的产量，$C(Q)$ 表示生产 Q 所花费的成本。当成本 C 弱增性时，该产业就是自然垄断产业。则自然垄断的可维持性可定义为：具有成本函数 C 和市场需求 D 的自然垄断企业，当

①　详见 Baumol, W. J., Bailey, E. E., and Willig, R. D., 1977, "Weak Invisible Hand Theorems on the Sustainability of Prices in a Multiproduct Monopoly", *American Economic Review* 67 : 350–365; Panzar, J. C. and Willig, R. D., 1977, "Free Entry and the Sustainability of Natural Monopoly", *Bell Journal of Economics* 8 : 1–22; Baumol, W. J., Panzar, J. C., and Willig, R. D., 1982, *Contestable Markets and the Theory of Industry Structure*, New York : Harcourt Brace Jovanovich; Baumol, W. J. and Willig, R. D., 1981, "Fixed Cost, Sunk Cost, Entry Barriers and Sustainability of Monopoly", *Quarterly Journal of Economics* 96 : 405–432。

价格为 P,产量为 Q 时满足以下条件,则存在自然垄断的可维持性:

(ⅰ)　$Q = D(P)$　　　　　　　　　　　　　　　　　　　　(3.5)

(ⅱ)　$PQ = C(Q)$　　　　　　　　　　　　　　　　　　　　(3.6)

(ⅲ)　当所有的 $P' < P, Q' \leqslant D(P')$ 时,$P'Q' < C(Q')$　　(3.7)

　　但是,在允许新企业自由进入的情况下,往往会造成垄断企业的不可维持性(nonsustainability)。我们可以借助图3—4加以说明:

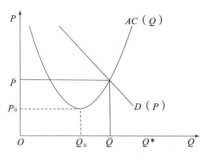

图3—4　自然垄断的不可维持性(Ⅰ)

　　在图3—4中,Q_0 表示最小平均成本所对应的产量,Q^* 表示符合自然垄断要求的最大产量,$D(P)$ 表示市场需求函数,那么,只要垄断企业选择由需求曲线和平均成本曲线的交点所对应的 $\bar{P}$ 以外的价格(P),以及相应的产量,都会造成不可维持性。例如,如果 $P < \bar{P}$,那么,垄断企业除非亏损,否则就不能提供整个市场需要的产量。如果 $P > \bar{P}$,在新企业可以自由进入的条件下,新企业认为有利可图,进入市场后会选择价格 $\bar{P}$ 和产量 $\bar{Q}$,从而造成垄断企业的不可维持性。事实上,即使垄断企业选择价格 $\bar{P}$,新企业仍然可能进入,它可以在 $\bar{P}$ 和 P_0 之间选择一个价格,并选择最小平均成本所对应的产量 Q_0。这样,新企业也能获得利润,而造成垄断企业的不可维持性。当然,这里一个重要前提是假定新企业不承担满足整个市场需求的义务,而垄断企业则要承担这种义务。

我们还可以在图 3—3 的基础上,绘制图 3—5 来说明自然垄断的
不可维持性。

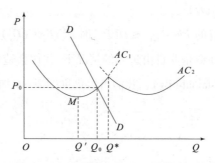

图 3—5　自然垄断的不可维持性(Ⅱ)

图 3—5 中的成本曲线是从图 3—3 中复制过来的,当产量小于 Q^*
时,成本是弱增的,因而属于自然垄断。现在假定在 Q' 与 Q^* 之间,需
求曲线 DD 与成本曲线 AC_1 相交,在交点处,AC_1 是递增的,如果垄断
企业以等于平均成本的价格 P_0 向市场提供产品,在新企业自由进入的
条件下,也会造成垄断企业的不可维持性。这是因为,新企业知道垄断
企业的价格是受政府管制的,在一定时期内保持不变,这样,新企业进
入市场后,垄断企业不可能马上作出反应,因此,这会刺激新企业提
供产量 Q',而把价格选择在 P_0(垄断企业的价格)以下,最小平均成
本(点 M)所对应的价格之上,而垄断企业必须提供 Q' 以外的产量。
这就造成垄断企业的不可维持性。可见,在自由进入的管制政策下,
垄断企业提供的产量小于 Q' 时(即在平均成本下降的范围内),才能
保证其可维持性,在这种情况下,新企业就不可能在保证赢利的条件
下与垄断企业分享市场份额,但这样,整个市场需求就不能得到满
足。因此,为解决这一矛盾,在成本弱增的范围内,政府管制者应该
控制新企业的进入,以保持自然垄断的可维持性,实现最大社会生产
效率。

综合对自然垄断的可维持性与不可维持性的讨论,我们可以得出的政策结论是:在平均成本上升,但属于成本弱增范围内时,如果垄断者的利润大于零,新企业只要把价格定在垄断企业的价格之下,就可能夺走垄断者的大部分市场份额,造成自然垄断企业的不可维持性,因而需要政府对市场进入加以管制,以保证垄断企业的可维持性。而在平均成本下降的产出范围,只要垄断企业不高于平均成本定价,新企业进入市场后就不可能采取降价策略,否则就会亏损,因此,只要新企业是理性的,就不会产生进入市场抢夺垄断企业市场份额的刺激,这就会自动保证自然垄断的可维持性,不需要政府对市场进入的管制。

第四节　自然垄断的边界

本节我们将从静态与动态两个方面讨论自然垄断的边界问题。

一、自然垄断的静态边界

从整体上而言,电信、电力、铁路运输、煤气和自来水供应等产业都属于自然垄断产业,但并不等于这些产业的所有业务都是具有自然垄断性质的。因此,我们有必要讨论自然垄断的边界。可是,学术界对自然垄断业务范围的认识颇有争论。例如,对于电力产业来说,一些学者认为,电力输送(包括高压输电与低压配电)是自然垄断性业务,而电力生产(发电)则是非垄断性业务。因此,主张把这两大类业务活动进行分割,电力输送业务由单个公共企业或被管制的私人企业承担,而电力生产业务则由多家私人企业竞争性经营。[1] 但一些学者对配电是否

---

[1]　George Yarrow,1989,"Does Ownership Matter?",in Cento Veljanovski(eds.),*Privatization and Competition:A Market Prospectus*,Billings & Sons Limited,pp. 52-69.

是自然垄断性业务提出了质疑,[1]他们认为,虽然电力产业具有同时生产与消费的特点,电力产品不能储存,也不像其他许多产品那样可以到市场上去交易,电力的生产和消费需要通过电力输送来实现,这样,从表面上看,配电是自然垄断性业务,但从美国的实证资料看,在20多个城市中有两个电力公司建立自己的配电网络,竞争性地提供电力服务,其结果提高了生产效率和分配效率。因此,配电并不一定是自然垄断性业务。

对电力产业自然垄断性业务范围的争论同样适用于电信、煤气、自来水和铁路运输等自然垄断产业。但从大量的文献资料看,至少到目前为止,多数学者认为,这些产业的输送网络业务属于自然垄断性业务范围。这是因为,这些业务领域需要大量固定资产投资,其中相当部分是沉淀成本,如果由两家或两家以上的企业进行重复投资,不仅会浪费资源,而且使每家企业的网络系统不能得到充分利用,从而不能实现自然垄断的成本弱增性。

二、自然垄断的动态边界

从动态的角度看,自然垄断的业务范围还具有相当大的可变性。这是因为,技术进步能在很大程度上改变自然垄断的边界。这在电信产业表现得特别明显,随着光缆技术的发展,利用卫星和无线电话技术,有线电视公司也能够提供传声和数据服务,这些都使电信产业将发生革命性的变化,从而为新企业进入电信产业,建立新的通信网络,比原有的电话通信网络质量更好、价格更低地向消费者提供通信服务创造了条件。这样,将来的电信产业模式并不是唯一的全国一体化的通

---

① Ray Evans,1989,"Property Rights,Markets and Competition in Electricity Supply", in Cento Viljanovski (eds.), *Privatization and Competition:A Market Prospectus*, Billings & Sons Limited,pp. 135–143.

信网络,而是由电话网络、有线电视网络、卫星和微波系统等其他技术所组成的一个多面体的互通网络,结果是大大缩小了电信产业的自然垄断性业务范围,其缩小程度和速度则取决于技术发展和应用的情况。在电力产业,技术进步对自然垄断性的电力输送业务也有一定影响,如"混合循环燃气轮机"技术改变了电力生产的规模经济优势,而且,它能超越电力输送网络直接向较大规模的顾客提供电力。在这些自然垄断产业中,因技术进步引起的自然垄断性业务范围的可变性,无疑对政府管制政策的制定者带来新的难题,要求政策制定者不仅要考虑现时的产业状况,而且要预见技术进步将会对未来的产业状况所产生的影响。

　　除了技术进步因素外,市场范围的变化也会改变自然垄断的边界。例如,在经济发展水平较低的地区,电力、煤气、自来水、铁路运输等产业具有明显的地区性,尚未形成全国性的或较大范围的市场,这些产业在较小的地区市场上具有自然垄断性,通常由一家企业垄断经营。但随着经济发展水平的提高,这些产业的市场范围将不断扩大,当市场需求量超过成本弱增的范围后,这些产业的许多业务领域就不具有自然垄断性,应该由多家企业竞争性经营,从而使原来的垄断性市场结构或寡头垄断性市场结构转变为竞争性市场结构。这也是同一种产业(如电信、电力)为什么在经济发达国家和经济不发达国家具有不同的市场结构的一个基本解释。

　　因此,从上面的讨论中可见,无论从静态的角度,还是从动态的角度,在特定时期内,自然垄断的业务范围总是具有相对的边界。重要的是,政府管制者应根据本国的技术、经济状况,较为准确地把握具体产业的自然垄断边界,然后,对自然垄断性业务设计相应的政府管制政策。

第四章　投资管制理论

投资与价格密切相关,要从深层次上分析价格管制理论,首先需要探讨投资管制理论。本章将考察在投资回报率管制下,刺激过度资本密集的 A-J 效应,通过讨论政府管制的滞后效应和投资管制的可信性问题,从动态意义上分析投资收益的不确定性,并探讨管制者与企业为追求各自的目标相博弈时所采取的战略行为的各种动机。

第一节　A-J 效应

本节将讨论与投资回报率价格管制相联系的 A-J 效应理论模型,并阐述一些学者对该理论的论证及其评价。

一、A-J 效应理论模型

政府管制者碰到的一个基本难题是:在缺乏信息的状况下,如何以经济效率为准则来制定价格等管制政策。对投资回报率管制是一种传统的价格管制方法,它要求被管制企业按照合理的资本投资回报率作为定价标准。但这种管制方法会产生三个问题:(1)什么是合理的投资回报率? (2)怎样确定投资回报率的资本基数? (3)企业是否会通过投资决策影响和企业定价与利润直接相关的资本基数,并会产生怎样的扭曲后果? 在上述问题中,显然,最后一个问题对管制者来说最为棘手。阿弗契(Averch)和约翰逊(Johnson)发表的著名论文《在管制约束下的企业行为》,①对这一问题提供了一个较好的答案。他们的研究表明,在投资回报率管制下,企业会产生一种尽可能扩大资本基数的刺激,以在规定的投资回报率下,能获得较多的绝对利润。这样,为生产特定产品,企业会运用过多的资本投资以替代其他投入品。其结果造成生产低效率。这被后来的研究者称为"A-J 效应"。

A-J 模型假定一个生产单一产品的垄断企业运用劳动力和资本这两种投入品。企业利润等于企业收入减去投入品(劳动力和资本)成本。对企业来说,关键是要选择一定数量的投入品以实现利润最大化。用数学模型表示,就是使(4.1)式最大化:

$$\prod = R(K,L) - wL - rK \tag{4.1}$$

其约束条件是:

$$\frac{R(K,L) - wL}{K} \leqslant S \tag{4.2}$$

在上面两式中,$\prod$ 为利润;R 为收入函数;K 为资本数量;L 为劳动力数量;w 为劳动力价格;r 为资本价格;S 为政府规定的投资回报率。

在投资回报率约束条件,即等式(4.2)中,分子为总收入减去劳动力成本,然后除以资本数量,这就是说,投资回报率是以资本为基数的。

在 A-J 模型中,一个关键的假设是$S>r$,这是因为,如果$S<r$是一种长期状况,企业将会停止生产;如果$S=r$,由于企业无论如何选择投入品,其利润总是等于零,企业就不会关心资本和劳动力各自的投入数量。

---

① Averch,H. and L. Johnson,1962,"Behavior of the Firm under Regulatory Constraint",*American Economic Review* 52:1052-1069.

设使利润函数(即4.1式)最大化的目标函数为 H,运用拉格朗日乘数方法(lagrangian multiplier method)可得下式:

$$H=R(K,L)-wL-rK-\lambda[R(L,K)-wL-SK] \tag{4.3}$$

设 MR_L 为边际劳动力收益(marginal revenue of labor,即 $\frac{\partial R}{\partial L}$),$MR_K$ 为边际资本收益(marginal revenue of capital,即 $\frac{\partial R}{\partial K}$),分别对 L 和 K 求偏导数,从(4.3)式可得:

$$(1-\lambda)MR_L-(1-\lambda)w=0 \tag{4.4}$$

$$(1-\lambda)MR_K-(1-\lambda)r-\lambda(r-S)=0 \tag{4.5}$$

即:

$$MR_L=w \tag{4.6}$$

$$MR_K=r-\frac{\lambda(S-r)}{1-\lambda} \tag{4.7}$$

(4.7)式除以(4.6)式则有:

$$\frac{MR_K}{MR_L}=\frac{r}{w}-\frac{\lambda}{1-\lambda}\cdot\frac{S-r}{w} \tag{4.8}$$

令 $\alpha=\frac{\lambda(S-r)}{1-\lambda}$ ($\alpha>0$)

则 $$\frac{MR_K}{MR_L}=\frac{r-\alpha}{w} \tag{4.9}$$

在上面推理公式中,拉格朗日系数的取值范围为:$0<\lambda<1$,其经济含义是用来度量在允许利润率下单位投资增长而引起企业利润的增长。

我们可用图4—1来解释上面的推理结果。在图中,无差异曲线 $Q=Q^*$ 表示被管制企业所选择的产出水平 Q^*,横轴和纵轴分别为生产 Q^* 所需的资本和劳动力数量。

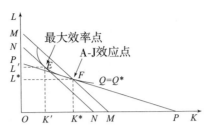

图 4—1　A-J 效应和最小生产成本

生产理论要求企业以最小的成本生产数量为 Q^* 的产品,这要求反映两种边际产品比率的产量无差异曲线的斜率与投入品价格的比率相等。等式(4.9)意味着,只有当 $\alpha=0$ 时,才能满足这一要求。但是,由于 $\alpha>0$,因此,在企业看来,似乎资本成本仅仅是 $r-\alpha$,比现实的资本成本(r)更为便宜。

在图 4—1 中,假设 MM 和 NN 的斜率等于 r/w,PP 的斜率等于$(r-\alpha)/w$,则使生产 Q^* 单位产品成本最小的最大效率点是 E,因为在 E 处 NN 的斜率正好等于产量无差异曲线切线的斜率;可是,为了取得更多的绝对利润,被管制企业将会选择 F 点,在这个位置上,PP[或者$(r-\alpha)/w$]的斜率与产量无差异曲线切线的斜率相等。这一结果表明,与最大效率点的资本投入量(K')和劳动力投入量(L')相比较,被管制企业使用过多的资本(K^*)和过少的劳动力(L^*)。这样,A-J 效应就导致了生产的低效率。

二、对 A-J 效应的论证

对 A-J 效应的现实性进行实证并不容易。但一些经济学家认为,自然垄断产业的经营企业经常选择资本密集型的生产方式,这似乎是常识。一个较为明显的例子是,在电力供应产业中,企业间难以达成共同使用电力资源的一体化协议,它们宁愿通过扩大自身生产能力,而不

愿购买其他企业的电力资源,以满足用电高峰期的需求。显然,如果某
企业向其他企业购买电力能减少投资成本,但在投资回报率管制下,这
些成本容易得到补偿,这是因为,企业通过扩大投资,增大了投资回报
率的计量基数,从而在一定的投资回报率下能增加利润总额。一些学
者曾对 A-J 效应作了计量测试,但其结果并不一致,有的符合 A-J 效
应,有的则与 A-J 效应相悖。[①]

值得一提的是,倾向于资本密集性的 A-J 效应有时也能产生有利
的影响,如在许多受投资回报率管制的产业中,大量资本投入取代其他
投入品客观上也推动了技术革新。例如,长途直拨电话经营企业运用
自动转换设备取代接线员后,提高了运作效率。但有人提出,政府管制
的其他一些因素则会阻碍技术革新,如管制者要对投资回报率作周期
性调整,通过技术革新创造的利润在下一期的投资回报率调低后便不复
存在。因此,投资回报率管制对产业技术革新的净影响并不十分明确。

最后,对于同时经营两种(或多种)产品的垄断企业通过扩大资本
投资以增加利润的可能性,诺尔(Noll)和欧文(Owen)所作的简要解释
是:[②]假定在可行的价格范围内,一种产品市场具有较强的需求弹性,
另一种产品市场的需求弹性则较弱。如果一个被管制企业在前一个市
场上降低价格,就会引起销售额的较大幅度增长,这要求企业增加较多
的投资以扩大生产能力;但如果企业在后一个市场上提高价格,其销售
额下降的幅度相对较小,与此相适应,企业对这种产品的资本投资量就

---

①　读者可参阅:Peterson, H. C., 1975,"An Empirical Test of Regulatory Effects",*Bell Journal of Economics*; Boyes, W. J., 1976,"An Empirical Examination of the Averch-Johnson Effect,"*Economic Inquiry*, March 1976。前者的研究结果符合 A-J 效应,而后者的研究结果则与 A-J 效应不符。

②　Roger G. Noll and Bruce M. Owen, 1994,"The Anticompetitive Uses of Regulation", in J. E. Kwoka, Jr. and L. J. White(eds), *The Antitrust Revolution*, New York: Harper Collins, p. 338.

不会较大。因此,被管制企业往往会在调整这两种产品价格的同时,调整其资本投资结构,以便在投资回报率管制的约束下,通过扩大资本投资而更大程度地增加企业利润总额。可见,对管制者来说,应该观察企业的这种战略行为,并采取相应的对策。

第二节　政府管制滞后效应

上一节讨论的 A-J 模型为分析投资问题提供了一个重要的思路,但该模型因缺乏动态性而遭到批评。诚然,政府管制政策并不是日新月异的,而是具有一定的稳定性。但它也不是一成不变的,政府管制者需要根据需求和技术变化情况周期性地调整管制政策。例如,政府一旦制定管制价格,在一定时期(如 5 年)内将固定不变,这就为企业提供了努力降低成本,以增加利润的刺激,企业会自觉地进行生产要素的最佳组合。如果企业降低了成本,就能获得比规定的投资回报率更高的收益,当然,如果企业反而增加了成本,它就只能取得低于管制水平的收益。这种在管制政策调整周期内,对生产效率的刺激通常被认为是"管制滞后效应"(regulatory lag effect)的作用结果。如果管制者不断地调整管制价格,使企业的实际投资回报率总是等于规定的投资回报率(S),则就不存在管制滞后现象,但也就不存在企业追求生产效率的刺激。可见,政府管制政策调整的滞后效应具有两面性,它既有相对稳定的管制价格与不断变化的需求和技术状况相背离的一面,也有刺激企业努力提高效率的一面。同时,这也暗含着,政府管制政策调整的滞后时间长度与滞后效应的强度密切相关。下面我们将对此作进一步的讨论。

为了弥补 A-J 模型的静态性,经济学家们做了大量的研究工作,例如,贝利(Bailey)和科尔曼(Colemen)扩展了 A-J 模型,他们假定政府

管制者经过 T 时间间隔后重新调整价格,这样,企业在新的管制价格下,面临着两种可相互替代的利润最大化决策,一是在新一轮的 T 中寻求高效率的生产方式;二是过度资本密集化以制定较高的价格。① 戴维斯(Davis)也建立了一个不断逐步调整管制价格的模型。② 更有意义的是鲍莫尔(Baumol)和克莱沃里克(Klevorick)所提出的一个管制滞后效应理论,③它与在英国的主要自然垄断产业政府管制体制改革中所采取的政府管制形式高度相关。该理论明确认为,在政府管制政策调整的间隔期内,企业有可能获得超过政府所允许的利润率,但当新一轮的管制政策调整时,管制者通过调整价格水平就能消除企业的这种"超额利润率"。

从上述理论中不难推出这样的结论:政府管制滞后使企业在下一轮的管制政策调整前,可以通过提高生产效率取得较多的利润;延长政府管制滞后期能增强企业通过技术创新、优化生产组合,以降低成本的刺激,但这使消费者在较长时期后才能享受到因企业提高效率而带来的利益。相反,如果政府管制滞后期较短,消费者能在较短的时期内获得企业增进效率之利,但企业降低成本的刺激却大大减少。这种短期效率与长期效率的抉择与最优专利期具有相当的类似性。事实上,一些经济学家顺着这一思路已对企业创新与管制滞后之间的关系问题作了分析研究。④

---

① Bailey, E. E. and R. E. Coleman, 1971, "The Effect of Lagged Regulation in the Averch-Johnson Model", *Bell Journal of Economics* 2:278–292.

② Davis, E. G., 1973, "Dynamic Behaviour of a Regulated Firm with a Price Adjustment Rule", *Bell Journal of Economics* 4:270–282.

③ Baumol, E. J. and A. K. Klevorick, 1970, "Input Choices and Rate of Return Regulation: An Overview of the Discussion", *Bell Journal of Economics* 1:162–190.

④ Bailey, E. E., 1974, "Innovation and Regulation", *Journal of Public Economics* 3:285–295; Lesourne, J., 1976, "Innovation and Regulation: A Comment", *Journal of Public Economics* 5:389–392.

但这里还有一个问题需要探讨。在鲍莫尔和克莱沃里克提出的理论中,在调整管制政策时,要求价格与成本状况相适应,在英国自然垄断产业中所实施的 RPI-X 价格管制模型也是与这一理论一致的。在这种管制制度下,在管制政策调整之初,企业有提高生产效率的强烈刺激,但随着时间的推移,企业就会越来越关注企业的现行努力对下一轮管制政策调整的影响。随着调整期的逼近,如果将来的管制价格与现实成本水平挂钩,企业将很少,甚至毫无降低成本的刺激。这是因为,企业只能在很短的时期内获得因降低成本而带来的利益,但企业要在整个新一轮的管制政策调整期内,因成本低而接受较低的管制价格,这种长期损失显然大大超过短期收益。所以,在新的管制政策调整期来临之际,企业宁可保持较高的成本。我们将在第五章讨论,如何为改变企业的这种战略行为提供刺激。关心这一问题的读者,可参阅萨平顿(Sappington)的一篇论文:"在动态调整过程下的企业战略行为"。[1]

从以上的讨论中,我们可以得出三个结论:第一,政府管制滞后的刺激效应并不一定是正向的。企业为影响政府管制政策调整而实施的消极性战略行为可能会使生产效率和分配效率蒙受实质性的损失,它会抵消因管制滞后而激发的企业创新的刺激。第二,如果政府的管制政策与企业的现实状况不完全挂钩,因企业的消极性战略行为而造成的潜在效率损失将会下降。第三,管制政策调整的时间选择十分重要,这不仅关系到管制滞后期的长短,而且要考虑管制政策调整是以事先确定的周期进行,还是以随机的方式确定。

---

[1] Sappington, D., 1980, "Strategic Firm Behavior under a Dynamic Adjustment Process", *Bell Journal of Economics* 11:360-372.

第三节　投资管制的可信性

到目前为止,我们还没有考虑投资的一个重要特征:沉淀成本和调整成本的存在。在 A-J 模型中,似乎存在完全能满足生产所需要的设备租赁市场。但事实上,当企业的生产经营性质和规模变化后,就会产生大量的调整成本和沉淀成本,当企业的设备转作他用时,就会大大贬值。相比较而言,作为政府主要管制手段的价格却容易调整。这种管制者与被管制者的调整成本的不对称性,对政府管制政策有很大的影响。下面我们将对此进行分析。

这首先需要讨论动态一致性(dynamic consistency)问题。① 我们简单地假定政府管制"游戏"包括三个阶段:第一阶段,管制者宣布企业可以制定的价格水平;第二阶段,企业制定投资决策,在投资中包含大量的沉淀成本;第三阶段,管制者调整以前制定的价格政策。在第三阶段,管制者为追求消费者利益最大化,总是试图制定较低的价格,迫使企业提高生产效率。在实践中,若管制者按照 $P = MC$ 的原则确定价格水平,在许多自然垄断产业中,这意味着价格水平低于(长期)平均成本。除了价格手段外,管制者还会利用其他政策手段制约企业行为。因此,企业担心在第三阶段会出现将来对自身不利的管制政策,而对政府在第一阶段所提供的管制价格许诺存在一定程度的怀疑,这就使企业在第二阶段不敢作出大规模的投资决策。对企业来说,这实际上是一个对投资管制的可信性(credibility)问题,它导源于管制者追求短期公共利益,但由于它影响了企业在第二阶段的投资热情,因而产生了有

① Greenwald, B. C., 1984, "Rate Base Selection and the Structure of Regulation", *Rand Journal of Economics* 15:85–95.

损于长期公共利益的消极影响。对于这一问题,格林沃尔德(Green-wald)提出了如下的解决思路:最简单的方法是通过法律手段要求管制者对企业的"许诺"在将来应该兑现,但为维护管制者对将来意外情况反应的灵活性,对管制者"许诺"的法律约束应该是有一定弹性的。由于投资者主要关心将来的投资报酬,对管制者"许诺"的法律监督主要是保证企业在将来能取得预期收益。但这并不能完全解决这一问题,只要管制者许诺的可信度没有达到百分之百的水平,企业就存在一种投资管制风险,以利润最大化为目标的企业在制定投资决策时必然会考虑这一因素。

上述理论尽管并不十分成熟,但它的目的是为了说明,当企业考虑到投资管制的动态性和可信性时,出于对将来调整管制政策的担忧,企业会减少投资的热情,从而导致投资不足,影响公共利益。要解决这一问题,政府管制者就需要向被管制企业提供一种比较可信的保障机制。

第五章　价格水平管制理论

　　价格管制是政府管制的核心内容。本章将从理论上探讨价格水平管制的三大目标,价格水平管制目标与定价方式的关系,着重分析美国的投资回报率价格管制模型和英国的最高限价管制模型这两种最典型的价格水平管制模型及其经济合理性,并探讨如何构建中国价格水平管制模型的问题。

第一节　价格水平管制的三维政策目标

　　价格管制目标体现着政府管制者对价格管制的偏好。本节将讨论自然垄断产业价格水平管制的三维政策目标体系。[①]

　　自然垄断产业的显著特征是,在成本弱增的范围内,由一家企业提供产品或服务比多家企业提供相同数量的产品或服务具有更高的生产效率。因此,在自然垄断产业或自然垄断性业务领域通常由一家或极少数几家企业垄断经营。但由于这些企业拥有市场垄断地位,如果不存在任何外部约束机制,它们就成为市场价格的制定者而不是价格接受者,就有可能通过制定垄断价格,把一部分消费者剩余转化为生产者剩余,从而扭曲分配效率。这就要求政府对自然垄断产业的价格实行管制,以促进社会分配效率。这是政府制定自然垄断产业价格管制政

---

　　① 对本节内容有兴趣的读者可进一步参阅王俊豪、鲁桐、王永利:《发达国家基础设施产业的价格管制政策及其借鉴意义》,《世界经济与政治》1997 年第 10 期。

策的第一个目标。

由于政府管制的实质是,在几乎不存在竞争或竞争很弱的产业或业务领域中,政府通过一定的管制政策与措施,建立一种类似于竞争机制的刺激机制,以刺激企业的生产效率。因此,价格管制作为一种重要的管制手段,其管制功能不仅仅是通过制定最高管制价格,以保护消费者利益,实现分配效率,而且要刺激企业优化生产要素组合,充分利用规模经济,不断进行技术革新和管理创新,努力实现最大生产效率。这是政府制定价格管制政策的第二个目标。

自然垄断产业具有投资额大,投资回报期长的特点,而且,随着国民经济的发展,对自然垄断产业的需求具有一种加速增长的趋势。为适应这种大规模的、不断增长的需求,就需要自然垄断产业的经营企业不断进行大规模投资,以提高市场供给能力。这就需要政府在制定自然垄断产业管制价格时,考虑到使企业具有一定的自我积累、不断进行大规模投资的能力。这样,维护企业发展潜力便构成政府制定价格管制政策的第三个目标。

综上所述,促进社会分配效率、刺激企业生产效率和维护企业发展潜力共同构成自然垄断产业价格管制的三维政策目标体系。它是政府制定自然垄断产业管制价格的主要经济依据,也是进行价格管制政策分析的重要工具。如果我们分别以 S、P 和 D 表示社会分配效率、企业生产效率和企业发展潜力,则上述三维政策目标体系可表示为图5—1所示的三维向量空间。

图5—1中的三维向量空间不仅是管制价格制定者的政策目标空间,从另一角度看,它也是管制价格制定者的约束空间,限制着管制价格的选择范围。同时,它还可作一面“镜子”,以衡量各种管制价格的经济合理性,并反映管制价格制定者对各种价格管制目标的偏重。例如,我们以图5—1 中的阴影部分表示 S、P 和 D 三者比较协调的管制价格空间。A 点的管制价格表明管制者比较偏重企业发展潜力和社会分配

效率,但对企业生产效率的刺激相对不足;B 点的管制价格落在阴影部分范围内,说明对 S、P 和 D 比较协调;C 点的管制价格意味着管制者相对重视社会分配效率,但对实现价格管制三大政策目标的总体水平较低。

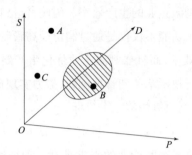

图 5—1　价格管制政策的三维向量空间

第二节　价格水平管制目标与定价方式的关系

自然垄断产业的价格水平管制目标与定价方式具有密切联系。按照经济学基本原理,为实现帕累托最优效率,达到促进社会分配效率目标,就要求按照边际成本决定管制价格水平。但是,由于自然垄断产业一般都具有显著的规模经济,在一定范围内,表现为成本曲线总是向右下方倾斜的,而且,平均成本曲线位于边际成本曲线的上方。如图 5—2 所示:

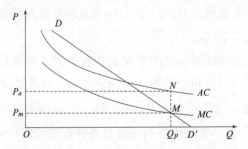

图 5—2　不同定价方式下的管制价格水平

在图 5—2 中,边际成本曲线(MC)和需求曲线(DD')相交于 M,与

M 点相对应的 P_m 就是按边际成本决定的管制价格水平，M 点到平均成本曲线 (AC) 的垂直距离为 NM。这就是说，如果按照边际成本决定价格水平，就会使企业发生每单位平均为 NM，而总额为 P_mMNP_a 的亏损。因此，在成本递减的自然垄断产业以边际成本决定管制价格水平，虽然从理论上讲能保证分配效率，但会使企业发生亏损，更不用说达到维护企业发展潜力的目标；由于企业产出越大，亏损额也越大，这也不可能达到刺激企业生产效率的目标。对此，霍特林（Hotelling）曾提出一种补救办法，①即政府以边际成本制定管制价格，同时以税收补贴企业的亏损，并使企业有一定的利润。对此，笔者认为，如果政府的补贴足够大，这虽然能维护企业的发展潜力，但仍然不能刺激企业提高生产效率。因为这对企业来说，其利润的多少主要不是取决于效率的高低，而是取决于政府补贴的幅度。这就会诱使企业把精力较多地用于争取更多的政府补贴上。而且，这不但会增加政府的财政负担，也增加了发生第二章所讨论的"政府管制俘虏"问题的可能性。可见，在自然垄断产业的价格管制实践中，以边际成本决定管制价格水平通常是不现实的，但边际成本可以作为制定管制价格的一个重要参照标准，以衡量实际管制价格水平与边际成本的差异程度。这样，只要政府在自然垄断性产业的价格管制中没有采取价格补贴政策而企业又没有发生亏损，就可以认定政府是以平均成本或高于平均成本的水平决定管制价格的。在这种情况下，促进社会分配效率就主要体现在政府对消费者利益的保护，消费者能在企业生产效率提高的基础上享受较低的价格等方面。

---

① Hotelling, H., 1938, "The General Welfare in Relation to Problems of Taxation and of Railway and Utility Rates", *Econometrica* 6:242–269.

第三节　价格水平管制模型

目前,世界上存在两种最具典型意义的、有较大差别的价格水平管制模型,即美国的投资回报率价格管制模型和英国的最高限价管制模型,本节将讨论这两种价格管制模型,在此基础上,探讨如何构建中国价格水平管制模型的问题。

一、美国的投资回报率价格管制模型

美国对自然垄断产业实行投资回报率价格管制具有悠久的历史,在实践中,通常是被管制企业首先向管制者提出要求提高价格(或投资回报率)的申请,管制者经过一段考察期,根据那些影响价格的因素变化情况,对企业提出的价格(或投资回报率)水平作必要调整,最后确定企业的投资回报率,作为企业在某一特定时期内定价的依据。如果企业只生产一种产品(或服务),则投资回报率价格管制模型为:

$$R(pq) = C + S(RB) \tag{5.1}$$

如果企业经营多种(n种)产品,则价格管制模型为:

$$R(\sum_{i=1}^{n} p_i q_i) = C + S(RB) \tag{5.2}$$

在上面两式中,R为企业收入函数,它决定于产品价格(p)和数量(q);C为成本费用(如燃料成本、工资、税收和折旧等);S为政府规定的投资回报率;RB为投资回报率基数(Rate Base),即企业的资本投资总额。

显然,在企业只生产一种产品(或服务)的情况下,管制价格(P)等于企业总收入(R)除以总产量(Q),即:$P = \dfrac{R}{Q}$;而在企业经营多种产品的情况下,总收入除以总产量只是所有产品(或服务)的综合价格,对每种具体产品(或服务)的价格还要通过价格结构管制才能确定。①

从上面(5.1)和(5.2)两式的右边可见,由于企业的成本费用一般容易估算,管制者对企业价格管制的难点是确定投资回报率水平(S)和投资回报率基数(RB)。投资回报率水平问题是要找到一个合适的S值,使企业能取得正常的投资回报;投资回报率基数问题则是要合理确定资本投资的范围和计量方法,它直接关系到企业在一定的S值下的利润总额。

对于投资回报率水平问题,通常是经过管制双方"讨价还价"解决的。被管制企业往往向管制者提供详细的财务资料,以证明按照现行的投资回报率水平制定的价格太低,要鼓励企业投资就应该提高投资回报率,并提出相应的投资回报率水平。而管制者往往认为企业所要求的投资回报率水平太高,价格不可能上升到企业所期望的水平。经过反复论证,管制者最后确定他们认为合理的投资回报率水平(即S)值。假定管制者所确定的S值高于现行水平,则在其他因素不变的情况下,企业就可以相应提高价格。

现在,我们来讨论投资回报率基数的问题。在美国有多种投资回报率基数计量方法,近年来,美国的许多管制机构倾向于按照"原始资本成本法"(original cost method)来计量投资回报率基数,运用这种方法比较简单,只要把企业历年用于建厂房、购设备等方面的投资加以累计。但这种方法会受通货膨胀因素的干扰,例如,按照现行的价格水平,建立一个与20年前所建立的具有同样生产能力的发电厂,它所需要的投资可能是20年前的5倍之多。由于合理的管制价格应该反映

---

① 政府对经营多种产品或服务的企业的价格管制,不仅要控制企业总的价格水平,还要控制其价格结构,以监督企业对不同的顾客采取歧视性价格行为。这里先讨论政府对总的价格水平的控制问题。

当前的边际成本,因此"原始资本成本法"往往会使管制价格定得太低。为此,有人提出了其他计量投资回报率基数的方法,如按照现行的价格水平对过去建成的工厂和形成的设备进行估价,以计量投资回报率基数。有人则指出这种方法没有考虑技术进步因素(即固定资产的精神磨损),主张以形成一定的生产能力所需要的投资额来计量投资回报率基数。

二、英国的最高限价管制模型

英国政府在20世纪80年代初的管制体制改革中,为找到一个能科学地控制垄断企业价格的办法,委托当时在伯明翰大学任商学教授的斯蒂芬·李特查尔德(Stephen Littlechild)设计的一个价格管制模型。他认为,竞争是反对垄断,保护消费者利益的最好手段,而控制价格本身不是一种理想的办法,因为不断降低价格会抑制竞争者进入市场。因此,价格管制的主要目标应该是把价格和利润保持在一个既不失公平,又对企业有提高效率刺激的水平上。他还认为,价格管制需要区别各种利润来源:高效率的绩效、垄断力量或纯粹的好运。① 他的上述思想并不完全是新的,在19世纪的英国政府煤气管制中就广泛运用价格管制模型,但当时是以正常价格作为管制目标的。而李特查尔德把管制价格和零售价格指数与生产效率挂钩则是一个真正的创新。他的建议对英国的最高限价管制模型的形成起了决定性的作用。

英国的最高限价管制采取 RPI-X 模型,RPI 表示零售价格指数(Retail Price Index),即通货膨胀率,X 是由管制者确定的,在一定时期内生产效率增长的百分比。例如,如果某年通货膨胀率是5%(即

---

① Littlechild, S., 1983, *Regulation of British Telecommunications Profitability*, London: HMSO.

RPI＝5％），X 固定为 3％（即 X＝3％），那么，企业提价的最高幅度是 2％。这个简单的价格管制模型意味着，企业在任何一年中制定的名义价格（nominal price）取决于 RPI 和 X 的相对值。如果 RPI-X 是一个负数，则企业必须降价，其幅度是 RPI-X 的绝对值。这样，如某企业本期的价格为 P_t，则下期的管制价格（P_{t+1}）为：

$$P_{t+1} = P_t(1 + \text{RPI} - X) \tag{5.3}$$

英国的 RPI-X 模型不仅仅是适用于单一产品（或服务），也适用于多种产品或服务的价格管制，因此，这是一个"一揽子价格"管制模型。也就是说，这个模型处理的不是由特定企业所生产的某种特定产品的最高限价，而是企业所生产的各种被管制产品（不一定是全部产品）的综合最高限价。被管制产品主要指那些容易被企业运用所拥有的垄断力量制定高价，因而需要政府加以控制的产品。如在英国电信产业，价格控制主要局限于各种最基本的通信网络服务和长途电话收费。如果管制者发现企业的其他服务收费存在滥用垄断力量的情况，就有必要把这些服务也纳入被管制产品（或服务）的范围。相反，由于政府对某种被管制产品取消原有的进入壁垒，由若干家企业竞争性生产，竞争力量取代了垄断力量后，这种产品就变为非管制产品。另外，多种产品"一揽子价格"的综合最高限价通常采取加权平均价格的形式。各种产品价格的权数是由该种产品所创造的收益。例如，在英国电信产业，就是以上一年各种产品所创造的收益为权数的。而在英国的煤气产业，则是以来年各种产品的预期收益为权数的。这两种方法的原理相同，但后一种方法比较复杂，在知道了各种产品的真实收益后要对综合最高限价作必要的调整。在实践中，各种产品具体价格的涨落往往与 RPI-X 有偏差，但平均价格要符合最高综合限价的要求。这样，各种产品的价格与平均价格的离差可能很大，也可能很小，其离散程度要满足政府管制的另一种要求，即企业不能对不同的消费者采取价格歧视行为,通过逐渐调整价格,使各种产品的价格与其成本相适应。

∑显然,在英国的 RPI-X 模型中,管制者与被管制者谈判的焦点是 X 值的选择。由产业的技术经济特点所决定,X 值在产业之间有很大的差别,在自来水和电力产业中,甚至在地区之间也存在差别(见表5—1)。

表5—1　产业的价格管制模型和 X 值

产业名称	价格管制模型[a]	X 值
电　力	RPI-X	0 和 1.3%[b]
煤　气	RPI-$X+Y$	由原来的 2% 调整到 5%
电　信	RPI-X	由原来的 3% 调整到 7.5%
自来水	RPI+K	平均为 5%

注:a. 在煤气和自来水产业的价格管制模型中,Y 指由批发到零售的转移成本,允许的转移成本以 1992 年煤气价格指数为准,并要求每年降低 1%,以刺激提高效率;K 表示 $X+Q$,Q 是为达到英国和欧共体法定质量水平而发生的各项成本。

b. 0 适用于电力供应公司,1.3% 为地区电力分销公司的平均水平。X 值在发电、电力配送企业是不同的。

资料来源:Stephen J. Bailey,1995,*Public Sector Economics:Theory,Policy and Practice*,Macmillan Press,p.319。

由表5—1 可见,在电信产业,X 的初始值最高,因为该产业的技术进步潜力最大,而且需求增长很快。而在自来水产业中,需要大量的基本建设投资以满足英国与欧共体的质量标准,因此,允许有一定的涨价幅度。从动态上看,在第一次价格管制政策调整后,电信产业的 X 值由 3% 提高到 4.5%,在 1991 年国际长途收费纳入价格管制范围后,X 值又上升到 6.25%,在 1992 年的价格管制政策调整后,X 值进一步上升到 7.5%。在 1991 年的煤气价格管制政策调整后,煤气业的 X 值则从 2% 提高到 5%。这种不断提高 X 值的趋势,意味着对英国自然垄断产业经营企业提高生产效率的压力将不断增加,而消费者将会在企业的效率提高后得到实惠。

三、两种价格管制模型的比较分析

为防止企业滥用垄断力量而进行政府管制的重点无疑是价格。美国的价格管制模型是通过对投资回报率的直接控制而间接管制价格的。其中一个理论依据是,自然垄断产业需要足够的投资,用投资回报率价格管制模型有利于鼓励企业投资。但这种模型也存在明显的缺陷:一是企业在一定时期内按照固定的投资回报率定价,几乎不存在政府管制对提高效率的刺激机制;二是由于投资回报率的基数是企业所用的资本,这就会刺激企业通过增加资本投入而取得更多的利润,所以这种价格管制模型会产生 A-J 效应,企业过度投资会增加生产成本,降低生产效率;三是从(5.1)和(5.2)式的模型看,管制双方不仅要就投资回报率的水平(S)问题作反复的讨价还价,而且,管制者还要为正确计量投资回报率的基数(RB)大伤脑筋。一些经济学家还认为,如果垄断企业有若干家纵向一体化的分公司,企业将会采取价格转移的战略行为,[①]这就要求管制者审核生产最终产品(或服务)的投入品价格是否高于市场价格,以保证合理的成本费用水平(C)。

英国试图通过直接管制价格以避免美国投资回报率价格管制模型的上述不足。英国的 RPI-X 价格管制模型的基本优点是,在一定时期内固定价格的上涨幅度,能够刺激企业只有通过降低成本才能取得较多的利润。因此,它能使企业获得因效率增长之利。同时,价格管制限制了企业的利润率,这促使企业对生产要素实行优化组合,但不致出现在投资回报率价格管制下存在过度资本密集化的现象。此外,从以下

①　Vickers,J. and Yarrow,G.,1985,*Privatisation and the Natural Monopolies*,Public Policy Centre,p. 24;Kolbe,A. L. and Read,J. A.,1984,*The Cost of Capital:Estimating the Rate of Return for Public Utilities*,MIT Press;Breyer,S,G.,1982,*Regulation and Its Reform*,Harvard University Press, p. 49.

几个方面看,英国的价格管制模型也相当简便:(1)它不需要详细评估企业的固定资产、生产能力、技术革新、销售额等变化情况。(2)它不需要每年,而是3—5年作为价格调整周期。这种中期的价格调整周期具有合理性:如果调整周期太长,企业的价格就会受许多不确定因素的影响,反之,若调整周期太短,就显得价格管制太滥,使企业缺乏对政府管制的可信性。(3)虽然管制者希望企业形成一个合理的价格结构,各种产品价格都能较好地反映成本,而且,管制者确实也有权力要求企业通过不断调整使价格结构合理化。但这种价格管制模型只控制多产品生产企业最高综合价格水平,并不是特定的价格结构。(4)它不直接控制企业利润。企业在给定的最高限价下,有利润最大化的自由,企业可以通过优化劳动组合,技术创新等手段降低成本,取得更多的利润。

因此,从理论上分析,美国的投资回报率价格管制模型与英国的RPI-X价格管制模型具有根本性的差别,表现为:从利润水平管制到价格水平管制的转换,将会产生风险与利益在企业和消费者之间的转移,在投资回报率价格管制下,消费者是提高成本引起的风险与降低成本带来的利益的承受者;而在最高限价管制下,这种风险与利益都由企业来承担和享受。[1]这也就是说,在投资回报率价格管制下,消费者只能通过企业降低成本才能获得利益,但企业却没有降低成本的动力,因为企业只有通过提高投资回报率水平或扩大投资基数才能取得更多的利润;而在价格水平管制下,由于企业受到最高限价的制约,它们只有通过降低成本才能取得较多的利润。因此,相比较而言,英国的价格管制模型会对企业产生提高生产效率的更大刺激。

---

[1]　Hillman, J. J. and Braeutigam, R., 1989, *Price Level Regulation for Diversified Pubilc Utilities*, Kluwer, p. 37.

四、中国价格水平管制模型的构建

笔者认为,尽管英国的最高限价模型具有较好的性能,但中国不能照搬这种模型,其主要原因是:(1)英国的最高限价模型实质上只是规定管制价格的上升(或下降)率,它是以有一个合理的基价为假设前提的,而基价的决定必然要以成本为基础,这就决定了中国在构建价格管制模型时不能回避成本问题。(2)在近期内,中国的许多产品价格(特别是一些生产资料价格)还属于价格调整阶段,零售价格的变动幅度较大,而且不稳定。同时,某些非价格因素会引起零售价格指数的变化,但不会导致企业成本的相应变化,这会使企业利润并不完全取决于企业的生产效率。如近几年来,中国的零售价格指数都很低,甚至出现负增长,如果再给企业规定一个生产效率增长率(即 X 值),则(RPI–X)必定是一个负数,这意味着要较大幅度地降低管制价格,对目前管制价格水平较低的产业来说,可能会造成企业亏损,难以保证简单再生产,更不能维护企业的发展潜力。(3)虽然美国的投资回报率价格管制模型会产生低效率的 A-J 效应,但另一方面,英国的最高限价模型会抑制企业投资,特别是越接近价格调整期,企业的投资动力就越小,甚至会停止投资,从而影响正常投资的连续性。所有这些都要求我们构建符合中国实际情况的价格管制模型,但这是一件极不容易的事,本书对此也仅仅是一种初步探索。

在中国现行的自然垄断产业价格管制实践中,由于不少企业在特定的地域范围内实行独家垄断经营或寡头垄断经营,因此,主要是以企业的个别成本作为定价依据的,这样,企业成本越大价格就越高,具有类似于"实报实销"的性质,这种价格形成机制,对企业缺乏努力提高生产效率,不断降低成本的刺激。在实践中,表现为不少企业的成本不断上升,不断要求政府提价。由于政府与企业之间对成本信息存在严重的不对称性,政府只能在相当程度上默认企业发生的实际成本,即允许企业提价,导致许多产品(或服务)价格不断上涨。事实上,如何控制成本一直是政府在价格管制实践中的难题。针对这一问题,构建中国价格管制模型应重视成本约束原则,其基本思路是:虽然政府不能观察企业成本的实际运行过程(它是一个"黑箱子"),但政府能发现成本的运行结果,通过控制成本的变化结果,促使企业自觉提高效率,降低成本。同时,在正常情况下,自然垄断产业的经营企业应取得合理利润,以满足投资的需要,实现扩大再生产,但其前提条件是企业应具有较高的生产效率。这样,根据中国的实际情况,并借鉴经济发达国家的价格管制模型,一种可供选择的价格管制基本模型是:

$$P_{t+1} = C_t(1+\text{RPI}-X) + P_{t+1} \times r$$

上式等号右边第一项为单位成本项,第二项为单位利润项,经整理并考虑质量系数(Q)可得:

$$P_{t+1} = \frac{C_t(1+\text{RPI}-X)}{1-r} \times Q \tag{5.4}$$

在上面(5.4)式中,P_{t+1}为下一期的管制价格,C_t为本期的单位成本;RPI为零售价格指数;X为生产效率增长率(成本下降率);Q为产品与服务质量系数;r为销售利润率。

在上面的模型中,$C_t(1+\text{RPI}-X)$为成本上限控制项,在制定下一期的管制价格时,首先要考虑本期的成本情况和成本变动因素,在影响成本的众多因素中,零售价格指数(RPI)是一个综合性因素,随着RPI的变化,企业的原料、工资成本等也会发生相应的变化,因此,在决定下一期的成本水平时,在C_t的情况下,加上$C_t \times \text{RPI}$(在正常情况下,RPI是一个正数,因此,$C_t \times \text{RPI}$为成本增量)。为了促使企业提高生产效率,降低成本,政府为企业规定一个下一期必须达到的生产效率增长率(X值),即成本下降率,因此,$C_t X$为成本减量。如果$\text{RPI}-X>0$,则在下一期的管制价格中,成本可以增加,其净增量为 $C_t(\text{RPI}-X)$;反之,如果 RPI$-X<0$,则下一期的成本必须减少,其净减量为 $C_t(X-\text{RPI})$。由于 RPI 是客观的,对企业来说,是一个外生变量,而 X 是由政府规定的,因此,在销售利润率一定的情况下,企业要取得较多的利润,必须使企业实际的生产效率增长率大于政府规定的 X 值。这就会刺激企业自觉提高生产效率,努力降低成本。而成本降低的结果也能使消费者享受较低的价格,分享因企业提高生产效率而带来的利益,从而促进社会分配效率。

在上面模型中,实行质量系数(Q)与管制价格挂钩的办法,目的是促使企业在成本上限控制的情况下,符合政府规定的产品质量标准,并向消费者提供较好的服务质量。同时,在模型中,不是以投资利润率而是以销售利润率决定企业的利润水平,其主要考虑是为了避免在投资利润率下企业可能发生的过度投资,从而产生低效率的 A-J 效应,而且,对企业投资所形成的资产额的正确核算也是一件比较复杂的管制工作。相比之下,销售利润率比较客观,因为销售额的大小取决于销售量和销售价格,其中销售价格受政府约束,而销售量受市场约束,企业要增加销售量就必须通过增加投资,扩大经营范围,提高产品或服务质量等措施,以更好地满足市场需要。

从总体上说,上述模型能刺激企业自觉提高生产效率,降低成本,使消费者能享受到较低的价格。政府能使企业获得合理的销售利润,而且,只要企业实现的生产效率高于政府规定的生产效率,企业就能获得较多的利润,从而使企业具有一定的发展潜力。因此,合理使用上述价格模型能实现价格管制的三大政策目标。

最后值得一提的是,上述价格管制模型的实际运用效果在相当程度上决定于模型中各项要素的合理确定。因此,有必要进一步讨论这些要素的确定思路。

1. C_t 的确定。C_t 为本期的成本项,在第一次使用模型时,正确确定初始的 C_0 特别重要。由于各自然垄断产业具有不同的技术经济特征,这就决定了 C_0 的差别很大。对多数自然垄断产业经营企业来说,成本项主要由能源费、原材料费、资产折旧费、修理费、工资和销售费用、管理费用、财务费用等构成。其中一些成本可以参照国家规定的有关技术经济指标,运用工程分析法(或技术定额法)加以确定。而对于工资等成本,可根据特定产业的劳动生产率和相关产业的人均工资水平加以确定。对于进入成本的某些福利费、劳动保护费等,则可按照政府的有关政策进行核算。对企业来说,一些成本是外生成本,具有外在客观性,但多数成本项目既有客观性,又有主观性,企业通过提高生产效率和管理水平,在相当程度上存在降低成本的潜力。

2. RPI 的确定。从理论上讲,零售价格指数(RPI)是由政府统计部门公布的,具有客观性,它反映通过零售的生产资料价格和主要生活消费品价格的综合变动情况,RPI 的增长会引起企业生产经营成本的增长,因此,实行成本和 RPI 挂钩的办法。但在实践中,可能 RPI 不能完全反映企业成本的变化,如工资水平提高后,如果人们将收入大部分用于储蓄和证券投资等,RPI 就可能不会发生相应的变化。因此,需要对 RPI 作相应的微调,以较好地反映成本变化情况。

3. X 值的确定。在模型中,参数 X 值的确定是一个难点。X 值的确定要考虑的主要因素是:(1)企业现有生产效率与特定产业先进生产效率的差距,如果现有生产效率较低,则挖掘生产效率的潜力就较大,X 值也应较大,反之亦反;(2)特定产业的技术进步率。技术进步能降低成本,技术进步率应作为规定 X 值的重要因素;(3)管理效率。即考虑提高管理效率的潜力。X 值应综合反映根据企业的实际能力应该达到的生产效率增长率(或成本下降率),它应该是企业通过努力不仅可以达到,而且能够超越的,以刺激企业努力降低成本。

4. Q 值的确定。质量系数 Q 的最大值一般为 1,如果企业生产经营的产品完全达到政府规定的标准,而且通过消费者抽样调查,企业的服务质量水平也较高(可用百分数表示),则质量系数为 1,否则,按照实际质量水平确定 Q 值($Q<1$)。

5. r 值的确定。模型中的 r 为销售利润率,在确定初始 r 值时,也可以参考投资利润率和销售利润率的转换值,即:

利润额＝资产额×投资利润率＝销售额×r

$$r = \frac{资产额}{销售额} \times 投资利润率$$

r 值确定后就应相对稳定,把企业的"兴奋点"引向如何通过努力,使企业的实际生产效率增长率超过政府规定的 X 值上。

此外,对于管制价格的调整周期问题,应根据特定自然垄断产业的投资回收期、技术进步率等因素而确定。根据经济发达国家的价格管制实践,价格调整周期一般以 3—5 年为宜。但在近期内,由于中国的管制价格还不够合理,需要逐渐将价格调整到正常水平,因此,价格调整周期宜较短,随着价格调整逐步到位,价格调整周期就可逐渐延长。

第六章　价格结构管制理论

大多数自然垄断产业都是向不同的顾客群提供相应的产品或服务，而在产品和服务的生产供应过程中，许多成本是"共同成本"（common costs），例如，电力产业的电厂、输电线路，电信产业的电话交换机、电信网，煤气和自来水产业的生产设备、管网等的运行成本都具有共同成本的性质，因为通过它们可以向不同类型的顾客提供产品或服务。由于不同类型的顾客有不同的需求，需求差异又会产生成本差异，以需求和成本作为定价基础的管制价格应该反映这些差异。价格结构管制的中心任务就是监督企业如何把许多共同成本合理地分摊到各种产品或服务之中，由不同类型的顾客来承担。

第一节　需求结构与价格结构

我们可以按照不同的标准对自然垄断产业的总需求进行细分，形成不同的需求结构。例如，在自来水和煤气供应等产业中，通常按照顾客的类型划分为居民用户、生产性企业用户、服务性企业用户、行政事业机关等单位用户，等等。在电力等自然垄断产业，可以按照季节、月份、星期、日期，甚至时区划分高峰需求和非高峰需求。此外，还可以按照使用设备划分需求，例如，在煤气产业可以将需求划分为厨房用、供应热水用、暖气用。还可以按照电表、煤气表、自来水表的大小进行需求分类。在所有自然垄断产业都可以按照使用量划分为大量需求、中量需求和少量需求。

　　政府在价格管制实践中,应考虑到需求结构对管制价格的影响,以形成与需求结构相适应的价格结构。例如,由于许多自然垄断产业被认为具有公益性的特点,政府对居民用户往往采取较低的管制价格政策,而对生产性企业,特别是服务性企业制定较高的管制价格政策。为了缓和需求的高峰和低谷的差异,节约投资和充分利用现有生产供应设备,应该对高峰需求制定较高的管制价格,而对非高峰需求制定较低的管制价格。由于使用量的大小与生产供应成本具有反向关系,因此,对大用户应该以较低的价格提供产品或服务,而对小用户则收取较高的价格。

　　这里值得一提的是,许多经济学家认识到,在政府管制实践中,经济上合理的价格并不一定是价格管制中所采取的价格。[1]例如,按照价格合理性,对使用量较小的居民家庭用户应该收取较高的价格,而对使用量较大的企业用户应该收取较低的价格。但在价格管制实践中,许多国家的政府管制者往往偏重自然垄断产业的公益性和社会福利性,对居民家庭用户制定较低的管制价格。

第二节　线性定价与非线性定价

　　从最基本的表现形式看,价格结构的形式可分为"线性定价"(linear pricing)和"非线性定价"(nonlinear pricing)这两种形式。线性定价又可分为定额价格和同一从量价格。定额价格是指无论消费量大小,都按固定的标准收费的价格。如在英国自来水产业政府管制体制改革以前,多数居民家庭没有安装自来水表,而是实行以"应征财产税价值"付费的体制,财产价值较小的家庭对使用自来水的付费较少,财产

---

[1]　Viscusi ,W. K.,J. M. Vernon, and J. E. Harrington, Jr.,1995, *Economics of Regulation and Antitrust*,The MIT Press, p. 368.

价值较大的家庭则付费较多。① 定额价格虽然最为简单,但它的一个最大缺点是会造成过度消费,浪费现象严重。因此,在实践上已很少使用定额价格。同一从量价格是指无论消费量大小,都按同一的单位价格收费。定额价格和同一从量价格可分别以图6—1(a)和图6—1(b)表示:

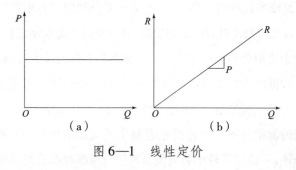

图6—1　线性定价

在图6—1(a)中,无论Q多大,收费是恒定不变的,在图6—1(b)中,消费者支付的费用(即企业的收益R)随着消费量的增加而递增,直线OR的斜率为P,即单价。从图6—1可以看出,定额价格和同一从量价格都表现为线性(平行线和斜线)的形式,这就是称它们为线性定价的原因。

在电力、煤气和自来水供应等自然垄断产业中,无论是生产阶段的单位成本还是输送阶段的单位成本,大用户都比小用户低得多,反映成本的管制价格应该考虑到这一点。但在同一从量价格中没有将单价与消费量相联系,因而大用户感到不公平。同样,由于使用时间、使用设备等方面的差异也会影响生产供应成本,这都要求在价格结构的管制中反映这些差异,根据用户的消费量、消费时间、使用的设备(如各种度量仪表)和提供服务所需机器设备的利用状况(如负荷率)等的不同,制定出多种多样能较好地反映需求与成本的价格结构。由

---

① 详见王俊豪:《英国政府管制体制改革研究》,上海三联书店1998年版,第241—287页。

于这些价格结构不是单纯的线性形式,而是具有复杂结构的非线性形式,所以,把它们统称为非线性定价。例如,下面将讨论的两部定价就是定额价格和从量价格相结合的一种管制价格决定方式,高峰负荷定价也是非线性定价。

第三节 两部定价

两部定价所形成的价格结构由两部分组成:一是与消费量无关的"基本费",二是根据消费量收取的"从量费"。它是非线性定价的一种形式。我们可利用图6—2来说明其经济原理。

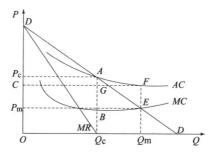

图6—2 两部定价的原理

由于自然垄断产业在一定的产出范围内表现为成本递减,如前所述,在成本递减的状况下,如果根据边际成本定价,那么,如图6—2所示,价格为 P_m,产量为 Q_m,这时就会产生亏损额 $CFEP_m$,我们可以把这一亏损视作固定费用总额。为了使自然垄断产业的经营企业盈亏平衡,就有必要设计出一种价格管制机制,使实行边际成本定价方式下所形成的企业亏损由消费者承担。显然,由于固定费用与消费量的大小无关,所以,不能按消费量收取固定费用。作为解决这一问题的简便途径,可以把年固定费用总额(K)除以用户总数(N),其结果为每一用户平均承担的年基本费(K/N),由于消费者一般按月支付费用,把年基本费除以 12 就是月基本费,记为 $T(T=K/12N)$。若某一消费者的月消费量为 Q,则该消费者的月使用费(M)为:

$$M=T+P_mQ \tag{6.1}$$

这种两部定价方式可用图 6—3 表示。

由图 6—3 可见,两部定价既可以按照边际成本定价收取变动费用,又可通过基本费补偿固定费用,从而使企业达到收支平衡。同时,一些学者还证明:从社会分配效率的角度看,两部定价虽然次于按边际成本定价,但优于按平均成本定价。[①]

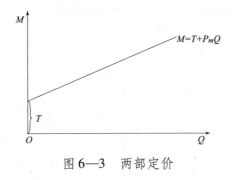

图 6—3 两部定价

在图 6—2 中,平均成本曲线(AC)与需求曲线(DD)相交于 A 点,因此,平均成本价格为 P_c,产量为 Q_c,总费用为 P_cAQ_cO,其中,固定费用总额为 P_cABP_m,变动费用总额为 P_mBQ_cO。而在边际成本定价中,价格为 P_m,产量为 Q_m,固定费用总额(即亏损额)为 $CFEP_m$,变动费用总额为 P_mEQ_mO。由于在特定时期内,固定资产是一定的,那么,无论是平均成本定价还是边际成本定价,固定费用总额都是相同的,即

---

① 详见 Lewis, W. A., 1970, *Overhead Cost*, New York: Augustus M. Kelley Publishers; Willig, R., 1978, "Pareto-Superior Nonlinear Outlay Schedules", *Bell Journal of Economics* 9:56 – 69。

$P_cABP_m=CFEP_m$。这样,由图 6—2 可见,边际成本定价形成的消费者剩余为 DEP_m,而平均成本定价形成的消费者剩余为 DAP_c,前者比后者大 P_cAEP_m。在两部定价的情况下,企业把按边际成本定价形成的亏损额(它等于按平均成本定价形成的固定费用总额)作为基本费收取,同时,把 P_mEQ_mO 作为从量费收取,从而可以得到总额为 P_cABEQ_mO 的收入,因而,消费者剩余为 DAP_c+AEB,它虽然比边际成本定价时的消费者剩余 DEP_m 小 P_cABP_m,但比平均成本定价时的消费者剩余 DAP_c 大 AEB。因而证明了从社会分配效率的角度看,两部定价虽然次于边际成本定价,但优于平均成本定价。

第四节　高峰负荷定价

虽然高峰负荷定价适用于许多自然垄断产业,但由于电力产业的需求波动最大,因此,这一定价方法自然最适用于电力产业的价格管制。本书也主要以电力产业为基础讨论高峰负荷定价问题。

电力需求在一年、一季、一月甚至一日中都有明显的差异性,以某一工作日为例,电力需求可能显示出如图 6—4 所示的波动性。

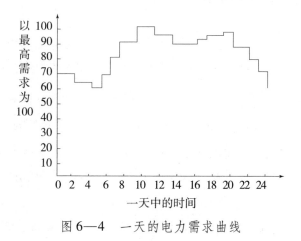

图 6—4　一天的电力需求曲线

由图6—4可见,电力需求在上午10时达到高峰(100),而在凌晨4时左右达到需求低谷(约为62)。周末的电力需求则可能只有工作日的50%。由于电力不能储存,因此,为了使电力供需在每时每刻保持平衡,必然要有足够的电力生产和输送能力。同时,这也意味着电力生产供应的最大容量取决于用电高峰的需求。为了降低成本,需要对整个电力供应系统进行优化组合,就电力生产而言,要求有不同类型的电厂组合,假定某一电力供应系统主要包括核电厂、火电厂和燃气电厂,则核电厂的运行成本最低,但固定成本很大,因此,它适宜于连续供电,而燃气发电厂的固定成本很低,但运行成本很高,它适宜于间歇性发电,主要用以满足用电高峰需求,火力发电厂则处于核电厂和燃气发电厂之间。因此,电力供应系统的短期边际成本曲线呈如图6—5所示的上升趋势:

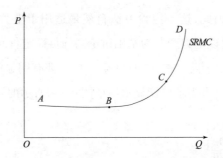

图6—5   电力供应系统的短期边际成本曲线

在图6—5的短期边际成本曲线中,区间AB表现为核电厂的运行成本,区间BC为火电厂的运行成本,而CD为燃气发电厂的运行成本。可见,随着电力需求量的变动,电力供应系统的边际成本也在发生变化,若按照边际成本定价,就要求电力价格随着成本的变化而相应地变化。这就是实行高峰负荷定价的基本原因。

为了更好地掌握高峰负荷定价的原理,我们有必要讨论"负荷曲线"和"负荷率"这两个概念。从供给方面看,把提供电力等的设备利用状况加以图示就叫作"负荷曲线"(loadcurve),在供求基本平衡或供大于需的情况下,它与从需求方面看的需求曲线基本上是一致的。所以,图6—4中的需求曲线也可以看作是电力供应企业的负荷曲线。把一天的总消费量除以24小时,其值就是"平均负荷",如图6—4中的平均负荷大约为80,把这个平均负荷的需求量除以最大负荷的需求量,其值就是"负荷率"。即负荷率的计算公式为:

$$负荷率 = \frac{平均负荷}{最大负荷} \times 100\% \tag{6.2}$$

在图6—4中,因为平均负荷约为80,最大负荷为100,因此,负荷率约为80%。显然,负荷率越低,意味着电力等的高峰需求与非高峰需求的差异越大,非高峰期间固定资产的闲置率也越大。可见,负荷率可用作衡量特定自然垄断产业的固定资产利用状况的一个重要指标,负荷率越高,固定资产的利用率越高,从而生产供应成本也越低,反之亦然。因此,在价格管制上,就要设计一种刺激机制,以提高负荷率,而高峰负荷定价就是适应这一要求的一种价格管制制度。

显然,从原理上而言,为了缩小高峰和非高峰需求的差异,一种简单的方法就是对高峰需求制定高价,以抑制消费,而对非高峰需求制定低价,以鼓励消费。但在实际运用高峰负荷定价时,由于高峰需求与非高峰需求是一个相对概念,这就存在如何区分高峰需求和非高峰需求的问题。同时,如果把一天中的需求区分为高峰需求和非高峰需求,并据此向消费者收取不同的价格,这就要求有相当精密的度量表技术。另外,如果将需求划分得过细,消费者也难以对消费和价格作出足够的反应。因此,在价格管制实践中,也可考虑按月或按季节区分高峰需求和非高峰需求,例如,对电力产业来说,由于在夏天居民要用空调和冷藏设备,属于用电高峰需求期,可以制定较高的电力价格,促使消费者节约用电,或者多使用煤气等替代物。而在冬季属于用电低谷期,可以制定较低的电力价格,以刺激消费。通过这种价格差异,促使消费者在消费过程中对消费量与价格的关系作出一定的反应,从而熨低消费高峰和低谷的"落差",提高负荷率,进而提高自然垄断产业固定资产的利用率,减少固定资产投资需求,实现社会资源的优化配置和运用。

第五节　差别定价

差别定价是指垄断企业在同一时间以同一产品或服务对不同的购买者制定不同的价格。差别定价是垄断定价的具体表现形式,垄断企业实行差别定价的动机是因为这种方法比单一价格能获取更多的利润。[①] 本节主要分析垄断企业实行差别定价的条件,三种差别定价形式以及政府对差别定价的管制。

一、差别定价的条件

企业实行差别定价需要具备三个条件:一是企业拥有垄断性地支配价格的能力。而且,其产品具有一定倾斜的需求曲线,因为对任何具有倾斜的需求曲线的卖主都可以独立定价,即高价少销、低价多销,这就使垄断企业具备了实行差别定价的可能性。二是购买者对同一产品或服务具有不同的需求价格弹性,自愿支付不同的价格。而且,企业能够根据这种需求价格弹性,对购买者进行区分。三是能够将不同的购买者市场相分离。如果企业不能将不同的购买者市场相分离,所有的购买者将会在价格最低的市场上进行购买,或是将低价购进的产品转

---

① 最早从理论上系统分析差别定价的是庇古,参见 Pigou, A. C., 1920, *The Economics of Welfare*, London: Macmillan。

卖到高价市场上。例如,自来水公司、电力公司等通过安装相应的消费计量装置和采取不同管理方法,能够有效地分割自来水和电力等市场,对工业、商业、居民等不同用户以及使用高峰和低谷不同时间而制定不同的价格。对于自然垄断产业来说,许多企业拥有供给垄断性,出于对价格承受性等因素的考虑,政府允许企业对工业、商业和居民等不同用户采取不同的供应价格,而这些用户市场是分离的。因此,在自然垄断产业具有实行差别定价的条件。

二、差别定价的三种形式

按照价格差别的程度,差别定价有 3 种主要形式:

1. 第一级价格差别(first-degree price discrimination)。若垄断企业完全了解每个消费者对任何数量的产品愿意支付的最高需求价格,就可以对每一单位数量的产品分别制定差别价格,从而使消费者剩余完全为垄断企业所侵占,变成生产者剩余(即转移为垄断企业的利润)。我们可以图 6—6 加以说明:

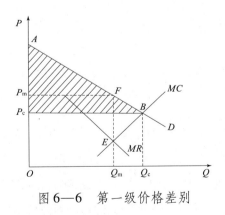

图 6—6　第一级价格差别

在图 6—6 中,若垄断企业按边际成本 P_c(也可以假定按平均成本)定价,购买量为 Q_c,企业获得总收益为 OP_cBQ_c 的面积,而采取第一级价格差别的垄断企业都按照购买者的不同需求定价,其结果获得的总收益为 OP_cBQ_c 面积加上 AP_cB 这一阴影三角形的面积,这就是说,在第一级价格差别下消费者在购买 Q_c 数量产品或服务中本应得到的消费者剩余(即阴影三角形 AP_cB)都被垄断企业所侵占。

进一步看,若垄断企业按照边际成本等于边际收益这一利润最大化原则决定产量 Q_m 和价格 P_m,只能获得面积为 P_mOQ_mF 的总收益,与实行第一级价格差别的总收益 AOQ_cB 面积相比较,显然要小得多。这证明了垄断企业采取第一级价格差别比采取单一垄断价格能获得更多的利润。

2. 第二级价格差别(second-degree price discrimination)。它是指垄断企业把产品或服务分成若干数量组,按组制定不同的价格(见图6—7)。

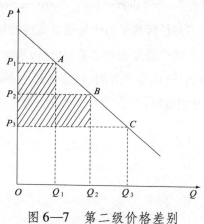

图6—7 第二级价格差别

第二级价格差别与第一级价格差别的区别仅仅是前者的价格差别种类(P_1、P_2 和 P_3)比第一级价格差别要少得多。在第二级价格差别下,若 P_3 是以按成本制定的价格,则垄断企业获取的消费者剩余(相当于图中阴影面积)要比采取第一级价格差别时得到的消费者剩余少得多。在现实中,第二级价格差别表现为企业向消费者提供的各种数量折扣,以鼓励消费者多使用产品或服务。

3.第三级价格差别(third-degree price discrimination)。它是指垄断企业在不同的市场上对同种产品或服务制定不同的价格。即垄断企业为了取得较多的收益,要求销售到所有市场上的产品的边际收益等于边际成本,在这个原则下,将总销售量分配到各个市场,然后按照各市场的不同需求价格弹性,再分别制定不同的价格。它比第一、二级价格差别要复杂得多,我们可用图6—8说明:

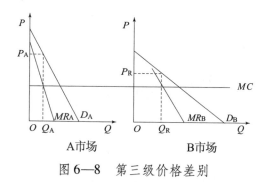

图6—8　第三级价格差别

在图6—8中,假定某垄断企业按价格需求弹性,将其产品市场分割为A市场和B市场,从图形可见,由于A市场的需求价格弹性小于B市场,如果企业对这两个市场制定相同的价格就不能实现利润最大化目标,为此,它要根据以下原理分别对A市场和B市场制定不同的价格:设π为利润函数,$R_A(Q_A)$为A市场的收入函数,$R_B(Q_B)$为B市场的收入函数,$C(Q_A+Q_B)$为共同成本函数,则利润函数可表示为:

$$\pi = R_A(Q_A) + R_B(Q_B) - C(Q_A+Q_B) \tag{6.3}$$

为使π最大化,就应满足:

$$\frac{\partial \pi}{\partial Q_A} = R'_A(Q_A) - C'(Q_A+Q_B) = 0 \tag{6.4}$$

$$\frac{\partial \pi}{\partial Q_B} = R'_B(Q_B) - C'(Q_A+Q_B) = 0 \tag{6.5}$$

在(6.4)和(6.5)式中,$R'_A(Q_A)$是A市场的边际收益(MR_A),

$R'_B(Q_B)$ 是 B 市场的边际收益(MR_B),$C'(Q_A+Q_B)$ 是为共同提供这种产品的边际成本(MC),因此,从(6.4)和(6.5)式可得:

$$MR_A = MR_B = MC \tag{6.6}$$

因此,根据边际收益等于边际成本的原则决定价格,在 A 市场上制定价格 P_A,在 B 市场制定价格 P_B,以实际利润最大化。这样,尽管 A、B 两市场的 $MR_A = MR_B = MC$,但 $P_A > P_B$。这可利用 $MR = P(1-\dfrac{1}{E})$ 来说明:

$$\text{由于}\quad MR_A = MR_B \tag{6.7}$$

$$\text{则}\quad P_A(1-\frac{1}{E_A}) = P_B(1-\frac{1}{E_B}) \tag{6.8}$$

$$\text{或}\quad \frac{P_A}{P_B} = \frac{\dfrac{1}{E_B}}{\dfrac{1}{E_A}} \tag{6.9}$$

$$\text{因此,若}\quad E_A > E_B \qquad \text{则}\quad P_A < P_B \tag{6.10}$$

$$E_A = E_B \qquad \text{则}\quad P_A = P_B \tag{6.11}$$

$$E_A < E_B \qquad \text{则}\quad P_A > P_B \tag{6.12}$$

由上可见,A、B 两个市场的价格与其需求价格弹性呈反方向变动,即需求价格弹性较大,价格就较低。在图6—8中,A 市场的需求价格弹性比 B 市场小,因而 A 市场的价格就高于 B 市场。

三、对差别定价的政府管制

从理论上说,政府对垄断企业以获取利润最大化为目的差别定价行为应该实行管制。但在现实经济中,价格差别是一种广泛存在的现象,不仅存在于垄断性产业或领域,也存在于竞争性产业或领域。价格差别的广泛存在意味着其中的大多数形式实际上是合法的。因此,对差别定价的管制应该具有选择性。

在自然垄断产业,差别定价会增加垄断企业的利润,造成消费者剩余损失,从而造成社会福利损失。但有的学者认为,①垄断企业由价格差别而获得的额外利润也可用于其他的许多方面以增加社会福利。假如增加的这部分利润补偿了研究和开发新产品和新生产过程的成本,就会鼓励创新。同样,增加的这部分利润也会因为补偿了创建品牌的成本,而鼓励产品多样性。另外,由于价格差别而增加的利润,也会因补偿了生产的固定成本和进入成本,而鼓励进入和竞争。有的学者还认为,②如果企业采取差别定价不是以获得垄断利润为目的,而是以收回总成本为目的,那么,也不能算是不正当的价格差别。此外,我们从图6—6可见,在第一级价格差别下的供应量是Q_c,而以利润最大化原则决定的供应量是Q_m,$Q_c > Q_m$,因此,企业采取差别定价能扩大供应量,有利于满足消费者的需要。

综上所述,在理论上应该对企业的差别定价实行政府管制,但在实践中,差别定价广泛存在而且具有一定的经济合理性。这就使政府对差别定价的管制处于两难状态。政府需要对管制什么,怎么管制作出抉择。显然,政府对差别定价的管制应具有选择性,如在第一、二、三级价格差别中,政府首先应该限制企业采取完全侵占消费者剩余的第一级价格差别。其次,政府管制者还要根据产业的发展状况,分析企业实行差别定价主要是为了获取垄断利润,还是为了在发展过程中补偿投资成本。但无论企业采取哪种价格差别形式,管制者必须严格控制企业的综合价格水平不得超过政府规定的管制价格水平。

---

①　参见〔美〕丹尼尔·F. 史普博:《管制与市场》,上海三联书店、上海人民出版社1999年版,第696页。

②　参见〔日〕植草益:《微观规制经济学》,中国发展出版社1992年版,第110页。

第六节 对多种产品经营企业的价格管制

前面主要分析单一产品的价格结构管制问题,但在许多自然垄断产业中,企业都同时经营多种产品。不同的产品就有不同的价格,但其中一个复杂的问题是,许多成本是多种产品的共同成本,这些成本应该由哪些消费者来承担? 多产品定价和投资问题是有关公共企业理论的主题,[①]我们不准备在这里展开讨论。本节我们主要分析在政府管制约束下,以追求利润最大化为目标的多产品经营企业的行为和管制问题。

一、静态价格控制机制

假设一个多产品经营企业为 n 个市场分别提供产品 $Q_1, Q_2, \cdots, Q_n$,令 Q 表示这组产品向量,令 $P = (P_1, P_2, \cdots, P_n)$ 表示在各个市场上的价格向量。则第 i 种产品需求(Q_i)决定于价格向量 P,企业的成本 $C(Q)$ 决定于产品向量 Q,而产品向量又反过来决定于价格向量 P。假定在自然垄断的成本状况下,我们可以把企业利润(π)看作价格的一个函数,即:

$$\pi(P) = \sum P_i Q_i(P) - C[Q(P)] \tag{6.13}$$

上式右边的第一项是企业在各个市场上的总收益,第二项是总成本。

---

① 有兴趣的读者可参阅:Atkinson, A. B. and J. E. Stiglitz, 1980, *Lectures on Public Economics*, Maidenhead:McGraw-Hill, chapter 15; Baumol, W. J. and D. Bradford, 1970, "Optimal Departures from Marginal Cost Pricing", *American Economic Review* 60:265 – 283; Diamond, P. and J. A. Mirrlees, 1971, "Optimal Taxation and Public Production", *American Economic Review* 61:8 – 27, 261 – 278; Rees, R., 1984, *Public Enterprise Economics*, London:Weidenfeld and Nicholson。

令消费者剩余加企业利润为社会福利目标。消费者剩余将决定于企业制定的价格水平,若以 $S(P)$ 表示消费者剩余,则存在这样一个有用的事实:

$$\frac{-\partial S(P)}{\partial P_i} = Q_i(P) \tag{6.14}$$

这就是说,如果第 i 种产品的价格只增长很小一个单位,那么,消费者剩余的损失就等于那个单位量乘以第 i 种产品的需求量。在这种情况下,哪一种定价和生产决策能保证社会福利最大化? 最理想的方案($first$-$best$)无疑是对每一种产品实行边际成本定价,即:

$$P_i = MC_i = \frac{\partial C}{\partial Q_i} \tag{6.15}$$

但是,我们已在第五章第二节作了论证,当存在规模经济时,边际成本定价会使企业蒙受亏损。如果不可能由政府来承担这种企业损失,那么,社会福利最大化要以企业不亏损为前提,这就是说,要选择一个合适的 P,在 $\pi(P) \geqslant 0$ 的前提下使消费者剩余 $S(P)$ 最大化。

如果对成本与需求状况不作严格的假定,则解决这一次优(second-best)问题要求满足以下条件:

$$\frac{P_i - MC_i}{MR_i - MC_i} \tag{6.16}$$

而且,这一条件在各个市场上都是相同的(在上式中,MR_i 和 MC_i 分别表示在第 i 个市场上的边际收益和边际成本)。这就是所谓的拉姆塞定价法(Ramsey Pricing)。采用这一方法,市场的需求弹性越小,价格和成本的差额就越大。

现在,我们来讨论被管制企业的利润最大化决策。假定政府管制采取按平均成本定价约束机制,并假定企业的加权平均价格必须小于一个规定的价格水平 $\overline{P}$,即:

$$\sum W_i P_i \leqslant \overline{P} \tag{6.17}$$

上式中,W_i 表示各种产品价格的权数。企业要在满足(6.17)式的前提下使 $\pi(P)$ 最大化。这样,权数(W_i)和限制价格($\overline{P}$)的选择就具有决定意义。一个重要的特例是,选择一定的(W_i)和 $\overline{P}$,使企业收益等于成本,而且,当采取拉姆塞定价法时,其权数与各种产品的需求成一定的比例。对成本和需求状况作一些必要的假设后,可以证明被管制企业会选择拉姆塞定价法。在两种产品的情况下,我们以图 6-9 对此加以说明:①

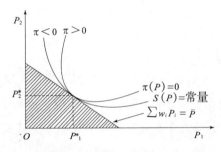

图 6—9　对多种产品定价的管制

在图 6—9 中,阴影部分包含了能满足(6.13)式约束条件,在特定的权数 W_i 和限制价格 $\overline{P}$ 下两种产品价格的可能结合区域。此图表明消费者剩余无差异曲线($S(P)$是常量)和等利润曲线与代表价格限制的直线 $\overline{P}$ 相切。越接近于切点,越显示消费者剩余增加,但利润减少。显然,该图说明当两种产品的价格分别为 P_1^* 和 P_2^* 时,在满足 $\pi(P) \geqslant 0$ 的情况下能使消费者剩余最大化。它们便是拉姆塞价格。规定这种价格制约条件,以一定的价格结合方式,能使企业在遵守管制价格要求的前提下获得最大利润。这样,价格约束就能诱导企业采取拉姆塞定价法。

①　Ramsey, F. P., 1927, "A Contribution to the Theory of Taxation", *Economic Journal* 37:47-61.

现在,我们进一步分析(W_i)和$\overline{P}$的这种选择是怎么产生上述效果的。原来,权数W_i决定了价格约束直线的斜率,$\overline{P}$决定了它到切点的距离。在特定的权数W_i下,不难选择一个$\overline{P}$的水平,使得价格约束线成为$\pi(P)=0$处的切线。在拉姆塞价格处,权数与需求量成比例能保证这个切点也是消费者剩余无差异曲线和价格约束线的切点。这是因为,消费者剩余无差异曲线在那点的斜率是:

$$\frac{dP_2}{dP_1}=\frac{-\partial S(P^*)}{\partial P_1}\div\frac{\partial S(P^*)}{\partial P_2}=\frac{-Q_1(P^*)}{Q_2(P^*)} \tag{6.18}$$

在上式中,第一个等式完全可从$S(P^*)=$常量的差分得到,第二个等式直接从(6.14)式可得。如果所选择的权数使W_i与$Q_i(P^*)$成比例,则两个切点重合,即在适当的价格约束下,也能在企业不亏损的前提下达到社会福利最大化。

综合上面所讨论的内容,只要在合适的价格约束条件下,多产品经营的垄断者并不排斥分配效率。但在现实中,合适的价格约束条件这个前提是不容易满足的,因为正确决定W_i和$\overline{P}$所需要的有关成本和需求的信息是很难得到的。如果政府拥有这种信息,政府可以自己经营产业,直接制定最优价格。此外,在静态价格控制机制中,最后一点需要指出的是,平均收益的约束条件为:

$$\frac{\sum P_i Q_i}{\sum Q_i}\leqslant\overline{P} \tag{6.19}$$

它与平均价格约束条件($\sum W_i P_i\leqslant\overline{P}$)具有重要区别。在平均价格约束条件中的权数对企业来说是外在的,而在平均收益约束条件中,其权数(即$Q_i/\sum Q_i$)取决于企业行为决策。因此,平均价格约束下的最优结果并不等于平均收益约束的最优结果。在平均收益约束条件下,企业会产生通过采取一定的战略行为,改变在价格控制公式中的权数的一种刺激,并通常会引起分配低效率。

二、动态价格控制机制

由沃格尔桑(Vogelsang)和芬辛格(Finsinger)在1979年提出的动态价格控制机制(以下简称"V-F机制"),①是建立在信息不对称理论基础上的。政府无法掌握足够的信息来设计价格控制公式以诱导企业实行拉姆塞定价。事实上,政府根本不知道什么是拉姆塞价格,因此,设计V-F机制的主要目的就在于,如何在缺乏有关成本和需求信息的情况下,促使企业最终采用拉姆塞定价法。

V-F机制允许垄断企业在每个时期按照不超过给定水平的加权平均价格选择各种产品价格。但在t时期实行的各种产品价格必须满足这样的条件:在这些价格水平下,前一时期(t-1)的产出所获得的收益不能超过在前一时期所发生的总成本,若用字母来表示,在t期实行的价格必须满足下式:

$$\sum P_i^t Q_i(P^{t-1}) \leqslant C[C(P^{t-1})] \qquad (6.20)$$

它假定政府虽然不知道企业的成本和需求函数,但能观察上期的价格、产量和成本。对一个经营单一产品的企业来说,这个约束条件是,在t期的价格不能超过t-1期的平均成本。它假定存在规模经济,否则,企业就不可能找到一个既能满足这种约束条件,又能取得利润的价格。与此相类似,在经营多产品的情况下,它假定随着产量增加,供应一组特定产品的平均成本将会下降。

V-F机制假定企业知道其成本与需求函数,并在各个时期追求利润最大化。这样,随着时间的推移,在(6.16)式的约束条件下,企业的行为会导致社会福利水平的提高。当最优(拉姆塞)状况处于P^*时,

① Vogelsang,I and J. Finsinger,1979,"A Regulatory Adjustment Process for Optimal Pricing by Multiproduct Monopoly Firms",*Bell Journal of Economics* 10:pp. 157—171.

社会福利就会达到 $W^* = W(P^*)$ 这样一个水平。可见,尽管政府只能获得有限的信息,但运用 V-F 机制似乎能产生非常理想的刺激功能。这种机制能使企业有相对的定价自由并能利用第四章第二节所讨论的政府管制滞后效应。用沃格尔桑和芬辛格的话来说:"被管制企业……被鼓励开发成本下降和消费者愿意支付的潜力。企业把这些转化为利润。但这些优势在下一时期就转移给消费者。"[1]

可是,V-F 机制有它的缺点。萨平顿(Sappington)分析的其中一个主要问题是:[2]V-F 机制理想的福利功能是建立在企业追求短期最大利润基础上的,但正如他们自己所承认的,当企业有更长期的目标时,企业可能对 V-F 机制作出战略反应。因此,萨平顿认为:企业为了增加长期利润,可能会运用纯粹的浪费、低效率地使用生产要素、过量的研究开发费用和过多的投资等手段。事实上,他证明了 V-F 机制可能鼓励企业"纯粹浪费",即故意增加成本。企业今天采取纯粹浪费的战略行为是为了明天能提高管制价格水平。企业进行"纯粹浪费"活动这种思路可能被认为是相当荒唐的,但这种情况在现实中却是大量存在的。例如,企业可能出于战略上的考虑,不致力于消除 X 低效率,企业为了在一定的管制机制下操纵价格,也会采取多种低效率的手段。

以上我们讨论了在管制机制下,多产品经营垄断企业可能选择的价格结构和总价格水平,在静态分析框架下,当管制者对企业规定一个合适的加权平均价格,就会诱导追求利润最大化的企业采用一个理想的价格结构。但问题是,管制者通常不拥有足够的信息以规定合适的权数和价格水平。随着时间的推移,V-F 动态机制能优化企业的外在

① Vogelsang,I and J. Finsinger,1979,"A Regulatory Adjustment Process for Optimal Pricing by Multiproduct Monopoly Firms",*Bell Journal of Economics* 10:170.

② Sappington,D.,1980,"Strategic Firm Behavior under a Dynamic Adjustment Process",*Bell Journal of Economics* 11:360–372.

约束,但它是建立在企业的短期行为假设的基础上的,如果企业是"近视"的,许多管制机制就能很好地发挥作用,而事实上,企业并不是这样,企业会利用信息不对称优势,运用消极的战略行为,从而导致低效率。

三、对企业内部业务间交叉补贴行为的管制

在上面的讨论中,我们假定企业是完全垄断者。但在现实中,许多自然垄断产业经营企业(如中国电信)尽管拥有巨大的市场垄断力量,也有不少竞争者。如果平均价格约束机制也运用于那些存在现实竞争或潜在竞争的产品市场,对有效价格结构的刺激就会被扭曲,平均价格约束就会鼓励企业通过内部转移各个市场的成本,在竞争性市场上以低价战胜竞争者。这就是企业内部业务间交叉补贴(cross-subsidization)行为,即企业以垄断性业务的高利润来弥补竞争性业务的微利或亏损。

在被管制的自然垄断产业中,企业内部业务间交叉补贴行为是普遍存在的。如在电力产业中,电网营运业务是垄断性的,而发电、电力设备供应、电力销售业务是竞争性的;在电信产业中,有线通信网络业务(特别是市内电话)是垄断性的,而寻呼业务、通信设施供应业务等都是竞争性的。如果允许有关企业对所有业务实行垂直一体化经营,这些企业就会产生采取内部业务间交叉补贴战略行为,以在竞争性业务领域取得竞争优势,击败竞争对手。因此,这是一种不正当的竞争行为。另外,企业内部业务间交叉补贴行为还使接受垄断性业务(如市内电话业务)的消费者承担过高的价格,而使接受竞争性业务(如寻呼业务)的消费者享受过低的价格,由此造成的消费者之间收入再分配效应扭曲了社会分配效率。因此,这种行为应受到政府管制的约束。对此,为实现有效竞争,可采取对垄断性业务和竞争性业务相分离的政

策,根据垂直一体化经营的范围经济性,对垂直一体化经营企业可采取不同业务间财务上的分离,也可采取"经营权"上的分离。

但值得一提的是,企业内部业务间交叉补贴行为有时也有合理的一面,如向农村和山区提供电力、通信服务的平均成本大大高于向城市和平原地区提供相同服务的平均成本。为了考虑社会分配的"公平性",就不能根据实际平均成本分别向农村和山区、城市和平原地区的消费者制定差别很大的价格。这样,有关电力和通信企业只能对不同地理位置的业务实行内部业务间交叉补贴行为。可见,政府管制者应把这种类型的企业内部业务间交叉补贴行为和不正当竞争的行为相区别,并采取相应的政府管制政策。

第七章　进入管制理论

对自然垄断产业的进入管制具有两重性：一方面，由自然垄断产业的技术经济特征所决定，需要对新企业的进入实行严格控制，以避免重复建设，过度竞争，导致产业内企业的不可维持性等问题；另一方面，进入管制并不等于不容许新企业进入，政府管制者需求适度开启新企业进入的"闸门"，通过直接或间接的途径，以发挥竞争机制的积极作用。本章将讨论可竞争市场理论，分析原有企业对新企业的排挤行为，最后探讨政府管制者对原有企业与新企业的不对称管制，以培育市场竞争机制的问题。

第一节　可竞争市场理论

可竞争市场理论认为，只要政府放松进入管制，新企业进入市场的潜在竞争威胁自然会迫使产业内原有垄断企业提高效率，这无疑为政府管制提供了一种新思路。但人们对该理论本身存在争议，而且，在理论与实践的统一上也存在一些问题。

一、可竞争市场理论的假设条件和基本内容

美国著名新福利经济学家鲍莫尔在 1981 年 12 月 29 日就职美国经济学会主席的演说中，首次阐述了可竞争市场理论（Theory of Contestable Markets),①并且,他又和帕恩查(Panzar)、韦利格(Willig)合著出版了《可竞争市场与产业结构理论》一书,从而使该理论达到系统化。② 这一理论引起了学术界的广泛争论,并对政府管制体制改革具有相当大的影响。

可竞争市场理论的假设条件是:(1)企业进入和退出市场(产业)是完全自由的,相对于现有企业,潜在进入者在生产技术、产品质量、成本等方面不存在劣势;(2)潜在进入者能够根据现有企业的价格水平评价进入市场的盈利性;(3)潜在进入者能够采取"打了就跑"(hit and run)的策略。甚至一个短暂的赢利机会都会吸引潜在进入者进入市场参与竞争;而在价格下降到无利可图时,它们会带着已获得的利润离开市场。即它们具有快速进出市场的能力,更重要的是,它们在撤出市场时并不存在沉淀成本,所以,不存在退出市场的障碍。

可竞争市场理论的主要内容可概括为以下两点:

第一,在可竞争市场上不存在超额利润。这对寡头垄断企业或完全垄断企业也不例外。其理由是显而易见的,因为任何超额利润都会吸引潜在进入者以同样的成本与垄断企业分割市场份额与利润,潜在进入者即使制定比现有企业更低的价格也能获得正常利润,甚至部分超额利润。在垄断企业作出价格下降的反应前,消费者会因潜在竞争者提供较低的价格而购买其产品。因此,垄断企业只能制定超额利润为零的"可维持性价格"(sustainable price),以防止潜在进入者与其发生竞争。即垄断不阻碍市场的竞争性,潜在竞争的可能性决定了垄断企业的定价原则会从获取垄断利润为目标的垄断高价原则,转化为可

---

① Baumol, W. J., 1982, "Contestable Markets: An Uprising in the Theory of Industry Structure", *American Economic Review* 72:1–15.

② Baumol, W. J., J. Panzar and R. D. Willig, 1982, *Contestable Markets and the Theory of Industry Structure*, New York: Harcourt Brace Jovanovich.

维持性定价原则。

第二,在可竞争市场上不存在任何形式的生产低效率和管理上的 X 低效率(X-Inefficiency)。因为生产和管理上的低效率都会增加不必要的成本,这些非正常成本像高于平均利润的非正常利润一样,会吸引效率较高的潜在竞争者进入市场。因此,虽然从短期看,现有企业可能存在低效率现象,但从长期看,潜在进入者的威胁会迫使现有企业消除生产和管理上的低效率问题。

二、对可竞争市场理论的争议

可竞争市场理论的重要性在于它为探索许多产业组织和政府管制问题提供了一种分析工具,它考虑到决定市场结构的外部因素,突出了沉淀成本的重要性,并强调了潜在竞争对促进产业效率的积极作用。但这一理论提出后,也受到了许多批评,认为真正符合可竞争市场理论的假设条件的产业并不多,因此,这就限制了该理论的应用范围。其中,对这一理论最主要的批评可归纳为以下两个方面:

第一方面的主要批评是,该理论对新企业进入产业后所采取的行为及其结果的一些假定是不符合实际的,特别是,它假定在产业内现有企业作出降低价格的反应前,新企业能够独立建立自己的业务,能够以更低的价格与现有企业相竞争,能够顺意夺取它所需要的业务量。第二方面的批评是,沉淀成本为零的假设也是不符合实际的。[①] 新企业在采取"打了就跑"的策略时,总会有一部分固定资产沉淀下来不能全部撤走。这些都会影响市场的可竞争性。这两方面的批评可借助图7—1加以说明:

---

① 对于这方面的批评详见:Schwartz, M. and R. J. Reynolds, 1983, "Contestable Markets:An Uprising in the Theory of Industry Structure:Comment", *American Economic Review* 73:488–490;Dasgupta, P. and J. E. Stiglitz, 1985, *Sunk Costs*, *Competition and Welfare*, Mimeograph, St John's College, Cambridge。

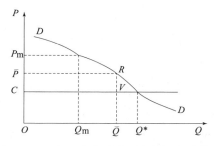

图7—1　对可竞争市场理论假设的检验

图7—1所描述的是一个同质产品市场。DD 表示需求曲线，C 表示不变单位成本水平，当价格 $P=C$ 和产出为 Q^* 时，社会福利达到最大化。假设新企业进入产业后所产生的沉淀成本为 S，它可被视为进入费用，又假设 A 企业是产业市场中现有企业，B 企业是准备进入市场的新企业。令 T_A 为 A 企业对 B 企业进入市场的决策作出反应所需要的时间，T_B 为 B 企业建立足够的经营规模所需要的时间。这样，如果 $T_A > T_B$，则 B 企业能在 A 企业对 B 企业的进入作出反应前建立经营规模，但如果 $T_A < T_B$，则 A 企业能在 B 企业建立经营规模前对 B 企业的进入作出反应。不难设想，一旦 A 企业对 B 企业的进入作出反应，这两家企业的竞争会很快使价格降到 C 的成本水平。这里假定 A 企业没有把价格下降到低于 C 的水平。把 T 定义为：

$$T = \begin{cases} T_A - T_B & \text{如果 } T_A > T_B \\ 0 & \text{其他情况} \end{cases} \tag{7.1}$$

T 的经济含义是，B 企业在 A 企业作出降价反应，并把价格降到成本水平 C 前，B 企业建立足够大的经营规模所需要的时间。

假定 A 企业现行的收费价格水平为 $\bar{P}$，B 企业是否应该进入？如果 B 企业决定进入市场并以不高于 $\bar{P}$ 的价格收费，它所能获得的利润水平大致可用下式表示：

$$\pi(\bar{P}) = (\bar{P} - C)D(\bar{P}) \tag{7.2}$$

即长方形 $\overline{PRVC}$,这种利润能持续 T 时间单位,然后,利润就变为零。如果这种利润能补偿沉淀成本 S,即只要:

$$T\pi(\overline{P})>S \qquad\qquad (7.3)$$

B 企业就值得进入市场。现在,如果沉淀成本是零($S=0$),新企业在原有企业作出反应前(即 $T>0$)能建立经营规模,那么,任何超过成本水平 C 的价格(P)都会吸引新企业进入。这就是可竞争市场的情况。可是,如果现有企业能在新企业建立其经营规模之前(或同时)就作出反应,则 $T=0$,这通常是一种现实情况。同时,如果沉淀成本是正的($S>0$),从(7.3)式可知,任何价格都难以吸引 B 企业进入。所以,A 企业就可以制定垄断价格 P_m,同时也不会吸引新企业进入。在这种情况下,尽管沉淀成本很小,也不会存在进入威胁,现有企业可以大胆地采取垄断行为。

最后的一种情况是 $T>0$ 和 $S>0$。只要现有企业制定的价格满足:

$$\pi(P)\leqslant S/T \qquad\qquad (7.4)$$

现有企业就能抑制新企业进入。只要 T 值不大,即使 S 相当小,这种对现有企业的行为约束也是非常弱的。现有企业制定垄断价格 P_m 也可能会满足(7.4)式。

从上面的分析可得,任何偏离可竞争市场理论的严格假定($S=0$,$T>0$),都会导致与该理论大大不同的预测结果。而在实际中,特别是在那些电信、电力、煤气、自来水等自然垄断产业中,沉淀成本往往很大,新企业要建立自己的经营规模往往需要花费较长的时间,在此时间内,现有企业完全可能作出降价反应。这些都证明了可竞争市场理论本身具有较大的局限性。

三、可竞争市场理论的实践问题

许多学者不仅对可竞争市场理论本身提出了异议,而且,还对该理论的实践问题进行了广泛的讨论。其中,对新企业进入市场后可能采取的"取脂"战略这一核心问题,与该理论的实践问题关系最为密切。

为说明新企业进入市场后可能采取的"取脂"战略问题,首先假定在一个多产品的产业中,一个垄断企业同时提供 3 种产品,为简便起见,假定对每一种产品的需求都是一个单位。又假定单独提供任何一种产品的成本为 3,记作 $C(1)=3$,联合提供两种产品的成本为 4,记作 $C(2)=4$,联合提供所有 3 种产品的成本为 6.5,记作 $C(3)=6.5$。显然,这里存在范围经济:即联合提供产品比单独提供产品具有更高的效率。因为它满足:

$$C(3)=6.5<7=C(1)+C(2)<9=C(1)+C(1)+C(1) \tag{7.5}$$

如果这一产业市场是可竞争性的,新企业就可能会进入该市场,这里就产生了如何对这 3 种产品定价的问题。提供这 3 种产品的自然垄断者对这 3 种产品的收费价格之和应该刚好是 6.5,否则,它就会发生亏损(小于 6.5)或者会吸引新企业进入市场提供这 3 种产品(大于 6.5);而且,对最高两种产品的价格之和至少大于 4.0(如达到 $4\frac{1}{3}$)。但这意味着,若一个新企业进入市场后,有选择地只提供两种产品,其成本为 4,并按照成本定价(即两种产品的价格之和为 4),它仍能取得正常利润,并以低于原有企业价格的优势夺走原有垄断企业 $\frac{2}{3}$ 的业务量,这就是新企业进入市场的"取脂"战略;而原有垄断企业只提供剩余的一种产品就往往会造成亏损。这就产生了本书第三章第三节曾讨论的原有垄断企业不可维持性问题。[①] 可见,新企业进入自然垄断产

---

① 有关这一问题的详细讨论还可参阅:Sharkey, W. W., 1982, *The Theory of Natural Monopoly*, Cambridge University Press; Faulhaber, G. R., 1975, "Cross-subsidization: Pricing in Public Enterprises", *American Economic Review* 65:966–977。

业市场所采取的"取脂"战略是一种低效率的进入战略,它被一些学者称为"破坏性竞争"(destructive competition),因此,它有时被用作政府限制进入的政策依据。可是,一些学者认为,①虽然新企业所采取的"取脂"战略对造成原有垄断企业不可维持性问题存在逻辑上的可能性,但把它作为限制新企业进入自然垄断产业的合理依据是值得怀疑的,在英国的自然垄断产业中,大部分业务领域基本上是可竞争性的,但新企业进入后几乎没有迹象表明会引起原有垄断企业的不可维持性。真正产生不可维持性的可能性是政府的管制政策,例如,在价格结构管制方面,政府要求企业对存在较大成本差异的产品(服务)采取统一定价方法(如对不同地理位置的消费者提供电力、煤气、电信、邮政等服务时,采取统一的收费价格)。在这种情况下,一旦新企业进入这些产业而选择经营成本较低的消费者作为目标市场,这就会使原有企业产生政策性的不可维持性。因此,不可维持性往往不是来自市场竞争,而是导源于政府的价格管制政策。因此,把新企业的"取脂"战略可能引起原有企业的不可维持性作为限制新企业进入的依据,应该采取谨慎态度。

笔者认为,可竞争市场理论对政府管制的政策思路及其措施的影响是不可低估的。如果现实世界完全符合该理论的假设条件,那么,完全可以依靠潜在竞争与现实竞争的力量达到社会资源的最优配置和经济效率的极大化,这也就是说,政府管制成为一种多余的东西。但在现实世界中,产业内原有企业完全有可能在新企业建立自己的经营规模前作出降价等反应,企业退出市场时也必然会产生沉淀成本。正是可

① John Vickers and George Yarrow, 1988, *Privatization: An Economic Analysis*, The MIT Press, p. 59; Mark Armstrong, Simon Cowan, and John Vickers, 1994, *Regulatory Reform: Economic Analysis and British Experience*, The MIT Press, p. 106.

竞争市场理论的假设条件与现实的不一致性,才使政府管制成为必要。因此,该理论的主要贡献是"它可以作为政府管制的指南,而不是取消政府管制。"①

第二节　原有企业阻碍新企业进入的行为分析

产业内原有企业为保持其在市场上的垄断地位,会本能地设置一系列战略性进入障碍。不少学者分析了产业内原有企业可能采取的多种阻碍潜在竞争者进入市场的战略。② 从潜在竞争企业的角度分析,潜在竞争企业进入市场的决策是建立在进入市场后能够取得利润这一信念基础上的,只有当进入市场后的预期收益超过预期成本时,新企业才会进入市场。因此,市场上原有企业为了阻碍潜在竞争者制定进入决策,就会想方设法动摇潜在竞争者能取得利润的信念。作为一种重要的进入障碍战略,原有企业会努力使潜在竞争者相信,它将对新企业进入市场作出强烈的反应(如大幅度压低价格),导致潜在竞争者动摇其利润信念而放弃进入决策。这就涉及到潜在竞争者对原有企业所作的威胁的可信度问题。一种思想流派(经常与美国芝加哥大学相联系)认为,大幅度降价的这种掠夺性定价战略是不理性的,所以不大可能发生,因为这会使原有企业与新企业两败俱伤。因此,采取掠夺性定价战略的威胁是不容易被人相信的。但不少学者则认为原有企业为了长期占领市场,在短期内是不惜采取掠夺性定价战略的。除了价格战

---

① Baumol, W. J., and R. D. Willig, 1986, "Contestability: Developments since the Book", *Oxford Economic Papers* (*Suppl.*) 38:27.

② 对此有兴趣的读者可参阅:Fudenberg, D. and J. Tirole, 1984, "The Fat-Cat Effect, the Puppy-Dog Ploy, and the Lean and Hungry Look", *American Economic Review Papers and Proceedings* 74:361-366;Bulow, J., J. Geanakopolos and P. Klemperer, 1985, "Multimarket Oligopoly", *Journal of Political Economy* 93:488-511。

略外,原有企业还可能采取许多非价格战略以阻碍潜在竞争者进入市场。如有的学者对原有企业通过事先收买专利,致使潜在竞争者难以取得有竞争力的技术,从而抑制其进入市场的情况作了经济分析。①这里的一个重要因素是,原有企业获得专利的刺激往往超过竞争企业获得专利的刺激,尽管某种专利的技术含量低于原有企业已经拥有的技术水平,原有企业也会收买这种专利。这是因为,如果原有企业能从技术上抑制潜在竞争者进入,就能保持其市场垄断地位,取得垄断利润。这为原有企业购买专利后束之高阁的现象提供了一种解释。此外,原有企业还可能通过广告、产品差异和产品品牌等方面的战略来阻碍潜在竞争者进入市场。②

原有企业可能采取的各种阻碍新企业进入的战略行为说明,政府管制者应该采取适当的政策措施,消除市场上原有企业设置的各种进入壁垒,以帮助新企业进入市场参与竞争。这说明仅有市场可竞争性是不够的,还需要政府制定促进竞争的管制政策。

第三节　对原有企业与新企业的不对称管制

本节的主要任务是要解释政府为什么要对原有企业与新企业实行不对称管制(asymmetric regulation),以及如何实行这种不对称管制。

---

① Gilbert, R. J. and D. Newbery, 1982, "Pre-emptive Patenting and the Persistence of Monopoly", *American Economic Review* 72:514–526.

② 详见:Schmalensee, R., 1983, "Advertising and Entry Deterrence:An Exploratory Model", *Journal of Political Economy* 90:636–653;Farrell, J., 1986, "Moral Hazard as an Entry Barrier", *Rand Journal of Economics* 17:440–449;Schmalensee, R., 1982, "Product Differentiation Advantages of Pioneering Brands", *American Economic Review* 82:349–365。

一、不对称竞争与不对称管制

由于自然垄断产业需要巨额投资,资产专用性强,消费者人多面广,其基本业务具有网络性(如电信网、电力网、铁轨网、煤气和自来水管网等),因此,一种具有普遍意义的经济现象是:新企业进入自然垄断产业之初,需要筹措大量资本,逐渐建立和扩展其业务网络,通常缺乏经济规模和生产经营管理经验。而产业内原有企业经过多年经营,已建立了庞大的基本业务网络,拥有相当大的经济规模,在生产经营管理方面积累了丰富的经验,具有相当的市场垄断力量。因此,新企业与原有企业之间的竞争是一种竞争能力不对称的竞争。而且,为了吸引顾客,新企业还必须在生产经营的某一方面或某些方面优于原有企业,以创造特色满足其目标市场的需要,这无疑进一步增加了新企业进入市场和占领市场的难度。因此,为培育市场竞争机制,与不对称竞争相适应,政府应该对原有企业与新企业实行不对称管制,对新企业给予一定的政策优惠,扶植其尽快成长,与原有企业实行势均力敌的对称竞争,以实现公平、有效的竞争。

二、不对称管制是国际上的一种通常做法

事实上,对自然垄断产业内原有企业与新企业实行不对称管制,这是各国政府在进入管制实践中所遵循的基本原则。例如,英国政府在电信产业政府管制体制改革中所采取的"双寡头垄断政策"(duopoly policy)及其相应的政策措施正是体现了这一原则。[1] 英国政府首先考

---

[1]　Bryan Carsberg,1991,"Office of Telecommunications:Competition and the Duopoly Review",in Cento Veljanvski(ed.),*Regulators and the Market:An Assessment of the Growth of Regulation in the UK*,London:The Institute of Economic Affairs,pp.98–106.

虑在有线通信网络业务领域培育一个竞争企业——莫克瑞电信公司
（Mercury Communications），与英国电信公司形成"双寡头"垄断竞争格
局。英国政府只允许一家新企业进入是出于以下的考虑：在 20 世纪
80 年代初，在有线通信网络中培育市场竞争力量还是一种尝试，需要
采取谨慎态度；而且，一家新企业进入产业比多家企业同时进入产业具
有更大的成功率。同时，英国政府认识到，在电信产业中，建立新的通
信网络需要巨额的投资和较长的时间，新企业进入产业后的几年内将
缺乏经济规模，生产成本较高，利润率较低。因此，为尽快形成有效竞
争机制，不能完全依靠市场力量，而需要政府对新企业提供一些"进入
帮助"（entry assistance）。例如，英国政府要求英国电信公司向新企业
（莫克瑞公司）以较低的成本价格提供市内电话通信网络服务，以帮助
莫克瑞公司抵消在长途电话经营中缺乏规模经济的劣势；同时，允许莫
克瑞公司采取"取脂战略"，选择通信业务量最大的线路和地区作为其
经营范围，以较低的成本取得较高的利润。英国政府对新企业的这种
进入帮助虽然在短期内有悖于公平竞争，但从长期看，这有利于培育竞
争力量，以实现有效竞争。存在争议的是，有人认为，英国政府在电信
产业中所采取的"双寡头垄断政策"持续 7 年之久，对科学技术迅速发
展的电信产业来说，这无疑丧失了允许其他新企业进入电信产业，以更
有效地培育市场竞争机制的机会。

三、不对称管制的主要内容

在具有网络性的自然垄断产业中，新企业进入市场之初，由于其自
身建立的业务网络较小，难以向广大消费者提供服务，如果要建立起与
产业内原有企业规模相当的业务网络，这不仅需要很长的时间，而且也
会造成重复性建设。这就要求政府对原有企业实行强制性联网。同
时，在新企业使用原有企业网络的付费价格上，为了弥补新企业在经营

规模上的劣势,政府还可要求新企业只按边际成本付费,即不要求新企业承担固定资产投资费用。

除了在联网方面实行不对称管制外,政府还可规定在短期内,新企业可以不承担提供普遍服务义务,使新企业有财力拓展业务范围。同时,政府还可允许新企业采取比原有企业更为灵活的价格政策,利用价格优势争取顾客。

当然,不对称管制只是一种短期现象,当新企业经过一个发展时期,具有一定竞争实力后,政府就应该逐渐取消这种不对称管制,实行中性管制(对称管制),以实现公平竞争。

第八章 自然垄断产业的竞争理论

由自然垄断产业的技术经济特征所决定,自然垄断产业的竞争应该是规模经济与竞争活力相兼容的有效竞争,以此为目标导向,积极开展直接的和间接的竞争,发挥竞争机制对经济效率的刺激作用。本章首先探讨有效竞争理论,为在自然垄断产业运用竞争机制提供目标导向,然后讨论特许投标竞争和区域间比较竞争这两种间接竞争理论,最后,将讨论如何在自然垄断产业开展直接竞争的问题。

第一节 有效竞争:自然垄断产业竞争的目标导向

自然垄断产业具有显著的规模经济,但由一家或极少数家企业垄断经营又会扼杀竞争活力。因此,规模经济与竞争活力便构成了自然垄断产业政府管制的两难选择。对此,一个重要的政策思路是,以规模经济与竞争活力相兼容的有效竞争作为自然垄断产业开展市场竞争的目标导向。[①]

一、规模经济与竞争活力是自然垄断产业政府管制的两难选择

如前所述,自然垄断的一般特征是在于它具有巨大的规模经济,但

[①] 对于有效竞争的详细讨论可参阅王俊豪:《市场结构与有效竞争》,人民出版社1995年版,第6—39页;《论有效竞争》,《中南财经大学学报》1995年第5期。

更确切的特征在于它的成本弱增性。由于规模经济与成本弱增性具有密切的联系,同时,规模经济在理论研究和经济生活中更为常用,因此,通常把自然垄断性理解为巨大的规模经济性。自然垄断产业需要巨大的投资,这些投资要通过较长的时期才能逐步得到回报,其投资的专用性较强,一旦投资就难以挪作他用,沉淀成本很大。这意味着只有经济实力较强的企业才有能力经营自然垄断产业。更为重要的是,自然垄断产业的投资项目一旦投入使用,单位产品的成本会随着产出量的增加而下降,即表现为巨大的规模经济性或显著的成本弱增性。这就是说,由一家或极少数几家企业提供特定自然垄断产品或服务能使成本效率极大化。这就要求政府制定限制进入的管制政策,以保证自然垄断产业的规模经济性。但这会导致这些垄断经营企业放松内部管理和技术创新,从而使实际达到的生产效率大大低于可能达到的最大生产效率,即导致生产低效率。不仅如此,这些垄断企业还可能凭借其市场垄断力量,制定大大高于边际成本或平均成本的垄断高价以谋取垄断利润,从而导致分配效率低下。这意味着为克服市场垄断所造成的生产低效率和分配低效率,提高自然垄断产业的经济效率,就应该允许较多的企业进入产业进行竞争性生产经营活动,发挥市场竞争机制作用,以刺激经济效率。这就要求政府制定放松进入产业的管制政策。这样,对自然垄断产业的政府管制者来说,就面临着规模经济与竞争活力的两难选择:即由一家或极少数几家企业垄断经营,以追求规模经济效率;还是由多家企业竞争性经营,以较充分地发挥竞争机制的作用,提高经济效率的取舍问题。

显然,规模经济与竞争活力具有对立性,为了达到最大产业经济效率,对于一个明智的政府管制者来说,他不应该只追求规模经济或竞争活力。但如何同时兼顾规模经济与竞争活力,把两者协调起来,这不仅存在实际操作的困难,目前也缺乏相应的理论指导。因此,我们首先需要从理论上探讨规模经济与竞争活力相兼容的有效竞争问题,为在自然垄断产业开展市场竞争提供目标导向。

二、有效竞争的概念与实质

一提到有效竞争,人们似乎很自然地联想到"马歇尔困境"(Marshall's dilemma)。马歇尔在 1890 年发表了《经济学原理》一书,在第四篇对四大生产要素(即土地、劳动、资本和组织)中的组织进行系统论述时,充分肯定了规模经济的作用,同时,他也认识到,在追求规模经济的过程中会出现垄断,从而使经济运行缺乏原动力,企业缺乏竞争活力。[1] 这样,在马歇尔看来,规模经济和垄断就成了一对难分难解的矛盾,也就是说,规模经济与竞争活力成为两难选择,这就是所谓的"马歇尔困境"。在一个较长的时期里,经济学家对如何克服"马歇尔困境",把规模经济与竞争活力两者有效地协调起来进行了积极的探索。直到 1940 年,克拉克(Clark)在总结前人观点的基础上,通过大量的调查研究,发表了《有效竞争的概念》一文,[2]从其基本内容看,所谓有效竞争,就是指将规模经济和竞争活力两者有效地相协调,从而形成一种有利于长期均衡的竞争格局。但克拉克没有论述实现有效竞争的客观条件和标准问题。因此,诚如我国有的学者所指出的那样:"有效竞争的概念无论在理论上和实践上并没有解决多少实质性的问题。但是,在制定和实施产业组织政策时,又不得不把它作为一个出发点"。[3] 这无疑大大影响了理论对实践的指导作用。这就需要我们进一步分析有效竞争的实质,探讨有效竞争的衡量标准。

---

[1] 〔美〕马歇尔:《经济学原理》(上卷),商务印书馆 1964 年版,第 259—328 页。

[2] Clark, J. M., 1940, "Toward a Concept of Workable Competition", *American Economic Review* 15:241-256.

[3] 杨治:《产业经济学导论》,中国人民大学出版社 1985 年版,第 170 页。

从有效竞争的概念可知,有效竞争的两个决定变量是规模经济和竞争活力。规模经济的一般含义是指随着企业生产规模的扩大而使单位产品成本降低、收益增加的一种经济现象,它是实现社会资源优化使用,提高经济效率的手段和途径;而竞争活力的经济意义表现为它与价格机制、供求机制的综合作用,发挥市场机制的自组织功能,实现社会资源的优化配置,从而提高经济效率。可见,规模经济和竞争活力在优化配置和有效使用社会资源、提高经济效率上达到了统一,即规模经济和竞争活力是以不同的途径实现经济效率目标的。但规模经济和竞争活力又具有相互排斥性,其表现形式是:随着企业规模的扩大就会引起生产集中,而生产"集中发展到一定阶段,可以说,就自然而然地走到垄断"。① 垄断则是对市场竞争的否定,它会导致经济缺乏竞争活力。因此,笔者认为,有效竞争作为兼顾规模经济和竞争活力,两者相互协调的一种理想状态,其协调点是合理界定规模经济和竞争活力的"度",其协调目标是规模经济和竞争活力所发挥的综合作用使社会经济效率极大化。由此可引申出这样一个结论:有效竞争问题就是经济效率问题,有效竞争的实质就是追求较高的经济效率。

三、有效竞争的衡量标准

许多学者对有效竞争的标准作了长期艰苦的探索,并取得了一些研究成果,其中最主要的是:1957 年,美国哈佛大学教授梅森(Mason)在总结许多学者对实现有效竞争的客观条件和度量标准所作的大量研究的基础上,提出的衡量有效竞争的市场结构标准和市场效果标准;1958 年,美国经济学家史蒂芬·索斯尼克(Stephen Sosnick)提出的以结构——行为——绩效三分法来概括的,包含 15 个方面内容的有效竞

---

① 列宁:《帝国主义是资本主义的最高阶段》,《列宁选集》第 2 卷,第 746 页。

争标准。① 但这些标准在实际操作中存在难以把握的问题，同时，还存在一些标准满足了，但另一些标准不能满足的问题，况且规模经济和竞争活力本来就有相克的特点，这就使这一问题更加普遍；同时符合所有标准几乎是不可能的。这就需要对现存的有效竞争标准进行新的探讨。

笔者认为，根据有效竞争的性质，在研究有效竞争标准时，应该首先明确有效竞争需要具备以下特征：

第一，有效竞争是一种竞争收益明显大于竞争成本的竞争。市场竞争能促进社会资源得到优化配置和使用；但正如一些学者所提出的那样，竞争也可能是毁灭性的，或者是成本高昂的。② 因为在市场竞争中，企业有时亏损、有时获利，如果亏损期太长，企业就会破产倒闭，而竞争造成生产能力过剩，生产要素闲置，从而造成资源浪费则是更为普遍的现象。可见，市场竞争一方面会产生竞争收益，另一方面又产生竞争成本。而作为有效竞争，应该是竞争收益扣除竞争成本后的净收益是相当大的。我们可以用竞争效益公式来衡量这种净收益：

$$竞争效益 = \frac{竞争收益}{竞争成本}$$

这就是说，有效竞争必须要求竞争效益大于 1，至于竞争效益具体要达到多大才能称得上是有效竞争，这是一个需要根据各国各时期自然垄断产业的具体情况而定的问题，至少它为有效竞争规定了一个最低限。

第二，有效竞争是一种适度竞争。适度竞争的对立面是过度竞争或竞争不足，过度竞争表现为企业数量和生产规模超过市场需要，规模经济效益差；而竞争不足则会抑制竞争功能的有效发挥，从而影响社会资源的合理配置和使用。虽然任何国家都不可能完全消除过度竞争和

① 　Stephen H. Sosnick，1958，"A Critique of Concept of Workable Competition"，*Quarterly Journal of Economics*，72：380—423．

② 　John S. Mcgee，1988，*Industrial Organization*，Prentice Hall，pp. 45–47．

竞争不足现象,但有效竞争要求把这些消极现象控制在较低限度内。事实上,也只有适度竞争才能产生较大的竞争效益。这是因为,在特定时限内,由于具体自然垄断产业受规模经济、技术水平等因素的制约,随着市场竞争度的提高,竞争收益往往呈先递增后递减的变动趋势,而竞争成本一般随着市场竞争度的提高而增加。我们可用图8—1表示:

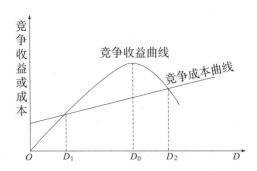

图8—1 市场竞争度和竞争收益、成本的关系

由上图可见,竞争收益先是递增,当市场竞争度小于 D_1 时,竞争成本大于竞争收益,表现为竞争不足;在 D_0 处竞争收益达到最大,然后递减,在 D_2 处竞争收益和竞争成本相等,当市场竞争度继续增加,竞争成本便大于竞争收益,竞争净收益为负值。可见,(D_1、D_2)是适度竞争范围,在此区间内才能保证竞争收益大于竞争成本。而且,必然存在这样一种市场竞争度状态(D_0),它能使竞争收益最大。

第三,有效竞争应符合规模经济要求。规模不经济状况下的竞争是一种低水平的竞争,而低水平竞争意味着企业要以较多的资源投入才能得到一定量的产出,表现为经济效率低下。这显然是与以追求较高经济效率的有效竞争目标相违背的。因此,有效竞争应该是在满足最小经济规模条件下的竞争,这样才能实现较高的经济效率。

根据有效竞争的以上特征,我们进一步来讨论有效竞争的标准问题。我们在前面曾指出,有效竞争是规模经济和竞争活力相互协调的一种理想状态，其协调点是合理确定规模经济和竞争活力的"度"，其协调目标是两者所发挥的综合作用使经济效率极大化。这可作为我们设计有效竞争标准的基本思路。由于规模经济和竞争活力具有相克的特征，显然，要达到有效竞争状态，就不能偏重一方面忽视另一方面，而是要综合考虑规模经济和市场竞争度，要求两者作出适当"让步"。根据规模经济理论，当企业处于适度规模范围（即"最小最佳规模"到"最大最佳规模"区间）时，其平均生产成本和交易成本较小，规模收益较大。因此，规模经济"让步"的最低限就是要保证特定自然垄断产业内的企业规模不低于最小经济规模，否则，牺牲规模经济就谈不上有效竞争。而市场竞争度"让步"的最低限则是要保证竞争收益大于竞争成本，即属于适度竞争。由于两者都"留有余地"，存在一个合理区间，因此，有效竞争状态不是一种点状态，而是一种区域状态。我们可以通过图8—2对之加以形象化：

图 8—2　有效竞争的区域

　　由上图可见，有效竞争是由适度规模与适度竞争相交部分组成的区域，虽然，在这一区域内所分别获得的规模效益和竞争效益不一定是最大的，但两者的综合效益最大，能实现经济效率极大化的目标。因此，只要在某产业中，企业的规模达到最低适度规模（即最小经济规模）要求，同时，其市场竞争度能保证竞争收益大于竞争成本，即处于适度竞争范围，这个产业就基本上处于有效竞争状态。这便构成了衡量有效竞争的标准，可作为政府制定自然垄断产业管制政策的重要依据。

值得一提的是,由于各自然垄断产业的自然垄断程度不同,因而有不同的规模经济要求和适度竞争的范围,这就使各自然垄断产业具有特定的有效竞争标准。另外,随着技术的发展和市场需求的变化,自然垄断产业的规模经济要求和适度竞争的范围也会发生变化,这就使特定自然垄断产业的有效竞争标准具有动态性。可见,有效竞争的标准不仅因产业而异,而且因时间而异。

以上分析表明,有效竞争是规模经济与竞争活力相兼容的一种理想状态,因此,在政府管制实践中,应该把有效竞争作为在自然垄断产业开展市场竞争的目标导向。

第二节　特许投标竞争理论

不少经济学家认为,竞争与政府管制是相互排斥的,在竞争市场上不需要政府管制,而在被管制市场上则不可能存在高效率竞争。这种观点似乎过于极端,本节讨论的特许投标竞争理论和下一节将讨论的区域间比较竞争理论就是竞争与管制相兼容的理论。本节以简要分析特许投标竞争理论的特点为基础,着重探讨这一理论在政府管制实践中应用的问题。

一、特许投标竞争理论的特点

如果某个产业或该产业中的某些业务领域具有自然垄断性,成本效率要求只存在一个生产经营企业。但在无管制的环境下,这个独家垄断企业就会制定垄断价格,消费者福利就会蒙受损失。同时,潜在竞争者观察到这家企业能获得超额利润,就会进入产业与之竞争,其结果使价格下降,但在一定的规模经济下,过多的企业进入产业就会提高生产成本。可见,在不存在管制的情况下,产业内只存在一个垄断者的通常结果是价格定得太高和(或者)诱使过量的企业进入产业,牺牲成本效率。这就为政府对自然垄断产业或业务领域进行管制提供了合理性。为了保证产业内只存在能使成本效率最高的企业数量,政府就要设置产业的进入壁垒。可是,没有新竞争者进入产业的威胁,垄断者就要制定垄断价格。因此,在自然垄断产业中,怎样既保持单一企业生产的成本效率又避免企业的垄断行为,这就构成了政府管制者的两难选择。

　　1968年,德姆塞茨(Demsetz)发表了"为什么管制基础设施产业"这篇重要的论文,提出了特许投标(franchise bidding)理论,[①]对上述问题提供了一个答案。这一理论强调在政府管制中引进竞争机制,通过拍卖的形式,让多家企业竞争在某产业或业务领域中的独家经营权(即特许经营权),在一定的质量要求下,由提供最低报价的那家企业取得特许经营权。因此,可以把特许经营权看作是对愿意以最低价格提供产品或服务的企业的一种奖励。采用这种方式,如果在投标阶段有比较充分的竞争,那么,价格可望达到平均成本水平,获得特许经营权的企业也只能得到正常利润。我们可用图8—3加以说明:

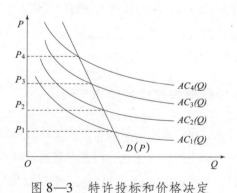

图8—3　特许投标和价格决定

　　① Harold Demsetz,1968,"Why Regulate Utilities?" *Journal of Law and Economics* 11:55–65.

在图 8—3 中,假定有 4 家企业为取得特许经营权而参加竞争性投标,以 $AC_i(Q)$ 表示第 $i(i=1,2,3,4)$ 家企业的平均成本函数。各家企业有不同的成本函数,这是因为每家企业受各自的生产技术等因素制约。在这 4 家企业参加竞争的情况下,社会福利最大化的最优选择是让第 1 家企业获得特许经营权,以 P_1 的价格向市场提供产品。这就使最有效率的企业以其平均成本或近于平均成本的价格向市场提供产品或服务。

二、特许投标竞争理论的实践问题

特许投标似乎是一种很有吸引力的方法,它不仅通过投标者的竞争提高了效率,而且减轻了管制者的负担。企业对垄断经营权的竞争消除了传统政府管制所难以解决的企业对信息的垄断,是竞争决定价格而不是管制者决定价格。在实践中,这种借助竞争的间接管制方法在一些领域中有很成功的实际效果,例如,1986 年由伦敦商学院所作的一项研究表明,英国地方政府在打扫建筑物、清理街道、收集垃圾等公共业务中,采取竞争投标制(competitive tendering,一种具体的特许投标方法)后,在保持原来服务标准的同时,成本平均降低 20% 左右,每年可节省开支 13 亿英镑。①

遗憾的是,特许投标制并不适用于所有产业,因为采用这种方法会遇到竞争不充分、资产转让、特许合同的款项与管理这三个具体问题。

造成特许投标竞争不足的原因有两个方面,一是存在投标者串通合谋的可能性,特别是当投标者数量很少时,这种可能性就更大。二是某家企业在竞争特许经营权中拥有战略性优势,其他企业就不愿与它

---

① Stephen J. Bailey, 1995, *Public Sector Economics: Theory, Policy and Practice*, Macmillan Press LTD, p. 369.

竞争。例如,企业 A 现在拥有特许经营权,但需要重新投标竞争,如果企业 A 从它过去的经营活动中获得的经验对它减少经营成本有相当大的影响,那么,企业 A 比其他企业更有可能获得新一轮的特许经营权。这种情况会阻碍其他企业与该企业竞争未来的特许权,因为它们知道难以在竞争中取胜。当前拥有特许经营权的企业的另一个优势来自信息不对称。如果企业 A 当前拥有特许经营权,那么,企业 A 比其他企业掌握更多的有关成本和需求的信息,这也会阻碍其他企业与企业 A 争夺未来的特许经营权。这是因为,如果企业 B 以比企业 A 更低的报价夺得了特许经营权,很可能是企业 B 因不充分掌握有关信息而报价太低,企业 B 最后可能是得不偿失。这类问题有时被称为"胜利者的祸祟"(winner's curse)。其影响是阻碍其他企业与掌握大量信息的企业 A 竞争特许经营权,而影响的程度则取决于竞争企业间的信息不对称程度。

现在我们来讨论资产转让问题。假定企业 A 到目前为止拥有特许经营权,企业 B 刚在竞争中战胜了企业 A 而取得了下一时期的特许经营权。那么,怎样处理企业 A 的资产呢?除非沉淀成本等于零(这是一种极端的、几乎不可能的情况),经济效率要求获得特许经营权的企业 B 从企业 A 那里接收这些资产。否则,就会造成资产的无效重复设置。但为此如何评估这些资产?这里就存在一个双边垄断的问题。如果企业 A 没有其他选择,它就只能接受数额极小的资产报废价值;相反,如果企业 B 没有选择余地,它就只能支付高达资产的更新价值。因此,如果资产包含沉淀成本,资产的更新价值和报废价值之间的差额就相当大,达成合适的资产转让价格所产生的讨价还价和仲裁费用也将是一个不小的数字。

资产转让问题实际上也暗示了更新特许经营权而竞争的性质。若以 X 和 Y 分别表示企业 A 和企业 B 在未来的特许经营中能够创造的利润额,它暂不考虑资产的转让成本和讨价还价的费用;以 Z 表示在企业 B 赢得未来特许经营权后付给企业 A 的资产转让成本;以 C_A 和 C_B 分别表示企业 A 和企业 B 在资产转让过程中的讨价还价费用。这样,如果企业 A 赢得了下一期的特许经营权,它就可能得到 X,如果企业 A 没有得到特许经营权,它可以得到 $Z-C_A$。所以,企业 A 争取特许经营权的刺激是 $X-Z+C_A$。如果企业 B 在竞争中取得了特许经营权,它只能得到 $Y-Z-C_B$,如果企业 B 没有赢得特许经营权,它就一无所得。因此,只要下式成立,则企业 A 比企业 B 就有更大的刺激去竞争特许经营权:

即:
$$X-Z+C_A>Y-Z-C_B$$
$$X+C_A+C_B>Y \tag{8.1}$$

而企业 A 比企业 B 更有效地使用特许经营权的条件只是:

$$X>Y \tag{8.2}$$

比较上面两个不等式我们不难发现,讨价还价费用(C_A+C_B)对企业 A 具有正面的影响,这是因为,如果特许经营权不转手,讨价还价费用就可以避免发生。

值得注意的是,只要 $Z<Y-C_B$,Z 就不会阻止企业 B 和企业 A 争夺特许经营权,这是因为,虽然 Z 减少了企业 B 的刺激,但同时也减少了企业 A 的刺激。可是,如果 $Z \geq Y-C_B$,则 Z 的大小会影响对特许经营权的竞争,因为无论企业 B 如何投标,它都不可能得到正的利润。这就使企业 A 成为唯一的竞争者。这种情况表明,政府需要采取一定的管制措施控制 Z 的水平,以鼓励更多的企业参与特许经营权的竞争。

进一步分析,Z 的大小还会影响企业的报价水平。如果企业 B 能够以较低的价格购买企业 A 的资产,那么,企业 B 就会在投标中出较低的价格,反之亦反。与此相类似,如果企业 B 为取得企业 A 的资产必须支付较大的数额,则企业 A 就会减少竞争特许经营权的积极性。

所以,Z 的大小必然影响企业对竞争特许经营权的刺激。同时,Z 的大小也是特许经营权持有企业(这里是企业 A)考虑投资决策的决定因素。如果企业 A 认为,一旦它失去了特许经营权,Z 就会很小,那么,只要在将来特许经营权更新的竞争中,企业 A 有失败的可能,它就会有尽可能减少投资的刺激;相反,如果资产会随着通货膨胀而增值,企业 A 就有过度投资的刺激。更一般地说,由于 Z 的大小具有相当的不确定性。对不愿冒险的企业来说,这会影响其投资战略、投标行为,甚至为取得特许经营权而参与竞争的决策。

由上可见,在资产评估和转让中会出现许多问题,因此,有人认为最好由公共机构负责资产投资,而企业仅仅是竞争纯粹的特许经营权。但这会影响市场力量的作用范围,而且,投资决策和经营决策的分离必然会影响两者的协调性。

最后,我们来讨论特许经营合同的款项与管理问题。如果特许经营合同是有关一种质量、品种、需求、生产技术等十分明确的产品和服务,那么,合同双方签订合同就相对简单,也不存在管理上的困难。但如果存在与产品有关的技术与市场的不稳定性,那么,确定特许经营合同的具体款项就是一项十分复杂的工作,而且,在合同执行过程中需要较为严格的监督和管理。

威廉姆森对各种不同类型的特许经营合同作了重要的区别,归纳出完全合同(complete contract)和不完全合同(incomplete contract)这两大类。[①] 完全合同要求特许经营投标者详细说明在合同有效期间供应产品或服务的具体款项,对将来可能出现的意外情况的处理方法等。但完全合同并不一定采取复杂的形式,例如,合同只简单地描述在需

---

① Williamson, O. E., 1976, "Franchising Bidding for Natural Monopolies——In General and with Respect to CATV", *Bell Journal of Economics* 7:73–104.

求、生产成本和通货膨胀等发生变化时价格调整的原则。但这种无条件合同会遇到严重的问题，企业在某些情况下不能实施合同。企业不能或拒绝供应产品的威胁会导致合同执行上的很大弹性。所以，无条件合同，特别是较长期的无条件合同似乎是不可行的，至少是不理想的。对经济效率的考虑必然要求价格和质量适应需求和技术的变化情况。

不完全合同不明确规定在各种可能情况下的具体款项，因此，它需要对合同不断进行监督管理，这就不可避免地会发生一定的监督管理费用。

此外，还必须考虑特许经营合同的有效期。从合同款项和管理上存在的困难而言，短期合同似乎比较合适，因为这会减少将来需要处理的意外情况。但高频率地组织竞争特许经营权会产生大量的费用。而且，所有在上面提到的资产评估和转让问题也会更频繁地出现，其结果会使产业处于动荡状况。可见，在那些存在较大的需求和技术不确定性的产业，以特许投标方式竞争垄断经营权并不比直接政府管制有更大的优势。事实上，除了对那些最简单的产品和服务外，特许投标还暗含了一系列并不是写在纸上的管制合同，通俗地说，需要管制者通过一系列监督管理活动不断地与被管制者取得协调。

综上所述，在一个理想的环境下，特许投标似乎是一种比直接管制更好的办法，它能以较低的成本取得同样的结果。可是，当存在不确定性时，特许投标与直接管制的区别就变得越来越小，其优点也变得不明显。但无论如何，特许投标还是一种值得重视的直接管制的替代方法，并在某些领域具有相当的应用潜力。

第三节　区域间比较竞争理论

区域间比较竞争理论是政府管制的一种实用理论，它为政府管制者促进地区性垄断经营企业间的竞争,刺激经济效率提供了理论依据,具有较为广泛的适用性。①

一、对区域间比较竞争理论的简单描述

在电力、煤气和自来水供应等自然垄断产业中,往往是由地区性企业垄断经营的,政府为了防止这些企业滥用市场垄断力量,保护消费者利益,通常对它们实行以成本为基础的价格管制制度。在这种制度下,企业的成本越大,管制价格也越高,企业缺乏降低成本的刺激;同时,由于企业不仅在本地区范围内垄断了产品和服务,也垄断了经营成本等方面的信息。这就使政府难以按照企业的真实成本制定管制价格,从而影响政府管制效率,而企业则能通过对信息的垄断而获得额外利益。为解决这一政府管制问题,就需要设计一种政府管制理论,以指导政府管制实践。

区域间比较竞争理论就是一种借助政府管制机制,促进不同地区的被管制企业间竞争的一种政府管制理论。举一个最简单的例子,假定某一个自然垄断产业(如电力产业)由南、北两个地区性企业垄断经营,这两个企业分别以 S 和 N 表示,每个企业在各自的地区范围内具有自然垄断性(即显著的规模经济,不宜由多家企业竞争性经营),再假定这两个地区的成本和需求等状况十分类似。虽然政府管制者可能不知道在各个地区的真实成本,但通过下面的管制机制能使 S 和 N 这两个企业相互竞争:在一定时期内,S 能够制定的最高价格水平取决于 N 的实际成本水平。反过来,S 的价格水平也就是 N 被允许制定的价格水平。只要 S 和 N 面临非常类似的外部状况,而且,它们之间不存

---

① 本节主要参考王俊豪:《区域间比较竞争理论及其应用》,《数量经济技术经济研究》1999 年第 1 期。

在任何的合谋行为,这一方法能为促进企业内部(生产)效率和社会分配效率相结合提供可能性,它能避免通常在生产效率和分配效率之间存在的两难选择。因为 S 的价格和 N 的实际成本相联系,从而促使 S 不断降低成本。而 N 的价格水平取决于 S 的价格水平,这同样能促使 N 不断降低成本,以取得更多的利润。因此,这为企业生产效率提供了良好的刺激。同时,通过周期性地调整管制价格水平,使产业价格与产业成本不断趋向一致,这就能促进社会分配效率。

作为更一般的现象,如果某个自然垄断产业是由若干家地区性企业垄断经营的,则政府可以通过比较不同地区性企业的经营绩效,以经营效率较高的企业的经营成本为基准,并考虑各地区的经营环境差异,在此基础上制定管制价格,促使各地区性企业为降低成本,增加利润而开展间接竞争。

二、区域间比较竞争理论模型

美国麻省理工学院教授雪理佛(Shleifer)在 1985 年曾提出一个区域间比较竞争理论模型。[①] 在这个理论模型中,假定有 N 家经营风险基本相同的企业在一定的环境下开展经营活动,每家企业在各自的市场(这 N 个市场是分离的)上面对需求曲线 $Q(P)$。各企业投资 Z 用以降低成本,达到的单位成本水平为 $C(Z)$ [$C(0) = C_0$,即企业未投入 Z 时的单位成本为 C_0]。由于企业投资 Z 形成固定成本,因此,随着企业产量的增加,平均成本曲线和边际成本曲线都是递减的,而且,边际成本曲线位于平均成本曲线的下方。这样,如果政府管制者以社会福利最大化为目标,要求按边际成本决定管制价格,这就会引起企业亏

---

① Shleifer, A., 1985, "A Theory of Yardstick Competition", *Rand Journal of Economics* 16:319—327.

损,因此,政府给企业 T 数额的一次性财政补贴,则企业在一定时期内获得的利润(π)由下列等式决定:

$$\pi = [P - C(Z)] Q(P) - Z + T \tag{8.3}$$

如果社会经济福利是消费者剩余和生产者剩余的总和,则在利润为正的约束条件下的最佳选择是:

$$P^* = C(Z^*) \tag{8.4}$$

$$-C'(Z^*) Q(P^*) = 1 \tag{8.5}$$

$$Z^* = T^* \tag{8.6}$$

即价格等于单位(边际)成本;企业降低单位成本的努力处于边际成本(等于1)与边际收益(等于 $-C'Q$,即成本降低率乘以产量)相等的位置;而企业用于降低成本的投资通过政府给予的一次性补贴得到补偿。

可是,如果管制者不知道能反映成本降低程度的函数 $C(Z)$,就不可能达到上述最优结果。雪理佛还假定每个企业经理都偏爱利润(π)而厌恶为降低成本所作的努力(Z)。这样,这种 $P = C$ 和 $Z = T$ 的管制方法也会在相当程度上诱使经理们不作降低成本的努力。因为大家都作相同的努力(Z),企业的利润就不会有差异,所以,经理们宁可不取得超额利润而使 Z 极小化,这样,成本水平就为 C_0。因此,刺激企业效率的关键是要打破企业 i 的价格取决于它本身成本的这种关系。令

$$\overline{C}_i = \frac{1}{N-1} \sum_{j \neq i} C_j \tag{8.7}$$

$$\overline{Z}_i = \frac{1}{N-1} \sum_{j \neq i} Z_j \tag{8.8}$$

即令(8.7)和(8.8)式中的 $\overline{C}_i$ 和 $\overline{Z}_i$ 分别为企业 i 以外的企业平均成本和平均努力程度。这就提供了一种比较尺度以衡量企业 i 的绩效。这样,对所有企业 $i(i = 1, 2, \cdots, N)$ 采取下面的管制机制就能产生

最优结果：

$$P_i = \overline{C}_i \tag{8.9}$$

$$T_i = \overline{Z}_i \tag{8.10}$$

则企业 i 的利润为：

$$\pi_i = [\overline{C}_i - C(Z_i)]Q(\overline{C}_i) - Z_i + \overline{Z}_i \tag{8.11}$$

在这种情况下，企业要取得较多的利润，就必须使它的成本水平低于其他企业的平均成本水平，而努力程度则高于其他企业的平均努力程度，这就促使企业竞争性地提高经营效率。

三、区域间比较竞争理论的实践问题

在实际应用中，人们不难发现，上述区域间比较竞争理论模型存在一个严重缺陷：它假定所有企业都是在基本相同的环境下经营的，这当然是非常不符合实际的。例如，对于自来水供应产业来说，不同的地区有不同的自然经济特点，从而存在经营成本上的较大差异。对此，一种可供选择的解决方法是，根据可观察的环境特征，运用回归分析技术"过滤"一部分企业环境的差异因素。其基本操作方法大致是：令 θ 为不同企业所面临的可观察环境特征向量。政府管制者运用线性回归方法 $C = \alpha + \beta\theta$ 来估计单位成本（C）对 θ 的回归情况，若以 $\hat{\alpha}$ 和 $\hat{\beta}$ 表示被估计系数，则企业 i 被预测的单位成本水平为：$\hat{C}_i = \hat{\alpha} + \hat{\beta}\theta_i$，其中，$\theta_i$ 是企业 i 的可观察环境特征向量。然后，政府管制者以 $P_i = \hat{C}_i$ 决定企业 i 的管制价格。

如果 θ 几乎包含了企业所有的外部环境特征，而且，这些特征都是可观察的，那么，上述管制方法将会很有效果。但如果 θ 不能较好地反映企业环境的差异性，这种方法就难以奏效。因此，正确选择 θ 是这种管制方法成功的关键。

区域间比较竞争理论在政府管制实践中得到成功应用的一个范例

是,英国政府对自来水供应产业的管制。在英国的英格兰和威尔士有10 个地区性自来水供应公司,在苏格兰则有 12 个地区性自来水供应公司,英国在 1989 年对自来水供应产业实行政府管制体制重大改革时,对这些地区性垄断经营企业就是采取了区域间比较竞争管制理论。英国政府认为,对自来水供应产业制定管制价格,首先要有一个统一的标尺(以经营成本较低的企业为基础),同时,要适当考虑各地区的经营环境差异。因此,政府在为每个自来水供应公司制定管制价格的过程中,对不同企业作了比较效率评估,它考虑了在每个企业的经营环境中可能会引起经营成本差异的多种影响因素,这些因素被综合为"解释因素指数"(explanatory factor index),并假定企业的单位成本与"解释因素指数"存在线性关系,利用回归分析方法以估计决定直线斜率的系数,然后,根据每个企业的影响因素回归直线估计其成本水平,进而决定管制价格。这样,那些经营效率较高,成本较低的企业就能获得较多的利润,从而促使企业为使其成本低于其他企业的平均成本而开展间接竞争。

目前,中国的电力、自来水和煤气供应等自然垄断产业也是由各地区性企业垄断经营的,同时,中央或地方政府通常以企业的实际成本为基础制定管制价格,这就使企业缺乏降低成本,提高经营效率的刺激。对此,中央和地方政府都可以运用区域间比较竞争理论,以提高政府制定管制价格的科学性,刺激各地区性企业的经济效率。对中央政府来说,运用这种理论有利于向各地方政府提供不同地区性企业的经营成本信息和指导性价格;而对地方政府来说,运用这一理论则有利于打破本地区企业对信息的垄断,发现本地区的真实成本和降低成本的潜力,从而为制定合理的管制价格提供客观依据。总之,区域间比较竞争理论在中国许多自然垄断产业的政府管制实践中具有相当可观的应用前景。

第四节 自然垄断产业的直接竞争理论

在自然垄断产业不仅可以进行间接竞争,而且,在不少业务领域还可以开展直接竞争。本节将分析自然垄断与直接竞争的替代效率,重点探讨如何在自然垄断产业开展直接竞争的问题。

一、自然垄断与直接竞争的替代效率分析

许多学者认为,从自然垄断产业的经济特征可见,由一家企业提供产品(在成本弱增的范围内)或由少数几家企业提供产品(超过成本弱增的范围)能达到最小平均成本,即实现最大生产效率。如果垄断企业按照成本定价,就能使消费者以最低的价格购买产品,从而实现社会福利最大化。同时,由于自然垄断产业存在很大的沉淀成本,一旦新企业对原有企业的生产设施进行重复投资,就难以退出市场,新企业和原有企业就必然会进行价格竞争,导致企业不能取得正常利润甚至亏损。因而,在自然垄断产业的竞争会导致浪费性或破坏性竞争。[1] 有的学者从另一角度来阐述这一观点:如果在电力等自然垄断产业允许直接竞争,就必然会提高生产经营成本和消费者价格,由自然垄断的成本状况所决定,竞争结果最终是一家企业把其他竞争企业赶出市场。[2] 从这些观点看,在自然垄断产业是不宜进行竞争的,否则,既可能导致生产低效率和资源配置的低效率,又会损害社会福利。上述观点为政府制定限制进入的管制政策提供了理论依据,即认为在自然垄断产业,只

---

[1]　Foster, C. D., 1992, *Privatization, Public Ownership and the Regulation of Natural Monopoly*, Oxford: Blackwell, 160–161.

[2]　Cento Veljanovski(eds), 1989, *Privatization & Competition: A Market Prospectus*, Billings & Sons Limited, pp. 129–130.

存在极少数几家(甚至一家)大型企业比存在多家较小规模的企业具有更高的经济效率。因此,需要对自然垄断产业设置政策性进入壁垒。

可是,不少学者与上述传统观点相反,提出了一些新观点,他们认为,市场竞争机制能自动解决两个相关的效率问题:一是它能解决高效率的产业成本结构问题,实现生产成本最小化;二是它能解决高效率的价格结构问题,消费者按照等于边际成本或平均成本的价格购买产品,即市场竞争力量能促进生产效率和社会分配效率。① 因此,某一产业内企业数量越少,市场垄断力量就越大,垄断企业在不存在市场竞争机制约束的状况下,就会放松内部管理和技术创新,从而导致生产低效率;垄断企业也不会自觉按照边际成本或平均成本制定价格,而往往会制定垄断价格,从而导致社会分配低效率。有的学者还通过对电力产业的实证研究来说明竞争不仅有利于提高生产效率,还有利于提高分配效率。② 他们发现,从那些同时存在两个电力供应企业的城市和只存在一个电力供应企业的城市所收集的可比较成本数据看,并不符合由一个企业提供电力比两个企业提供电力具有较高效率的自然垄断理论。竞争不仅没有导致较高的生产经营成本,反而降低了成本水平。竞争迫使垄断企业消除各种低效率现象,竞争所产生的这种对降低成本的积极影响大于所牺牲的部分规模经济效益。其净影响是竞争企业能以较低的成本供应电力。这一研究成果揭示了传统自然垄断理论的一个基本弱点:一旦它经不起实证研究的检验,建立在这一理论基础上的许多结论也就难以成立。例如,传统自然垄断理论认为,如果存在竞

---

① Waterson, M., 1988, *Regulation of the Firm and Natural Monopoly*, Oxford: Basil Blackwell, p. 13.

② Walter J. Primeaux, Jr., 1989, "Electricity Supply: An End to Natural Monopoly", in Cento Veljanovski(eds), *Privatization & Competition: A Market Prospectus*, Billings & Sons Limited, pp. 129 – 134.

争,就会导致较高的生产成本,消费者就必须支付较高的电价,从而使消费者受害。可是,如果竞争降低了成本,消费者会因竞争而必须支付较高价格的结论就不能成立。事实上,有关研究结果表明,电力企业的直接竞争降低了消费者价格而不是提高了价格。而且,消费者在竞争性电力市场得到了更好的服务质量,竞争企业比垄断企业更关心消费者福利,从而使消费者得到更大的满足。相比较而言,缺乏竞争刺激的垄断企业的服务质量往往较低,难以满足消费者的需要。所以,消费者并没有因竞争而遭受损失,而是从竞争中得益。因此,旨在保护消费者利益而制定的限制竞争的政府管制政策,实际上是损害了消费者利益。笔者认为,造成这种现象的根本原因是,这种政府管制政策是建立在有缺陷的自然垄断理论基础上的,这一理论忽视了这样一个事实:在任何企业中,垄断会哺育低效率。即在缺乏竞争的环境中,垄断企业不可能自觉追求高效率,其结果是实际效率与最大可能效率存在相当大的偏差。而自然垄断理论则是建立在垄断企业能实现最大可能效率基础上的。上述新观点为政府制定放松管制政策,在自然垄断产业重视运用市场竞争机制的作用提供了理论依据。

从政府管制实践看,自 20 世纪 70 年代以来,美国、英国等经济发达国家在自然垄断产业都先后采取了放松政府管制的政策,允许一部分新企业进入产业,积极培育市场竞争力量,以发挥市场竞争机制的积极作用,并取得了举世瞩目的政府管制体制改革成效。从这些国家的经验教训看,问题的关键是,在自然垄断产业的哪些具体业务领域运用竞争机制,如何把握市场竞争度,以及如何处理竞争与管制的关系。

二、自然垄断产业如何实行直接竞争的问题

有效竞争是规模经济与竞争活力相兼容的一种理想的竞争状态,它是各国政府制定管制政策,促进市场竞争的目标导向。根据自然垄

断产业的经济特征,要在自然垄断产业实现以有效竞争为导向的直接竞争,就应该同时考虑自然垄断产业的成本弱增性和竞争机制的积极作用,其目标是两者所发挥的综合作用能使社会经济效率极大化。

从整体上而言,电信、电力、铁路运输、煤气和自来水供应等产业都属于自然垄断产业,但这并不等于这些产业的所有业务都是具有自然垄断性质的。例如,电力产业包括电力设备供应、电力生产(发电)、高压输电、低压配电和电力供应等业务领域,其中只有高压输电和低压配电属于自然垄断性业务,而电力设备供应、电力生产和供应则是非自然垄断性业务。从大量的国内外文献资料看,多数学者认为,自然垄断性业务是指那些固定网络性操作业务,如电力、煤气和自来水供应产业中的线路、管道等输送网络业务,电信产业中的有线通信网络业务和铁路运输中的铁轨网络业务。其他业务则属于非自然垄断性业务。因此,在自然垄断产业实行直接竞争,首先要区分具体产业中的自然垄断性业务和非自然垄断性业务,并实行区别对待的管制政策。对于非自然垄断性业务,政府应放松进入壁垒,允许多家新企业进入,以较充分地发挥竞争机制的作用,但政府仍然要控制进入非自然垄断性业务领域的企业数量,并要求这些企业必须达到最小经济规模,以避免低水平的过度竞争现象(如在前几年,在我国的无线寻呼业务领域就存在这种过度竞争现象),实现有效竞争。而对于自然垄断性业务,由于这些业务需要大量的固定资产投资,其中相当部分是沉淀成本,如果由多家企业进行重复投资,不仅会浪费资源,而且会使每家企业的网络系统不能得到充分利用。因此,政府管制的基本政策是严格控制新企业进入这些业务领域。至于在自然垄断性业务领域,政府只允许一家企业还是允许两家或两家以上的企业经营,这需要考虑具体业务领域成本弱增的范围,自然垄断与竞争的比较效率等因素。从原理上讲,当某种业务的需求量超过了成本弱增的范围时,就应该允许两家或两家以上的企业共同经营这种业务,实行直接竞争。即使在成本弱增的范围内,为了打破垄断,发挥竞争机制的作用,对于成本弱增程度较低的业务,也可以考虑由两家或两家以上的企业实行竞争性经营,以实现有效竞争。对此,问题的难点是,政府管制政策制定者如何对自然垄断性业务的成本弱增的范围及其程度、自然垄断与竞争的比较效率作出技术和经济上的判断。

由于自然垄断产业几乎都是多产品(业务)产业,因此,我们需要对多产品自然垄断领域的直接竞争问题作进一步的讨论。如前所述,多产品自然垄断的成本弱增性主要表现为范围经济性,国内外的实践已证明,非自然垄断性业务只由一家或极少数几家企业经营是低效率的。因此当非自然垄断性业务由多家企业竞争性经营后,是否应允许经营垄断性业务的一家或极少数几家企业同时经营那些非自然垄断性业务,这就在相当程度上取决于企业对自然垄断性业务和非自然垄断性(竞争性)业务实行垂直一体化经营的范围经济性。同时,还应充分考虑到实行垂直一体化经营的企业在垄断性业务和竞争性业务间,采取交叉补贴战略,以排斥竞争企业,扭曲竞争机制的可能性。在对两者进行综合权衡的基础上,才能制定合理的政府管制政策。

第九章 电信产业的政府管制

电信产业是一个现实需求和潜在需求巨大、技术进步最快、政府管制内容极其丰富的自然垄断产业。它一直是经济学家研究政府管制理论的一个典型产业,在政府管制实践方面也面临着许多新问题。本章首先分析电信产业的政府管制需求,然后从政府管制供给的角度分别讨论政府对市场结构、进入壁垒、价格与质量和联网的一般管制理论以及经济发达国家在这些方面的管制实践,最后探讨中国电信产业政府管制的实践问题。

第一节 电信产业的政府管制需求

任何产业的政府管制需求都取决于该产业的基本特征。因此,本节在讨论电信产业基本特征的基础上,分析电信产业的政府管制需求。

一、电信产业的基本特征

自从贝尔在 1876 年发明电话以来,电信产业已经发展成为一个具有很大规模和相当复杂性的自然垄断产业。现在,用户使用通信网络不仅仅是为了满足有声电话的基本需求,而是具有多种用途。每一种服务都对通信网络产生不同的需求,它要求通信网络经营企业必须保证各种不同类型的信息在发送者与接收者之间准确、高效地相互传递。

尽管现代电信产业能为用户提供多种服务,但电话仍是一种最基本的服务。电话通信是通过声能与电能相互转化以达到用电传播语言的一种通信技术。一个国家或地区,出于技术经济的考虑,需要建立多个电话交换中心,并用传输系统(传输电路)把这些交换中心连接起来。这样,用户终端、传输系统、交换系统就被有机地连在一起。所以,电话网的实体是由用户终端设备、传输系统和交换系统这3部分组成的。电话网按其服务范围,可分为本地网(市话网)和长途网两大类。本地电话网是指在同一个长途编号区范围内,由若干个端局(包括汇接局)、局间中断线(即市话分局之间的联络线)、长市中继线(即市话局到长话局之间的联络线)、用户线(即用户电话机到电话局机械设备之间的线路)和话机所组成的电话网。长途电话网是指将全国所有长话局用长途电话线路直接或间接地连接起来,从而形成一个四通八达的通信网络。我国目前对长话网实行二级网管理,其中汇接全省转接长途话务的交换中心为省级交换中心(DC1),汇接本地网长途话务的交换中心为地(市)级交换中心(DC2)。DC1 设置在省会(直辖市)城市,DC2 一般设置在地(市)本地网的中心城市。一般一个本地网设一个长途交换局,大城市可设多个长途交换局,长途交换局通过长话——市话中继线与本地网中的汇接局相联结,个别端局也直接与长途交换局相连。

　　由上可见,作为电信产业基本服务的有线电话通信系统是由电话通信设备、有线市话网和长话网及其服务组成的。

　　20 世纪 80 年代末以来,无线通信在中国迅速发展。无线通信主要包括无线寻呼通信和无线移动通信,无线寻呼通信是单向的,它要通过市话网才能最终完成通信活动。无线移动通信是移动体与固定地点,或者移动体相互间通过有线和无线信道进行的通信。移动通信系统由移动通信交换局(MTX)、基地站(BS)、移动台(MS)及局间和局站间的中继线组成,它是一个有线、无线相结合的综合通信系统。可见,无论是寻呼通信,还是移动通信,一般都需要与有线通信网络相结合才能达到通信目的。因此,有线通信网是各种无线通信的基础。

数据通信是在计算机或其他数据终端之间发生的存储、处理、传输和交换数字化编码信息的通信技术。随着计算机的不断普及,数据通信也有了长足的发展。为了使数据通信网能够实现方便、快捷和经济,中国目前主要是以电话网进行数据传输的。数据通信的应用范围很广,其中包括电子邮件(E-mail)、电子数据交换(EDI)、可视图文(VIDEOTEX)等服务。所有这些非电话服务通常被称为"通信网络增值服务"(Value-Added Network Services,简称 VANS)。通常,需要借助有线电话网才能提供这些服务。

综上所述,电信产业是一个在技术上相当复杂,提供多种产品(服务)的自然垄断产业。从大类上说,这些产品(服务)主要包括:(1)生产和销售的各种通信设备;(2)通过市话网提供的市话服务;(3)通过长途网和市话网提供的长话服务;(4)借助有线电话网提供的无线寻呼通信、移动通信服务;(5)借助有线电话网提供的各种增值服务。

二、电信产业的政府管制需求

我们在本书第一章第二节讨论政府管制的需求时曾指出,从宏观层次上分析,政府管制需求主要导源于自然垄断性和外部性这两大类问题。现在,我们就从这两类问题入手讨论电信产业的政府管制需求。

从上述电信产业所提供的 5 个大类的产品(服务)中,各种通信设备的生产和供应、各种通信网络增值服务不具有自然垄断性。无线寻呼和移动电话不需要设置电线,不存在浪费性重复设置的问题,因而也不具有自然垄断性。但有线通信网络系统的建立和操作通常被认为具有一定程度的自然垄断性。对于大部分地区来说,如果用户的房子里有若干家竞争性企业的电话线,或者在较小的地区范围内有几家竞争性企业的电话交换机,这就存在浪费性的重复建设现象,这意味着通过本地网提供的市内电话具有较显著的自然垄断性。但如果允许有线电视公司利用现成的线路提供市话服务,则市内电话的自然垄断性就会明显减小。[①] 由于在长途通信线路上的信息传输负荷往往很大,这意味着一旦现有通信容量的规模经济逐渐减少甚至消失,在这些线路上开展竞争性经营可能是有效的,光纤技术的应用则提高了这种可能性。也就是说,通过长话网提供的长话服务不存在显著的自然垄断性。正因为电信产业存在自然垄断性,这就要求政府对它实行价格管制,以抑制企业制定垄断价格,维护社会分配效率,同时,通过实行进入管制,以防止企业过度进入,避免破坏性竞争。

就电信产业的外部性而言,由于现代通信网络系统采用可靠、节能和高效的电子技术,一个特定规模的通信网络系统的操作成本不会因使用者的增加而大幅度增加,即短期可变成本较小。因此,原有通信网络的使用者不仅会因新的使用者增加而支付较低的价格,而且,这会增加用户之间通信的方便性。若假定某一通信网络中电话用户数为 N,通信线路的连接数为 S,则有 $S = N(N-1)/2$。如图 9—1 所示,随着 N 的增加,S 则以几何级数增加,这就不断增加用户之间通信的方便性而

----

① 近年来,一些学者对电信产业的自然垄断性提出了质疑,读者可参见肖立武:《电信产业并非"自然垄断"》,《中国工业经济》1999 年第 9 期;卫志民:《自然垄断行业与自然垄断业务》,《经济研究参考》2000 年第 26 期。笔者认为,在目前的技术水平下,电信产业的有线通信业务领域还是具有自然垄断性的。一些学者否认电信产业存在自然垄断性的观点,主要是认为电信产业是可竞争的。对此,我们在第八章第四节中已分析了自然垄断与竞争的替代效率问题,指出在自然垄断领域也可以运用竞争机制,以提高经济效率。也就是说,自然垄断与竞争并非完全相互排斥的,不能因为可竞争就否定自然垄断性。当然,随着技术的进步,电信产业自然垄断的程度已大大减少,在将来也可能成为非自然垄断产业。

N	2	3	4	5	6……
S	1	3	6	10	15……
	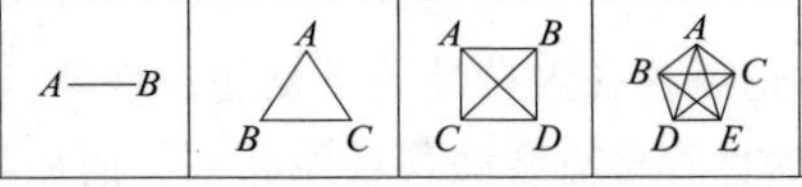 A——B	$\triangle$ A B C	A B C D	A B C D E	

图 9—1　电话用户数与线路联结数的关系

减少每次通话的成本。① 这就产生了在使用者之间的通信网络正外部性。政府在制定管制政策时应该考虑到这种正外部性。如采取一定的措施鼓励新用户使用现存的通信网络系统。由于小规模的通信网络系统相对于一个较大规模的网络系统会发生较高的单位成本，因此，这也是政府对电信产业实行联网管制，促使各竞争企业的通信网络进行联网，以获得网络规模经济的基本理由。而向人口稀少的地区提供通信服务和提供紧急通信服务则是另一种类型的正外部性，政府应该让提供这些服务的企业得到成本补偿并取得正常利润。另一方面，因许多通信服务受网络容量的限制，通信网络的"拥挤性"（如一些用户由于另一些用户使用通信系统而不得不等待）会导致负外部性。由于顺利通电话的概率（通话率）大小是反映通信服务质量的一个重要指标，又由于通信服务需求在时间上的多变性和随机性，因此，为提高反映通信服务质量的通话率，政府应允许企业实行"高峰负荷定价法"，以尽可能熨平需求波动高峰。

　　由沉淀成本、生产能力和规模经济等产生的进入壁垒会对所有产业的竞争产生一定的影响，我们在这里不准备讨论这些一般性的进入壁垒，②而着重讨论在电信产业特有的进入壁垒——顾客惯性（customer

---

① 参见〔日〕植草益：《微观规制经济学》，中国发展出版社 1992 年版，第 43 页。
② 对进入壁垒的详细讨论可参阅：Tirole, J., 1988, *The Theory of Industrial Organization*, Cambridge, MA: MIT Press, Ch. 8。

inertia），它使进入电信产业的新竞争者难以吸引顾客。构成顾客惯性的主要因素有两个：一是顾客从原有的电话公司转到另一个电话公司时，不能保持原来的电话号码而必须改号。因此，许多顾客为了避免因改号而带来的麻烦和承担有关成本，宁愿承受现有电话公司所提供的价格较高、服务质量较低的服务。顾客的这种图"省事"的惯性就使进入电信产业的新企业难以吸引竞争企业的顾客，从而对新企业形成一种进入壁垒。二是新企业进入产业后，不能和原有企业享受使用长途、国际通信网络的同等权力，表现为新企业的顾客必须多拨若干位数字才能通话，这也使顾客不愿转向新企业，从而增加新企业吸引顾客的难度，这也构成了新企业进入电信产业的进入壁垒。为了促进竞争，以提高经济效率，这从另一角度要求政府对电信产业实行进入管制，以尽可能减少新企业进入电信产业的各种低效率障碍。

最后，对电信产业实行市场结构管制的必要性是由于在电信产业存在许多方面的垂直业务关系。要使用通信网络系统，用户必须连接网络系统的有关通信设备，所以，生产和供应通信设备活动可以看作是通信网络操作的垂直相关业务。而在通信网络操作中，主要的垂直关系体现在地区、长途和国际通信操作业务之间。要完成一个长途电话，顾客必须使用发话人和受话人所在的两个市内电话通信网络系统、长途电话通信网络系统。打一个国际电话，还需要运用国际通信网络系统。所以，市内电话通信网络系统可以看作是长途和国际电话作业的要素。进一步分析，国际电话通信还存在其他方面的复杂性，因为打国际电话，两个或更多个国家的电话通信网络系统需要联网，而与其他国家联网的制度安排超出了本国政府管制机构的权力范围，这就需要在有关国家的政府管制机构之间达成国际协议。同样，由于移动电话、无线寻呼和各种通信网络增值服务通常需要使用有线通信网络，因此，长话网特别是市话网就成为完成这些业务的不可缺少的垂直业务。这就需要政府对电信产业实行市场结构管制,以防止具有垄断力量的企业在各内部业务间采取交叉补贴战略和其他反竞争战略。

第二节　电信产业的市场结构管制

有效竞争是政府管制的政策取向,市场结构管制的目标就是要通过重组和调整市场结构,把原有的垄断性市场结构改造成为竞争性市场结构,以形成有效竞争的格局。

一、电信产业市场结构管制的基本问题

市场结构取决于产业内企业的数量以及企业间的相互关系,它在很大程度上决定市场竞争或垄断的程度。政府对电信产业市场结构管制的基本问题是:第一,在目前的市场需求总量及需求结构下,在电信产业应该存在多少家经营企业以及这些企业在各个业务领域中的分布。显然,这直接关系到政府对电信产业进入壁垒的管制问题,我们将在下面进行讨论。第二,对电信产业各种业务垂直关系的管制问题。即在目前的技术状况下,具有自然垄断性的有线通信网络业务——市内电话和长途电话是否应该与竞争性的通信设备供应、无线寻呼和移动通信以及各种增值业务等实行垂直分离;进一步看,在有线通信网络业务中,具有较显著自然垄断性的市话业务是否应该与具有竞争潜力的长话业务实行垂直分离。

对电信产业中各个业务领域实行垂直分离管制政策有两个主要优点:一是它有助于消除从事自然垄断性业务(如市话业务)的企业对那些从事竞争性业务的企业实行反竞争战略和行为的可能性;二是它使政府管制自然垄断性业务的目标更为明确,政府只要重点管制自然垄断性业务,而竞争性业务可通过市场机制进行调节。这有利于提高政

府管制效率。但是,如果在各种相关业务之间存在较为显著的范围经济,而且,从事不同业务的企业凭借契约关系难以获得这种范围经济,则对这些业务实行垂直分离就会影响成本效率。另一种情况是,如果允许从事自然垄断性业务的企业同时进行竞争性业务,这种垂直一体化经营企业就有可能采取内部业务间交叉补贴价格行为和各种非价格手段去排斥竞争性业务领域中的竞争者,这就需要政府采取一定的管制政策以抑制各种不正当竞争行为。

二、电信产业市场结构管制的两种典型模式

从国际经验看,市场结构管制有两种典型模式,即美国的分割管制模式和英国的一体化管制模式。

在 1983 年以前,美国电话电报公司(American Telephone & Telegraph,简称 AT&T)控制了 95% 以上的各类长途电话业务,提供 85% 的地区性电话业务,并销售全国大部分的电信设备。因此,该公司实际上垄断了美国的长途电话市场、地区性电话市场和电信设备市场。美国电话电报公司所拥有的各公司联合体被称为贝尔系统(Bell System),它包括贝尔电话实验室、西方电器公司和 23 家贝尔营业公司。早在 1974 年,美国司法部就指控贝尔系统垄断美国电信市场。而贝尔系统则从两方面进行辩解:一是它针对指控否定了许多事实,驳斥了这些控诉;二是它认为美国的电话系统之所以是世界上最好的,正是因为贝尔系统拥有并经营着美国电话系统的绝大部分,贝尔系统的规模和范围,使得它的垄断成为从事电话业务的一种合理有效形式。经过长达 8 年之久的法律诉讼,贝尔系统的管理层担心案件可能对己不利而与美国司法部达成和解。当年的方案是,由原贝尔系统的长途电话业务、电信设备制造和贝尔实验室成立一家新的"美国电话电报公司",而原贝尔系统的地区性电话业务则被分割为 7 个地区性电话公司。从 1984 年

开始,新的 AT&T 和 7 个地区性电话公司分别独立运行。① 因此,美国政府当年对美国电信市场结构管制,既实行纵向分割(长途电话业务与地区性电话业务相分离),也实行横向分割(将地区性电话业务分割为 7 个地区性电话公司)。其结果把原来垄断性的电信市场结构转变为竞争性的电信市场结构,形成了有效竞争的格局。现在,美国各电话公司可以自由地从任何厂商那里购买它们所需的通信设备,除了经营传统的电话业务外,可以自由地进入移动电话、有线电视、数据服务以及因特网服务市场。因此,在美国著名经济学家萨缪尔森看来,大公司被肢解并不一定是坏事,正是当年对美国电话电报公司的分割,促进了美国电信技术的发展和电信市场的繁荣。②

　　英国在 20 世纪 80 年代初对电信产业的政府管制体制进行了重大改革。③ 当时,对电信产业市场结构管制方面也存在争议,一种可能模式是采取上述美国对电信产业的分割管制政策,对英国电信产业的一体化主导企业——英国电信公司(British Telecom,简称 BT)的业务实行分割。但英国政府最后决定保持英国电信公司的一体化经营地位,不对电信市场结构实行根本性重组。导致这一政府管制决策的一个重要原因,是英国政府出于对该公司尽快实行私有化的愿望;同时,英国电信公司的管理者也强烈反对分割政策。但是,英国政府对该公司施加了一些市场结构制约条件,如要求该公司对通信网络业务、供应通信设备、提供各种通信网络增值服务等业务实行独立核算。这些措施有

---

① 有关对美国电话电报公司实行分割政策的论著可参阅:Evans, D. S. (ed.), 1983, *Breaking up Bell*, Amsterdam:North-Holland。有关对这一事件的追踪调查可参阅:Noll, R. G. and B. M. Owen, 1989, "The Anti-Competitive Uses of Regulation:US v. AT&T", in J. E. Kwoka and L. J. White (eds.), *The Antitrust Regulation*, New York:Harper Collins。

② 参见〔美〕萨缪尔森:《大公司被肢解焉知非福》,《光明日报》,2000 年 6 月 14 日。

③ 详见王俊豪:《英国政府管制体制改革研究》,上海三联书店 1998 年版,第102—146 页。

利于检查该公司在这些业务之间是否采取交叉补贴战略行为。同时，英国政府在电信产业市场结构管制方面采取了一个重要的政策措施，即根据 1981 年颁布的《电信法》，授予莫克瑞电信公司（Mercury Communications）经营全国性通信网络的特许权，成为英国电信公司的第一家竞争企业。同时，通过采取一系列管制政策，帮助新企业快速成长，以培育市场竞争力量，实现有效竞争。为此，英国政府在 1983 年 11 月实行了"双寡头垄断政策"，规定在此以后的 7 年中，只有英国电信公司和莫克瑞电信公司拥有经营全国性通信网络的特许权，以形成"双寡头"垄断竞争格局。同时，英国政府还要求英国电信公司向新企业（莫克瑞电信公司）以较低的成本价格提供市内电话通信网络服务，以帮助莫克瑞电信公司抵消在长途电话经营中缺乏规模经济的劣势；此外，允许莫克瑞电信公司采取"取脂战略"，选择通信业务量最大的线路和地区作为其经营范围，以较低的成本取得较高的利润。这样，莫克瑞电信公司从 1983 年起就同时提供英国国内长途电话和国际长途电话业务、伦敦市内电话业务；1986 年起提供基本网络服务（即出租通信线路）；1991 年后又提供移动通信业务。在较短的时间内成为英国的第二大电信企业，提供全方位的电信服务，成为英国电信公司的一个有力竞争者。因此，英国政府对新企业的各种进入帮助，虽然在短期内可能有悖于公平竞争，但从长期看，这有利于培育竞争力量，以实现有效竞争。从实践效果看，英国对电信产业市场结构所采取的一体化管制模式也是相当成功的，许多国家（特别是欧洲国家）都把英国的这种模式作为样板。

由此可见，在电信产业的市场结构管制方面，无论是美国的分割管制模式还是英国的一体化管制模式，在美国和英国的实施结果都是相当成功的，从不同的途径形成了以有效竞争为特征的电信产业市场结构。这也说明各国政府要根据本国的实际情况，对电信产业的市场结构实行有效管制，而不能照搬照抄别国的管制模式。

第三节   电信产业的进入管制

进入管制与市场结构管制密切相关。市场结构管制的重点是在短期内运用政府管制政策措施,通过较大幅度地重组或调整原有的市场结构,以形成有利于有效竞争的市场结构框架,但要从动态上保持有效竞争的格局,就必须通过进入管制才能实现。因此,本节是前一节的继续。

一、电信产业进入管制的基本问题

竞争机制能打破企业对产品的垄断和对信息的垄断,因而能刺激企业降低成本,积极开展技术创新,使消费者能享受较低的价格;同时,政府管制者能在竞争市场上获得较多的管制信息,这就有利于提高管制效率。因此,从总体上来说,应尽可能采取自由进入政策。但电信产业是一个自然垄断性业务和竞争性业务并存的产业,这就需要政府根据具体业务领域的情况分别制定进入管制政策。显然,对于通信设备供应、无线寻呼和移动通信、各种增值业务等竞争性领域,适宜采取放开竞争政策,但这些业务领域毕竟也存在一定的规模经济性,因此,为了实现规模经济与竞争活力相兼容的有效竞争,政府也应该适当控制进入壁垒,以保持能维护规模经济的市场竞争度。对于具有自然垄断性质的市话和长话业务领域,由于存在较为显著的规模经济,竞争固然有利于消费者一面,但以损害规模经济为代价的过度竞争会增加生产成本,最终不利于消费者。因此,对具有自然垄断性的业务应严格控制,逐步放松进入壁垒,以保证有效竞争。

假定在电信产业实行一定程度的放松进入管制政策,那么,就会遇到如何防止产业内原有主导性和垂直一体化企业阻碍新企业进入的问题。如消费者的转换成本（即从原有企业转向新企业所发生的成本）的存在就为原有企业提供了竞争优势。而且这种转换成本在电信产业是十分普遍和高昂的。因此，政府管制者要采取合适的途径，尽可能减少这种转换成本。例如，当某一个消费者选择了一个新的电话公司而需要变更电话号码时，就会产生转换成本（这种成本往往很大，用户需要告知有关人士新的号码）。但政府管制者可通过制定政策，规定电话号码在各电话公司之间能够相互转移，而不是原有电话公司的私人财产，这就能消除这种转移成本，从而消除顾客选择竞争性企业过程中所存在的"顾客惯性"。

由于产业内原有主导企业会采取反竞争行为和利用自身的竞争优势抑制新企业进入，这不仅要求政府管制者监控主导企业的行为，而且需要帮助新企业建立自己的通信网络与主导企业进行竞争。因此，政府对新企业采取一定的优惠政策，以培育市场竞争力量是必要的。

二、经济发达国家对电信产业进入管制的实践

在电信产业的进入管制方面，英国所采取循序渐进的经验具有典型性，也更值得中国借鉴。如前所述，英国政府在 1981 年颁布了一部《电信法》，对电信产业采取了一些放松管制的政策措施。按照这一法律，英国电信公司从英国邮政局分离出来，成为一个独立的法人企业，并废除了英国电信公司原来在通信网络操作、提供通信网络服务、供应大部分通信设备等方面的法定垄断地位。具有实质性意义的是，英国政府授予莫克瑞电信公司经营全国性通信网络的特许权，成为英国电信公司的第一家竞争企业。因此，这一法律虽然没有对英国电信公司在电信产业的主导地位造成严重影响，但对促进电信产业竞争迈出了第一步。

1983 年 11 月，英国在有线通信业务领域实行了有效期为 7 年的

"双寡头垄断政策",由英国电信公司和莫克瑞电信公司共同经营全国性有线通信网络。同时,在移动通信业务领域,英国政府也实行了"双寡头垄断政策",分别授予塞尔内特(Cellnet)(英国电信公司是主要股东)和沃达方(Vodafone)这两家公司为移动电话通信网络经营者资格。

1990 年 11 月,"双寡头垄断政策"的有效期已满,英国政府便对这一政策作了评估与调整,其结果反映在英国贸工部发布的"白皮书"(《竞争与选择:90 年代的电信政策》)中,①它的主要结论是:今后应该取消"双寡头垄断政策",除了国际通信方面在短期内仍由原来的两家企业经营外,政府将对具备提供国内通信服务资格的申请者发放经营许可证。

在国际通信业务领域暂不放开竞争的原因是存在一些特殊困难,因为它首先需要与国外经营者达成协议。任何人在英国打国际电话,英国的经营者必须向国外的经营者支付电话转换费(这实际上是另一种类型的联网协议),付费的标准是通过双边谈判规定的。由于国外的大多数通信经营企业在其本国是垄断经营者,如果英国多家竞争性企业与国外垄断企业谈判,国外企业就会在英国企业间的"鹬蚌相争"中渔利,其结果必然是提高英国企业的付费水平。因此,英国电信(管制)办公室早在 1987 年就作出规定,英国电信公司和莫克瑞电信公司应该制定共同的对海外通信付费和收费的标准,以便英国企业在与海外企业制定有关协议时具有较强的谈判能力。如果让更多的企业进入国际长途通信服务领域,就会增加一致对外的难度。为此,作为一个特例,在短期内,英国政府在国际通信领域内暂不取消"双寡头垄

---

① Department of Trade and Industry, 1991, *Competition and Choice: Telecommunications Policy for the 1990s*, Cm1461, London: HMSO.

断政策"。

根据新的进入管制政策,有线电视公司不需要与英国电信公司或莫克瑞电信公司合作,就可以运用其有线网络直接提供通信服务,但任何电信公司在10年内不允许在通信网络上经营电视服务。显然,这一规定将使英国电信公司和莫克瑞电信公司不能取得通过电话线路提供电视服务的范围经济。这一管制政策的理由是:如果允许英国电信公司提供电视服务,那么,没有一家有线电视公司能与该公司相竞争,也就不可能在英国电信公司占主导地位的市内电话通信服务市场上培育一种十分重要,也是非常必要的竞争力量。简言之,禁止英国电信公司进入电视娱乐市场,是为了帮助新的竞争者进入原来由英国电信公司所垄断的市内电话服务市场。新的进入政策实施以来,有线电视公司所提供的通信服务出现了迅速发展的势头,几年后,它就成为英国电信公司的重要竞争力量。由于有线电视公司只需在本地区安装电缆,不必建立自己的主干通信网络,因此,它们与主干通信网络经营企业的联网协议将对发展这些新的通信业务具有十分重要的影响。

这次进入管制政策调整还允许移动通信经营企业提供有线网络通信服务,并鼓励当时还属于公共部门的英国铁路公司等利用其通信网络提供通信服务。同时,提出了由电信(管制)办公室而不再由英国电信公司统一分配电话号码的设想,使用户的电话号码可以自由地由一个电话公司转到另一个电话公司。这一措施对促进竞争是很重要的,否则,如果英国电信公司的顾客转入其竞争企业,就会在变换电话号码的过程中产生很大的转移成本,从而使英国电信公司拥有竞争优势。为此,1994年8月,电信(管制)总监要求英国电信公司向顾客提供自由转换电话公司而不变更电话号码的服务,并将此作为该公司经营许可证的一个条款。但英国电信公司不能接受电信(管制)总监的这一建议。对此,电信(管制)总监将此争议提交垄断与兼并委员会裁决。

1995 年 11 月,垄断与兼并委员会提出了一个裁决报告,①该报告认为,顾客自由转换电话公司而不变更电话号码是促进通信服务经营企业之间竞争的一个必要措施。1996 年 7 月,电信(管制)办公室据此对英国电信公司的经营许可证作了相应的修改。随着通信服务经营企业的增加和竞争程度的提高,为使顾客在选择电话公司方面有更大的自由度,电信(管制)办公室又在 1997 年 4 月公布了一个文件,②它要求所有的通信网络经营企业都像英国电信公司一样,向顾客提供自由转换电话公司而不变更其电话号码的服务,并将此作为所有通信网络经营企业经营许可证的一个要件。至此,顾客可以自由选择任何一家电话公司而不需变更电话号码。这一政府管制政策不仅有利于通信服务消费者,更重要的是,这有力地促进了通信网络经营企业之间公平、有效的竞争。

英国政府通过上述一系列以促进竞争为目标的进入管制政策措施,到 1996 年为止,英国已有 150 多家企业取得了从事通信业务的经营许可证,许多新企业不仅从事通信设备生产经营活动和移动通信业务,而且,有线电视公司等一些企业还提供有线通信网络服务,这就使整个电信产业的各个业务领域都在不同程度上发挥了市场竞争机制的作用。目前,英国的电信产业已成为世界上最开放、竞争度较高的电信产业之一。

第四节　电信产业的价格与质量管制

在自然垄断产业,价格管制是政府管制的核心内容,而质量与价格密切相关,因此,政府要对价格与质量实行双重管制。

---

① MMC,1995,*Telephone Number Portability*,London:Monopolies and Mergers Commission.

② OFTEL,1997,*Number Portability:Modifications to Fixed Operators' Licences*,London:Office of Telecommunications.

一、电信产业价格与质量管制的基本问题

由于在电信产业的许多业务领域存在垄断力量,难以充分发挥竞争机制的作用,因此,价格管制便成了政府管制政策的中心内容。管制价格可以分为两大类:一是使用者消费最终通信服务的价格;二是竞争企业与主导企业联网的价格。我们在第六章第六节曾专门讨论了经营多种产品垄断企业的理想价格结构的管制问题。[1] 一般地说,如果价格要补偿固定成本,那么,这种价格就要高于边际成本。采取"拉姆塞定价法"能使企业获得足够的收入以补偿成本,并实现社会福利最大化,它使每一种服务的价格和边际成本的差额与需求弹性成反向关系而与交叉需求弹性成正向关系。[2] 美国的有关实证资料表明,使用通信网络系统和市内电话的需求弹性是非常小的,而长途电话的需求弹性是较明显的。但英国的实证资料似乎说明所有通信服务的需求弹性都是相当小的。[3]

可是,在实践中很少实行"拉姆塞定价法",事实上,政府的价格管制政策通常不考虑向不同顾客群提供服务的基本成本差异,更不会考虑在"拉姆塞定价法"中所涉及的各种需求弹性因素。我们从以下几个例子中可以说明这一点:(1)由于中国在农村的顾客分布比城市分散得多,因此,向农村提供基本通信服务比城市要发生较多的成本,但在通信服务价格中很少反映这种成本差异;(2)由于规模经济的作用,

---

[1]　有关电信产业定价政策的详细讨论可参阅:Mitchell,B. M. and I. Vogelsang,1991,*Telecommunications Pricing:Theory and Practice*,Cambridge University Press。

[2]　当存在通信网络外部性时,需要对拉姆塞定价公式作必要的修正,对此,可参阅以上引书的第 4 章第 4 节。

[3]　Beesley,M. E.,1981,*Liberalisation of the Use of the British Telecommunications Network*,London:Department of Trade and Industry.

在较忙的通信主干线上的服务成本较低,虽然在这些线路上的服务价格可能比另一些线路上的价格低一些,但这些价格差异大大小于成本差异;(3)电话收费价格是以距离而不是以所需要的电话交换机数量为基础制定的。如在北京市内打电话是按市内电话价格收费的,由于北京的市内电话要通过较多的电话交换机,因此,这种收费价格没有反映真实成本。

政府管制主导性和垂直一体化企业的重要内容是价格管制,但价格管制的一个负影响是不利于新企业进入。这是因为,在价格管制下,原有企业对一些服务必须提供低价,这意味着新企业进入产业后为了吸引顾客,必须提供比原有企业更低的价格,而企业进入产业之初的成本一般比原有企业要高得多,因此,这种情况会抑制新企业进入。所以,这就存在消费者在管制低价中得到短期利益与消费者从更多的企业竞争中取得长期利益之间的选择问题。此外,对原有企业的平均价格规定一个最高限价也会影响新企业进入产业。因为原有企业可以在竞争性市场制定低价而在垄断性市场制定高价,虽然其平均价格符合政府管制价格的要求,但这种企业内部业务间交叉补贴价格战略会使新进入产业的竞争者处于非常不利的地位,从而抑制新企业有效进入。政府管制者应关注这些问题,并采取有效的管制政策以消除各种不良影响。当然,政府管制者应该对这种企业内部业务间交叉补贴定价行为作具体分析,考虑这种定价行为的某种合理性。从理论上说,在一般情况下,价格应该反映成本,如果向农村提供通信服务要比城市发生较多的成本,至少从经济效率的角度看,在农村应该收取较高的通信价格。但可能出于对收入分配和公平的考虑,管制者往往倾向于实行平均价格。

电信产业中企业间的联网价格政策与进入管制政策具有更为直接的联系,如果认为需要从政策上帮助新企业进入电信产业,一种最有效的途径就是向新企业提供与原有主导企业联网的多种优惠条件,其中包括制定较低的联网成本价格。

增加消费者利益要求企业所提供的服务不仅价格低,而且质量高,因此,在控制价格的同时应该控制质量。如果不控制质量,被管制企业就会产生降低服务标准的刺激。电信产业服务质量的某些方面与企业日常费用有关,如安装和维修速度、对询问通信地址的反应和维护公共电话亭等。而服务质量的另一些方面则取决于资本投资,如企业通过投资扩大通信网络容量,为开发新的服务项目和更可靠的网络操作系统而运用现代通信技术等途径,能避免通信网络"拥挤"现象,提高一次性通话率,使顾客能选择合适的服务项目。这些都有利于提高通信服务质量。政府为促进提高服务质量的政策措施是多方面的,包括在价格管制模型中考虑服务质量参数,把企业的最高限价与质量水平挂钩,对低质量的服务实行经济制裁等。

二、经济发达国家对电信产业价格与质量管制的实践

对于电信产业的价格与质量管制,英国的管制内容比较丰富,而且也取得了一定的管制成效。因此,我们又以英国为例,讨论经济发达国家在电信产业的价格与质量管制方面的实践问题。

如前所述,英国政府对英国电信公司实行一体化市场结构管制模式。由于英国电信公司在电信产业拥有相当大的垄断力量,需要对它进行价格和利润管制。起初,一些政府官员建议对英国电信公司从总体上规定一个最大投资回报率,但当时任首相经济顾问的艾伦·沃尔特斯(Alan Walters)教授反对实行投资回报率价格管制方法。他认为这种方法对技术革新和效率刺激不大,而且,美国的经验表明,这是一种浪费的、官僚的和低效率的方法。他还提出了一种"与产出挂钩的利润课税"(output-related profits levy)办法,按照这一办法,英国电信公

司的产出越大,它上交的税收相对越少。这种办法的用意是通过税收惩罚和刺激机制,以抑制企业采取垄断行为。由政府官员组成的一个工作组分别审核了这两种办法,并提出了第三种方案,即建议对英国电信公司的市内电话业务、国内长途电话业务和国际长途电话业务分别确定一个最大投资回报率,如果该公司在任何业务领域的实际投资回报率高于允许水平,就要向消费者提供一定的折扣。他们还认为最大投资回报率为5%—7%是比较合适的。这些价格和利润管制方法引起了很大的争论,英国政府似乎无所适从,便委托伯明翰大学的史蒂芬·李特查尔德教授起草了一个新的管制方案。他认为上述管制方法都不理想,并提出了第五章第三节曾作了专门讨论的RPI-X最高限价管制模型。按照这一模型,英国电信公司每年各种被管制业务的平均价格水平上涨率不能超过实际零售价格指数上涨率(RPI)减去电信产业的技术进步率(X)。英国政府最后采纳了李特查尔德的这一价格管制模型,并经过和英国电信公司的一番谈判,在1984年6月最后决定X值为3%,到1989年7月再作调整(即5年内不变)。除了通信线路租赁业务的价格增长率在任何一年不得超过RPI+2%外,英国电信公司对被管制业务中的每一种具体业务的相对价格具有较大的自主权。而且,RPI-3%价格管制模型对英国电信公司来说并不苛刻,特别是电信产业的技术进步与需求增长非常快,这对该公司增加利润都是十分有利的条件。此后,英国政府在1988年、1991年、1992年和1996年分别对管制价格作了调整。

　　1988年管制价格调整决定了自1989年7月到下一轮价格调整这一时期的价格管制制度。① 主要内容包括:(1)RPI-X价格管制模型中,X值由3%提高到4.5%,而且,在1989年8月以前英国电信公司不

---

① OFTEL,1988,*The Control of British Telecom's Prices*,London:Office of Telecommunications.

能提高服务价格;(2)扩大了价格管制范围,联网收费价格等都成了管制的对象;(3)继续对国内通信线路租赁价格单独实行 RPI+2% 价格管制模型,其适用面扩大到营业性交换台线路租赁和联网价格;(4)要求英国电信公司提出一个"小用户"(主要指家庭)方案,使这些"小用户"得到一定的实惠;(5)这种新的价格管制制度的有效期为 4 年,所以,它在 1993 年前一直有效。

按英国电信公司现行成本计算的投资回报率,是决定RPI-X管制价格模型中 X 值的决定性因素。电信(管制)办公室早在 1985 年调查英国电信公司调整内部价格是否合理时,就分析了该公司的合理投资回报率,以判定它是否取得超额利润。电信(管制)总监估计可接受的历史成本投资回报率为 17.5%—19% ,而该公司总的实际投资回报率大约是 20% ,所以,在 1988 年价格调整时,电信(管制)总监主张 X 的水平应该使英国电信公司能够补偿为提供受政府控制的各项服务而发生的各项成本,并要考虑到英国电信公司为达到改进顾客服务和提高效率这一并不容易实现的政府管制目标而承受的风险。据此,经过反复论证,最后把 X 值由原来的 3% 提高到 4.5% 。由此可见,由于在实际运用RPI-X价格管制模型中也是以投资回报率水平作为关键性考虑因素的,因此,这一价格管制模型与美国的投资回报率价格模型虽然在理论上差别很大,但实际上差别并不大。

1991 年,英国政府对电信产业的"双寡头垄断政策"进行了评价和调整,虽然其主要目的是为了进一步促进电信产业的竞争,但对 1988 年制定的管制价格也做了调整。按照常规,管制价格调整周期为 5 年,因此,1991 年的管制价格调整是一种特殊的调整,这种中途价格调整在一定程度上有悖于最高限价管制的原则,即违反了政府管制者许诺企业在 4 年内管制价格保持不变,使企业能利用管制滞后效应,通过提高效率以取得更多的利润。所以,在这次价格调整中,管制者需要同企业进行协商,其结果是电信(管制)总监与英国电信公司达成一致意见,将价格管制模型中的 X 值由 4.5% 提高到 6.25%。[1]

1992 年的管制价格调整决定了从 1993 年 7 月到 1997 年 7 月之间的价格管制制度,其主要内容是:(1)进一步把管制价格模型中的 X 值由 6.25% 提高到 7.5%;(2)联网标准价格由 152.75 英镑下降到 99 英镑;(3)继续对国内和营业性交换台线路租赁实行 RPI+2% 最高限价;(4)英国电信公司的其他各种非控制服务价格在任何年度都不能超过 PRI+0 的水平;(5)规定在评价英国电信公司的价格是否符合 RPI−7.5% 最高限价时,不考虑该公司所提供的任何数量折扣,即将各种折扣排斥在控制价格范围之外,其目的是抑制该公司企图以价格折扣作为竞争手段的做法;(6)扩大在 1988 年价格调整时所建立的"小用户"制度的适用范围,这一制度至少应覆盖该公司四分之一的顾客面。这一新的价格控制制度虽然进一步加大了价格管制的力度,但电信(管制)总监认为,在这一价格管制制度下,英国电信公司仍能在 1997 年年底以前获得 16.5%—18.5% 的资本投资回报率。

1996 年 6 月,电信(管制)办公室发表了一个文件,[2]主要探讨零售服务(即对最终用户服务)管制价格的调整问题,其主要内容包括:(1)零售服务管制价格适用范围缩小为使用量较少的约 80% 的居民家庭消费者和小型企事业单位;(2)继续实行 RPI-X 最高限价模型,X 值为 4.5%;(3)新的管制价格的有效期为 1997 年至 2001 年,但根据实际需要,也可在中途实行价格调整。

在通信服务零售市场上,以往的管制价格是适用于所有最终消费

---

[1]　Department of Trade and Industry, 1991, *Competition and Choice: Telecommunications Policy for the 1990s*, Cm 1461, London: HMSO.

[2]　OFTEL, 1996, *Pricing of Telecommunications Services from 1997: A Statement*, London: Office of Telecommunications.

者的,但在实际上,不同类型的消费者所面临的市场状况有很大差异。按照消费者支付通信服务费的数额分,大中型企事业用户和少数居民消费者使用通信服务的频率较高,而且他们较多地使用国际长途电话和国内长途电话,因此,他们是通信服务经营企业的主要竞争对象;大约80%的居民家庭消费者和小型企事业用户使用通信服务的频率较低,并且,他们主要使用市内电话,较少使用国际、国内长途电话,而市内电话是一种垄断性业务。这就是说,大中型企业用户和20%左右的居民消费者处于市场竞争的环境中,而80%的家庭与小型企事业用户则处于垄断经营的市场环境中。由于通信服务具有较强的同质性,通信服务经营企业的主要竞争手段是价格竞争,因此,大中型企事业单位和少数居民家庭消费者能享受较大的价格折扣,从而只需支付较低价格;而80%的居民消费者和小型企事业单位则难以享受到价格折扣,他们必须支付较高的价格。我们可以通过表9—1来说明这一事实:

表 9—1 1991—1996 年不同消费者群体的实际平均 X 值

平均管制价格水平	6.6%
所有居民消费者	4.2%
使用量较小的 80% 的居民消费者	2.7%
使用量较大的 20% 的居民消费者	5.7%
所有企事业单位消费者	9.3%

资料来源:OFTEL,1996,*Pricing of Telecommunications Services from* 1997:*A Statement*,London:Office of Telecommunications,p.33,Table 5.1。

由表9—1可见,虽然在1991—1996年间,在管制价格模型 RPI-X 中的 X 值在 6.25% 和 7.5% 之间,加权平均水平为 6.6%,但所有企事业单位用户的实际 X 值为 9.3%,而所有居民消费者的实际 X 值只有 4.2%。进一步分析,在居民消费者中,使用量较大的 20% 的居民消费者的实际 X 值为 5.7%,其余 80% 的居民消费者的实际 X 值只有 2.7%。可见,对所有消费者实行统一管制价格的情况下,大多数居民消费者的利益不能得到有效保护。因此,在 1997 年开始实施的新的管制价格,主要适用于那些对通信服务使用量较小、处于垄断供应环境下的、占 80% 的居民消费者。虽然对这些消费者的最高限价模型(RPI-X)中的 X 值为 4.5%,比 1993 年开始实施的名义 X 值(7.5%)降低了 3%,但比实际的 X 值(2.7%)提高了 1.8%,这无疑将为他们带来较大的价格实惠。同时,为了保护小型企事业用户的利益,在 1997 年开始实施的管制价格制度下,对它们实行 X 值为 0 和 4.5% 之间的管制价格模型;而对已处于市场竞争环境下的大中型企事业用户和使用量较大的 20% 的居民消费者则不受价格管制的限制。为刺激企业利用政府管制滞后效应,通过提高效率而增加利益,要求管制价格具有较长的适用时期,因此,规定新的管制价格有效期为 4 年,即从 1997 年至 2001 年。

虽然电信(管制)办公室在 1996 年发布的文件中有一章讨论了联网(或称使用通信网络)收费价格问题。但电信(管制)办公室在 1997 年 5 月所公布的一个咨询文件则专门讨论了 1997 年开始实施的联网管制价格问题。[①] 在广泛征求有关企业和消费者组织等意见的基础上,两个月以后,又公布了一个具有结论性的文件,[②]对新一轮的联网管制价格提出了最后的建议,其主要内容是:第一,改变了确定联网管制价格时计算成本的方法,即从原来的"完全分摊成本法"(fully allocated costs)转变为"长期增长成本法"(long run incremental costs)。两者的区别是:采用"完全分摊成本法",企业的所有成本都被分摊到各种产品和服务之中,因此,存在与特定产品和服务没有直接联系的共同成

---

① OFTEL,1997,*Network Charges from 1997:A Consultative Document*,London:Office of Telecommunications.

② OFTEL,1997,*Network Charges from 1997:A Statement*,London:Office of Telecommunications.

本;而采用"长期增长成本法",则只计算因特定产品和服务量的增加而发生的投资和经营成本。显然,后一种计算成本的方法能为企业制定投资决策提供更准确的价格信号。第二,取消每年检查和决定联网管制价格的做法,建立一个新的管制框架,使英国电信公司在制定联网收费价格时具有一定的价格弹性。政府管制的强度取决于有关服务的垄断程度。具体地说,对于竞争性服务,英国电信公司可以按照其经营许可证的规定自由地制定服务价格;对于潜在竞争性的服务(指那些在新的价格管制周期内将成为竞争性的服务),则对每种服务实行RPI+0%的最高限价,以抑制这类服务的价格增长率高于零售价格指数;而对于那些非竞争性服务,则实行类似于零售服务的管制价格,从而把价格管制的重点集中于垄断性经营服务。第三,按照使用通信网络业务量的增长率、成本和业务量的线性关系以及对企业提高效率的估计等因素,通过建立管制价格模型,最后确定 RPI-X 最高限价中的 X 值为8%(如果按照原来的"完全分摊成本法",则 X 值接近10%)。电信(管制)办公室认为,在这样的管制价格水平下,英国电信公司因提高通信网络经营效率而取得的利益,将通过较低的联网价格转移给英国电信公司的竞争者,然后,以较低的零售价格,将这些利益转移给通信服务的最终消费者。第四,新的联网管制价格的有效期为1997年10月1日到2001年9月30日。这样的价格管制调整周期能为企业提供利用政府管制滞后效应,通过提高效率而取得更多利润的足够刺激。

由上可见,无论是通信服务的零售管制价格,还是运用通信网络的管制价格,从1997年以后,价格管制的范围都大大缩小,而价格管制的力度则有相当程度的加大,这些都将为通信服务的最终消费者(特别是那些处于垄断性供应市场环境下的消费者)带来一定的价格实惠。

英国的价格管制取得了一定的成效,从 1984 年到 1996 年,英国电信公司的电话收费价格已平均下降一半。广大消费者享受到由技术进步和劳动生产率提高而带来的较低价格。

在英国政府对电信产业的服务质量管制方面,英国电信公司私有化后,英国公众对电信产业的服务质量十分关注,他们担心企业的管理导向从为公众服务转向追求利润后会导致服务质量下降。私有化后,英国政府起初没有对英国电信公司的服务质量实行明确的管制,同时,英国电信公司私有化后停止公布服务质量指标。这些都受到公众的广泛批评,特别是在 1987 年,发生了工程技术人员罢工和一次严重的风暴,影响了通信服务质量,引起了公众更为激烈的批评。电信(管制)办公室经调查发现,英国电信公司在维修、及时安装通信设施和正常运转的公共电话亭比率等方面的服务质量虽然没有像公众所批评的那么差,但在现有的技术进步条件下,该公司的服务质量确实没有达到应有的水平。为此,电信(管制)总监督促英国电信公司以每 6 个月为期,公布服务质量统计信息,并针对低劣的服务质量采取一定形式的经济制裁。具体的方法是,把一些服务质量指标纳入管制价格模型,使管制价格水平和服务质量水平挂钩;对低劣的服务质量实行固定形式的处罚与强调合同义务相结合的制约形式。后一种方法主要适用于诸如拖延维修、安装通信设备等方面,其中,对居民个人用户实行标准的赔偿方法,而对企事业则按照所造成的损失程度给予更大的赔偿。但对于那些不能一次就通话之类的情况,让英国电信公司提供赔偿是不现实的,这主要是靠道德压力和作为下一轮管制价格调整的参考等方式来促使该公司提高服务质量。

对服务质量的管制产生了较好的实际效果。如根据电信(管制)办公室 1992 年的年度报告,国内电话一次性通话失败率从 1987 年的 4.3% 下降到 1992 年的 0.3%;同期,在两个工作日内,通信故障排除率由 74% 上升到 98%。

英国政府 1992 年颁布的"竞争和服务法"对 1984 年的"电信法"作了一些修改,授予电信(管制)总监新的权力,以监督英国电信公司的服务质量,并授权为有关通信服务经营者建立业务标准和赔偿办法。[1] 此外,电信(管制)办公室在 1996 年 10 月还专门分布了一个咨询文件,[2]通过广泛征求社会各方面的意见,以完善消费者组织和个人对通信服务质量的监督机制。

第五节　电信产业的联网管制

联网管制关系到新企业与原有企业能否实行公平、有效竞争的关键问题,但政府管制实践表明,联网管制是一种最为复杂,对管制者富有挑战性的管制活动。

一、电信产业联网管制的基本问题

在一个独家垄断经营的通信网络中,各局部网之间的联系是企业组织内部的事,不存在收费价格等联网的条件问题。相反,如果各网络所有者之间的竞争是一种完全竞争,企业为了使尽可能多的消费者能通过本企业的网络而获得服务,从而扩大企业的市场覆盖面,它们会出于互利而自动产生实行联网的刺激。但是,当网络市场上的竞争是一种不完全竞争,即某个网络经营企业具有市场垄断地位的情况下,企业之间就不能自动实行联网。因为具有垄断优势的企业为了保持其市

---

[1]　详见 Rovizzi, L., and D. P. Thompson, 1992, "The Regulation of Product Quality in the Public Utilities and the Citizen's Charter", *Fiscal Studies* 13(3):74-95。

[2]　OFTEL, 1996, *Meeting Consumer Needs in Telecoms—The Role of Consumer Representation: A Consultative Document*, London: Office of Telecommunications.

场垄断地位,它只希望通过自身的网络向本企业的顾客提供服务。而且,垄断企业完全有能力通过拒绝与其他竞争企业联网而排斥竞争者。

由上分析可见,新企业进入电信产业后,与产业内原有主导性企业之间的竞争效果关键性地决定于企业之间的联网条件。已经建立了庞大通信网络的主导性企业完全有能力通过拒绝与其他竞争企业联网而排斥竞争者,或者,通过制定尽可能高的联网成本价格而使竞争者望而却步。因此,联网条件的决定权不能掌握在主导性企业手中,而应当纳入政府管制的范围。政府对联网管制的目标是,拥有通信网络的企业必须在国内、国际电话通信方面进行合作,对各自的通信网络实行完全联网,使任何一家企业的顾客可以同另一家企业的顾客进行通话,以增强通信网络的正外部性,同时,这使新企业尽管只有相当有限的通信网络,仍能在全国甚至国际范围内提供通信服务。为此,政府管制者需要制定有关联网的管制价格,并从政策上保证有关企业有同等权利使用通信网络。显然,对政府管制者来说,这是十分富有挑战性的管制活动。

二、经济发达国家对电信产业联网管制的实践

这里,我们将以美国和英国的政府管制实践来讨论联网管制问题。① 1969 年,美国联邦通信委员会(FCC)曾批准美国微波通信公司(MCI)的申请,建立独立于分割前的美国贝尔系统有线通信网络的微波通信网络,并向公司客户提供通信服务。但是,刚刚萌芽的有线通信

---

① 对于美国的联网管制实践,读者可参阅周其仁:《分拆垄断公司与形成电信竞争市场》,《经济学消息报》,1998 年 3 月 26 日。对于英国的联网管制实践,读者可详见王俊豪:《英国政府管制体制改革研究》,上海三联书店 1998 年版,第 122—127 页。

市场竞争遇到一个难以逾越的障碍:如前所述,分割前的贝尔系统既拥有长途有线通信网络又控制市话有线通信网络,而新生的 MCI 公司只拥有长途微波通信干线。在这样一种市场结构下,贝尔系统的长途电话业务与市话业务相接通非常容易,因为这是"自家人"的相联相通;但 MCI 公司的长途电话要接通客户就必须经过贝尔系统的市话有线通信网络。这样,一方面,MCI 公司无法在短期内建立自己的市话通信网,而它的长话业务离开了市话网就无法接通客户;另一方面,贝尔系统怎么会违背"理性",向竞争对手开放自己的市话网,帮助 MCI 公司来与自己争夺长话市场?当时解决这一矛盾的唯一办法就是通过行政协调。根据美国联邦通信委员会的要求,MCI 公司只要付一个公平的价格就可以接入贝尔系统的市话网。这或许就是全世界电信业"公平接入、互联互通"法例的起源。不过,仅靠行政协调来解除垄断企业对竞争对手的歧视并不容易。尽管贝尔系统可以承诺美国联邦通讯委员会的条件,但是什么叫"公平的价格",什么叫"方便的接入",那就是难以测度与识别,行政协调成本极其昂贵的事了。独家拥有市话网的贝尔系统,有的是办法和技巧来"揉搓"MCI 公司。这一矛盾的根本性解决,就是通过本章第一节所讲的对贝尔系统实行纵向和横向的分割政策。

英国对联网管制虽然同样很复杂,但另有特色。进入电信产业不久的莫克瑞电信公司和其他新进入者与英国电信公司之间的竞争效果关键性地决定于企业之间联网的条件。莫克瑞电信公司的战略主要是与英国电信公司进行长途通信业务的竞争,但英国电信公司几乎垄断了市内电话通信网络,如果不能有效利用这种地区性通信网络,莫克瑞电信公司的战略就会彻底崩溃。这是因为,如果不能使用英国电信公司的地区性网络(连接发话人和受话人),也就不可能使用莫克瑞电信公司的长途通信网络。因此,这两家电信企业联网的条件对莫克瑞电信公司业务经营的地理范围、顾客使用其网络的方便性及其成本水平都有决定性影响。

由于英国电信公司在电信产业中具有主导地位,它完全有能力通过拒绝与其他竞争企业联网而排斥竞争,或者,通过制定尽可能高的联网成本价格使竞争者望而却步。因此,联网条件的决定权不能掌握在英国电信公司手中。管制政策制定者的一种选择方案是,规定联网的价格等于使用英国电信公司线路的正常价格,但这种价格包含了英国电信公司的利润,这就不利于开展公平竞争。一个更有效的途径是规定联网价格等于英国电信公司提供使用其网络的边际成本。事实上,在不完全竞争的情况下,为了强化这两个企业之间的竞争,也可以使联网价格低于边际成本。而且,竞争企业自由地进入网络和选择通信线路也是十分关键的问题,同时,还应考虑到联网条件对这两个竞争性通信服务经营企业投资政策的重要影响。对联网的管制是电信(管制)办公室的主要职责。

英国电信(管制)办公室对联网管制的法律依据是英国电信公司经营许可证的有关规定:它要求英国电信公司与其他任何具有合法权利经营网络系统,并需要与英国电信公司联网的企业达成联网协议。如果在一定的期限内企业之间不能达成协议,电信(管制)总监有权决定联网协议的条件。在实施这种权力时,总监也有责任保证其他企业为英国电信公司承担一定的成本费用(包括有关的管理费、合理的投资回报等),并保证维持原来的质量水平等。同时,电信(管制)总监还要根据需要保证竞争企业能自由选择通信线路,满足公平竞争的要求。

事实上,莫克瑞电信公司曾要求与英国电信公司签订联网协议,但它们就联网的具体条件不能达成一致。因此1985年年初,莫克瑞电信公司要求电信(管制)总监按照英国电信公司经营许可证上的条款规定联网条件。由于英国电信公司就电信(管制)总监是否真正有权制定联网规则之事向法院提出异议,因此,电信(管制)总监没能及时规定联网条件。直到1985年10月,法院才确认电信(管制)总监有确定联网规则的权力。电信(管制)总监明确了自己的法律地位后,才制定联网条件。但这暴露出英国政府当时建立的管制框架的严重缺陷,它没有事先明确管制者的权限。由于莫克瑞电信公司的许多投资计划决定于联网的条件,未能及时作出对联网的管制决策,这无疑影响了企业之间的高效率竞争。

电信(管制)办公室最后作出规定,英国电信公司和莫克瑞电信公司这两家企业的通信网络必须在国内与国际电话通信方面实行完全联网。这意味着任何一家企业的顾客可以同另一家企业的顾客进行通话。这样,莫克瑞电信公司尽管只有有限的通信网络,但仍能在全国甚至国际范围内提供通信服务。同时,以英国电信公司的成本为基础确定联网收费价格,实际结果是莫克瑞电信公司以大大低于英国电信公司对使用其线路的正常价格付费。联网管制规定还包括向英国电信公司付费的价格表。付费价格决定于一天中使用通信网络的时间和通信距离等因素。这种价格结构刺激莫克瑞电信公司扩大自己的通信网络系统,以减少向英国电信公司的付费。联网规则还规定莫克瑞电信公司应该付50%的额外容量成本。这一联网管制规定还为这两家企业的实际联网确定了一个时间表,到1986年3月30日,必须完成对36个电话交换台的联网。同时要求这两家公司制定顾客付费程序,以便顾客从其所选择的企业中收到账单,并要求这两家公司共同承担成本,提供电话询问服务。

电信(管制)办公室对联网的管制规定是促进竞争的一个重要步骤,这表明电信(管制)总监对促进有效竞争给予相当大的权数。实行完全联网是企业间进行公平竞争的必要前提。遗憾的是联网的最终条件在较长一段时间内并没有真正确定。如果一开始就明确电信(管制)总监拥有决定联网条件的权力,这一问题本来是可以避免的。但尽管这样,电信(管制)办公室的决定终于为莫克瑞电信公司和英国电信公司之间的竞争建立了基本规则。

从总体上看,1985年对联网的管制似乎被认为是有利于莫克瑞电信公司的。但在随后的几年里,莫克瑞电信公司对英国电信公司所提供的通信网络范围、速度和质量等提出了许多抱怨。自从1985年联网管制以来,莫克瑞电信公司一直没有在长途通信服务市场上从英国电信公司手中夺到较大的份额。这两个电信企业1985年的联网协议,在1988年和1989年经双方协商作了修改。

自从1991年在电信产业取消"双寡头垄断政策"以来,大量的企业进入电信产业向消费者提供各种通信服务。其中一些企业通过建立有线通信网络直接向消费者提供通信服务,或向其他通信服务企业提供通信网络服务。这就使各企业之间的联网问题成为进一步促进电信产业竞争的一个关键性的问题。其中,最有争议的问题是:潜在进入者与英国电信公司进行联网的收费价格,以及这些联网收费价格与英国电信公司的零售价格之间的关系。这个问题可以分为两方面的内容:一是应该怎样管制联网收费;二是联网收费的水平应该是多高。

第一方面的问题,实际上就是对联网条件的管制问题。在莫克瑞电信公司还是英国电信公司的唯一竞争者时,所建立的联网条件管制框架是十分繁冗的,它需要双方长达几个月的谈判,如果谈判不成功,又需要由电信(管制)办公室以几个月的时间进行裁决。可想而知,在存在许多竞争者时,每个竞争企业不但都要与英国电信公司确定联网条件,而且,在这些企业之间也需要确定联网条件的情况下,原来的管制体制显然是不可行的或不理想的。为此,1993年6月,电信(管制)办公室公布了一份有关在竞争性环境中对将来联网管制的咨询文件。① 针对上述问题所提出的一个解决途径是,由英国电信公司与电信(管制)办公室对标准的联网服务公布双方同意的条件。例如,规定英国电信公司通过其特定通信网络在特定时间为其他企业转送信息的每分钟收费价格。但考虑到电信产业的动态性,联网双方也可以达成更合适的条件。这虽然对今后发生联网纠纷留下了不确定性,但在多数情况下,不必由电信(管制)办公室对具体联网条件进行十分费时的裁决。

第二方面的问题,就是要解决联网收费的基础和联网收费价格的动态性。如前所述,英国电信公司对电话通信的零售价格是考虑距离而不是考虑所需要的电话通信转换机数量,这就面临一个是否应该按照原有模式确定联网收费标准的问题,对此,电信(管制)办公室建议对英国电信公司的"零售"和"网络"业务分别实行独立的财务制度,其中,网络业务以统一的管制价格向所有的零售经营者(包括英国电信公司的竞争者和该公司的经营机构)批发网络服务,而零售业务是向最终顾客提供服务。当然,禁止英国电信公司在这两种业务之间实行内部交叉补贴战略是十分必要的,否则,设置独立的财务制度就失去了意义;而对于联网收费的动态性问题,主要是通过 RPI-X 价格管制模型的原理来解决。

为此,英国电信(管制)办公室为促进通信网络之间的竞争,分别在 1997 年 2 月和 1997 年 4 月公布了两个有关联网的文件,②电信(管制)办公室通过对联网的必要性的分析,得出的一个结论是:对联网是

---

① OFTEL,1993,*Interconnection and Accounting Separation*,London:Office of Telecommunications.

② 请分别参见OFTEL,1997,*Promoting Competition in Services over Telecommunication Networks:A Statement*;OFTEL,1997,*Interconnection and Interoperability—A Framework for Competing Networks:A Statement*,London:Office of Telecommunications。

否需要制定管制规则主要取决于通信网络经营者的市场垄断力量,在市场竞争过程中有可能被市场垄断力量所扭曲的领域,才需要制定规则促使企业实行联网。这两个文件还对通信网络服务(network services)和通信网络附属服务(enhanced services)作了区别,前者是指那些只有通过通信网络经营企业所提供的服务,其前提条件是企业必须拥有自己的通信网络;后者是指那些以通信网络为载体而提供的各种服务,这不需要通信服务经营者建立自有的通信网络设施,但需要获得使用其他企业的通信网络设施的权利。对联网的管制规则只适用于对通信网络的服务,而不需要对通信网络附属服务制定管制规则。此外,为提高联网的透明度,这两个文件还要求各通信网络经营者向其他企业公布有关联网的具体信息。电信(管制)办公室还认为,在目前的情况下,只有英国电信公司在通信网络经营方面具有市场垄断力量,因此,对联网的管制规则主要是制约该公司可能采取的各种垄断行为。它要求英国电信公司对通信网络服务和通信网络附属服务实行财务上的独立核算,并经常性地公布有关这两种服务的财务信息,以抑制该公司在这两种服务之间采取不正当的交叉补贴行为。

第六节　中国电信产业的政府管制实践

本节将以中国电信产业重要的政府管制实践活动发生的时间为序,以市场进入、联网、价格与质量、市场结构重组为基本线索,集中讨论中国电信产业的政府管制问题。

一、进入管制

中国政府对电信产业放松进入管制是以电信产业的所谓"神经末梢"——寻呼业务为开端的,即政府首先开放无线寻呼业务。20 世纪

80 年代末,在深圳、北京两地首先出现全国最早的非邮电寻呼台(或称社会寻呼台),1993 年 8 月 3 日,国务院以批转邮电部报告的形式,下发了《国务院批转邮电部关于进一步加强电信业务市场管理意见的通知》(即国务院国发〔1993〕55 号文件),明确放开无线寻呼业务。几年后,社会寻呼台便遍及全国各地,成为一个几乎完全开放的业务领域。但在移动电话,特别是具有自然垄断性的市内电话和长途电话方面,实质性的改革是以中国联通公司的正式成立为标志的。因此,有必要对这一重大事件的背景作一些分析。①

长期以来,中国的电信产业一直是由原邮电部垄断经营的。邮电部既是电信政策的制定者,又是电信业务的直接经营者,因此,这是一种典型的政企合一的管制体制。除了邮电部统一规划和经营的公共通信网络外,有关部门还建立了独立于公共通信网的专用通信网,这些专用通信网又分为全国性的专用网和区域性的专用网。其中,军队通信网、铁路通信网和电力通信网等全国性专用网有 30 多个,大型厂矿企业所建立的地区性专用网则有 3000 多个。所有这些专用网拥有的微波、电缆线路的总长度,分别为公用网的 2—3 倍。由于国家不允许专用网对外提供通信服务,这造成一方面公用网不能满足电信市场的巨大需求,而另一方面,专用网的剩余通信能力无法得到合理利用的状况。

在改革开放过程中,各部门都希望充分利用自身资源,以取得更多的物质利益,针对邮电部经营的公用通信网远远不能满足电信市场需求,政府对电信经营企业所采取的有关优惠政策,电信产业已成为高利润的、很有发展前景的"朝阳"产业等情况,一些部门希望以其拥有的专用网向社会开放提供通信服务。1988 年,总参通信兵部首先上书有

①　参见张宇燕:《国家放松管制的博弈》,《经济研究》1995 年第 6 期。

关政府部门,要求授予电信业务经营特许权。1992年,电子部、电力部和铁道部联合向国务院提出组建中国联合通信有限公司(简称"中国联通")的报告。该报告的主要理由是:(1)中国电信市场的供需矛盾十分尖锐,只有引入竞争,电信产业才能更快地发展;(2)各专用网已形成的通信资源尚未得到充分有效的利用;(3)电信产业的发展需要大量的资金,它不可能也不应该完全依赖国家的投入,但在垄断经营下,难以调动社会各界发展电信的积极性,电信产业的发展缺乏强有力的支撑和后劲。

针对电子部等3部成立中国联通的报告,原邮电部在多种场合陈述其反对组建中国联通的理由:第一,通信具有全程网络、联合作业、高度统一的特性,具有自然垄断性;第二,电信产业既是社会共同的基础设施,又是国家的神经系统,事关国计民生、国家主权与安全,非同一般的竞争性行业;第三,由国家掌握、统一规划、统一建设,资源可以充分利用,低水平的重复建设可以避免;第四,世界各国在其电话网建成之前,无一不是由国家垄断经营的;第五,统一经营也有利于公用网标准的制定,从而使公用网的通信质量得到保证;第六,统一或垄断经营本身并不排斥垄断企业的内部竞争。邮电部唯一能接受的条件是,在加强法制建设和行业管理的前提下,对部分非基本通信业务逐步放开经营。

尽管邮电部对成立中国联通持反对意见,对于电子部等3部的报告,中国政府领导人表示支持的态度,当时,朱镕基同志批示:"看来是件好事,有助于加强通信事业,缓和电话不通的矛盾",并特别指出:"我国的通信事业要发展,必须在统一规划下充分发挥各方面的积极性,不能一家垄断。"同时责成有关方面"共同商量,促成此事,成立股份集团"。邹家华同志也批示:"邮电部不应用垄断全国通信网的思想来指导工作。……全国邮电行业(包括电信)的统一规划、统一标准、统一制式、统一的安全要求等，是必须由邮电部来做的工作。但是通信网不应由邮电部垄断，而应支持现有的其他通信网力量发挥作用，或者进一步扩大。这对整个电信事业的发展是有利的。"国务院经过再三论证，在1993年12月14日正式同意由上述3部共同组建中国联通，并发布国务院178号文件，指出："组建联通公司是我国电信体制深化改革的初步尝试。"1994年7月19日，中国联通正式成立。这标志着打破了新中国成立以来电信产业由邮电部独家垄断经营的格局，也是中国电信产业政府管制体制的一项重大改革，为在中国电信产业发挥市场竞争机制的作用创造了初始制度条件。

从上述改革的背景资料看，中国电信产业政府管制体制的初步改革过程是一种"诱致性制度变迁"过程，表现为由下而上对改革的推动作用。在这一过程中，中国人民解放军总参谋部所属的通信兵部，特别是电子部等3部对电信产业政府管制体制改革起到了发动者的作用，如果没有这些发动者，中国政府可能不会在近期内意识到这一改革的必要性，并下决心实施这一改革。但必须承认，中国政府领导人对这一改革还是起到了决定性的作用，如果没有他们的支持，这种"诱致性制度变迁"就不能最终实现。

1994年4月，国务院规定的电信产业基本政策是：国家只授权邮电部所属的中国电信和中国联通经营电信业务，电子部、电力部和铁道部以外的其他专用网可以加入中国联通，但不能另行成立独立的电信公司。电信产业反垄断是分步骤进行的，绝不是国家放手不管的自由竞争。并规定中国联通的电信业务接受邮电部的行业管理，中国联通投资改造和建设的通信网与邮电部的公用网互联互通、自动接续、公平计价，共享通信资源。中国联通按有限责任公司运作，挂靠国家经贸委（1996年初改为挂靠电子部），享有邮电企业的各项优惠政策和进出口权，邮电部、国家无线电管理委员会应对中国联通予以支持。

　　国务院还明确规定了中国联通的主要经营范围:(1)对铁道部、电力部等专用通信网进行改造、完善;在保证铁道、电力专用通信需求的前提下,向社会提供长话业务;在公用市话网覆盖不到或公用市话能力严重不足的地区开展市话业务;(2)经营无线通信业务(包括移动通信业务);(3)经营电信增值业务;(4)承接各种通信系统工程业务;(5)与主营业务有关的其他业务。这就是说,中国联通获得了长途电话、市内电话和各种无线通信等业务的特许权,从而使中国联通成为中国第二家获得有线通信经营特许权的企业。

　　但是,从国务院的上述规定可见,中国政府在向新企业提供"进入帮助"方面似乎缺乏力度,因为当时国务院对中国联通所规定的业务范围是,在保证铁道、电力专用通信需要的前提下,将剩余能力向社会提供长话业务;在公用市话网覆盖不到或公用市话能力严重不足的地区,可开展市话业务。即中国联通不能像英国莫克瑞电信公司那样可以采取"取脂战略",以在较短的时期内对中国电信形成强有力的竞争力量。

　　通过随后的放松进入管制政策措施,到2000年上半年,经国家通信主管部门批准,经营市话、国内长话和国际长话业务的企业有中国电信和中国联通两家;经营移动通信业务的有中国移动通信集团公司和中国联通两家;从事计算机信息网络国际联网业务经营的单位已达300多家,跨省联网的经营单位达到77家,其中包括中国网通等;经营国内帧中继电信业务的有吉通有限责任公司和中元金融数据网络有限责任公司两家;经营国内卫星转发器出租业务的有中国通信广播卫星公司、中国东方通信有限责任公司、鑫诺卫星通信有限公司3家;国内VSAT通信业务经营单位达到27家;跨省联网无线寻呼经营单位达到23家;双向寻呼经营单位有6家;从事跨省电话信息服务业务的单位有11家。因此,在中国电信产业似乎已形成多家经营,有效竞争格局。

但事实上,到 2000 年上半年为止,只有中国电信和中国联通有权经营市话、国内和国际长话业务等基本电信业务,而且,中国电信和中国联通在基本电话业务领域的竞争力量很不对称,特别是在市话业务方面,中国电信还是处于绝对垄断地位。因此,笔者认为,为了打破中国电信在市话业务方面的垄断,除了采取优惠政策鼓励中国联通经营市话业务外,还应允许广播电视部门利用业已建立的广播电视网提供市话甚至长话业务,并要求有线通信网络经营企业与有关广电网互联互通,共享通信网络资源。事实上,允许有线电视网经营基本通信业务在英美等国都十分普遍。如前所述,英国在 1983 年实行"双寡头垄断政策"时,曾规定各有线电视公司除非作为英国电信公司和莫克瑞电信公司的代理人外,不得单独提供通信服务,但在 1990 年取消了"双寡头垄断政策"后,根据新的进入管制政策,有线电视公司不需要与这两家电信公司合作,就可以运用其有线网络直接提供通信服务,同时,规定任何电信公司在 10 年内不能在通信网络上经营电视业务。显然,这一规定是为了帮助新的竞争者进入原来由英国电信公司所垄断的市话业务领域。英国的这一管制措施无疑是值得中国借鉴的。但从中国的实际情况看,目前不少地区的广播电视网还很分散而且不完整,因此,为了避免重复建设,政府也应提倡走"广电邮电联合发展之路",即广电部门可以利用(如以合理的价格租用)中国电信的有线通信网提供广播电视服务和电话服务,也可以双方共建"一物两用"的通信网。这种"双赢"的做法是值得鼓励并加以推广的。这也是有利于解决目前中国在通信网络上部门分割的问题。从发展趋势看,中国还应逐渐建立由电信网、计算机网和电视网相融合的所谓"三网合一"的通信网。① 当然,

① 在这方面,浙江台州电信局已作了尝试,并取得了初步成效。请参见申江婴、寿永飞:《调准战略定位　做大信息服务》,《人民邮电》,1999 年 2 月 12 日。

这要求政府管制者做好有关各方的利益协调工作。

在国内长途电话业务方面,随着中国联通国内长话网的发展,中国电信对长话的垄断力量将会逐渐减少。由于长话网只要铺设通信干线,在利用光纤技术等先进通信手段的情况下,成本并不高,规模经济并不十分显著;同时,中国还存在许多覆盖各大城市的专用通信线。因此,也可考虑在不久的将来允许新企业进入长话通信市场,促使长话业务逐渐成为竞争性领域,以发挥竞争机制的作用,提高长话业务的经营效率,降低长话收费价格。但对国际通信业务领域目前不能放开竞争,因为任何人在中国打国际电话,中国的国际通信业务经营者必须向国外的经营者支付电话转换费(这实际上是一种国际间的联网协议),付费的标准是通过双方谈判规定的,如果中国多家竞争性企业与国外企业谈判,就会增加内部摩擦,其结果必然是提高中国企业的付费水平。同时,国际通信业务还涉及国家安全问题,在技术上也较为复杂。而且,中国在国际电信市场上的竞争能力还比较弱。因此,在国际通信业务领域暂由中国电信和中国联通等少数几家企业垄断经营是可以理解的。但政府需要运用模拟市场竞争机制的管制机制,促使这些企业提高国际通信业务的经营效率,不断降低国际电话的收费价格。

二、联网管制

政府在电信产业培育市场竞争力量的一个重要内容是对联网的管制。如前所述,具有垄断优势的企业为了保持其市场垄断地位,它只希望通过自身的通信网络向本企业的顾客提供通信服务。而且,垄断企业完全有能力通过拒绝与其他竞争企业联网而排斥竞争者。这就需要一种非市场机制的外在力量——政府管制,以促进企业间的联网。中国联通和中国电信两家市话网在天津市联网的曲折过程能很好地说明这一点：①天津市是国务院确定的中国联通实现市话业务的试点城市之一，1997年7月18日，联通天津市话网就已建成，并实行内部开通。此后，与邮电市话网迟迟不能互联互通，这使中国联通此项5亿元的投资每天的损失大约20万元。不能与邮电市话网互联互通，中国联通的市话网就是一张死网。早在中国联通建网时曾与邮电部门就如何互联互通问题进行过接洽，而此时，天津邮电局既是中国联通的竞争对手，又是它的主管部门。针对联通市话网内部开通后仍迟迟不能与邮电市话网联网的问题，由国家经贸委、原计委、原体改委组成的受国务院委托促进电信体制改革的调查小组，在1997年11月向国务院递交报告，明确提出"力争联通天津市话网在年内开通使用。"可是，1997年底，联通市话网并没有开通。对此，邮电方面的解释是要等原邮电部下达有关互联互通的技术规范。鉴于联通网与邮电市话网不能如期联网，原3委调查小组于1998年1月28日再次到天津进行协调，要求不超过3月底实现联网。天津邮电部门认为，他们是支持联网的，但如何落实技术问题，这是一个很复杂的问题，有难度。而中国联通感到很困惑，他们认为，天津邮电管理局每年建成几十万门交换机的能力，有好几个局，每年要分几批开通，开通速度都非常快。中国联通一共不到10万门，怎么就如此难？国家经贸委经济运行局副局长马力强一言中的："这个互联互通的主动权是掌握在天津邮电手上，所以说至今没有实现互联互通，天津邮电应该是最清楚其中原因的。"直到一年后的1998年7月18日，中国联通市话网和邮电市话网才实现最后联网。这一案例充分说明，政府在电信产业培育市场竞争力量必须要采取强有力的管制手段。如在经营许可证中规定中国电信有义务与其他竞争企业实

---

①　参见中央电视台《焦点访谈》报道：《联通投下5亿元市话还是联不通》，《文汇报》，1998年4月16日。

行完全联网。若中国电信不能按时履行此项义务,就要受到补偿对方损失(包括赢利机会)等严厉的经济制裁。随着更多的新企业逐渐进入电信产业从事有线通信网络业务,政府对企业间的联网管制将会越来越重要。

政府在电信产业培育市场竞争力量的又一个重要内容与联网管制相关,这就是对电话号码的管制,使用户的电话号码可以自由地由一个电话公司转到另一个电话公司,以消除用户在选择电话公司时所存在的"顾客惯性"。如果用户的电话号码不能在电话经营企业间自由转移,新企业进入电信市场后,只能吸引从未安装电话的新用户,而很难从原有企业那里争取老用户。为此,政府管制者应要求所有提供电话服务的电信企业(主要是中国电信)向用户提供自由转换电话经营企业而不变更电话号码的服务,并将此作为电信企业经营许可证的一个重要条款。这一电话号码的管制政策将不仅有利于广大电话用户选择收费较低、服务质量较高的电信企业,更重要的是,这还将有力地促进电信企业间公平、有效的竞争。

三、价格与质量管制

目前,中国电信产业的主要经营业务包括市话、国内长话、国际电话、无线寻呼和移动电话、各种增值业务,同时还包括凭借有线通信网络向其他通信企业出租中继线和提供联网服务等业务。这就产生了两个相关的问题:一是应该将哪些业务纳入价格管制的范围? 二是对被价格管制的业务分别制定一个最高限价? 还是制定一个综合性最高限价? 对于第一个问题,首先需要区分哪些业务属于垄断性业务,哪些业务已经成为竞争性业务。价格管制的范围应该是那些垄断性业务,而竞争性业务可利用竞争机制的作用自动调整价格,政府只需规定指导性价格。就中国电信产业的现状和近期发展动态而言,无线寻呼和移动电话,各种增值业务属于竞争性业务,这就是说,价格管制的范围是市话、国内长话、国际电话、中继线出租和联网服务等业务。从发展动态看,国内长话将会成为竞争性业务,到那时,便可取消价格管制。不把竞争性业务纳入价格管制范围的经济理由是为了防止有关企业在垄断性业务和竞争性业务之间采取内部业务间的交叉补贴战略。对此,英国电信产业的价格管制实践非常值得我们借鉴。根据李特查尔德教授为英国政府设计的价格管制方案,考虑到当时英国国内与国际长途电话、通信设备供应、各种增值业务和移动电话等业务领域已培育了相当的市场竞争力量,李特查尔德建议不必把这些业务纳入价格管制范围,价格管制的重点应该是由英国电信公司垄断经营的市话业务。这种区别对待的方法能使价格管制更具有针对性和有效性。遗憾的是英国政府并没有采取李特查尔德的这一建议,把长途电话等业务都作为价格管制对象。其结果不仅增加了价格管制的工作量,而且,这还为英国电信公司采取内部业务间交叉补贴战略提供了条件。这在中国也发生过类似情况:1995 年上半年,在武汉市有 20 多家由各行各业投资建立的社会寻呼台,武汉市电信局针对众多的竞争者,采取了对 BP 机持有者免费进入电信局寻呼台网络而同时提高市话价格的行为。武汉市电信局所采取的这种行为实际上就是一种典型的内部业务间交叉补贴战略,这种不公平竞争行为曾引起了 20 多家社会办寻呼台的强烈抗议。这从反面说明了需要对同一产业不同性质业务分别采取相应的价格管制政策的必要性。对于第二个问题,若对被价格管制的业务分别制定一个最高限价,这固然简单明了,但由于一些业务间存在范围经济性,在各种业务间如何分摊共同成本将是一件十分复杂的管制工作。事实上,我国目前就是采取对不同业务都制定一个最高限价的办法,但难以处理共同成本的分摊的问题。因此,今后值得尝试的一种方案是,对范围经济性较强的市话、国内长话和国际长话制定一个综合最高限价,计算平均价格的权数可以是上一年每种业务的营业额在总营业额中所占的比重。而对出租中继线和联网价格分别制定最高限价。但考虑到中国联通已进入国内、国际长话业务领域,为防止中国电信在市话、国内长话和国际长话业务间采取交叉补贴战略行为,也可对国内、国际长话单独制定最高限价,至少要求中国电信对国内、国际长话实行财务上的独立核算,并向管制者提供成本方面的信息。

市话初装费是近年来中国电信产业的一个热门话题。电信企业(主要是中国电信)收取市话初装费是国家给予电信部门的一项优惠政策,全部用于电话网的建设。从经济发达国家发展电话通信网的过程看,在电话网发展初期,普遍采取高初装费、低使用费的资费结构以迅速筹集建设资金。就发展趋势看,随着市话网建设经过发展初期而步入基本完善阶段,市话初装费也应逐步降低,甚至取消。

笔者认为,降低电话初装费的最根本途径是在市话通信领域培育市场竞争力量。如在 1997 年 7 月,中国联通就在天津市建成了自己的市话网,这种潜在竞争威胁迫使中国电信降低初装费,这也证实了可竞争市场理论具有一定的现实意义。当中国联通的这种潜在竞争力量转化为现实竞争时,初装费必将进一步大幅度下降,事实也正是这样,在 1998 年 7 月,中国联通的市话网与中国电信的主网在天津实现互联互通后,天津的市话初装费便一下子降到 1000 元/部,为全国大中城市的最低价;天津市话的装机时间由以前的几个月甚至一年变为 10 天,整体服务水平也由 3 年前全国第 21 位上升到第 6 位,[①]而且,这仅仅是良好的开始。但在近期内,由于中国联通没有在全国各大城市大规模投资市话网的能力,市话初装费的普遍下降将有赖于政府采取一定的

---

① 参见张小乐:《联通进军市话　吹皱一池春水》,《光明日报》,1998 年 8 月 22 日。

价格管制政策。事实上，在消费者的强烈呼吁下，经国务院批准，从1999 年 3 月 1 日起，普遍降低了固定电话初装费和移动电话入网费指导性标准：固定电话初装费指导性标准降低为 500—1000 元，移动电话入网费指导性标准降低为 500—1500 元；住宅用户同址安装两部以上电话，从第二部起不再收取初装费。同时还降低了市话、长话和因特网等价格。[①] 可是，从长期看，包括市话初装费在内的电信服务价格的调整将取决于政府采取进一步放开竞争的管制政策，允许广电部门利用有线电视网经营市话业务，到那时，将基本打破中国电信在市话领域的垄断经营，竞争力量会自动迫使企业降低甚至取消市话初装费。

近几年来，随着中国联通等新企业进入电信产业，它们需要利用市话网，并逐步与中国电信的市话网实行互联互通，这就产生如何确定联网价格的问题。由于中国电信来源于初装费的电话网投资占总投资的较大比重（至少占 30%），因此，在联网价格上给予中国联通等企业一定的优惠是合理的。若考虑到政府在有线通信网络业务领域培育市场竞争力量的政策导向，在近期内政府制定联网价格时，只要求新企业向中国电信按边际成本付费，而不承担通信网络的固定资产投资费用也是可以理解的。

在电信服务质量管制方面，为加强对电信企业服务质量的宏观管理，维护电信用户的合法权益，使电信服务质量管制系统化、规范化，中国信息产业部在 2000 年 1 月 11 日发布了《电信服务标准》（试行），并自 2000 年 7 月 1 日起开始施行。它除了制定通用服务规则外，还分别对固定电话、电话信息、数字蜂窝移动电话、无线寻呼、数据通信、租用电路等业务都制定了服务质量标准和通信质量指标。这是中国电信服

[①]　参见郭丽君、陆彩荣：《邮政电信资费今起调整》，《光明日报》，1999 年 3 月 1 日。

务质量管制的一大进步,为实行电信服务质量管制提供了法律依据,这必将有力促进我国电信服务质量的改善和提高。

四、市场结构管制

有效竞争是规模经济与竞争活力相兼容的一种理想竞争状态,它是衡量特定产业的市场结构是否合理的一个重要标准。因此,中国电信产业应该以实现有效竞争为目标,对现有的市场结构进行重组。

对中国电信产业市场结构重组的主要内容就是对电信产业内现有企业经营业务的管制,使之趋向有效竞争。由于长期以来中国电信在电信产业居主导地位,因此,对电信产业内现有企业经营业务的管制,重点是对中国电信的经营业务的管制。这里碰到的一个首要问题是,是否应该分割中国电信的经营业务。即为了减少中国电信采取反竞争行为的潜在可能性,是否应该对市内电话、长途电话、无线寻呼和移动电话等业务相分离。一种可供选择的模式是采取美国政府对电信产业的管制办法,即把电信产业的一体化主导企业——美国电话电报公司分割为1个长话公司和7个地区性经营公司。对此,我国一些学者也提出类似的建议,他们考虑到中国电信市场非常大,从长远看,由中国电信和中国联通所形成的双寡头市场结构不足以形成有效竞争,需要引入更多的竞争者。因此,他们主张将中国电信分解为几个独立的公司。分解的办法是,先按区域分开,然后允许跨地区交叉经营(至少长话应该如此)。① 另一种可供选择的模式是采取英国政府对电信产业的管制办法,即保持英国电信产业的主导企业——英国电信公司的整体性,但对该公司施加一些市场结构制约条件,要求该公司对通信网络

---

① 张维迎、盛洪:《从电信业看中国的反垄断问题》,《改革》1998 年第 2 期。

操作、供应通信设备、提供各种增值服务等业务实行独立核算,以检查该公司在这些业务之间是否采取交叉补贴战略行为。同时,积极培育市场竞争力量。此外,还有一些学者提出了分割中国电信的许多不同方案。① 笔者认为,从总体上而言,为削弱中国电信的市场垄断力量,增强中国电信产业的竞争活力,对中国电信实施分割政策是十分必要的。但又不宜分割过细,其主要理由是:中国电信在中国虽然一家独大,但同世界上大型电信企业相比还是规模偏小。表9—2列出了世界上十大电信企业的营业额和利润额。

中国电信在1997年的营业额大约为1555亿元,约185.12亿美元(按1美元=8.4元人民币计算),仅仅是日本电信电话公司营业额的29.08%,或者说,日本电信电话公司的营业额是中国电信营业额的3.44倍。即使是排名第10位的德国曼内斯曼公司的营业额也比中国电信多34.18亿美元,而中国的电信市场是全世界最大的电信市场之一,而且,具有特别大的发展潜力。因此,相比之下,中国电信的规模不是太大,而是太小,还有待于扩大,以提高其在国际电信市场上的竞争力。另外,近几年来,国际电信市场上出现了兼并浪潮,如1997年11月美国世界电信公司以370亿美元兼并了美国第二大电话公司——微波通信公司(MCI);1998年5月,美国第三大电信公司——西南贝尔通信公司以620亿美元收购了在美国电信业排名第七的美国科技公司,建立全美最大的地方电话公司集团。在欧洲电信市场,德国电信公司与法国电信公司、斯普林特公司组成一个大联合体——第一环球公司。显然,已有相当规模的这些国际电信企业采取这些兼并、联合行为的目的是为了在竞争激烈的世界电信市场上赢得规模优势。中国电信市场与国际电信市场接轨已是大势所趋,对地域辽阔、电信需求潜力很大的

① 参见李甫:《怎样切分"中国电信"》,《南方周末》,1998年12月25日。

中国来说,作为中国电信产业主导企业的中国电信的规模还需要扩张,否则就难以在国际电信市场竞争中取得优势。因此,对中国电信采取分割政策时,应考虑到中国电信的国际竞争实力。

表9—2   1997 年全球电信业十大公司排行榜

单位:亿美元

排名	公 司 名 称	利 润	营业额
1	日本电信电话	10.81	636.65
2	美国电话电报	44.72	513.19
3	德国电信	18.53	378.91
4	贝尔大西洋	24.55	301.94
5	法国电信	24.84	261.97
6	英国电信	33.07	255.04
7	SBC	14.74	248.56
8	意大利电信	19.63	243.72
9	加拿大贝尔	9.72	228.12
10	德国曼内斯曼	2.74	219.30

资料来源:台湾《工商时报》,转引自《参考消息》,1998 年 8 月 1 日。

在制定重组中国电信的具体政策措施时,应以实现有效竞争作为主要政策依据,首先按自然垄断性对中国电信的所有业务进行分类,然后将自然垄断性业务和非自然垄断性业务相分离。中国电信原来的基本业务包括市话和长话业务、移动通信业务、寻呼业务和附属于固定网络的增值业务。其中,市话和长话业务是直接凭借有线通信网络的业务,属于自然垄断性业务,而其他业务都属于非自然垄断性业务。因此,可以将移动通信业务和寻呼业务从中国电信分离出来,分别成立独立的经营企业。它们和其他移动通信与寻呼业务经营企业实行平等竞争。这样,中国电信只经营固定网络业务(即市话和长话业务)及其各种网络增值业务,但至少保证了固定网络的完整性。考虑到目前及今后相当一段时期内,中国联通主要经营长话业务,市话业务的经营比重很小,为抑制中国电信在市话与长话业务间采取反竞争的交叉补贴战略,政府管制者应要求中国电信对这两类业务实行财务上的独立核算,并定期检查其财务情况。

事实上,1999 年中国政府对中国电信的重组方案是:将中国电信一分为四,即把无线寻呼业务剥离出来,成立了国信寻呼有限责任公司(1999 年 6 月该公司成建制划转中国联通);把移动通信业务也剥离出来,成立中国移动通信公司(2000 年 4 月 20 日该公司改组为中国移动通信集团公司);同时,成立卫星通信公司;这样,新的中国电信只经营市话、长话和与有线通信网相关的各种增值服务。从中国电信的重组效果看,消除了中国电信在自然垄断性的有线通信业务领域和竞争性的无线寻呼、移动通信业务领域采取交叉补贴行为的可能性。并在移动通信业务领域形成了中国移动通信集团公司与中国联通的两家竞争的格局;在无线寻呼业务领域的竞争十分激烈,实际上已处于一定程度的过度竞争状态。但在有线通信业务领域,特别是市话业务领域,中国联通的相对力量还很弱,中国电信仍处于垄断地位。

因此,为了在动态上使中国电信产业处于有效竞争状态,中国政府应重点培育在市话和长话业务领域的竞争力量,扶持中国联通在有线通信领域的竞争能力,并在适当的时候,进一步放松进入管制,允许有线电视公司和其他新企业进入市话和长话业务领域。而对处于过度竞争的无线寻呼业务领域则要适度提高进入壁垒,鼓励寻呼企业间开展兼并和联合,以获得规模经济效益。

第十章　电力产业的政府管制

电力产业是一个对社会经济影响极大，技术经济特征十分复杂的自然垄断产业，这就决定了电力产业的政府管制内容也非常丰富。本章沿用前一章的结构，即首先分析电力产业的政府管制需求，然后从政府管制供给的角度分别讨论政府对市场结构、进入壁垒、价格和环境的一般管制理论以及经济发达国家在这些方面的管制实践，最后探讨中国电力产业政府管制的实践问题。

第一节　电力产业的政府管制需求

电力产业的政府管制需求与电力产业的技术经济特征密切相关，因此，本节首先分析电力产业的基本特征，然后讨论电力产业的政府管制需求。

一、电力产业的基本特征

从电力产业的整体结构看，它是由若干个电力系统互联而成的。所谓电力系统，是由发电厂、输电网、配电网和电力用户组成的整体，是将一次能源转换成电能并输送和分配到用户的一个一体化系统。输电网和配电网统称为电网，是电力系统的重要组成部分。发电厂将一次能源转换成电能，通过电网将电能输送和分配到电力用户的用电设备，从而完成电能从生产到使用的整个过程。电力系统还包括保证其安全可靠运行的继电保护装置、安全自动装置、调度自动化系统和电力通信等相应的辅助系统。

电力系统中所有用电设备所消耗的功率称为电力系统的负荷。电力系统负荷随时间而不断变化,具有随机性,其变化情况可以用负荷曲线来表示,根据其反映时间长短可分为日负荷曲线、月负荷曲线、年负荷曲线。其中,日负荷曲线是将电力系统每日 24 小时的负荷绘制成的曲线,其最高点称为高峰负荷,最低点为低谷负荷。高峰负荷与低谷负荷之差称为峰谷差。峰谷差越大,电力系统调峰的难度也就越大。根据日负荷曲线可求出日平均负荷。最小负荷水平线以下部分称为基荷;平均负荷水平线以上部分为峰荷;最小负荷与平均负荷之间部分称为腰荷。电力系统的供电水平和质量可通过负荷曲线反映出来。

从技术角度来看,电力系统的运行包括四个垂直相关的阶段:发电、输电、配电和供电。发电是由发电厂来完成的。根据能源投入物的不同可分为火力发电、水力发电、核能和其他能源发电。

利用煤、石油、天然气等自然界蕴藏量极其丰富的化石燃料发电称为火力发电。火力发电的原理是燃料燃烧时的化学能被转换为热能,再借助汽轮机等热力机械将热能转变为机械能,并由汽轮机带动发电机将机械能转变为电能。在中国,由于煤资源丰富,且火电厂投资少、见效快,有利于解决电力供应紧张的矛盾。因此,火电在电力供应中一直占主导地位。据统计,到 1996 年年底,火电装机容量为 17886 万千瓦,占总装机容量的 75% 。①

水力发电是利用江河水流从高处流到低处存在的位能进行发电。当江河的水由上游高水位经过水轮机流向下游水位时,以所具流量和落差做功,推动水轮机旋转,带动发电机生产电力。为了有效地利用天

---

① 参见周家骢:《结构调整时期中国水电发展》,《中国投资与建设》1998 年第 7 期。

然水能,需要人工修建集中落差和能调节流量的水工建筑,如筑坝形成水库,建设引水建筑物和厂房等,以构成水电站。按照水库蓄水的调节能力不同,水电站可分为径流式电站、日调节水电站、周调节水电站、年调节水电站,它们的水库容量和调节能力是逐步增强的。其中,径流式电站没有水库,发电能力随季节水量而变化,丰水期要大量弃水。年调节和多年调节水电站具有比较稳定的发电能力,在运行时可同样进行日调节和周调节,能够充分利用水力资源。由于电力的生产和消费是同时进行的,在负荷低谷时,发电厂的发电量往往大大超过用户的需要,电力系统有剩余电能;而在负荷高峰时,又可能出现发电满足不了用户需要的情况。建设抽水蓄能电站能够较好地解决这个问题。抽水蓄能电站有一个建在高处的上水库(上池)和一个建在电站下游的下池。抽水蓄能站的机组能起到作为一般水轮机发电的作用,同时还具有作为水泵将下池的水抽到上池的功能。在电力系统的低谷负荷时,抽水蓄能电站的机组作为水泵运行,往上池蓄水;在高峰负荷时,作为发电机组运行,利用上池的蓄水发电,送到电网。

核能发电是利用受控核裂变反应所释放的热能,将水加热为蒸汽,用蒸汽冲动汽轮机,带动发电机发电。核能的特点是能量高度集中。1吨铀—235(U^{235})在裂变反应时所放出的能量约等于1吨标准煤在化学反应中所放出能量的240万倍。据估算,如果将地球上已探明的易开采的铀储量以快中子推动加以利用的话,所提供的能量将大大超过全球可利用的煤、石油和天然气的总和。中国东南部沿海地区远离煤炭生产基地,电力需求增长快,经济发达,发展核电具有十分重要的现实意义。

其他能源形式还有风能、太阳能、海洋能和地热能等。目前各个国家都在积极探索这些新能源的可利用性,以实现电力产业的持续发展。

电能生产出来后,还要通过输电和配电环节才能到达电力用户。输电和配电统称为电力运输,两者的差异在于前者运输的是高压电力,后者运输的电压相对较低。输电是通过输电网来完成的。输电网是电力系统中较高电压等级的电网，是电力系统中的主要网络，起到电力系统骨架的作用，所以又可称为网架。作为配电载体的配电网是将电能从枢纽变电站直接分配到用户区域的电网，它的作用是将电力分配到配电变电站后再向用户供电，也有一部分电力不经配电变电站，直接分配到大用户，由大用户的配电装置进行配电。在电力系统中，电网按电压等级的高低分层，按负荷密度的地域分区，不同容量的发电厂和用户应分别接入不同电压等级的电网。大容量的电厂应接入主网，较大容量的电厂应接入较高电压的电网，容量较小的可接入较低电压的电网。配电网应按地区划分，一个配电网担任分配一个地区的电力以及向该地区供电的任务。因此，它不能与邻近地区的配电网直接进行横向联系，若要联系应当通过高一级电网来完成，即配电网之间通过输电网发生联系。不同电压等级的电网的纵向联系通过输电网逐级降压形成，而且它们之间要避免电磁环网。各个电力系统之间通过输电线连接，形成互联电力系统。连接两个电力系统的输电线称为联络线。

二、电力产业的政府管制需求

我们将从电力产业的自然垄断性和外部性这两方面来讨论电力产业的政府管制需求。

在电力产业的发电、输电、配电和供电这 4 个业务领域中，虽然，有关理论与实践证明，发电也具有一定的规模经济性，太小的发电单位是低效率的。如有的专家曾估计，矿物燃料发电厂的最小经济规模大约为 400000 千瓦发电量。若考虑到多部门经营的经济性，发电厂的最小经济规模大约为 800000 千瓦；[1]而原子能发电厂的最小经济规模至少

---

[1] Joskow, P. L., and R. Schmalensee, 1983, *Markets for Power*, Cambridge: MIT Press, p.53.

是矿物燃料发电厂的两倍。但即使是在一个独立的区域性电网内,也不能只建一家电站,仅仅从供电的安全和可靠性角度考虑,也需要对电源结构和布局做多源化安排。因此,电力生产显然不具自然垄断性。但输电和配电领域具有自然垄断性,因为输电和配电是通过物理电网进行的,如果有两家或两家以上的企业分别建设电网,这就会造成低效率的重复建设。当然,输电和配电的自然垄断性也存在明显差别的,由于输电网是电力系统的主要网络(即网架),因此,输电领域具有显著的自然垄断性。而配电网是一种区域性的电网,它从高压电力输送网中取得电力,然后把电压降到适宜工商企业和民用所需的水平,然后输送给最终用户,因此,配电领域的自然垄断性并没有像输电领域那样显著,在美国的一些城市甚至存在两张配电网并存的现象。对于供电领域,虽然通常的做法是配电与供电实行垂直一体化经营的,但没有经济理由说明电力供应必须由该地区的配电企业提供。至少从原理上讲,大批量采购电力、电力营销、账单服务等业务可以由该地区配电企业以外的企业来提供。如果任何企业能以合适的条件自由运用配电网,那么,电力供应业务就不是自然垄断性的。但从总体上而言,电力产业是一个具有自然垄断性的产业。

由于电力产业具有自然垄断性,这就在客观上存在政府管制需求。政府应该对电力产业的价格实行管制,电价管制的主要目标是抑制企业制定垄断价格,以保护广大消费者的利益,因此,电价管制的重点是对零售电价的管制,但由于电力生产价格,输电、配电价格都会通过转移价格而影响最终电价,特别是由于在输电、配电领域的经营企业具有相当大的市场垄断力量,因此,政府对输电、配电价格应该实行严格管制。电力产业的自然垄断性也要求政府对进入壁垒实行管制,当然,这需要对不同业务领域区别对待,实行不同的政府管制政策。由于发电领域不具有自然垄断性,政府可以放松对发电领域的管制,以运用市场竞争机制,提高经济效率,但发电毕竟具有一定的规模经济性,因此,政府还是需要控制进入壁垒,以防止企业过度进入。对于存在自然垄断性的输电、配电领域,政府应该实行重点管制,以避免低效率的重复建设。而对于不具有自然垄断性的供电领域,在技术条件成熟时,政府应该放松进入管制,以发挥竞争机制的作用。

同时,电力产业具有明显的外部性。从电力产业的正外部性而言,电力产业作为国家的先行产业与国民经济发展及其他产业具有密切的相关性。电力产销适度增长是国民经济持续、快速、顺利发展的前提。分析电力产业与国民经济发展相互依存内在关系的重要指标是电力弹性系数。它是电力消耗量的年增长率与国民生产总值增长率的比率。系数大小与产业结构和科技发展水平有关。在一个国家的工业化时期,工业电力消耗约占全社会电力消耗的70%,电力产业要支撑国民经济的增长需要,电力弹性系数一般需要保持在 $1.1:1$ 的水平之上。在中国,电力产业的作用主要体现在以下三个方面:一是为各行业提供动力支持,保障供给。二是通过电力建设带动相关产业的发展。电力产业对国内的机械制造业牵动作用很大。三是通过推行合理电价,降低国民经济成本,提高各行业产品在国际市场上的竞争力。电力是商品,也是生产资料。当前,中国处于初步工业化向现代化过渡时期,工业产品仍以高耗能的初级产品为主,电力消耗成本占工业成本的比重较高。因此,电价水平对国民经济成本影响较大,把不合理的电价降下来,实际上是降低了国民经济的运行成本,增强了企业产品在国际上的竞争力。政府管制的重要任务就是要促进电力产业的这种正外部性。

电力产业的负外部性问题主要是环境成本问题。由于电力产业主要的能源投入物是煤、石油、天然气等矿物燃料和原子能、水力、风力等。所有主要能源都涉及环境成本问题,如矿物燃料除了存在不可更新,将来会用尽的问题外,燃烧矿物燃料还会释放二氧化碳、二氧化硫和氧化氮等污染物。这些污染物会导致温室效应和酸雨,造成重大的环境污染。有效地控制环境污染需要进行投资(如脱硫设备)以排除污染物,或者以污染较小的天然气和非矿物燃料代替煤作为发电原料。核事故则会对环境造成灾难性的破坏。利用水力发电固然能避免上述许多环境问题,但也会影响生态平衡。因此,政府应该对电力产业的环境实行政府管制,以降低环境成本,尽可能减少环境污染。

第二节 电力产业的市场结构管制

像电信产业一样,电力产业市场结构管制的目标,也是要通过重组和调整市场结构,把原有的垄断性市场结构改造为竞争性市场结构,以在电力产业形成有效竞争的格局,提高电力产业的经济效率。

一、电力产业市场结构管制的基本问题

电力产业主要包括发电、输电、配电和供电这四大业务领域。各业务领域内企业的数量及其相互关系决定了电力产业的市场结构,从而决定电力市场的垄断和竞争状况。由电力产业的技术经济特征可知,输电和配电业务具有自然垄断性,发电和供电业务具有潜在竞争性,但这4种业务之间需要高度协调。这是因为,电力的整个生产供应系统具有特殊性,发电企业(G)把电力卖给电力购买企业(B),并不是把电力由 G 所在地输送到 B 所在地;而是 G 把一定量的电力从一个接口(node)投入总的供电系统,B 从另一个接口取得所购数量的电力。这样,在任何时候,许多发电企业在多个接口向供电系统投入电力,大量的消费者从无数个接口接收电力。电力是按照以阻力最小的物理法则进行输送的。这决定了在整个供电系统中,电力供应与需求要保持连续性平衡,否则就会发生断电现象。这种供求平衡还有赖于电力生产与

电力输送的高度协调。这也是这两种活动通常实行垂直一体化的主要理由。如果电力生产与输送之间具有很大的范围经济性,那么,尽管发电本身不具有自然垄断性,但两者相结合就存在自然垄断成本状态。①因此,电力市场结构政策的一个中心问题是,在电力生产者之间的竞争中获得的利益是否超过因失去电力生产与输送之间的紧密协调性而造成的损失。这在相当程度上决定于对电力生产与输送实行垂直分离的条件、两者的协调状况。在电力产业形成后的很长时期里,各国基本上都对电力产业实行垂直一体化的市场结构。但从 20 世纪 70 年代开始,许多国家都逐步认识到电力产业效率低下的根本原因在于缺乏市场竞争机制,并试图在电力产业引进并不断强化市场竞争机制的积极作用。

在电力产业运用市场竞争机制,就必然要求改变电力产业原有的垄断一体化市场结构,这样,政府对电力产业市场结构管制就面临着两方面的主要问题:一是垂直管制问题,即在现有技术条件下,是否将自然垄断性业务(输电和配电业务)和竞争性的发电、供电业务相分离,这种分离应达到何种程度并如何逐步推进。二是水平管制问题,即政府如何通过制定管制政策以提高各种业务领域(特别是发电和供电业务领域)经营企业的竞争效率,以防止低水平竞争。这包括对电力产业原有企业的管制和对新企业进入的管制。通过对电力产业原有企业的重组,以形成规模经济与竞争活力相兼容的有效竞争。同时,通过设置一定的进入壁垒,使新企业的数量和规模都达到电力产业的动态需要。而这主要是下一节将讨论的政府对进入管制的内容。

---

① 有关电力生产与输送之间存在范围经济性的实证研究可参阅:Kaserman, D. L. and J. W. Mayo,1991,"Determinants of Vertical Integration:An Empirical Test",*Journal of Industrial Economics* 33:483-502;Kerkvliet, J.,1991,"Efficiency and Vertical Integration:The Case of Mine-mouth Electric Generating Plants",*Journal of Industrial Economics* 34:467-482。

二、经济发达国家对电力产业市场结构管制的实践

在 20 世纪 80 年代,英国对电力产业的市场结构进行了较大幅度的调整,并取得了相当的成效,而且,它为新西兰、澳大利亚、荷兰、挪威等国家所仿效。因此,我们以英国为例,讨论经济发达国家对电力产业市场结构的管制问题。

英国在电力产业政府管制体制重大改革以前,在英格兰与威尔士的国有电力产业被分为两大部分,中央电力生产局负责电力生产和高压电力输送,12 个地区电力局负责配电,把电力供应给最终顾客。所以,中央电力生产局垄断了电力批发市场,而各地区电力局则在本地区内垄断了电力零售市场。为了促进竞争,首先需要改变电力产业的这种垄断性市场结构。

对电力产业市场结构调整的中心内容是,把原来的中央电力生产局从横向和纵向划分为四个部分。从横向看,中央电力生产局原有的电力生产资产分别划拨给国家电力公司、电力生产公司和原子能电力公司(Nuclear Electric)这三个新组建的电力生产企业。当时,这三个企业的电力生产能力在总发电能力中所占的比重分别为:国家电力公司占 52%,电力生产公司占 33%,原子能电力公司占 15%。从纵向看,中央电力生产局原有的电力输送资产转给新组建的"国家电网公司"(National Grid Company),原来的 12 个地区电力局改组为"地区电力公司"(Regional Electricity Company),它们共同拥有国家电网公司。这样,电力输送与电力生产实现垂直分离后,又与电力配送(即配电)实行了垂直一体化。

在新的管制体制下,国家电网公司负责许多原来由中央电力生产局承担的协调活动,例如,国家电网公司负责安排各电力生产企业的发电机组(每个电站一般都有两个或更多的发电机组,每个发电机组能

够独立运行)的运行,负责维持整个供电系统的稳定性等。国家电网公司一般是通过与电力生产企业、各地区电力公司和电力批发市场的其他企业签订有关协议,并以此为依据来执行这些协调活动的。12 个地区电力公司按照其经营许可证的规定,对本地区范围内电力最大需求量小于 1000 千瓦的用户拥有垄断供应权,但要对电力配送与供应业务实行独立核算,当地区电力公司运用自己的配电系统向顾客供电时,地区电力公司的供电部门要向电力配电部门"付费"。这样,电力配送和供应业务虽然在所有权或控制权方面实行垂直一体化,但两者在财务上则保持相对独立性。同时,地区电力公司必须向其他电力供应企业提供电力配送网络服务,而且,这些电力供应企业和地区电力公司的供电部门以同样的条件取得电力配送网络服务。可见,地区电力公司在电力配送方面是垄断者,而在电力零售供应方面是竞争者。

　由电力产业的技术经济特征所决定,电力生产与输送业务需要高度协调,而在新的管制体制下,这两种业务被垂直分离,这就需要设计一种新的协调体制。英国电力产业所设计的这种协调电力生产与输送业务之间关系的新体制颇具特色。这一新体制的核心内容是建立一个批发电力网(wholesale power pool),它是一个大批量电力交易的"批发市场",这个电力网的经营者当然是国家电网公司。电力生产者以获取"电网采购价"(pool purchase price,简称 PPP)向批发电力网供电,地区电力公司、电力零售供应者和大型用户以"电网销售价"(pool selling price,简称 PSP)从批发电力网取得电源。这种大批量电力供销关系及其价格构成则是十分复杂的。① 每天上午,电力生产者必须向国家电

---

　① 详见:George Yarrow,1996,"Privatization,Restructuring,and Regulatory Reform in E-lectricity Supply",in Matthew Bishop,John Kay and Colin Mayer,*Privatization & Economic Performance*,Oxford University Press,pp. 72–73。

网公司递交一张报单,具体说明第二天将运行的每一个发电机组和供电量,并提出供电价格。国家电网公司按照电力生产者提出的各发电机组的电价建立一个"优效秩序"(merit order,如果电力生产者的报价反映边际成本,并考虑到电耗,这就可望成为高效率的优效秩序),以此为主要依据并结合下一天电力需求估计量来分派具体的发电机组,实现电力供应成本最小化,并根据总的供电量与电力需求量,确定下一天每半小时的市场出清(即供需平衡)价格,这种价格被称为"系统边际价格"(system marginal price,简称 SMP)。这是因为,如果电力生产者的报价反映边际成本,SMP 就是优效秩序中边际发电机组的操作成本。此外,电网采购价还包括电力"容量费"(capacity payment),国家电网公司在提前一天计算 SMP 时,电力供应和需求都存在相当大的不确定性。电厂突然运转中断或电力需求猛增都会引起电力需求超过供给而导致断电。国家电网公司要估计每半小时的"超负荷概率"(loss of load probability,简称 LOLP),因断电对消费者造成的估计成本被称为"超负荷损失值"(value of lost load,简称 VOLL),1989 年它被定为每千瓦小时 2 英镑,以后随价格总水平的上升而提高。这样,国家电网公司在特定的半小时内向电力生产者支付的电网采购价可用下式表示:

　　电网采购价 = 系统边际价格 + 超负荷概率值(超负荷损失值 - 系统
　　　　边际价格)

或简化为:

　　PPP = SMP + LOLP(VOLL − SMP)

　　上式右边的第二项即为电力容量费。电网采购价加上一定的增值量(uplift)即为电网销售价,因此,电网销售价可表示为:

　　电网销售价 = 电网采购价 + 增值量

或简化为:

　　PSP = PPP + Uplift

上式中的增值量包括许多因素,如采购超量的电力以稳定电力供应系统而发生的成本、电网的经营利润等。

可见,英国政府通过对电力产业市场结构的调整,初步形成了一个竞争性的电力市场。

第三节　电力产业的进入管制

电力产业市场结构管制的目标是通过重组与调整原有的市场结构,形成以有效竞争为特征的市场结构框架;而进入管制的目标是放松或控制新企业进入特定业务领域,从动态上保持电力产业的有效竞争。

一、电力产业进入管制的基本问题

从总体而言,在电力产业放松进入管制,运用竞争机制能提高电力产业的经济效率。但由于电力产业的发电、输电、配电和供电这 4 个业务领域都存在不同程度的规模经济,这就要求政府对电力产业实行进入管制。

在电力生产(发电)领域,电力生产企业结构包括规模结构和电源结构。在发电领域引入竞争机制有利于刺激企业降低成本,积极进行技术改造和创新。但电力生产存在一定的规模经济性,若完全放松进入管制,会吸引许多竞争者进入电力生产领域,导致生产能力过剩,这就由一种形式的市场失败转向另一种形式的市场失败。因此,政府为了维持电力生产领域的有效竞争,保证生产效率,就要设置一定的进入壁垒。其中一种办法是运用特许投标制,通过竞争投标将特许权授予最优企业,限制过度进入。同时,由于电力生产电源的多样性,不同电源发电厂具有不同的技术经济特征,要促进经济持续发展,应做到各种发电方式之间具有合理的比例结构。在政府进行电力系统规划时,不仅要考虑到发电成本,还要注重新能源的开发,电力产业的长远效益和持续发展。政府可通过制定限制或优惠的进入管制政策,以促使本国电源结构合理化。如德国政府为鼓励风力发电,通过法律规定国家电力公司必须允许风电上网,并且电力公司支付的风电上网价格不低于电网售电价格的90%。政府还为风电公司提供各种补贴和融资,以促进风电市场的发展和风力发电技术的进步。

具有自然垄断性的输电和配电业务是以电网为载体的。电网建设和运行具有显著的规模经济性,竞争带来的利益通常难以弥补由于重复建设而造成的损失。因此,政府对输电和配电领域要实行严格的进入管制,在较大的地区范围内只能存在一家输电企业,在特定的区域范围内一般只能存在一家配电企业。

如果对配电和供电实行垂直分离,则供电不具有自然垄断性,因此,供电领域具有较大的竞争空间,在特定区域内,政府可以允许存在多家供电企业。但其前提条件是各供电企业可以共同使用配电网,而且要求有相当先进的电力消费量表技术。

二、经济发达国家对电力产业进入管制的实践

由于美国电力产业有75%为私人所有,因此,尽管美国政府意识到对发电、输电、配电和供电实行垂直一体化的市场结构会阻碍竞争,但也不能像英国对待国有电力产业那样实行市场结构重组政策,所以,美国政府主要通过放松进入管制,更大程度地运用市场竞争机制的作用。1978年,美国联邦政府以法律的形式正式允许独立发电企业出售电力,从而使私人独立的发电企业数量迅速增加。1992年,美国颁布了新的《能源政策法》,进一步促进了发电市场自由化。1996年,美国又颁布了两项法律,详细规定了电网开放式输送电力及其收费标准。输电线路由电网经营企业运营,向发电企业提供输电服务,电力竞售用

户可以通过电网向发电企业直接购电。这样,继发电领域自由化后,又形成了输电线路公用化,电力竞售市场全面和公平竞争。此外,日本、法国、挪威、瑞典、新西兰等国家都在电力产业实行了放松进入管制的政策。但根据笔者所掌握的资料,在电力产业放松进入管制方面,改革最为全面和系统的是英国。

英国在发电领域采取的进入管制政策的特点是,强制具有垄断地位的发电企业向新企业(包括竞争企业)出售一部分电力生产能力,以促进发电领域的市场竞争。如前所述,英国政府在 1989 年对电力生产部门进行市场结构重组后,除原子能电力生产外,国家电力公司和电力生产公司实际上构成不对称的(前者的规模明显大于后者)双寡头垄断状况。因此,在这种过于集中的市场结构下,很容易产生严重的低效率现象:从短期看,现有垄断企业可能利用其垄断力量,获取超额利润,从而导致分配低效率;从长期看,丰厚的电力生产利润会诱使过多的企业进入产业,最终扭曲生产效率。电力生产的市场结构在相当程度上决定电力生产企业的市场行为,而这种市场行为又集中反映在电网价格上。英国电力管制办公室(Office of Electricity Regulation,简称 OF-FER)在 1991 年年末第一次对电网价格进行了评价、检查,着重评估了对电网销售价格影响最大的系统边际价格的总体水平和增长率。该办公室发现,主要电力生产企业对电网价格有影响力,电力生产企业操纵电网价格的其中一种方法是,在向国家电网公司提供下一天的报表时,先是宣称一些发电厂不运行,但后来又宣称这些电厂可以运行。由于超负荷概率是按照电力生产者所呈报的发电容量计算的,因此,电力管制办公室认为,电力生产者的这种做法实际上是滥用其主导地位以提高电网价格。电力生产企业关闭电厂也可能是为了通过扩大超负荷概率以提高电网价格。鉴于这种分析,电力供应(管制)总监提出增加电力生产企业的经营许可证条款,以禁止其在呈报发电容量和关闭电厂方面的垄断行为,并授权其他竞争性电力生产企业购买主要电力生产企业准备关闭的电厂。电力管制办公室在 1993 年再次评价了电网价格,重新检查了原有的一些问题,其结论是:国家电力公司和电力生产公司拥有垄断力量,并且滥用了这种垄断力量。为此,英国电力管制办公室在 1994 年 2 月要求这两家电力生产企业在以后的两年内,向新企业或其他竞争性电力生产企业分别出售具有 4000000 千瓦和2000000千瓦发电能力的,以煤或石油为发电原料的电站。出售 6000000 千瓦的发电能力(相当于 6 个大型发电站的发电能力)的电站,将使这两家企业以外的电力生产企业的发电能力提高一倍,这能在很大程度上提高电力生产市场的竞争程度,从而有利于抑制电力生产企业制定高于竞争水平的价格的行为,并能为电力消费者提供更大的选择空间。

英国在供电领域采取进入管制政策的特点则是,通过逐步废除各地区电力公司在本区域范围内供应电力的垄断权,允许区域内和区域外企业进入,实行竞争性供应电力。根据在 1989 年建立的电力产业政府管制体制,在 1994 年 4 月前,在电力零售市场上由各地区电力公司实行特许垄断供应,其范围包括电力最大需求量小于 1000 千瓦的消费者,他们只能由当地的地区电力公司独家供应。而在电力最大需求量大于 1000 千瓦的消费者市场上存在竞争,按照用电量,这 5000 家左右的用户约占整个电力零售市场的30%,他们有权选择本地区电力公司以外的电力供应企业。在 1993—1994 年度,在这些用户中,大约有三分之一的用户不选择当地的地区电力公司,而选择了其他更为理想的电力供应企业,它们包括其他地区的电力公司和在英格兰、威尔士的12 个地区电力公司以外的独立电力供应企业,它们被称为"第二层次供应者"(second tier suppliers)。① 当时就有 27 个这样的"第二层次供

---

① "第一层次供应者"(first tier suppliers)是指各地区电力公司。

应者"。因此,电力最大需求量在 1000 千瓦以上的电力零售市场上,已在相当程度上发挥了市场竞争机制的作用。

按照在 1989 年电力产业政府管制体制改革时所建立的法律框架,在 1994 年 4 月 1 日后,将各地区电力公司在电力零售市场上的特许垄断供应范围缩小到电力最大需求量在 100 千瓦以下的消费者,到 1998 年,将完全取消地区电力公司的特许垄断经营权。为此,英国电力管制办公室在 1994 年 1 月发布了一个文件,[1]声明自 1994 年 4 月 1 日起,约 50000 家电力最大需求量在 100 千瓦和 1000 千瓦之间的用户有权自由选择电力供应企业,这些用户主要包括中型工商企业、医院和学校等。该文件对电力最大需求量为 100 千瓦以上的用户的范围作了定义,所谓最大需求量是指在过去的 12 个月中,在正常的操作状态下三个最大用电高峰的平均值,这一平均值超过 100 千瓦的用户才有权自由选择电力供应企业,否则,仍由本地区电力公司垄断供应。如果对此有争议可提请电力供应(管制)总监决定。此外,该文件对电表计量、使用地区电力公司配电网络的条件等都作了比较具体的规定。

为在 1998 年完全取消地区电力公司的特许垄断供应权,在电力零售供应市场实行全面竞争作准备,电力管制办公室分别在 1995 年 1 月和 1995 年 11 月发布了两个文件,[2]这两个文件总结了电力零售市场的竞争发展情况,认为在已经放开竞争的电力最大需求量为 100 千瓦以上的零售市场上,竞争日趋发展,在英格兰和威尔士地区有一半以上的电力销售额是本地区电力公司以外的"第二层次供应者"竞争性提

---

[1]　OFFER,1994,*The 100kw Electricity Supply Market*,Birmingham:Office of Electricity Regulation.

[2]　请分别参见:OFFER,1995,*The Competitive Electricity Market from 1998:A Consultation Paper* 和 OFFER,1995,*The Competitive Electricity Market from 1998:Customer Protection,Competition and Regulation*,Birmingham:Office of Electricity Regulation。

供的。许多用户享受到较低的价格和更好的服务。在 1998 年,地区电力公司对电力最大需求量 100 千瓦以下的用户的特许垄断供应权取消后,第二层次电力供应企业就对所有的用户开始竞争性供应。为了在向全面竞争过渡时期中有效地保护电力消费者和竞争企业的利益,需要在政府管制方面作出适当的安排。因此,电力管制办公室重申了电力供应企业的职责和义务:14 个地区电力公司(英格兰与威尔士的 12 个地区电力公司和苏格兰的苏格兰电力公司与水电公司)应该执行两种基本职能,一是每个企业在本地区内应高效率、经济地操作和维护配电网络系统,使其他供应企业能有效地运用其配电网络;二是每个企业作为电力供应者,按照其经营许可证规定有权向最终电力消费者供应电力。同时,电力管制办公室指出,为了促进竞争,目前,"第二层次供应者"没有承担地区电力公司的许多义务,例如,它们没有根据法定要求向所有的用户提供服务,而是通过与用户谈判选择服务对象。但在 1998 年以后,将要加强"第二层次供应企业"对居民消费者的法律责任,以充分保护消费者的利益。通过综合考虑电力产业各利益集团对上述两个文件的反馈意见,电力供应(管制)总监又在 1996 年 12 月发表了一个有关在 1998 年开放电力市场所作安排的声明。① 该声明指出,在 1998 年,电力零售供应市场将全面开放竞争,全英国 2300 万居民家庭、工商企业等电力用户将获得自由选择电力供应企业的权利,为了保证整个电力供应系统适应这种变化的需要,须作出周密的安排,分阶段地在电力最大需求量在 100 千瓦以下的电力零售市场上开放竞争,先在第一阶段进行小范围的试验,以便发现问题后及时采取调整措施,保证随后阶段的顺利进行。具体地说,第一阶段的竞争从 1998 年

---

① OFFER,1996,*Statement by the Director General of Electricity Supply about the Arrangements for Opening the Electricity Market in 1998*,Birmingham:Office of Electricity Regulation.

4 月 1 日开始,在 14 个地区电力公司的地区范围内,各自按事先确定的邮政编码选择 10% 的用户(在全国一共约 200 万用户)作为竞争性供应目标市场;1998 年 5 月 27 日开始第二阶段的竞争性供应,在 14 个地区电力公司的地区范围内再选择另外 15% 的用户(在全国共约 350 万用户)作为竞争性供应目标市场;6 月 22 日开始第三阶段的竞争性供应,各地区电力公司再选择 25% 的用户(在全国约 600 万用户)作为竞争性供应的目标市场;最后,在 1998 年 9 月 16 日对剩余的 50% 的用户全部实行竞争性供应。可见,根据上述安排,各阶段之间的间隔期为 8 个星期,以便有时间纠正在前一阶段中出现的问题。但该声明指出,如果在某一阶段出现重大的问题,就有可能延迟下一阶段的安排。为了使电力零售供应市场上的阶段性竞争供应安排具有法律保障,电力管制办公室又分别在 1997 年 1 月和 1997 年 6 月公布了两个有关修改地区电力公司经营许可证的文件,对这些电力供应企业的有关权利与义务作了部分调整。[①] 同时,特别强调指出,任何地区电力公司都必须向其他竞争性企业充分开放其配电网络系统,否则,就不能以"第二层次供应企业"的身份向其他地区的用户提供电力服务。

通过上述在各地区相互进入的政府管制政策措施,英国的电力供应领域已完全成为一个竞争性领域。

最后,在输电领域,英国政府采取的进入管制政策是,通过建立一个新的电力批发市场,以打破国家电网公司的垄断经营。如前所述,英国的电力批发供应业务是通过由国家电网公司垄断经营的电力批发网进行的。国家电网公司根据电力生产企业所提供的发电量和供电价格

---

① 详见:OFFER,1997,*The Competitive Electricity Market from 1998:Overview of Draft Electricity Supply Licences and Codes;The Competitive Electricity Market from 1998:Standard Amendments to Public Electricity Supply Licence*,Birminghan:Office of Electricity Regulation。

的报单,按照所谓的"优效秩序"分配具体的发电机组,并决定电网采购价。这种电力批发供应业务不仅比较复杂,更重要的是,由于在电力批发市场上不存在竞争,因此缺乏对国家电网公司提高效率的刺激。这就有必要在电力批发网以外,建立一个由电力生产企业与大型用户通过双边合同而进行直接交易的电力批发供应市场。为此,英国电力管制办公室在 1994 年 3 月发布了一个关于改革电力批发网的咨询文件,①以论证在电力批发网以外建立一个高效率的电力批发市场的必要性和可行性,并征询有关利益集团的意见。该咨询文件认为,建立一个新的电力批发市场不仅有利于提高电力批发供应业务的效率,也有利于在电力批发业务领域引进与强化市场竞争机制,迫使国家电网公司提高电力批发网的运作效率,以减少经营成本,降低收费价格,向用户提供更好的服务。电力供应(管制)总监还强调指出,国家电网公司不应采取任何行为阻止在电力批发网以外建立一个高效率的电力批发供应市场。不难预料,在电力批发网以外建立一个新的电力批发市场后,必将形成两个具有竞争性的电力批发市场,一是由国家电网公司经营的电力批发网,它在电力批发市场上仍具有主导地位(至少在近期内);另一个是电力批发网以外的电力批发市场,交易双方主要是电力生产企业和大型用户,它们将以合同的形式建立较为稳定的电力供销关系。

第四节　电力产业的价格管制

在具有自然垄断性的电力产业,价格管制是政府管制的核心内容。

---

①　OFFER, 1994, *Consultation of Pool Reform*, Birmingham: Office of Electricity Regulation.

本节首先分析电力产业价格管制的基本问题,然后讨论英国等经济发达国家对电力价格的管制实践。

一、电力产业价格管制的基本问题

在电力产业中,如果对发电、输电、配电和供电业务实行垂直分离,通过竞争机制,可以在一定程度上起到代替原有垂直一体化市场结构下价格管制的作用。但由于输电和配电具有自然垄断性以及发电、输电、配电和供电之间需要高度的协调性,这就使价格管制仍然是电力产业政府管制中最重要的内容。并且,价格管制无论是对用户还是对电力生产者甚至整个电力产业发展都有着重要的影响。

作为政府管制者来说,对价格管制应该遵循这样的一个重要原则:在实现比较充分竞争的业务领域内不应该进行价格管制。这就涉及价格管制的范围问题。在电力产业实行垂直分离的条件下,政府进行价格管制的范围是具有或存在事实上的垄断性的业务,因而对输电、配电和零售供应小顾客实行价格管制显然是必要的。但对于一些竞争性业务,如电力生产和供应大型顾客是否实行价格管制或管制的程度如何,这在很大程度上取决于放松管制和市场结构重组政策为这些业务实现高效率竞争而创造的条件。

具体的电价管制包括价格结构管制和价格水平管制两个方面。通过设计合理的价格结构形成的电价水平,既能有效地收回电力供应过程的所有供电成本,又能有效地刺激电力企业提高效率。如由于在电力输送过程中存在递增的电耗,电力价格存在空间差异显然是既反映了供电成本,又有利于提高效率。在电耗量表技术可能的条件下,按一年甚至一天中的不同时间来制定电价也是理想选择。这能在相当程度上熨平电力需求高峰,从而节约大量为应付电力需求高峰而投资的固定资本。电力价格水平应根据电力供应过程中不同环节的供电边际成本来确定。但实际上，通常缺乏可靠的信息和存在扭曲现象（如次优的发电构成和输电、配电系统），因此，通常实行平均收益价格管制。

二、经济发达国家对电力产业价格管制的实践

在主要经济发达国家中，英国的价格管制具有典型性，因此，我们以英国为例，讨论经济发达国家对电力产业价格管制的实践。

如前所述，英国在发电领域实行竞价上网，以竞争机制代替价格管制，而对输电、配电和零售供应电力实行 RPI-X 最高限价模型。这一价格管制模型在具体运用中，是以平均收益管制为基础的，即对每千瓦小时的电力确定最高限价。由于在实际操作中不能准确地预测未来时期的平均收益水平和通货膨胀率，就需要一个修正因素以调整预测误差。

1989 年，英国政府对电力输送管制价格所确定的 X 值为 0，制定最高限价的主要依据是运用电力输送网络的平均收益。运用电力输送网络收费价格包括网络服务收费价格和基础设施建设收费价格，后者在各个地区有不同的收费标准。对从苏格兰与法国输入的电力实行联网的收费价格，则实行以投资回报率为基础的管制价格。

英国 12 个地区电力公司的配电收费价格的管制模型有很大差异，变化范围从 RPI-0 到 RPI+2.5% 不等，如在伦敦电力公司的配电收费价格管制模型中，X 值为 0；南威尔士电力公司的 X 值为 2.5%；约克郡电力公司的 X 值则为 1.3%。这种差别主要是由于各地区的配电基础设施建设状况不同，为补偿投资成本，投资需要越大的地区，其价格管制模型中的 X 值就越小，反之亦反。尽管在电力产业的配电系统中实行地区性结构，但在配电价格管制中并没有运用区域间比较竞争管制方式，只不过在管制价格调整与评价时，可以从不同地区电力公司得到一些比较信息。

那些最大需求量不超过 10000 千瓦的顾客有权以公布的电价购买

电力,较大的顾客可以与电力供应企业谈判电力供应合同的条件。每个地区电力公司的电力零售价格管制模型,是以该公司所有顾客的平均供应收益为基础的。无论各地区电力公司的规模或地理位置的差异有多大,都采取 RPI–X+Y 的价格管制模型,其中,每个地区电力公司的 X 值都为0,而成本转移项 Y 按照下式计算:

$$Y=T+U+E+F$$

在上式中,T 和 U 分别为输电成本价格与配电成本价格,两者分别由不同的价格管制模型确定,E 为电力采购成本,F 为矿物燃料税。以上各项之和约占电力供应成本价格的95%。如在1992年,以上各项构成分别为:输电成本3.9%,配电成本23.8%,向电力生产者购买电力的成本58.3%,矿物燃料税9.3%。这就是说,电力零售供应价格管制模型只对剩余5%的成本产生效果。电力采购成本是按照地区电力公司经营许可证中的"经济采购义务"(第5条)实行转移的,而矿物燃料税是以地区电力公司按照规定的义务购买一定数量的非矿物燃料电力的一种补偿,这种税收实际上是对原子能电力的一种间接补贴,以鼓励地区电力公司采购原子能电力。

从1990年3月31日开始,英国政府为输电、零售供应和配电所确定的价格管制模型的有效期分别为3年、4年和5年,到期时将对各种业务的管制价格的合理性进行评价,并作必要的调整。

1992年,英国电力管制办公室对国家电网公司的输电价格进行了评审,其结果把 X 值从零调整到3%。这样,从1993年4月开始,国家电网公司的平均收益水平就受 RPI–3% 价格管制模型的约束。可是,对该公司的输电价格结构实行管制同样是十分必要的,因为没有理由期望该公司制定的价格结构会自动与公共利益保持一致。由于国家电网公司为12个地区电力公司合资所有,这就存在为了满足这些地区电力公司的利益,国家电网公司有意扭曲正常的市场行为的可能性。即使假定该公司只追求自身利润最大化,这也很难断言必定会采取正常的输电价格和投资行为。由于这些原因和其他一些问题,电力管制办公室对国家电网公司采取了一些管制措施,例如,要求它促进电力生产和供应的竞争,对不同顾客不能采取歧视行为等。按照这种管制要求,国家电网公司对输电价格进行了自我评价,随后提出了采取"投资成本相关定价法"(investment cost related pricing)决定输电网络服务的收费价格。在这种方法下,运用输电网络服务的收费价格是以为满足输电高峰期需要而扩大网络容量进行新投资的资本成本为基础,同时考虑有关的网络操作与维修成本,以及为保证网络安全的成本和其他网络成本。但这种定价方法是以该公司自身的成本为基础,它没有考虑因输电容量限制等因素而引起的成本变化。因此,它并不符合最优空间定价原理。但尽管存在这一缺陷,电力管制办公室还是接受了国家电网公司所提出的"投资成本相关定价法",采取这种定价方法,在相当程度上扩大了地区性价格差异。例如,在英国南部(特别是西南部)地区,从输电网络获取电力的付费价格大幅度提高,而电力生产企业的付费价格则下降;在北部地区,情况正好相反。

从 1993 年 4 月开始实施的输电管制价格在 1997 年 3 月到期,为此,电力管制办公室在 1996 年 10 月对输电管制价格进行了周期性的评价和调整。① 该办公室评估了国家电网公司从 1993 年 4 月以来的效率增长和成本降低情况,建议从 1997 年 4 月 1 日起到 2001 年 3 月止实行新的输电管制价格,管制价格的形式是继续实行 RPI-X 最高限价模型,在 1997—1998 年度先降价 20% ,将过去几年因提高生产效率而获得的利益转让给电力用户,然后,在以后的 3 年中,将最高限价模

---

① 详见:OFFER,1996,*The Transmission Price Control Review of the National Grid Company:Proposals*,Birmingham:Office of Electricity Regulation。

型中的 X 值由 3% 提高到 4%，即实行 RPI-4% 最高限价模型。这意味着国家电网公司在实行新的电力输送管制价格的 4 年中，将要因降低收费价格而减少约 10 亿英镑的营业收入，从而实现通过价格管制，把国家电网公司因效率增长之利转让给广大电力用户的政府管制目标。

　　1993 年 7 月，电力管制办公室对各地区电力公司的电力零售供应价格进行了评价与调整，从 1994 年 4 月开始，对电力最大需求量小于 100 千瓦的消费者的电力零售供应价格管制模型从 RPI-0+Y 调整为 RPI-2%+Y。但配电收费价格对消费者具有更大影响，因为它大约占消费者所支付的电力价格的三分之一，而且，在各地区电力公司的经营地域范围内，配电业务是一种地区性垄断业务，因此，更有必要加强对配电收费价格的管制。1994 年中期，电力管制办公室对配电收费价格进行了评价与调整，从 1995 年 4 月起，各地区电力公司的配电收费价格下降 11%—17%；随后，所有的配电价格都采取 PRI-2% 最高限价模型（以前，各地区电力公司的 X 值最大为零，最小为负 2.5%，即 PRI+2.5%）。虽然在英格兰和威尔士的 12 个地区电力公司都接受了这一配电价格管制模型，但苏格兰水电公司为此向垄断与兼并委员会提出上诉。该委员会经过调查后，在 1995 年 6 月作出裁决报告，它采用与电力管制办公室不同的方法，但得出的结论与电力管制办公室的结论只有稍微不同。[1] 由于地区电力公司股市价格的大幅度上升和电力消费者对 1994 年价格调整的批评，电力管制办公室再次对配电价格进行了评价，并在 1995 年 7 月宣布了新的配电价格调整幅度，[2]在 1996—

――――――――――

　　[1]　Monopolies and Mergers Commission, 1995, *Scottish Hydro Electric*, London: HMSO.

　　[2]　OFFER, 1995, *The Distribution Price Control: Revised Proposals*, Birmingham: Office of Electricity Regulation.

1997 年度,各地区电力公司的配电价格将下降 10%—13%,在 1997—2000 年期间,X 值增加到 3%。这样,实行新的管制价格后,从 1994 年到 2000 年,配电价格将累计下降 27%—34%(具体降幅按照各地区电力公司的情况而定)。

如前所述,从 1998 年 4 月 1 日开始,将对最后实行垄断性供应的电力最大需求量在 100 千瓦以下的零售市场实行阶段性放开竞争供应。为配合这一政府管制政策,电力管制办公室在 1996 年 12 月发布了一个咨询报告,专门讨论了电力零售供应市场从 1998 年 4 月 1 日到实现完全竞争这一时期的价格限制问题;1997 年 1 月,电力管制办公室发布了第二个咨询报告,总结了有关方面对第一个咨询报告的反馈意见,并对一些主要问题提出了基本思路;1997 年 5 月,电力管制办公室发布了第三个咨询报告,在总结对第二个咨询报告反馈意见的基础上,提出了从 1998 年以后,对电力零售供应市场实行价格管制的具体建议。这第三个咨询报告的主要内容是:[1]第一,考虑到在 1998 年年末或 1999 年年初将在电力零售市场上完全实行竞争性供应,因此,价格限制的有效期为 2 年(从 1998 年 4 月至 2000 年 3 月),但并不排斥在 2000 年 3 月后继续实行价格管制的可能性,这决定于市场竞争对价格的影响程度;第二,价格限制的适用范围是年电力消费量在 12000 千瓦时以下的居民家庭和小型工商企业用户,无论是原来的地区电力公司还是其他的电力供应者,都不能突破价格限制;第三,过去的电力零售价格管制模型实行 RPI−X+Y 的形式,而 $Y=T+U+E+F$,其中 T 和 U 分别为输电和配电成本,E 为电力采购成本,F 为矿物燃料税,所有这些成本(Y)都转移到最终销售价格中,因此,X 值的大小对销售价格的

---

① 详见:OFFER,1997,*The Competitive Electricity Market from 1998:Price Restrains(the Third Consultation)*,Birmingham:Office of Electricity Regulation。

影响并不大。为了更好地保护消费者的利益,并促使企业在输电、配电和采购环节尽量降低成本,新的最高限价模型采取 RPI–X 的形式,即取消了原来价格管制模型中的成本转移项(Y)。这无疑增加了电力供应企业的经营风险,这是因为,虽然电力供应企业能预测输电和配电成本(两者都受价格管制),但难以较准确地预测变动幅度较大的电力采购成本,如果电力采购成本接近或超过电力供应最高限制,企业就只能取得微利甚至亏本,这将迫使电力供应企业提高经营效率。

第五节　电力产业的环境管制

虽然政府管制的重点是控制企业的垄断行为,但对电力产业来说,环境管制也具有重要地位。因此,本节专门讨论电力产业的环境管制问题。

一、电力产业环境管制的基本问题

我们在本章第一节讨论电力产业的外部性问题时就指出,电力产业的负外部性问题主要是环境成本问题。电力生产的能源投入物可以分为煤、石油、天然气等矿物燃料和原子能、水力、风力、太阳能、沼气、地热等非矿物燃料两大类。矿物燃料不仅不能再生,更大的问题是其使用结果会释放二氧化碳、二氧化硫等污染物,造成环境污染。而在非矿物燃料中,除了原子能发电存在潜在的核事故危险,其他非矿物燃料对环境的影响较小,而且,其资源可以再生,不存在枯竭的问题。因此,电力产业环境管制的主要内容是:一方面,政府要通过一定的刺激机制,促使企业加强对控制环境污染的投资;另一方面,也是更重要的是,政府要以一定的政策优惠,鼓励企业多使用污染较少、资源可以再生的非矿物燃料。

二、经济发达国家对电力产业环境管制的实践

这里,我们又以英国为例来讨论经济发达国家对电力产业环境管制的政策实践问题。

环境污染不仅影响本国的经济发展与人民生活,而且也可能产生国际影响。如使用矿物燃料造成的污染就会跨越国界。虽然酸雨是一种地区性的污染物,但释放碳元素可能对他国造成影响。欧共体有关环境保护组织要求英国把二氧化硫的释放量在 1998 年和 2003 年分别从 1980 年的水平下降 40% 和 60%;到 1998 年,氮氧化物的释放量必须下降 30%。1992 年,英国参加签订了"联合国关于气候变化的框架协定"(*United Nations Framework Convention on Climate Change*),按照这一协定,到 2000 年要求把诸如二氧化碳、甲烷等造成温室效应的有害气体的释放量控制在 1990 年的水平。欧共体还正在考虑征收有害气体税。

为了达到上述目标,英国政府从市场需求方面采取了一些措施,如制定提高能源使用效率的规定,对国内燃料和电力征收增值税等,但最主要的措施显然是控制每一单位电力产生的污染量。如对于如何减少二氧化硫排放量来说,可以综合运用以下措施:(1)转换使用含硫量较少的燃料,如以煤气代替煤炭、以非矿物燃料代替矿物燃料作为发电原料,如果继续用煤炭发电,以含硫量较少的煤炭替代含硫量较多的煤炭。(2)增加控制污染的资本投资。从经济效率的角度来说,就是要求以尽可能少的成本把环境污染控制在特定的水平。为此,环境管制者不仅要指导有关企业如何减少污染,更重要的是设计有效的以市场为基础的刺激机制,这包括征税、收取排污费、制定排污限额等,其中最有效的是根据排污量制定相应的排污收费标准,从而使环境污染的外部性实现企业内部化,这就促使企业在一定的价格信号下,寻找最有效

的途径以减少环境污染。由于在电力产业中,生产技术的选择,如转换发电燃料、投资废气脱硫(flue gas desulphurization)技术等,都会对成本产生很敏感的影响,因此,运用价格机制控制环境污染会刺激企业的投资行为,从而产生较长期的控制污染效果。

为了减少电力产业的环境污染和充分利用可更新发电能源,英国政府在1989年颁布的《电力法》授予能源大臣一种特殊的权力,他可以通过发布命令的法律形式要求在英格兰和威尔士的每一个地区电力公司保证使用一定数量的、以非矿物燃料作为发电原料而生产的电力。地区电力公司所承担的这种义务被称为"非矿物燃料义务"(Non-Fossil Fuel Obligation)。这种可更新的非矿物燃料主要包括风力、太阳能、沼气、工农业和城市垃圾、海潮、地热等资源。按照1989年《电力法》所规定的职能分工,能源大臣负责颁布命令,规定"非矿物燃料义务",但需要事先征求地区电力公司和电力供应(管制)总监的意见;各地区电力公司负责制定执行"非矿物燃料义务"的计划安排,并将它们的计划安排提交电力供应(管制)总监;电力供应(管制)总监负责对满足"非矿物燃料义务"的方法和途径向能源大臣提供建议,并审查各地区电力公司的计划安排是否符合有关规定。

按照经营许可证的有关条款,地区电力公司可以通过以下三种途径满足"非矿物燃料义务":(1)自己拥有并经营非矿物燃料发电厂;(2)各地区电力公司分别与利用非矿物燃料发电的电力生产者签订电力购销合同;(3)地区电力公司通过"非矿物燃料电力采购代理机构"作为其代理商,集中向利用非矿物燃料发电的电力生产者签订电力购销合同。地区电力公司因采购非矿物燃料发电的电力而增加的成本,可通过向消费者征收"矿物燃料税"而得到补偿。

英国能源大臣分别在1990年、1991年和1994年颁布了三个有关利用非矿物燃料电力的命令,并在1995年宣布要颁布第四个这类命令,这第四个命令的有效执行期为 15 年(1997 年至 2012 年),要求建立具有 400000 千瓦至 500000 千瓦利用非矿物燃料的发电容量的电厂。为了使利用非矿物燃料的发电成本价格尽可能趋近正常的电力成本价格,对营建这些利用非矿物燃料的电厂实行招标的形式。"非矿物燃料电力采购代理机构"共收到 529 个投标申请者,经剔除一部分不符合条件的申请者后,将其余的 494 个投标申请者提交电力管制办公室审查。为了增加透明度,电力管制办公室在 1997 年 1 月专门发布了一个文件,①公布了 426 个利用非矿物燃料发电的投资项目的特点和规格、投标价格情况等信息。从总体上看,这次的投标价格比以往类似项目的投标价格有所下降,从而有利于使今后利用非矿物燃料发电的电价趋近于一般的电价。

显然,英国政府在电力产业所采取的上述环境管制政策必将产生相当的积极作用,并对包括中国在内的其他国家具有一定的借鉴意义。

第六节   中国电力产业的政府管制实践

本节以电力产业的市场进入、价格、环境和市场结构管制为主要内容,讨论中国电力产业的政府管制实践问题。

一、进入管制

在新中国成立后的很长一段时期内,中国的电力产业一直处于紧张运行状态,电力短缺成为制约国民经济发展的主要因素。显然,单靠中央政府财政拨款建设电厂,发展电力产业远远不能满足社会对电力

---

① OFFER, 1997, *Fourth Renewables Order for England and Wales*, Birmingham: Office of Electricity Regulation.

的加速需求。因此,需要放松进入管制,动员社会力量集资办电。中国政府对电力产业放松进入管制就是以电力产业投融资体制改革为主要形式的。而中国电力产业的投融资体制改革大体经历了以下三个发展阶段:

第一阶段(1979—1984 年),投融资体制改革属于起步阶段。在这一阶段,实行了"分灶吃饭"的财政包干体制,出现了中央和地方政府两级利益主体。中央财政预算内电力基建拨款实行"拨改贷",地方财政利用部分机动财力和预算外资金投入电力项目,电力企业实行承包制后也拥有了一些积累资金和折旧可以用来投入电力项目。国有专业银行扩大了对电力项目的基建贷款,同时积极使用国际金融组织贷款和外国的政府贷款,发行了部分电力建设债券。

第二阶段(1985—1991 年),全面实行"集资办电"。为了筹措巨额的资金来发展电力产业,国家实行集资办电政策,并开征了电力建设基金"二分钱"(即每度电价中征收二分钱的电力建设金)作为地方政府投入电力项目的资金,成立了国家能源投资公司,由其对中央投入电力项目的经营性投资进行管理,进一步扩大了电力债券的发行。

第三阶段(1992 年后),投融资体制的改革进入了一个新的时期。按照建立社会主义市场经济体制的要求,财政、金融、建立现代企业制度等改革全面展开,国有专业银行向国有商业银行转变,成立了国家开发银行,实行项目法人责任制和固定资产投资项目资本金制度,开展了"贷改投"。电力企业在国内国外两个资本市场发行了债券和股票。

经过这些年的投融资体制改革,中国电力产业的投融资体制已经发生了深刻的变化,主要表现在:

第一,投资主体多元化。打破了单一的中央政府投资的格局,中央和地方各级政府、国有和集体企业、城乡居民和外国投资者都参与电力项目的投资,基本形成了投资主体多元化的格局。

第二,融资渠道多源化。1979 年以前,电力建设资金主要来源于中央财政拨款,国内银行信贷资金很少用于固定资产投资,国外资金更十分有限。改革后资金渠道已扩展到国内银行贷款、企业自有资金、利用外资、证券融资等。融资渠道日益多源化。

第三,投资方式多样化。完全由中央政府独家投资的电力发电项目已很少,中央与地方、地方与地方、政府与企业、企业与企业的联合投资很普遍,中外合资、合作和外商独资的发电电力项目迅速发展,项目融资和 BOT 等投资项目也不断增加。

可见,随着电力产业投融资体制改革的不断深化,除中央和地方政府外,大量的国有企业、集体企业、外国投资者甚至个体私营企业都进入中国电力产业。这虽然大大缓解了中国电力产业的供需矛盾,但也为相当数量的小规模企业进入电力产业提供了机会,既影响了电力产业的规模经济,也加重了电力产业的环境污染。

二、价格管制

价格管制作为政府管制的中心内容,是伴随着中国电力产业政府管制体制改革的进程而不断深化和发展的,回顾中国电力产业价格管制的改革进程,也大致经历了三个阶段:

第一阶段(1952—1978 年),全国统一管理的电价制度。鉴于全国性的国民经济恢复时期的结束,第一个五年经济建设计划即将开始,电力的需求将迅速增加,燃料工业部(电力工业部前身)于 1952 年 11 月27 日在北京召开了全国供用电会议。会议制定了全国统一管理的电价制度。统一管理的电价制度对缓解当时电力供应不足和促进国民经济的发展起到了一定的作用。

第二阶段(1979—1984 年),调整电价制度。在全国统一管理的电价制度下,针对电价政策中长期积累的一些严重不合理状况,且直接影响电力生产经营与发展的主要问题,采取了"小步走"局部调整的措施,以缓解电力产业经济效益日益下降的状况。通过调整,使电价水平有所提高,但由于整个价格体系的调整,特别是煤炭和运输价格上调,造成电力成本上升超过了电价水平调整幅度,电力产业利润水平仍逐步降低,至 1985 年电力产业的资金利润率(原值)降至 6.3%,大大低于全国工业部门平均资金利润水平。

第三阶段(1985 年至今),多种电价制度。由于电价长期没有合理调整,1985 年电力产业资金利润率(按净值计算)下降到历史最低水平,仅为 9.1%,比全国工业平均资金利润率约低 5 个百分点,完全没有偿还贷款本息的能力。这成为鼓励多家办电政策的重大障碍。同时,由于电力建设投资由无偿改为有偿使用,电力产品税上升,企业利润率下降,电力企业还款能力严重不足。因此,从 1985 年开始,电价改革在整个价格改革,推行集资办电和多种政策的推动下,采取了"调放结合"的方针,下放和调整了高度集中的电价管制权限,逐步实施了"高进高出"为主体的多种电价政策。这一方面使中外合资、外商独资、集资即小火电等发电企业取得自我发展的能力;另一方面,使电网转供这部分电力能够取得合理的成本补偿。在不全面提高电价的情况下,缓解了电力产业利润率下降的状况,从而使电力企业具备了一定的还贷能力。

多种电价包括与煤运加价相适应实行用电加价,对小火电实行代售制办法、实行带料加价和超计划发电自销电价、实行集资办电电价、试行丰枯、峰谷电价等方面的内容。它只是一种过渡性政策,自从实施以来,一直处于不断地完善和发展之中。

中国各省电力公司购电的价格因电厂而异(有时甚至因机组而异),取决于该电厂的投资来源和电厂的建设日期,这些价格通常称为"上网电价"。1985 年以前,主要利用政府拨款建设的所有电厂,以及

1985 年至 1992 年期间利用补贴的政府贷款建设的电厂或电厂的一部分,它们的售电价格以原电力部和国家计委每年颁布的目录电价表为根据。这些电价包括直接的运行成本,特别是劳动工资、燃料和维修费用,不包括基建成本(适当的折旧、利息和投资的偿还)。对于 1986 年至 1992 年期间建设的非中央政府投资的电厂和 1992 年以后建设的所有电厂,购电价格以"新电新价"的政策为依据。按照这项政策,这些电厂以财务上可偿还债务的价格向省电力公司售电,获得足够的收入用以偿还包括利息的贷款。一般为十年内还贷。这些价格每年由省电力公司确定并呈报省物价局和国家计经委批准。"新电新价"的政策使上述这些发电厂的平均售电价格大大提高。近期投产的电厂的平均售电价格要高出老电厂售电价格 65%—100%。

　　至于用户电价,中国的大部分地区有两种类型,即管制电价和指导性电价。管制电价或计划电价是以原电力部和国家计委每年颁布的目录电价表为基础,省与省之间略有差异。通常省、市和县有关部门征收各种附加费和加价,一并附加到管制电价中。电力公司以管制电价加上附加费和加价向有计划指标的企业供电,供电量一般以 1985 年的消费水平来确定。指导价格或计划外价格由管制(或国家目录)价格,再加上各种附加费和加价构成。用户用电量超过 1985 年的消费量时,它们将以指导价格支付超过计划指标多消费的部分。

　　由上可见,1985 年以来,中国电价改革的主要内容可归纳为"新电新价"这 4 个字,这虽然弥补了原有电价管制体制的部分缺陷,但也暴露出严重的问题:在政府管制电价的市场经济国家,新建电站可行性分析的核心内容就是预测运营后的电价能否为消费者所接受。因而项目的批准前提是政府与电力企业在未来的电价安排上达成一致,也就是先定价、后建厂。而中国现行电力建设项目基本上都是建成后才由物价部门报批电价,即先建厂、后定价。管制价格在制定程序上倒置。这就造成现行的指导性电价各构成要素及其比例的规定在地区之间很不相同，甚至不同企业、不同机组之间也未能统一。管制规则的不统一显然违反了市场经济规律和市场公平的原则。再加上独立电厂的迅猛发展，机组性能容量与运行成本千差万别，电价管制与成本、项目审批等相关部门之间缺乏协调机制，导致政府对电力企业的管制能力弱化。在电价之外还要加收建设资金，使政府管制电价的职能分散，更降低了价格管制效率。

因此，如何科学地对中国电力产业实行价格管制，这将是政府管制者所面临的一项富有挑战性的管制工作。其基本思路是应以经济原理为依据，借鉴经济发达国家对电力产业价格管制的经验，结合中国电力产业的现实状态，以建立科学的电力价格形成机制。从长远的角度而言，应逐步创造良好的政策环境，在发电供电领域充分运用市场竞争机制，实行竞价上网和竞价供电，而把具有显著自然垄断性的输电和配电领域作为价格管制的重点。

三、环境管制

虽然电能是一种清洁的二次能源，但在将一次能源转换为电能的过程中会造成环境污染。政府对环境的管制就是要以尽可能少的成本，把环境污染控制在较低水平，为此，政府不仅要指导企业如何减少污染，更重要的是要设计有效的以市场为基础的刺激机制，包括征税、收取排污费、制定排污限额等。其中，最有效的是根据排污量制定相应的排污收费标准，从而使环境污染的外部性实现企业内部化，促使企业在一定的价格信号下，自觉寻找最有效的途径以减少环境污染。

由于电力产业的环境污染主要发生在发电环节，而各种发电方式对环境影响的差别很大。在多种发电方式中，火电对环境污染最严重，生产过程中产生大量的飞灰、灰渍、废水以及氮氧化物和硫化物等有害气体。由于中国煤炭资源比较丰富,且长期缺电,而火电投资少,见效快,因此火电在中国整个电力供应中约占 3/4 的比重,也造成了较严重的环境污染问题。因此,火电是政府管制的重点。而在火电中,小火电对环境的污染特别严重。根据有关资料,①到 1996 年底,全国10 万千瓦以下小火电机组装机容量达 7570.2 万千瓦,占全国火电装机容量的 43.3%,占全国电力总装机容量的 32%。1996 年,小火电机组发电是 3429.2 亿千瓦时,占火电机组发电量的 39%,占全国总发电量的 31.8%。但由于技术上的原因,小火电机组存在煤耗高、可靠性差、单位电能污染物排放量大,严重污染环境等问题。因此,对中国电力产业环境管制的重中之重就是要关闭一部分小火电站。为此,2000年 4 月 6 日,国家电力公司抓住电力生产略有过剩的机会,就系统内2000 年小火电机组关停计划发出通知,要求在 2000 年关停小火电机组 311.1 万千瓦。② 如果该计划落实到位,将有利于减少中国电力产业的环境污染。

在控制火电发电的同时,中国应积极利用清洁性和可再生性能源,以减少环境污染。由于中国的水力资源非常丰富,因此特别要大力发展水电。根据有关资料,③中国水电资源得天独厚,居世界第一。水电资源理论蕴藏总量达 6.7605 亿千瓦,可装机容量为 3.7853 亿千瓦,年发电量 1.92 万亿千瓦时。但是,目前中国水电开发的程度却很低,开发率不足 17%,按发电量计算则只有 9%,不但远远低于美国、加拿大、法国等发达国家,也低于巴西、埃及、印度等发展中国家。中国水电开发程度低,既有水电开发周期长、投资大的原因,也与水电资源大多位

---

① 参见林中萍:《关于当前我国电力发展中值得注意的几个问题》,《经济工作者学习资料》1999 年第 22 期。

② 刘辉:《三百多万千瓦小火电将熄火》,《中国电力报》,2000 年 4 月 27 日。

③ 谢然浩:《中国水电要做世界第一强》,《经济日报》,2000 年 1 月 15 日。

于中国西部地区有关。因此,中国一方面应加大对水电开发的投资,另一方面要重点建设"西电东送"骨干电网,并协调好中西部地区和东部地区之间的各种经济利益关系。这样,中国水电完全有可能成为世界第一强。

除了大力开发水力资源外,中国政府还应重视开发风力、地热、太阳能等能源。由于风力发电能减少环境污染,而且风力取之不尽,成本低廉,因此,风力发电正在全球逐渐流行,并成为增长最快的能源。据"世界监察研究所"估计,1998 年世界风力提供的发电量达 960 万千瓦时,比 1997 年增加 35% ,比三年前增加 1 倍,增长率几乎是石油能源的10 倍。[①] 近年来,中国内蒙古利用本地的风力资源优势,大力发展风电,并取得了很大的进展,到 2000 年,内蒙古风电总装机容量将达到20 万千瓦,年发电能力将达到 5.4 亿千瓦时。[②]

四、市场结构管制

市场结构管制的目标是要在中国电力产业形成规模经济与竞争活力相兼容的有效竞争状态。长期以来,中国的电力产业实行高度部门垄断的政府管制体制,改革以来,虽然有许多新企业进入电力产业,但这些企业主要集中于发电领域,而在输电、配电和供电领域仍基本上采取垄断性的垂直一体化市场结构。

1996 年,根据国务院国发 48 号文件,中国组建了国家电力公司,由它经营管理原电力部直属或管理的全部电力企业集团公司、省级电力公司及其他电力企业的股权,而各省级电力公司又拥有绝大多数的地区配电公司,这样,国家电力公司实际上就拥有全国半数以上的发电

---

① 参见《风力发电将成全球增长最快能源》,《中国电力报》,1999 年 3 月 20 日。
② 详见杜弋鹏:《内蒙古:风电事业风驰电掣》,《光明日报》,1999 年 2 月 21 日。

能力和绝大部分的输电、配电供应网络,这就决定了它是一个对发电、输电、配电、供电实行资产和经营垂直一体化的巨型垄断企业。在中国没有另一家电力企业能与它开展平等、有效的竞争。虽然国家经贸委等部门提出要实行"厂网分开,竞价上网"等改革措施,但由于国家电力公司实行发电、输电和配电供应垂直一体化经营,在这种垄断性市场结构下,"厂网分开,竞价上网"在很大程度上就成为国家电力公司的内部管理问题。进一步说,由于国家电力公司完全拥有电网,作为同一个所有者和利益共同体,国家电力公司很难避免偏重本系统的发电单位,而歧视本系统以外的独立发电企业。这就必然使"厂网分开,竞价上网"的改革效果大打折扣。

从上述分析可见,为在中国电力产业有效地运用市场竞争机制,借鉴国外电力产业政府管制体制改革的成功经验,就必须对中国电力产业现有的市场结构实行战略性重组,改革的基本思路就是把中国现有的垂直一体化垄断性市场结构转变为竞争性市场结构。而当前首要的改革内容就是要对具有很大垄断力量的国家电力公司实行纵向和横向分割。在纵向上,把国家电力公司的资产按发电、输电和配电供应分割为三大独立的领域。在横向上,由于发电领域是一个竞争性领域,根据规模经济和电力生产需求,可组建多家独立的电力生产企业,这些企业与现有国家电力公司以外的独立发电企业处于平等竞争地位,真正实行竞价上网。在输电领域,由于存在自然垄断性,可组建一个国家电网公司,由于中国地域广阔,可在各大区建立国家电网公司的子公司,这也有利于采取"区域间比较竞争理论",以考核比较各大区子公司的电网运行绩效,提高电网的整体运行效率;同时,应允许电力大用户与电力生产企业签订合同,实行直接供电,对电网公司形成外部竞争压力。而在配电供应领域,由于自然垄断性并不明显,在各地区可存在1—2家独立的配电供应企业,而且,应该借鉴英国等国家的改革经验,从法律上规定任何一个地区的配电供应企业都应以合理的收费,向其他地区的供电企业提供配电网络,以便电力消费者根据价格和服务质量,有权选择电力供应企业,从而在配电供应领域较充分地运用市场竞争机制。这样,才能在中国的发电、输电和配电供应领域有效地运用市场竞争机制,以提高中国电力产业的经济效率,不断降低电价,使广大电力消费者分享到因效率提高而带来的经济利益。①

---

① 详见王俊豪:《对国家电力公司实施双向分割》,《经济学消息报》,2000 年 6 月 9 日。

第十一章　自来水产业的政府管制

自来水产业是一个与人民生活和身体健康密切相关,而且最具有自然垄断性质的基础设施产业。同时,自来水产业还具有区域性垄断经营的特点。因此,在政府管制方面具有其特殊性。本章沿用前两章的框架结构,即首先分析自来水产业的政府管制需求,然后从政府管制供给的角度分别讨论政府对市场结构、进入壁垒、价格、质量和区域间比较竞争的一般管制理论以及经济发达国家(主要是英国)在这些方面的管制实践,最后讨论中国自来水产业政府管制的实践问题。

第一节　自来水产业的政府管制需求

自来水产业的政府管制需求在相当程度上取决于自来水产业的技术经济特征,因此,本节的逻辑起点是首先分析自来水产业的基本特征,然后讨论自来水产业的政府管制需求。

一、自来水产业的基本特征

自来水的主要生产供应过程是,把江河、水库等地表水资源或从地下水资源抽取的原水输送到自来水加工厂,加入硫酸铝、氨和液氯等制水原材料后,经过多道自来水加工工艺,处理消除各种污染物,制成成品水,然后通过自来水输送管道网络系统,把自来水分销给企事业单位和居民消费者。各类消费者使用后的污水又流入下水道排污系统,再抽到污水处理工厂,剔除和焚化污物后流入江河、大海,部分被用作农业肥料。在水资源比较短缺的地区,经过处理的污水还被用作原水再次制造自来水,以提高水资源的利用率。同时,也有一些污水未经处理就流入江河、海洋。因此,在水资源循环的某些阶段存在外部性问题。江河、水库和海洋会被未处理的污水所污染,地下水也可能被农药、肥料或其他有害物质所污染,这些都会增加自来水的生产供应成本。

自来水产业具有明显的地区性或区域性经营的特征,在需求上具有较强的季节性。由于受自然地理、水资源和经济发展水平等因素的影响,目前,中国自来水产业的一个特点是,因许多农村地区还没有使用自来水公司提供的自来水,所以,通常以城市为中心建立自来水公司,这就决定了城市规模的大小决定着自来水公司经营规模和经营范围的大小。各自来水公司的管道被未使用自来水的地区所分隔,各自在本地区范围内实行独家垄断经营。

自来水需求的波动性很大,在夏季达到需求高峰,而在夏季作为自来水基本原料的水资源却处于最低可供水平,在冬季情况恰好相反。对自来水需求的这种波动性,决定了自来水公司必须按照自来水的最大需求量设计自来水生产、输送能力,以保证自来水的不间断供应。而在自来水的需求淡季,自来水生产、输送设备的利用率往往较低。大多数消费者对自来水的需求价格弹性较小,但一些工矿企业只需要较低质量的水(如用作冷却机器),如果自来水价格太高,这些企业也可能自己建立供水系统,直接从江河中抽取未经处理的水或制作低质量的水,以满足自身生产的需要。

二、自来水产业的政府管制需求

由自来水产业的基本特征可见,自来水产业是一个自然垄断性质非常显著的基础设施产业,这是因为,自来水产业是高度资本密集型的,诸如自来水管道和下水道系统等固定资产都有很长的使用生命周期,资产专用性很强,沉淀成本大。要达到不断提高的环境质量标准,提高自来水质量,还需要采取新的自来水加工制作工艺过程,增加新设备。因此,虽然对一些大型工矿企业实行竞争性供应可能是一种有效途径,也有利于向不同的消费者提供不同质量的自来水,以满足不同的需求。但在通常情况下,重复设置自来水管道和下水道的固定网络系统是不符合经济效率原则的。正是由于自来水产业具有显著的自然垄断性,这就要求政府对自来水产业实行进入管制和价格管制,既要防止新企业过度进入,造成重复建设和破坏性竞争,也要防止企业利用其垄断地位,通过制定垄断高价以取得垄断利润。同时,为了在自来水产业形成有效竞争的格局,政府还要对自来水产业实行市场结构管制。

自来水公司提供的自来水质量水平直接关系到消费者的利益。饮用水质量体现在许多方面,虽然消费者能够判断自来水的味道和气味,也能够观察自来水是否变色,但绝大多数消费者难以发现在自来水中铅等金属物质的含量、杀虫剂的成分等,而这对消费者的健康有更大的影响。这就需要存在一种外部管制机制,以保证自来水不影响消费者的健康。自来水的另一个质量指标是企业所提供的服务水平。消费者需要有足够的水压,要求避免污水外溢,水管泄漏后能得到及时维修。对消费者这些需求的满足程度,决定着自来水公司所提供的服务水平。因此,对自来水产业的质量管制是政府管制的又一个重要内容。

最后,由于自来水产业通常采取区域性垄断经营的方式,这就为政府管制者运用区域间比较竞争理论提供了可能性。管制者可以通过比较不同区域的自来水经营企业的绩效,以发现较多的管制信息,从而有利于缓解管制者与被管制者之间的信息不对称问题,提高政府管制效率。

第二节　自来水产业的市场结构管制

自来水产业市场结构管制的主要目标是,通过在短期内调整或重组原有的市场结构,以形成有利于有效竞争的市场结构。由于自来水产业的市场结构有多种组合形式,这就决定了对自来水产业市场结构管制的复杂性。

一、自来水产业市场结构管制的基本问题

自来水产业的市场结构包括垂直结构和水平结构。自来水产业有两种基本的垂直结构:一是对自来水供应业务和污水处理业务实行一体化,由同一企业承担;二是对上述两类业务实行分离,分别由不同企业承担。如果进一步细分,还可以对自来水处理(生产)业务和通过分销网络供应业务相分离;类似地,也可以把污水处理业务分割为下水道业务(主要是管道业务)和污水处理业务。

对自来水产业实行垂直一体化有不少优点:首先,它能使负外部性问题实现内部化。如果自来水供应业务和污水处理业务由不同企业承担,污水处理企业为了使成本最小化、实现利润最大化,就会产生一种让未经处理或不完全处理的污水流入江河、海洋的刺激。可是,自来水供应企业从这些江河、海洋抽取污水加工成可供饮用的自来水,就必然会增加自来水生产成本。显然,污水处理企业的行为产生了负外部性问题。如果把特定地理位置上的自来水供应企业和污水处理企业联合成为一个一体化企业,就能实现负外部性问题的内部化。即负外部性问题产生的成本成为企业内部成本。其次,垂直一体化也有利于实现范围经济,减少企业成本。这是因为,诸如管理、收费和读表等成本都可以由自来水供应业务和污水处理业务共同分摊。同时,由于自来水

供应和污水处理主要都是管道操作业务,由于在操作和维护自来水管道中积累的经验同样适用于操作和维护污水处理管道,因此,这两种业务实行一体化就能取得范围经济效益。

对自来水产业实行垂直分离也有一定的优点:它能扩大实行特许经营投标制的运用范围,从而有利于促进竞争。政府管制者可以对自来水供应、下水道服务、污水处理等业务分别实行特许经营投标制。如在法国的自来水产业中,就广泛运用特许经营投标制。这可分为两种形式:一种形式是政府管制者只授予中标企业短期(如 10 年以下)经营特许权,并保留基础设施资产的所有权,以避免在新一轮特许经营投标时的资产转让问题。另一种形式是政府管制者授予中标企业较长时期(如 25 年以上)的特许经营权,并使中标企业拥有部分资产,以刺激企业(至少在前几年)对基础设施进行投资。实行垂直分离的另一个优点是:能使政府管制者取得更多、更准确的信息,从而缓解管制者与被管制者之间的信息不对称问题,提高管制效率。

可见,在自来水产业实行垂直一体化或垂直分离各有优点,而它们的缺点正是对方的优点。如实行垂直一体化不利于促进竞争,也使管制者较难获得有用的信息;而实行垂直分离则不能实现外部性问题的内部化,也会牺牲范围经济。因此,终究采用哪一种垂直结构,取决于政府管制者对两者利弊的权衡,以及对客观条件的具体分析。

而在自来水产业的水平结构方面,存在多种可能的水平竞争形式:第一,如果对自来水生产、管道输送和供应实行垂直分离,属于自然垄断性的自来水管道网络操作由一家企业垄断经营,而对于非自然垄断性的自来水生产和供应可由几家企业竞争性经营,这需要政府管制者对每个自来水生产企业投入管道系统的自来水质量进行严格的、经常性的检查,对自来水供应企业的服务质量进行监督。第二,对自来水生产、输送和供应实行垂直一体化的企业之间,在自来水供应边界地带为争夺新顾客(如在两个企业的供应边界地带新建了一座商业城或居民住宅区等,都会产生新顾客)而开展竞争。显然,自来水生产经营企业的数量越多,这种竞争越有可能。但是,这就产生了一种两难选择:增加自来水企业的数量固然会相应增加实现竞争的可能性,可是,由于缩小了各个企业的供应范围,这就会牺牲规模经济。这需要管制者通过对这两者的权衡以决定自来水企业的数量。第三,自来水企业为争夺大型顾客而开展直接竞争。实行这种竞争形式虽然需要重复设置自来水输送管道,但是有一定的经济合理性,特别是,如果有关竞争企业能提供不同质量的自来水以满足大型顾客的不同需要,这类竞争就更为可行。政策制定者需要考虑的一个问题是,怎样把握这种直接竞争的程度。

二、经济发达国家对自来水产业市场
结构管制的实践

在自来水产业的市场结构管制实践方面,英国具有一定的特色。1973 年前,在英国的英格兰和威尔士地区的自来水产业中,① 存在三种占主导地位的组织类型,即自来水供应企业、污水处理企业和江河管理机构。自来水供应企业负责自来水的生产和分销,在 20 世纪 50 年代中期,曾存在 1000 多个自来水供应企业。后来,在以取得规模经营效益为目标的合并过程中,自来水供应企业的数量大幅度减少。到 70 年代初只有 198 个企业,其中 64 个是由各地方政府经营的企业,101 个是由两个或两个以上地方政府所有的联合企业,33 个是经官方批准的私

---

① 由于英国的苏格兰地区具有相当独立性的政治经济体制,它和英国的英格兰与威尔士地区具有较大的差异性。因此,本书主要讨论英格兰与威尔士地区的自来水产业政府管制问题。

人自来水供应企业。污水处理企业主要由各个地方政府所有,也有少数由多个地方政府所有的联合企业。在 70 年代初,一共有 1300 多个污水处理企业。江河管理机构负责水土保护、土地灌溉、渔业、控制江河污染,有的还负责航运。例如,江河管理机构通过许可证制度对抽取地表水和地下水实行控制;江河管理机构还被授权建设水库,但不负责建设水管网络或污水处理工厂,这些属于自来水供应或污水处理企业的职责范围。1971 年有 29 个江河管理机构。可见,在 1973 年前,英国自来水产业的市场结构是相当分散的,自来水供应、污水处理和管制职能分别由许多地方性的组织机构承担。

1973 年,英国颁布了《水利法》,其主要目标是通过较大规模和一体化操作,以取得规模经济与范围经济。根据该《水利法》,在英格兰组建了 9 个地区水利局和 1 个威尔士水利局。该《水利法》的指导思想是,在每一条江河流域,应该由一个统一的机构来规划和控制所有水资源的使用。这被称为"江河盆地一体化管理"(integrated river-basin management)。每一个地区水利局在各自的地区范围内全面负责自来水供应、下水道系统、污水处理、制定水资源计划、控制污染、渔业、防洪、水上娱乐和环境保护等方面的工作。这样,每个地区水利局不仅统揽了自来水供应、污水处理等主要业务活动,而且承担了广泛的环境保护与管理功能。根据"江河盆地一体化管理"的原则,每一个江河盆地应设立一个独立的水利局,但根据 1973 年的《水利法》,对每个地区水利局实际划分管理地域范围时,则采取了"基本原则"和潜在规模经济与范围经济相结合的做法。由于英格兰和威尔士的许多江河流域较小,每个地区水利局通常管辖一个以上的江河盆地。但是,值得重视的一个关键问题是,按照 1973 年的《水利法》建立水利管制机构的主要依据是江河流域地区,而不是按照行政区域设置组织机构,后者的一个通病是不同的组织机构负责同一江河流域的不同地段。因此,按照江河流域设置水利局更具有经济合理性。作为国有制的一种补充形式，经官方批准的私人自来水企业在 1973 年产业重组后依然存在，1973 年的《水利法》第 12 条保证这些企业的经营权，但它们受当地水利局的管制。到 1987 年，在英格兰和威尔士有 29 家私人自来水企业，它们对英格兰和威尔士地区约 25% 的居民家庭提供自来水服务，但它们不从事污水处理业务。

对英国自来水产业市场结构实行重组的目标是为了追求规模经济与范围经济，但把管制功能与商业性功能都集中于同一组织（地区水利局）中，使得地区水利局既是"裁判员"又是"运动员"，这必然造成不同职能目标之间的冲突。这种体制一直延续到 1989 年，即长达 16 年之久。

1989 年，英国政府颁布了新的《自来水法》，对英国自来水产业的政府管制体制实行了重大改革，其中一项主要的改革内容就是对英国 10 个地区水利局实行了股份制改造（或称"私有化"），这些地区水利局便改制为股份制企业。并按照这一法律，对每个企业发放了经营许可证。随后，英国政府在 1991 年又颁布了《自来水产业法》和《水资源法》。这 3 个法律形成了英国自来水产业现行的政府管制体制框架，根据《自来水法》和《自来水产业法》，设立了自来水服务（管制）办公室（Office of Water Services，简称 OFWAT），由自来水服务（管制）总监（Director General of Water Services）任办公室主任，其主要职能是对自来水产业实行经济管制。《水资源法》则明确了在 1987 年就设立的国家江河管理局（National Rivers Authority）在新体制中的职权，其主要职能是对自来水产业实行环境管制。这样，在英国自来水产业就实现了政企分离，经济管制与环境管制分开的政府管制体制。这也为后来英国自来水产业运用竞争机制，形成具有一定竞争性的市场结构提供了制度环境。

第三节　自来水产业的进入管制

自来水产业具有显著的自然垄断性，因而在自来水产业不能像电信、电力产业那样允许较多的新企业进入。这就决定了自来水产业的进入管制具有特殊性。

一、自来水产业进入管制的基本问题

市场竞争能促使企业自觉地降低成本，不断提高生产效率，并以较低的价格向消费者提供适当数量和质量的产品与服务。可是，自来水产业的技术经济特征决定了自来水经营企业具有地区性市场垄断地位，难以有效地发挥市场竞争机制的作用。这样，在特定的市场结构下，区域间比较竞争便成为自来水产业的主导性竞争方式。但由于这是一种间接性市场竞争，市场竞争机制作用的范围有限，因此，如何通过放松进入管制，在不影响规模经济的前提下，有效地发挥竞争机制的作用，这便构成自来水产业进入管制的基本问题。

二、经济发达国家对自来水产业进入管制的实践

英国在 1989 年开始的自来水产业政府管制体制改革过程中，对自来水产业的进入管制进行了创造性的实践探索。英国政府在自来水产业不仅重视运用区域间比较竞争管制方式，而且通过一系列降低进入壁垒的政策措施，积极引进与发展直接市场竞争。概括地说，英国政府主要是通过允许区域外企业进入区域内经营、开发公共管道输送业务和促进自来水经营企业毗邻地带竞争这三个方面的管制政策措施来推动直接市场竞争的。

允许区域外企业进入区域内经营亦称"允许插入经营"（inset

appointment)。英国政府在 1989 年颁布的《自来水法》中就出现了"允许插入经营"的概念。按照该法的有关规定,在离某自来水经营企业现有管道系统 30 米以外的地区才允许区域外企业进入经营,即只有对新顾客才能允许插入经营。英国政府在 1992 年颁布的《竞争和服务(公共设施)法》扩大了"允许插入经营"的范围,允许对年自来水供应和污水处理量超过 250000 立方米的大顾客实行插入经营,打破了原来的"30 米规定"。在某地区从事插入经营业务的既可以是其他地区已有的自来水经营企业,也可以是新建立的自来水经营企业或机构,但都必须按照有关法规承担一定的义务和责任。自来水服务(管制)办公室在 1995 年公布了"自来水产业的竞争:允许插入经营及其管制"这一文件,[①]对允许插入经营业务作了详细的规定。自来水服务(管制)总监在考虑是否批准某一企业从事插入经营业务时,要求必须符合三个条件:(1)能以经济、高效的方式开展经营活动;(2)有足够的管理能力和财务能力保证履行其职责和义务;(3)能保证维护顾客的利益。允许插入经营使顾客(主要是大顾客)对自来水经营企业具有选择权,打破了自来水产业原来的地区性垄断经营的局面,从而促使企业为争夺顾客而开展直接竞争。为了保证因竞争而造成的损失不是由顾客承担,自来水服务(管制)办公室规定对从事插入经营业务的原有自来水经营企业实行双经营许可证制度,即对插入经营业务采取单独的经营许可证。[②] 到 1996 年,已有 18 个企业申请允许插入经营业务。但自来水服务(管制)总监对此还是感到不满意,认为允许插入经营政策没有得到更为广泛的实施。[③] 允许插入经营竞争的一个直接结果是促使

---

① OFWAT,1995,*Competition in the Water Industry*:*Inset Appointments and Their Regulation*,Birmingham:Office of Water Services.

② OFWAT,1996,*Increasing Competition in the Water Industry*,Birmingham:Office of Water Services.

③ OFWAT,1997,*Director General's Annual Report* 1996,London:The Stationery Office,pp.6~7.

自来水经营企业采取"大用户收费价格"（large user tariffs）。过去，大顾客和小顾客是采取统一收费价格的，由于规模经济的作用对大顾客供应的经营成本较低，这种统一收费价格必然使大顾客的收费价格大大高于成本。因此，在引入允许插入经营竞争机制后，企业为了保住大顾客，就对大顾客单独采取收费价格，这实际上使大顾客能享受一定的批量折扣，从而使价格更好地反映成本。① 到 1996 年年底，在 29 个自来水经营企业中，已有 20 个企业在自来水供应方面采取了大用户收费价格，另外，从 1997 年 4 月起，4 个企业将对污水处理业务也实行大用户收费价格。这样，对于年自来水使用量为 300000 立方米的大顾客来说，估计能减少 30% 的付费支出。

公共管道输送业务是指自来水经营企业相互使用其自来水和污水管道，或新企业使用原有企业的管道。自来水和污水管道的重复设置通常会造成资源浪费，增加成本。因此，没有公共管道就不可能打破自来水经营企业的地区性市场垄断地位，不能有效地发挥市场竞争机制的作用。实行允许插入经营的一个前提条件也是需要有公共使用的管道。为此，英国环境部在 1996 年公布了一个题为"自来水：增进顾客选择"的咨询报告，②其主题就是关于公共管道问题。该报告建议，为了促进竞争，新企业应该有权使用现有企业的管道网络向顾客提供自来水供应和污水处理服务。考虑到新企业和现有企业的自来水将在公共管道中混在一起，双方应有相同的自来水质量义务，并具有相类似的自来水特征。为鼓励新企业进入自来水产业，新企业可以不承担现有企业的全部义务，如新企业没有义务在特定的地区范围内向所有的顾客

① OFWAT,1996,*Large User Tariffs*,Birmingham：Office of Water Services.

② DOE,1996,*Water：Increasing Customer Choice*,London：Department of the Environment.

提供服务。现有企业有责任向潜在进入者（新企业）提供使用管道的详细条件，双方签订的协议应包括自来水供应的数量、管道联结、自来水计量方法、使用管道的收费价格，以及在什么情况下现有企业可以中断对新企业的供应等内容。如果双方不能达成协议，自来水服务（管制）总监有权作出仲裁。该报告还提出了一些防止使用公共管道而可能发生的不良后果的建议，例如，自来水服务（管制）总监对于可能引起自来水供应中断的使用公共管道协议和自来水质量等，应该有权进行干预。对于使用公共管道的收费价格问题，英国环境部的这份报告指出，新企业使用现有企业管道的付费价格应该反映使用成本，避免价格歧视现象。自来水服务（管制）办公室公布的一个咨询报告更详细地讨论了使用公共管道协议的有关问题。[①]　其中一个问题是自来水的泄漏。任何商品的运输都会发生损失。在英国，自来水的泄漏率比较高，为弥补自来水泄漏，新企业应该供应比顾客消费量更多的自来水。对于使用公共管道的收费价格，自来水服务（管制）办公室认为，收费价格应能补偿新企业通过现有企业的管道网络向顾客提供自来水所发生的成本。如果双方就收费价格不能达成一致意见，自来水服务（管制）总监将使用现有企业向自己的顾客收费的有关信息，要求现有企业对新企业不实行价格歧视行为。

英国政府在 1992 年颁布的《竞争和服务（公共设施）法》，允许自来水经营企业在毗邻地带开展竞争，但竞争的对象只局限于居民家庭。前面提到的英国环境部在 1996 年公布的咨询报告，则建议把这种毗邻地带竞争的对象扩大到非居民家庭。事实上，位于自来水供应企业边界的那些工业、商业和农业用户对这种竞争的反应远比居民家庭强烈，

---

①　OFWAT, 1996, *The Regulation of Common Carriage Agreements in England and Wales: A Consultation Paper*, Birmingham: Office of Water Services.

一个简单的道理就是这些用户具有较大的自来水消费需求。由于不同的企业有不同的收费价格,自来水经营企业毗邻地带的竞争为顾客提供了选择较低收费价格的供应者的机会。这反过来促使企业努力降低成本,以较低的价格保持原有的顾客,争取新顾客。

英国政府所采取的上述管制政策思路与措施无疑对促进自来水产业的直接市场竞争产生了一定的推动作用,但其实际效果还有待于实践的检验。

第四节 自来水产业的价格管制

自来水产业是自然垄断性最为显著的自然垄断产业,这就决定了价格管制是自来水产业政府管制的重点内容。

一、自来水产业价格管制的重点内容

在自来水产业,无论采取哪种垂直结构和水平竞争形式,政府都需要对企业的自然垄断性业务实行价格管制。政府管制者在制定管制价格时必须对一系列政策目标进行综合考虑。价格管制政策的导向应该是在维持社会公共利益的前提下,对企业提高生产效率产生刺激,也应该鼓励企业进行必要的投资但又不能刺激过度,以免产生 A-J 效应,引起过度投资问题。对此,特别是在采取投资回报率价格管制模型时,管制政策制定者需要考虑的两个重要问题是,新投资的资本成本问题和投资基数的测定问题。另外,由于许多新投资是企业在环境与质量管制的外在强制下进行的,这就需要管制者设计一种特定的机制,允许企业把政府管制规定引起的部分正常成本转移到价格中去。总之,由于自来水价格不仅关系到所有居民家庭和事业单位的日常开支,也关系到企业的成本水平;同时,自来水价格还涉及对自来水产业的投资和环

境问题。因此,如何合理、科学地制定自来水管制价格始终是政府管制者所面临的一个政策重点问题。

二、经济发达国家对自来水产业价格管制的实践

1989 年英国对自来水产业的政府管制体制实行重大改革以来,根据自来水产业的技术经济特征和对环境质量的要求,在自来水产业的价格管制方面采取了一系列政策措施,管制内容比较丰富,对中国自来水产业的价格管制也有一定的借鉴意义和参考价值。

按照 1989 年的《自来水法》,英国政府给每个合格的自来水经营企业发放了经营许可证,对自来水经营企业的市场行为管制作了详细规定,其主要条款是关于收费和外部变化成本的转移规定。在自来水产业没有采取 RPI-X 价格管制模型,而是采取 RPI+K 价格管制模型时,K 因素是一个正数,它反映收费价格的增长率以使企业有财力能连续提供服务和按照环境管制的要求进行必要的投资。自来水产业之所以实行新的价格管制模型,是因为 RPI-X 价格管制模型只是服从于经济管制,而自来水产业还要受环境管制的约束。RPI+K 可以被认为是 RPI-X+Q,其中,X 因素与经济管制相关,反映将来通过改进效率以降低成本的潜力;Q 因素则与环境管制相关,反映为达到英国和欧共体有关法律规定的质量标准而发生的成本。因此,可以把 K 看作是 Q 与 X 的差值(即 $K=Q-X>0$)。K 因素实际上起成本转移功能,其结果是消费者通过价格承担额外的资本成本,而不是企业通过减少利润或投资者减少红利以承担这些资本成本。因此,RPI-X 价格管制模型的优点难以在自来水产业充分发挥作用,即刺激降低成本的目标让位于满足有关自来水质量标准而刺激投资的目标。此外,由于采取 RPI-X 价格管制模型容易造成过低的利润率,甚至出现经营亏损,因而,私人投资者就可能对自来水产业缺乏赢利信心而不愿进行投资。可见,RPI+K

价格管制模型实际上给自来水供应和污水处理企业对所有投资一个有保证的投资回报率，以刺激它们符合环境和自来水质量标准。这样，即使投资利润率保持不变，企业的投资增长率越大，绝对利润就越多。

1989 年英国政府颁发的经营许可证为每个企业规定了此后 10 年的 K 值，在英格兰和威尔士的 10 个自来水和污水处理企业的 K 平均值是 5.35%（其变化范围为 3%—7%）。同时，在 1990 年还为 29 个只供应自来水的企业（其服务内容包括用水表计量的自来水服务和不用水表计量的自来水服务）规定了 K 值，在 1990—1991 年度，它们的 K 平均值为 11.4%（其变化范围为 3%—25%）。由于 K 因素的设计目的是为了使企业能补偿为达到有关质量和环境标准而进行的投资成本，由于各地区之间工农业对水污染的程度存在很大差别，各地区现存的自来水与污水管道的使用年度和质量也有很大差别，据此，对每个企业规定了差别较大的 K 值。而 K 值在后来不断下调的一个解释是，在最初年份要求各企业进行较大的投资，以尽快达到英国和欧共体制定的有关质量与环境标准，因此，给予较大的 K 值。按照经营许可证的规定，10 年以后才调整各企业的最高限价（实际上就是 K 值），但有关企业或自来水服务（管制）总监也可要求在 5 年后进行调整。事实上，自来水服务（管制）总监于 1991 年 7 月就宣布在 5 年后将对有关企业的 K 值进行评价与调整。1994 年，自来水服务（管制）总监对各自来水经营企业的 K 值作了调整，新的最高限价从 1995 年 4 月 1 日生效，有效期为 10 年。[①] 总监提前进行价格调整的一个主要原因是在以后的几年中，企业已经或将要承担新的环境保护义务，包括禁止向海洋倾倒污水、欧共体对城市废水处理和改进饮用水质量所制定的新法规等；另

---

① OFWAT, 1994, *The K Factor: What It is and How It can be Changed*, Birmingham: Office of Water Services.

一个原因是总监认为,为期10年的调整期太长,最高限价不能适应变化了的产业状况。在1994年的最高限价调整中,总监特别重视两方面的问题:一是要适当考虑顾客的意见,以便他们得到其所需要并愿意支付的服务;二是要考虑到两次价格调整之间最高限价的稳定性,以便企业能逐步适应不断变化的客观条件而不要求经常调整其最高限价。1994年最高限价的调整结果是:(1)从1995年到2005年的10年中,最高限价的年平均增长率被限制在高于零售价格指数1%的幅度内,而在过去的5年中,最高限价的平均增长率高于零售价格指数5%以上,因此,新规定的最高限价的年增长率明显下降;(2)企业提高服务标准的资本来源,主要是通过提高效率而不是向顾客收取较高的价格;(3)自来水的质量将以企业和消费者能够承受的速度不断提高,价格增长被限制在满足新的质量和环境标准所必需的范围内。[①] 从最高限价的实际执行情况看,单纯经营自来水企业的 K 值大大低于最高限价增长水平(1%),而自来水和污水处理企业的 K 值略高于最高限价增长水平。如在1997—1998年度,10个自来水和污水处理经营企业的 K 平均值为1.34%,而29个单纯经营自来水企业的 K 平均值为-0.09%。[②]

  虽然1994年制定的最高限价的有效期为10年,但按照惯例,只要企业或自来水服务(管制)总监认为有必要,也可以5年后重新调整最高限价。1996年10月15日,自来水服务(管制)总监宣布将在1999年调整自来水产业的最高限价。对于最高限价调整的最佳间隔期是一直有争议的。在决定管制价格调整间隔期时应该考虑到两方面的主要因素:一方面要维护管制价格的相对稳定性,使企业具有利用政府管制

---

  ① OFWAT,1996,1994 *Review of Water Charging Limits*:*The Periodic Review*,Birmingham:Office of Water Services.

  ② OFWAT,1997,*Water & Sewerage Bills* 1997–1998,Birmingham:Office of Water Service,table 3.

滞后效应而提高效率的刺激；另一方面要考虑到消费者的利益。价格调整周期的变化，会实质性地影响把企业效率提高的利益转移给消费者的速度。较长的价格调整周期固然有利于企业保留因效率增长之利，但会牺牲消费者的利益；较短的价格调整周期虽然可能把企业提高效率所带来的利益较快地转移给消费者，但会使企业缺乏提高效率的刺激。自来水服务（管制）总监认为，为期4年的价格调整周期是比较合适的。许多自来水经营企业虽然承认价格调整周期为10年太长，但认为4年太短，这不利于企业实施较长期的投资项目。一些消费者组织认为价格调整周期不能太长，认为总监把价格调整周期缩短到4年的建议是合适的。最后，总监决定把价格调整周期规定为5年。这样，在1999年调整的最高限价于2000年4月1日生效。

1997年6月和7月，英国自来水服务（管制）办公室分别发布了有关1999年调整管制价格的两个文件，即"1999年周期性价格调整的建议框架与方法"①和"1999年周期性价格调整"，②提出了这次管制价格调整的基本思路和方法。

自来水服务（管制）办公室认为，1999年管制价格调整的主要目标是：（1）把企业提高效率所取得的利益尽快转移给消费者；（2）建立这样一种机制，使企业能内部消化为履行提高自来水质量义务而发生的成本，不提高对消费者的收费价格；（3）尽早解决一些政策问题，以便企业有一个清楚的法规框架，有效地制订业务计划，也使公众理解自来水服务（管制）办公室所制定的有关管制价格的政策措施。

由于在自来水产业实行 RPI+K 的最高限价模型，因此，制定最高

---

① OFWAT,1997,*The Proposed Framework and Approach to the* 1999 *Periodic Review：A Consultation Paper*,Birmingham：Office of Water Services.

② OFWAT,1997,*The* 1999 *Periodic Review*,Birmingham：Office of Water Services.

限价的关键是决定 K 值。为了较全面地考虑影响最高限价的各种因素,可以把 K 分解为以下几个组成部分:

$$K = -P_0 - X + Q + V + S$$

其中: P_0 为上一次价格调整以来到本次价格调整时企业所提高的生产效率幅度; X 为本次价格调整后到下一次价格调整前企业应取得的生产效率增长率; Q 是企业为达到欧共体和英国政府所规定的质量标准而进行投资所发生的转移成本; V 为提高自来水供应稳定性而发生的成本; S 为改进服务水平而发生的成本。在 1999 年价格调整时,自来水服务(管制)总监并不分别公布决定 K 值各要素的具体数值,但以这些要素来说明促使管制价格变化的主要原因。这些要素在各个企业之间具有很大的差别。下面对决定 K 值的各个要素在最高限价中的作用及其发展趋势作进一步的讨论。

P_0 是企业近几年在提高效率、降低成本方面所取得的成效,在新的最高限价实施的第一年(即 2000 年),它将以降低价格的形式转移给消费者,因此,这一年的管制价格将在扣除通货膨胀因素后会有所下降。随后,其他因素将会出现相反方面的运动,一方面,企业继续提高效率会促使价格进一步下降(X),但在另一方面,企业为满足自来水和环境质量标准而发生的成本(Q)会推动价格上升。维持和提高供应稳定性而发生的成本(V)一般要求企业能自我消化,同时,提供较高的服务质量(S)也并不意味着价格必然上升。但由于各企业的基础条件和其他具体情况不同,这两方面的因素对价格的正向或反向影响存在不确定性。这样,作为综合数的 K 值可能是一个正数,也可能是一个负数,因此,1999 年调整后的最高限价模型可以更准确地表示为 $RPI \pm K$。

从总体上而言,按照自来水服务(管制)总监的设想,1999 年调整后的最高限价模型的实施结果是:在 2000 年由于 P_0 的作用会使价格有所下降,随后几年,价格保持基本稳定或略有下降。总监认为,这样的管制价格是比较理想的:第一,2000 年价格的初始下降会使消费者相信,以刺激效率为特征的最高价格管制模型确实能为他们带来长期利益;第二,从消费者调查中得到的一个强烈反应是,1989 年以来,自来水产业的收费价格不断上升,他们认为,为取得自来水服务而支付了过高的价格。保持价格稳定或略有下降则有利于消除消费者的这种不良反应。因此,总监的一个目标是在价格调整后的几年中,最高限价中的 K 值在总体上接近于零,而特定企业的 K 值则取决于各企业的具体情况。

第五节 自来水产业的环境与质量管制

自来水产业对环境存在明显的外部性,而自来水产业的质量水平对于人民的生活和身体健康具有更为直接的影响,因此,政府应对自来水产业的环境与质量实行双重管制。

一、自来水产业环境与质量管制的基本问题

自来水产业对环境可能造成的外部性,为政府对自来水产业实行环境管制提供了必要性。同时,企业在最高限价制约束下,为了减少成本就自然会产生降低质量水平的刺激,这又为实行质量管制提供了必要性。理想的价格水平应该使企业能补偿因提高自来水质量而增加的成本。为了消除环境污染的外部性,降低污染的边际收益应该等于边际成本。如果自来水质量与环境管制者和经济管制者相分离,这就会存在潜在的低效率问题。巴龙(Baron)对由相互独立的环境管制者和经济管制者分别对垄断企业实行管制进行了理论分析,[1]在他的不对称

---

[1] Baron, D. P., 1985, "Noncooperative Regulation of a Nonlocalized Externality," *Rand Journal of Economics* 16:553–568.

信息模型中,当环境管制者和经济管制者采取不合作行为,而且以环境管制者为第一管制信息发出者时,就会导致过于强调减少或消除环境污染,形成过高的消费者价格的现象。在这种情况下,企业能取得比这两个管制者采取合作行为时更高的利润。

马克·阿姆斯特朗(Mark Armstrong)等人在巴龙的模型基础上,建立了另一个模型对这一问题作了进一步分析,其结论也是,由于不同管制者在目标函数上存在差异,当环境(质量)管制者是第一管制信息发出者时,就有可能出现质量标准过高的问题。① 事实上,在自来水产业中,那些制定自来水质量与环境标准的管制者往往忽视特定的标准对价格的影响。因此,管制政策制定者所面临的一个问题是,如何对价格、投资、质量和环境等实行协调的、综合的管制。

二、经济发达国家对自来水产业环境与质量
　　管制的实践

在对自来水产业环境与质量管制方面,英国又为我们提供了较为丰富的实践经验。

除了经济管制,英国政府还对自来水产业实行严格的环境与质量管制。欧共体曾向各成员国发出了必须执行的"关于饮用水质量与海滨浴场的指令"(*Directives on Drinking-Water Quality and Bathing Beaches*),饮用水质量的指令要求自来水企业提供卫生的自来水,并相应地制定了详细的检查参数。英国政府要求自来水企业必须在 1995 年前达到有关规定。"饮用水检测所"(它从属于英国环境部)专门监督自来水供应企业是否达到欧共体的指令要求,另外,它还负责监督由英

---

① Mark Armstrong, Simon Cowan, and John Vickers, 1994, *Regulatory Reform: Economic Analysis and British Experience*, The MIT Press, pp. 329-330.

国政府制定的一些质量管制规定。同时,有关的 7 个自来水和污水处理公司必须在 1995 年 12 月前达到海滨浴场指令的要求。在环境方面,强调自来水供应企业必须符合 1976 年颁布的《污染控制法》(*Control of Pollution Act*)的有关规定,它主要针对污水处理工厂。国家江河管理局负责解释和监督执行这一法律。

自从自来水产业实行重大的政府管制体制改革以后,英国政府加强了对企业的环境管制。1990 年,英国环境大臣宣布,在 1998 年前将逐步禁止向海洋倾倒污水物质;同时宣布英国将采纳欧共体的"城市废水处理指令"(Municipal Waste Water Treatment Directive),按照这一指令,要求污水处理工厂增加新的设备以处理倾入江河、海洋的污水物质。

环境管制对自来水与污水处理收费价格有直接影响,一般地说,质量标准越高,生产成本就越大,收费价格也就越高。为了达到欧共体和英国政府的有关环境管制规定,自来水产业在 20 世纪 90 年代需要 300 亿英镑的投资以改进自来水供应与污水处理质量水平。自来水服务(管制)办公室估计,这么大的投资项目将会在 90 年代使自来水供应和污水处理的收费价格增长率大大高于通货膨胀率。因此,虽然自来水服务(管制)总监承认他有法律责任保证自来水经营企业有财力达到由英国政府和欧共体制定的环境质量标准,但他宣称:他把企业看作是服务提供者,而不是追求较高的 K 值的环境承包者。[①]　自来水服务(管制)办公室主张在制定所有环境质量标准时应进行成本收益分析,自来水服务(管制)总监还对一些环境质量标准的收益是否大于成本提出质疑,从而在经济管制者与环境管制者之间形成了一种对峙状态。

---

① 　OFWAT,1993,*Setting Price Limits for Water and Sewerage Services:The Framework and Approach to the 1994 Periodic Review*,Birmingham:Office of Water Services.

当自来水服务(管制)总监提出应对欧共体的有关指令进行重新谈判，或延迟执行这些指令，以便有时间制定更为有效的计划和开发降低成本的新技术时，这种"对峙状态"便进一步升级。

因此，为了明确经济管制者与环境管制者的职责，以及环境质量改进与管制价格的关系，自来水服务(管制)办公室发布了一个"对重大环境改进项目资助"的报告。① 该报告认为，有关重大环境改进的决策由有关政府部长制定，政府部长在决定是否或怎样把新的环境质量义务要求企业承担时，应该对改进环境的成本和效益进行充分权衡。在部长作出决策前，英国环境部、有关质量管制者和企业应该进行讨论，以便部长作出合理的决策。自来水服务(管制)办公室有义务帮助部长估计企业进行环境改进项目所发生的成本，并在调整管制价格时考虑到这些成本因素。自来水服务(管制)办公室不承担自来水质量管制的职责，这是饮用水检测所和国家江河管理局的职责范围，但环境质量管制者和经济管制者应联合监督企业实施改进环境质量的投资项目。

从消费者的角度看，他们将为更卫生的自来水支付较高的价格。有关民意测验表明：不到一半的顾客支持改进环境质量，更多的顾客是支持改进与他们直接相关的饮用水质量而不是提高污水处理质量。这些调查结果有助于解释自来水服务(管制)总监的如下结论："我不相信顾客愿意忍受自来水收费价格的增长大大高于通货膨胀率，使自来水的付费在家庭收入中所占的比例不断提高。"② 根据自来水服务(管制)办公室的测算，如果要达到欧共体的有关环境管制规定，在1995—

---

① OFWAT, 1995, *Financing of Major Environmental Improvements*, Birmingham: Office of Water Services.

② OFWAT, 1993, *Paying for Quality: The Political Perspective*, Birmingham: Office of Water Services, p. 13.

2000 年期间,自来水产业的平均收费价格增长率将会比通货膨胀率高5%,而在价格构成中,很大部分是污水处理成本。因此,消费者本身也面临着一种两难选择:或者是为更高的质量和环境标准支付较高的价格,或者是承受不断提高的污染水平。在某些地区,消费者还要承受严重的季节性缺水的困扰。因此,这也可以窥见政府管制的难度,即任何质量和环境管制水平、措施都难以使所有的消费者感到满意。

为了维护自来水产业消费者的权益,自来水服务(管制)办公室还推出了一个"服务标准保证方案",①主要服务标准包括:遵守与顾客的约定、答复顾客的账单疑问、对顾客意见的反应、中断自来水供应、安装水表、排除溢水和处理自来水低压问题等许多方面。如果自来水经营企业不能满足这些标准,顾客有权要求经济赔偿,企业每次不能履行服务标准的赔偿额一般为 10 英镑,企业应该主动向顾客提供赔偿。如果企业和顾客发生赔偿纠纷,双方都可以要求自来水服务(管制)总监作出仲裁。这一方案无疑能促进企业提高服务质量。此外,在 1993 年 3 月建立的自来水产业全国消费者委员会和 10 个地区消费者委员会也十分活跃,配合自来水服务(管制)办公室积极维护自来水消费者的利益。②

第六节　自来水产业的区域间比较竞争管制

自来水产业地区性垄断的市场结构状态,为政府管制者在实行价格和质量管制时,运用区域间比较竞争理论提供了特有的条件。

----

① OFWAT,1997,*The Guaranteed Standards Scheme*,Birmingham:Office of Water Services.

② 详见:OFWAT,1997,*Representing Water Customers 1996－97* 和 OFWAT,1996,*Customer Representation in the Water Industry:The Role and Independence of OFWAT CSCs*,Birmingham:Office of Water Services。

一、自来水产业区域间比较竞争管制的基本问题

自来水供应和污水处理系统主要是地区性的或区域性的,这为政府管制者取得处于不同地区或区域的企业间的比较信息提供了方便。这种比较信息在制定管制价格、评价企业实绩等方面都很有用。这里的一个管制政策问题是,需要存在多少家企业,怎样合理地进行区域间比较竞争管制。政府管制政策制定者还不得不考虑另一个两难选择问题:自来水经营企业的兼并能产生规模经济与范围经济效益,但这会减少独立的被比较企业的数量,从而影响比较信息的数量与质量。

二、经济发达国家对自来水产业区域间
　　比较竞争管制的实践

我们在本书第八章第三节曾讨论了区域间比较竞争理论,虽然该理论并不是英国人所首创,但该理论首先被英国政府成功地应用于对自来水产业的政府管制实践中。我们在这里将讨论英国政府在决定和调整 RPI+K 最高限价模型中的 K 时,如何具体运用这一理论,并讨论通过限制企业间的兼并使自来水服务(管制)总监有能力对企业绩效进行比较等问题。

在为每个企业决定 K 值的过程中,英国政府曾对不同企业作了比较效率评估,它考虑了在每个企业的经营环境中可能会引起经营成本差异的各种影响因素,[①]这些因素被综合为"解释因素指数"(explanatory factor index)。假定单位成本与解释因素指数存在线性关系,就可

①　有关对这些影响因素的详细讨论可参阅:Monopolies and Mergers Commission, 1990,*General Utilities PIC.*,*The Colne Valley Water Company and Rickmansworth Water Company*,Cm1029,London:HMSO. p. 125。

以利用回归分析方法以估计决定直线斜率的系数。这实际上就是根据在前面所介绍的由雪理佛提出的，如何按照在不同经营环境下可观察的特征，以消除一部分企业环境差异性的基本原理。然后，根据每个企业的影响因素回归直线预计其成本水平，进而决定价格管制模型中的K值。在以上制定管制价格过程中显然存在一些问题：第一，利用单位成本和解释因素指数建立的回归方程只解释经营成本，但在实践上，由于企业对经营成本和资本成本的分类具有相当的任意性和一定程度上的可操纵性，这就难以准确测算企业总的经营成本；第二，即使能够准确计算经营成本，从长期看，资本成本通常可以替代经营成本（如对技术革新的投资能提高效率，减少经营成本），在以往的理论研究中没有考虑这一因素；第三，通过比较不同企业单位成本以评估效率的做法也存在操作上的困难。为了计算单位成本，首先要计算总产量，但在自来水产业中，计算总产量也存在问题。这是因为，由于存在自来水泄漏问题，从自来水加工厂进入输送网络的自来水并不能全部到达消费者手中，由于英国许多消费者家庭没有安装水表，这就很难测定泄漏量。[①]由于污水的类型和处理难度不同，因此，也难以准确测定污水处理量。这些都为实际计算单位成本造成困难。

　　鉴于在实际运用区域间比较竞争管制理论中存在上述问题，自来水服务（管制）办公室专门讨论了运用区域间比较竞争的具体方法和途径，认为通过更好地收集与处理有关成本、产量和各种解释因素的数据，采用更为精确的统计技术和计量模型等途径，都能改进区域间比较竞争方式的实际效果。因此，尽管存在实际运用上的不少困难，但认为

---

　　① 据估计，由于泄漏，从自来水工厂进入输送网络的自来水平均约22%不能到达消费者手中，由于存在输送路线长度和设备好坏的差异，不同企业的泄漏率存在很大差别，其变化范围为6%—36%。详见：OFWAT，1992. *Annual Report*，London：HMSO。

区域间比较竞争是一种很有价值的管制方式。事实上,在 1994 年周期性调整最高限价时,自来水服务(管制)办公室就是运用了一系列指标以比较与评价各个自来水和污水处理经营企业的相对效率。[1] 主要指标包括:(1)单位成本和其他效率指标;(2)自来水需要处理的程度和供应量;(3)一系列实际达到的服务水平指标;(4)投资成本。自来水服务(管制)办公室还通过公布有关信息,帮助企业经理和股东比较本企业与其他企业的绩效,使他们发现在哪些业务领域存在提高效率的潜力,从而促使企业提高经营效率。在 1994 年管制价格调整时通过运用区域间比较竞争管制方式,自来水服务(管制)总监所得出的结论是:到 2004 年,扣除物价上涨因素,自来水经营企业能够降低经营成本 14%,成本降低幅度在各个企业间的分布为 7% 至 20%。就整个自来水产业而言,到 2004 年,因成本降低而能使每个居民家庭的自来水付费每年平均减少 12 英镑。这种成本降低的潜力被反映在为各个自来水经营企业所规定的最高管制价格模型中的 K 值中。

1989 年的《自来水法》肯定了区域间比较竞争管制方式的潜在价值,并规定英国贸工大臣有责任将重大的企业合并事件提交垄断与兼并委员会裁决。1990 年夏季,垄断与兼并委员会对三个合并案件作了裁决报告。

第一个也是最重要的一个案件是位于伦敦西北部的三个自来水供应企业的合并事件,[2]这三个企业向 230 万人口提供自来水服务(它们不从事污水处理业务),它们共同拥有一个具有相当规模的自来水厂,从 1970 年开始就建立这种稳定的合作关系。垄断与兼并委员会认为

---

① OFWAT,1995, *Comparing Company Performance*, Birmingham:Office of Water Services.

② 详见:Monopolies and Mergers Commission,1990, *General Utilities Plc.*, *The Colne Valley Water Company and Rickmansworth Water Company*, Cm1029, London:HMSO。

这一合并行为有悖于公共利益,其理由是,它将减少自来水服务(管制)总监运用区域间比较竞争管制方式所需要的独立性企业的数量。但如果因合并带来的效率收益能以较低价格的形式让渡给消费者,那么,垄断与兼并委员会就可以允许这一合并行为。结果,这一合并行为的允许条件是:在5年后,将效率提高10%而获得的收益让渡给消费者。在第二个合并事件(中肯特自来水公司合并案)和第三个合并事件(南方自来水公司合并案)中,垄断与兼并委员会也坚持维持独立的可比较企业数量的原则,对兼并企业在被兼并企业中所占股份作了一定限制。① 在1996年的五个合并案件中,只有雷克斯姆(Wrexham)自来水公司和切斯特(Chester)自来水公司的合并被得到批准,其条件是对顾客的收费价格下降3.5%;而其他四个合并提议都被垄断与兼并委员会所拒绝。② 总之,垄断与兼并委员会在处理合并事件时,为了使自来水服务(管制)总监能有效地运用区域间比较竞争管制方式,把维持独立的可比较企业的数量作为一个非常重要的考虑因素,只有当通过合并能取得实质性的规模经济与范围经济效益,并且能使消费者分享这些利益时,才允许企业间的合并。保持必要的独立经营企业的数量是有效进行区域间比较竞争管制方式的必要前提,其主要理由是:(1)有关研究表明,处于不同经营范围下的企业成本的相关性越大,实行区域性独立经营所获得的利益超过损失的规模经济和范围经济的可能性也越大,即实行区域性独立经营相对更为有效;③(2)计量分析需

---

① 分别详见:Monopolies and Mergers Commission,1990,*General Utilities Plc. and the Mid Kent Water Company*,Cm1125,London:HMSO 和 Monopolies and Mergers Commission,1990,*Southern Water Plc. and Mid-Sussex Water Company*,Cm1126,London:HMSO。

② 详见:OFWAT,1997,*Director General's Annual Report 1996*,London:The Stationery Office,pp.37-43。

③ Mark Armstrong,Simon Cowan,and John Vickers,1994,*Regulatory Reform:Economic Analysis and British Experience*,The MIT Press,pp.74-77.

要存在大量的可比较样本,以保证必要的自由度和准确计算方程系数;(3)有关企业可能会采取合谋行为来抵制管制者运用区域间比较竞争管制方式,显然,企业数量越多,企业就越难实行这种合谋行为。垄断与兼并委员会对合并行为进行裁决时,需要根据特定合并事件的具体情况,对保持区域间独立经营的利益和通过合并所带来的利益进行权衡,最后作出合理的决定。

第七节　中国自来水产业的政府管制实践

新中国成立以来,中国一直把自来水、煤气和公共交通等作为公益性事业,与此相适应,全国各城市几乎都设有公用事业局或相类似的政府机构,对包括自来水经营公司在内的公用企业进行集中、统一管理。仅从组织管理形式上看,城市公用事业局与自来水经营企业之间的这种管理者和被管理者的政企关系,在其他产业也是普遍存在的,并没有什么特殊性。但从组织管理的具体内容分析,城市公用事业局与自来水经营企业之间的关系完全是一种政企高度合一的关系。这表现在:自来水产业的投资决策和计划都是公用事业局制定的;自来水的增产、经营计划也是由公用事业局编制的;自来水经营企业的领导人是由公用事业局委派和考评的;自来水经营亏损也是通过公用事业局要求政府财政弥补的。因此,城市公用事业局与自来水经营企业的关系还是计划经济体制下的"工厂"与"车间"之间的关系。在这种政企高度合一的体制下,自来水经营企业没有制定经营决策,以市场为导向灵活地开展经营活动的自主权;没有追求成本最小化以达到利润最大的动力;由于经营亏损都由政府财政补偿,更不存在什么经营风险。可见,中国的自来水经营企业,远远没有具备作为市场主体所要求的活力、动力和压力,也就是说,自来水经营企业还不是真正意义上的、实质性的企业,它只具有企业的"外壳",实质上只是政府机构的一个附属物。

自来水产业的政企高度合一,就必然表现为以行政区划为标准划分自来水经营企业的生产经营范围。即在一定的行政区划地域范围内,自来水经营企业具有垄断经营权,对自来水实行垄断经营。这种画地为牢的垄断经营体制有两个明显的弊病:第一,企业经营的地理界限与政府的行政区划界限相一致,虽然便于政府对所属企业的直接管理,但往往有悖于经济合理原则,因为在 A 地区和 B 地区的相邻区域内,属于 A 地区的消费者可能由 B 地区的自来水经营企业提供自来水更为经济。如果在 A 地区和 B 地区的边界上新建一个居民区或市场,若按行政区划来划分两地区的自来水经营企业的经营范围,就需要对这个居民区或市场进行人为的分割,这就会造成经济上的低效率,极大地浪费社会资源。第二,垄断经营会导致低效率现象。垄断经营企业不仅垄断了自来水供应,也垄断了生产经营自来水的成本、费用等信息,由于缺乏竞争,这必然会导致企业生产经营的低效率,而且使管制者缺乏必要的管制信息,被管制企业谎报自来水生产经营的成本和费用水平,管制者也难以发现,从而导致政府管制的低效率。因此,以行政区划确定自来水经营企业的经营范围,并实行垄断经营的体制,是计划经济下的一种低效率的体制。

改革开放以来,中国自来水产业是政府管制体制改革幅度最小的基础设施产业之一,这就决定了在中国自来水产业政府管制实践方面创新较少,内容较为简单。因此,本节在分析自来水产业政府管制实践的同时,对进一步改革的政策思路也作一些探讨。

一、进入管制

目前,中国许多城市对自来水产业还是基本实行计划经济下的管制体制,由于许多自来水经营企业长期处于亏损或微利状态,依靠政府财政补贴维持简单再生产,没有多大的投资能力,而政府财政能用于自来水产业的投资也相当有限。同时,由于自来水产业是一个亏损或低利润率的产业,企业的进入和经营行为又受政府有关部门的管制,因此,很难吸引其他产业的资本流入自来水产业。这些因素综合影响的后果必然是自来水产业投资能力严重不足,制水设备严重老化,输水管网陈旧,失修失养现象严重,导致自来水供应十分紧张。据报道,[1]中国许多城市的自来水管网是 20 世纪 50 或 60 年代修建的,在东北一些城市甚至是日伪时期修建的,管道太细,老化严重,高楼大厦建起来了,但水压不足,白天水供不上去,夜里才来水,老百姓称之为"夜来水",只好挑水喝。又如 1996 年,在广西壮族自治区 72 个县城中,有 1/3 的县城因供水设备陈旧或输水管网建设滞后造成缺水或供应紧张。据报道,在全国 600 多个城市中,有 400 多个城市缺水,其中严重缺水的有 108 个,许多缺水城市的消防设施无法正常使用。因为缺水,全国工业产值平均每年减少 2000 多亿元。[2] 而中国首都北京市的自来水供求矛盾更为突出,有关专家预测,北京市 2000 年可能缺水 4 亿立方米;2005 年可能缺水 7.94 亿立方米;2010 年可能缺水 11.82 亿立方米。[3]

　　要从根本上改变中国自来水供不应求的问题,除了要建立节约用水的机制外,根本的途径就是要放松进入管制,并通过一定的政策措施,鼓励新的投资主体进入自来水产业,加大对自来水产业的投资力度。在这方面,上海等城市已作出改革尝试,并取得了初步成效。上海市依靠多种经济成分发展供水事业,打破了自来水产业依靠单一政府

---

　　[1]　参见陆彩荣:《让城市更加现代化》,《光明日报》,1998 年 11 月 16 日。

　　[2]　参见郑北鹰:《走出水困境——关于我国水问题的现状与思考》,《光明日报》,1999 年 2 月 3 日。

　　[3]　详见李家杰:《北京建设发展须量水而行》,《光明日报》,2000 年 6 月 25 日。

财政渠道发展的旧模式,鼓励多元投资主体共同投资自来水产业。至1997年底,就有202家各种经济成分的企业持有供水资质证书,其中包括国资控股企业、有限责任公司、股份制和股份合作制企业。从而使上海市的日供水能力提前达到国家建设部公布的2000年一类水司规划目标。① 在利用外资方面,中国第一个经中央政府批准的城市供水基础设施BOT试点项目——四川成都自来水六厂B厂BOT项目特许权协议于1998年7月12日在成都草签,签字双方分别为成都市人民政府和法国通用水务集团——日本丸红株式会社联合体。该项目总投资约1亿美元,由法国通用水务集团——日本丸红株式会社联合体独资投入,项目建成后,该公司拥有18年的特许经营权。② 这标志着中国探索利用BOT方式吸引外资发展城市供水基础设施取得了重要进展。

由于自来水产业具有自然垄断性,特别是管道网络业务,其自然垄断性最为显著,不宜由多家企业分别投资,因此,为了协调各投资企业的利益关系,调动其投资积极性,政府应引导和鼓励这些企业组成股份制企业,以共同投资大型的、自然垄断性强的自来水基础设施项目。同时,有条件的股份制企业还可以通过股票上市,在更大范围内吸收社会资金,以增强投资能力。事实上,这种设想在上海市自来水产业已成为现实,并产生了较好的企业经济效益和社会效益:早在1992年6月,上海市就成立了凌桥自来水公司,公开向社会发行股票,募集资金2亿多元,这是中国自来水产业中首家实行的股份制企业。1997年,该企业实现税后利润4540万元。稍后成立的原水股份有限公司,是上海自来水产业的第二家上市公司,它开创性地利用直接融资手段,建设投资额

---

① 参见陆伟、许晓波:《筹资多元化 水源滚滚来》,《文汇报》,1998年5月16日。
② 参见胡舒立:《城市基础设施建设首试BOT》,《中华工商时报》,1998年7月16日。

达 30 亿元的城市基础设施项目——黄浦江上游引水二期工程,日供原水能力达 560 万立方米。此外,1997 年还出现了一些股份合作制企业,如完全由职工集资持股的浦东清溪自来水公司,其前身是浦东外高桥水厂,改制成为股份合作制公司后,企业自负盈亏,一举改变了几年来的亏损局面。① 上海的这些改革经验为在中国自来水产业实行进入管制,推行股份制提供了宝贵的实证资料。

二、价格管制

目前,中国自来水的价格构成主要包括基价(供水企业销售价)和各种收费项目(如城市供排水专项建设费、公用事业附加费、污水处理费等)。其中,供水企业销售价由供水企业成本、费用、税金和利润组成。供水企业成本是指供水企业在生产过程中的直接耗费,主要由企业支付的原水及水资源费用和制水、配水、供水过程中耗用的原材料、动力费及工资、福利、制造成本组成;供水企业的费用是指供水企业在制水、配水、供水过程中发生的购销费用、管理费用和财务费用;供水企业的税金是指供水企业按规定交纳的增值税和地方附加城建税、教育费附加;供水企业的利润是指供水企业在正常经营条件下获得的合理利润。但由于自来水价格受政府的严格管制,目前多数企业不但没有利润,而且处于亏损状态,由政府财政弥补。各种收费项目则由地方政府规定,目前还没有一个全国统一的收费标准。由于自来水价格属于自然垄断经营的商品价格,也是重要的公用事业价格,因此,根据《中华人民共和国价格法》,中国对自来水价格实行政府定价,由各地方政府具体制定,采用分级管制的体制。

由上可见,中国现行的自来水价格管制体制还是一种计划管制体

---

① 参见陆伟、许晓波:《筹资多元化　水源滚滚来》,《文汇报》,1998 年 5 月 16 日。

制,其最大的弊端是不能刺激自来水经营企业努力降低成本,提高经营
效率。这主要表现在:(1)价格形成机制不能刺激效率。目前,中国各
级政府物价管理部门对自来水管制价格的制定,基本上是以被管制的
自来水经营企业上报的成本(包括费用)为主要依据的,但这种成本是
在特定地理范围内垄断经营企业的个别成本,而不是合理的社会平均
成本。按企业的个别成本定价,企业不但没有降低成本的压力,而且还
会诱使企业虚报成本,结果就会出现自来水成本涨多少,价格也涨多
少,甚至成本涨得更快的低效率现象。(2)政策性亏损和经营性亏损
模糊不清。由于政府对自来水实行国家定价,为了稳定物价水平,多数
地方政府存在低价倾向,因此,自来水经营亏损确实很可能包含政策性
亏损因素,问题是把所有的自来水经营亏损都归咎于政策性亏损,而完
全排斥经营性亏损的可能性。这表现在自来水经营亏损都由地方政府
财政负担或变相负担,企业没有减亏增效的压力和动力,不少企业虽然
亏损,但人员超编现象十分普遍。按国家建设部规定,年供水量 10 万
吨定编 1 人,实际上多数企业都超编,有些企业甚至超编 1 倍以上,而
且还在不断增加,从而使人工费用在自来水价格中占有很大比重。同
时,一些企业还有较高的工资、福利待遇,甚至滥发奖金,大建楼堂馆
所。事实上,近几年来,中国的自来水价格涨幅较大,36 个大中城市的
自来水平均价格由 1985 年的每吨 0.07 元左右提高到 1998 年的每吨
0.89 元,上涨 10 多倍,近年来又有较大幅度的上涨,其涨幅远远超过
通货膨胀率的幅度,但自来水产业的总体经济效益并没有多大变化,许
多企业经营一直处于亏损状态,其根本原因就在于企业的经济效率不
但没有提高,反而有所下降。因此,改革自来水价格管制体制的总体目
标,就是适应社会主义市场经济体制的要求,重视运用市场机制的积极
作用。在自来水管制价格的制定原则上,既要考虑自来水的公益性,更
要重视其商品性;既要考虑消费者对价格的承受能力,又要考虑到自来

水生产经营企业的合理收益。在两者之间制定一个相对均衡的价格。在两者发生矛盾时,在近期内可暂由政府财政缓冲,然后逐渐减少直至消除财政补贴。

在自来水管制价格的形成机制上,我们可借鉴英国把零售价格指数(RPI)和企业生产效率增长率(X)挂钩的最高限价模型,以刺激企业努力提高生产效率,在此基础上取得较多的利润,使企业有一定的发展潜力。运用这种最高限价模型的关键是,要综合考虑各地区水资源、基础设施状况和企业的技术进步等因素,为每个企业确定一个合理的生产效率增长率(X值)。同时,还要确定一个适当的自来水管制价格(实际上就是X值)调整的间隔期。对此,需要考虑两方面的因素:一方面要维护管制价格的相对稳定性,使企业具有利用政府管制滞后效应而努力提高效率的刺激;另一方面要考虑到消费者的利益,使消费者能享受到因企业效率增长而带来的实惠。由于自来水产业的投资回收期较长,沉淀成本大,根据经济发达国家的经验,自来水管制价格的调整周期也应该较长。

按照最高限价模型制定的自来水管制价格是一个全年综合价格,为提高制定管制价格的科学性,鼓励消费者节约使用自来水,还可采取一系列具体定价方法,包括:(1)两部制价格。即由基价和数量价格构成的价格。其中,基价是生产经营自来水所发生的固定成本由所有用户分摊的价格,使用自来水的容量设备越大,基价也越高;数量价格是按使用量多少而支付的价格。这两部分价格分别补偿生产和供应自来水的固定成本和变动成本。(2)累进制价格。即对各种类型的消费者核定自来水消费量上限,对定量以内的实行低价,对超过消费量上限部分实行超量累进加价。在中国自来水还比较短缺的情况下,运用累进制价格有利于促使消费者节约用水。(3)淡旺季价格。自来水的生产和消费都具有季节性,自来水生产受江河、水库的水资源丰枯季节影响,在冬季和春季,水资源比较丰富,同时,又处于自来水消费淡季,为了提高自来水生产设备的利用率,可采取低价以刺激消费;而在夏季和秋季,水资源相对枯乏,又处于自来水消费旺季,为抑制消费,应采取高价。由于这种方法能减少自来水消费旺季的最大需求量,因而也有利于减小为满足最大需求量所必需的自来水投资规模,从而节省投资费用。

除了上述自来水管制价格和定价原则、价格形成机制和方法外,为了体现自来水管制价格制定的民主性和公开性,按照《中华人民共和国价格法》的有关规定,还应该实行自来水定价听证会制度,在政府价格管制机构的主持下,通过广泛、轮番征求消费者、经营者和有关方面的意见,尽可能制定各利益集团都能接受的自来水管制价格。在实践中,这种价格听证会制度已取得了初步成效。[①]

三、自来水质量与环境管制

对自来水质量与环境管制是自来水产业政府管制的两个重点问题。目前中国不少城市的自来水质量还缺乏保障。同时,如果对自来水价格实行最高限价管制,也会刺激企业通过降低自来水质量标准而减少成本,以增加利润。为了加强对自来水质量的管制,中国首先要建立与完善自来水质量的监控指标体系。在这一指标体系中,特别要重点管制以下4个与消费者利益密切相关的质量指标:(1)水质综合合格率。它是指自来水通过管网达到国家生活饮用水卫生标准的合格程度。它以自来水细菌总数检验合格率、自来水大肠菌群检验合格率、自来水游离余氯检验合格率、自来水混浊度检验合格率、自来水中国标26项检验合格率这5个分项合格率之和除以5计算。即:水质综合合

---

① 详见陈烁:《京城自来水走上价格听证会》,《中国商报》,1998年7月29日。

格率 = $\dfrac{5\ 项指标合格率之和}{5}$。这一指标直接关系到消费者饮用

自来水的卫生健康。(2)管网压力合格率。它用来衡量自来水管网服务压力的合格程度。通常按每 10 平方公里设置一个测压站,使用自动压力记录计,按每小时的 15、30、45、60 分钟 4 个时点所记录的压力值综合计算出每天的检测次数及合格率。其计算公式为:管网压力合格

率 = $\dfrac{检验合格次数}{检验总次数}$ ×100%。这一指标直接关系到自来水水压,

从而影响自来水服务质量。(3)自来水管网修漏及时率。它是指从出厂输水干管和用户水表之间的管道损坏后,及时修理的程度。根据中国目前的技术水平,对于自来水明漏和暗漏,一般以 24 小时内修复为及时,超过 24 小时为不及时;对于突发性的爆管、折断事故,则应于 12 小时内及时止水并抢修为及时。其计算公式为:管网修漏

及时率 = $\dfrac{及时修漏次数(含爆管折断)}{全部修漏次数(含爆管折断)}$ ×100%。这一指标不仅

关系到消费者能在较短的时间内恢复用水,也关系到节约自来水。(4)用户用水设施修理及时率。它用来衡量自来水经营企业负责修理的用户水表以内的各项用水设施(如龙头、水管、厕所冲洗箱等)损坏后的修理及时程度。修理及时的标准是,企业发现或接到报告

后,在 24 小时内修理完的,即为及时。其计算公式为: $用户用水设施修理及时率 =$

$\dfrac{用户用水设施修理及时次数}{用户用水设施修理总次数}$ ×100%。这一指标关系到特定消费

者保证能在一天内恢复用水或正常用水。

　　在制定自来水质量监控指标体系的基础上,还应制定罚规,对未达到质量标准的企业实行经济制裁。如前所述,英国自来水服务(管制)

办公室为维护自来水消费者的权益,曾在 1997 年制定了一个"服务标准保证方案",如果自来水经营企业不能达到这些标准,顾客有权要求经济赔偿。这一方案无疑能促进企业提高自来水的服务质量,对中国也有直接的借鉴意义。

自来水产业与其他基础产业的一个显著差别是,自来水消费后需要进行污水处理,以防造成环境污染。这就需要对污水处理业务进行管制,以实现对环境污染的管制。我们在第五节讨论自来水产业环境与质量管制的基本问题时曾指出,对自来水供应业务和污水处理业务实行垂直一体化经营,有利于将因污水处理所造成的负外部性问题实现内部化,也有利于取得这两种业务的范围经济效益。但由于污水管道网络和自来水管道网络是自成系统的,自来水厂和污水处理厂也具有完全不同的技术要求和作业流程。因此,目前,中国的自来水供应业务和污水处理业务通常是分离的。在自来水产业的政府管制体制改革过程中,既可以将这两种业务由同一个企业垂直经营,也可以由不同的企业经营。在经济发达国家,这两种情况也是并存的。政府管制的关键不是采取哪种组织经营形式,而是要通过明确污水处理企业的法律责任,规范其市场行为,防止造成负外部性问题。对环境管制的另一个重要内容是,要加强对自来水资源的保护,对造成水质污染的任何单位和个人都要追究其法律责任。同时,如果对自来水供应与污水处理的管制和对环境管制由不同的管制机构来承担,根据前面的分析,还需要特别注意处理好两者的协调关系,否则,就会造成管制低效率问题。

四、市场结构管制

目前,中国的自来水产业普遍存在地区性垄断经营的市场结构,因此,如何通过引进竞争机制,把这种垄断性市场结构改变为具有一定竞争性的市场结构,这是中国自来水产业市场结构管制的重要目标。对此,上海市已作了初步尝试:2000年上半年,上海市把原有的上海市自来水总公司按地域范围分割为4个完全独立的自来水公司,即上海市自来水市南有限公司、上海市自来水市北有限公司、上海市自来水浦东有限公司和上海市自来水闵行有限公司,上海市政府对这4个自来水经营企业实行统一定价,以比较各个自来水经营企业的绩效。这是对中国自来水产业市场结构管制实践的一个创新,有利于促进各企业提高经营效率。但遗憾的是,在上海市自来水产业这种新的市场结构状态下,由于仍然实行区域性垄断经营,企业之间不存在业务上的竞争关系,消费者也没有选择自来水经营企业的机会,因此,未能真正实现规模经济与竞争活力相兼容的有效竞争。

因此,在自来水产业要形成有效竞争的格局,必然要求探索重组自来水产业市场结构的新思路,把现在独家企业经营的垄断性市场结构变为几家企业经营的竞争性市场结构。由于目前中国自来水产业基本上按行政区划,以城市为中心实行区域性垄断经营,我们可分别以区域内和区域间两种情况来讨论如何重组自来水产业市场结构,运用竞争机制的问题。在区域内重组自来水产业市场结构的基本思路是,将现行垂直一体化的市场结构进行分割。中国自来水产业主要有管道网络等基础设施建设与维护、自来水生产、管网输送和供应这四大类业务,其中,自来水管网输送是自然垄断性业务,而自来水管网等基础设施建设、自来水生产和供应业务是非自然垄断性业务,目前在中国许多城市,自来水经营企业对这四类业务都实行垂直一体化经营的。因此,重组自来水产业的这种垂直一体化市场结构,就是将自来水管网等基础设施建设、自来水生产、管网输送和供应业务由不同的企业来承担。由于管网输送业务具有自然垄断性,为保证规模经济效益,应该由一家企业经营,政府把它作为管制的重点,设计模拟竞争机制的管制机制,以刺激企业提高生产效率,增进社会福利。而自来水管网等基础设施建设、自来水生产和供应业务属于非自然垄断性业务,可以放松进入管制,允许一部分新企业进入,形成由若干家企业竞争性经营的格局。具体地说,在自来水管网等基础设施建设方面,可运用招投标竞争机制,选择效率较高、成本较低的建设施工单位;在自来水生产领域由多家企业竞争性生产,实行竞价上网,这样,自来水管网输送企业实际上就成为自来水的"批发企业",它只采购成本价格较低的自来水生产企业提供的自来水,这种竞争机制会自动促使自来水生产企业努力降低成本。在自来水供应环节,也可以由若干家企业竞争性经营,它们从自来水管网输送企业"批发"自来水,然后"零售"给消费者,这样,消费者就可以选择服务质量较好,收费较低的自来水供应企业。

在区域间重组市场结构的基本思路是,打破行政区划的地理界限,允许区域外的自来水经营企业进入区域内提供自来水服务。区域外企业可以延伸其管道网络进入区域内,与区域内企业为争夺顾客而直接竞争。在建立比较成熟的政府管制体制后,还应该鼓励区域外企业联接区域内企业的自来水管道,形成公共管道网络,向区域内消费者提供自来水服务,从而为区域间企业开展直接竞争提供更大的可能。在这方面,如前所述,英国在自来水产业的进入管制方面已作了尝试,这对中国制定与调整自来水产业市场结构管制政策具有重要的借鉴意义。

第三篇　社会性管制

第十二章 外部性理论

我们在本书第二章讨论社会性管制的定义和研究内容时曾指出，人们对社会性管制专门研究起始于 20 世纪 70 年代，与经济性管制相比较，它是一个较新的研究领域，这就决定了社会性管制的理论积累也远远没有像经济性管制理论那么丰富。笔者认为，与社会性管制关系最为密切的是外部性理论和信息不对称理论。它们分别为后面讨论政府对环境污染的管制（第十四章）和政府对产品质量的管制（第十五章）提供理论基础。本章讨论的外部性理论是与政府对环境污染的管制紧密联系的一个理论问题，同时，该理论和政府对产品质量的管制也有一定的关联性。本章讨论的主要内容包括：(1)外部性及其普遍性；(2)外部性下的私人成本与社会成本的偏差分析；(3)外部性与政府管制；(4)政府解决外部性问题的政策措施。

第一节　外部性及其普遍性

外部性问题是由马歇尔在其《经济学原理》中首先提出的（当时被称为"外部经济"），后来，庇古在其《福利经济学》中对之加以充实和完善，最终形成外部性理论。但至今人们对外部性有不同的定义。这里不对外部性的各种定义作详细讨论。我们在第一章第二节讨论政府管制需求时曾指出，从宏观层次上分析，政府管制需求主要导源于自然垄断性和外部性这两大类问题。外部性是指一定的经济行为对外部的影响,造成私人(企业或个人)成本与社会成本、私人收益与社会收益相偏离的现象。根据这种偏离的不同方向,外部性可分为正外部性与负外部性。正外部性是指一种经济行为给外部造成的积极影响,使他人减少成本,增加收益。负外部性则是指一种经济行为给外部造成消极影响,导致他人成本增加,收益减少。在大量有关外部性问题的理论文献中,外部性主要是指负外部性。

　　外部性问题是普遍存在的。在我们前面讨论的电信、电力、自来水等自然垄断产业都既存在正外部性,又存在负外部性问题。而大量的外部性问题不受产业边界的限制,更具有广泛性。一些著名经济学家曾对外部性问题作过相当生动的描述,如穆勒以灯塔为例说明外部性,灯塔所发出的"普照之光"使所有路过的航船受益,但灯塔的建造和维护者却难以向这些路过的航船收费。因此,这是一种典型的正外部性。庇古所举的火车经过田野使火花飞溅到稻穗上造成农夫损失的例子,则显然属于负外部性。而米德关于因养蜂人的到来增加了果园的产量,反过来果园的扩大又会增加养蜂人收益的例子,则说明了存在双向正外部性的可能。这些经济学家似乎信手拈来的例子被后人广泛引用,成为外部性问题的经典。然而,进入 20 世纪 70 年代以来,人们讨论外部性问题时,必然联系到环境污染,从而使外部性似乎"略等于"负外部性。吸烟者污染了空气,造成周围的人间接吸烟,这是生活中最常见的环境污染。抬头可见的工厂烟囱所散发出来的浓烟造成空气污染;低头可见的工厂所排放出来的污水造成江河污染,则是生产中最常见的环境污染。此外,还存在许多不易被人们所觉察到的环境污染,如一些农民过多使用农药,造成对蔬菜、水果的污染等等。总之,外部性现象是普遍存在的,查尔斯(Charles)曾列出外部性的 16 种表现,①其

---

　　① Charles,H. C. K,1991,*The World of Economics*(2nd revised edition,volume Ⅰ),Commonwealth Publishing Co.,Ltd,p. 252. 转引自郑秉文:《市场缺陷分析》,辽宁人民出版社 1993 年版,第 149 页。

中,负外部性的表现有:(1)工厂产生污染(水、气、噪声等);(2)滥用森林土地等自然资源;(3)汽车排放废气、噪声、抢占人行道;(4)车祸中无辜受害;(5)乱扔垃圾、吐痰等;(6)麻将声或音乐声妨碍他人休息;(7)公共场合高谈阔论;(8)高楼挡住较低建筑物的阳光。正外部性的表现有:(1)发起减少奢侈、推行礼貌等社会运动;(2)自己注射疾病防疫针,减少传染他人的机会;(3)兴建孤儿院、养老院等非营利事业;(4)整洁的住宅与美丽的庭院;(5)教养子女谦恭有礼、守纪守法;(6)办公大楼前设置时钟与温度计;(7)免费的学术演讲或音乐会;(8)爱好音乐者欣赏做演员的邻居在家练唱。当然,由于外部性问题的广泛性和普遍性,查尔斯指出的上述表现也仅仅是列举性的。事实上,没有人能穷尽外部性的各种形形色色的表现。这就需要我们"透过现象看本质",分析外部性的实质问题。

第二节 外部性下的社会成本与私人成本的偏差分析

外部性的实质就是在于社会成本(social cost)与私人成本(private cost)之间存在某种偏离。众所周知,不存在外部性时,私人成本就是生产或消费一种产品所发生的全部成本,即私人成本也就是社会成本。而在存在外部性的情况下,社会成本不仅包含私人成本,而且还包含人们的生产或消费行为对外部影响而产生的外部成本(external cost)。我们可以用下式表示:

社会成本−私人成本=±外部成本

或用字母表示为:

$SC-PC=\pm EC$

当等式右边为正值时,存在负外部性,即社会成本大于私人成本,私人的经济行为给社会造成额外的成本。而当等式右边为负值时,则存在正外部性,表现为社会成本小于私人成本,即私人的经济行为不仅没有给社会造成额外的成本,而且给社会带来某种额外的利益。

为了进一步分析私人的经济行为对社会造成的边际外部影响,我们可以用边际社会成本(marginal social cost)、边际私人成本(marginal private cost)和边际外部成本(marginal external cost)这三者的关系表示边际外部性,即:

边际社会成本–边际私人成本=±边际外部成本

或用字母表示为:

$$MSC-MPC=\pm MEC$$

我们可以通过具体的例子对(边际)社会成本与(边际)私人成本的偏差进行较为详细的分析。火力发电厂发电时所产生的负外部性问题是社会公众普遍关心的。如果空气是一种公共资源,火力发电厂可以无约束地向空气排污,那么,火力发电厂每生产一单位的电力不仅会发生 MPC,而且,它向空气排污的行为还会带来 MEC,这时,$MSC = MPC+MEC$。我们可以用图12—1加以形象化:

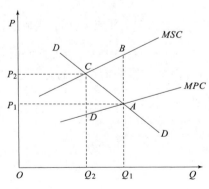

图12—1　火力发电厂的负外部性

在图 12—1 中,由于负外部性的存在,MSC 曲线必然位于 MPC 曲线的上方,由于这两条曲线的斜率不同,在每个生产单位上的 MEC 是不同的。火力发电厂为了实现利益最大化,按照自身边际成本与边际收益(在图中为 DD 曲线)相等的原则决定产量 Q_1 和价格 P_1,但在产量为 Q_1 时,MPC 为 AQ_1(或 P_1),而 MSC 为 BQ_1,其差额 BA 就是 MEC。由于 P_1 没有反映产量为 Q_1 时的 MEC,从社会的角度而言,P_1 的成本价格过低必然造成产量过大,导致资源配置的低效率。因此,以社会效率为出发点,就应当按 MSC 与 DD 的交点决定产量 Q_2 和价格 P_2,这时的价格 P_2 既包括了 $MPC(DQ_2)$,又包括了 $MEC(CD)$。这里存在的一个问题是,如何促使私人自觉地把产量从 Q_1 转向 Q_2?解决这一问题的基本思路是,由企业以交纳污染税的形式承担外部成本(在产量为 Q_2 时,外部成本为 CD),而允许企业以 P_2 的水平定价。因此,解决负外部性的结果是减少产量,提高价格。

现在,我们来考察存在正外部性的情况。在江河的上游地区植树造林有利于防治水土流失,提高水质等,因此,这是政府所倡导的。从经济学的角度分析,江河上游地区的私人(对社会而言,即使国有林场也是私人)的植树造林行为不但不会给社会带来外部成本,而且能给下游地区带来利益,这种利益可以看作是一种负外部成本。如果我们对此进行边际分析,这就是江河上游地区的私人每增加一单位的植树造林面积,除了发生 MPC 外,还能为社会带来边际外部收益(即 $-MEC$),因此,$MSC=MPC-MEC$。① 同样,我们可用图 12—2 加以形象地说明:

---

① 对于正外部性,我们也可以用边际社会收益(marginal social benefit)、边际私人收益(marginal private benefit)和边际外部收益(marginal external benefit)这三者的关系加以论证。存在正外部性的条件是等式 $MSB=MPB+MEB$ 成立。

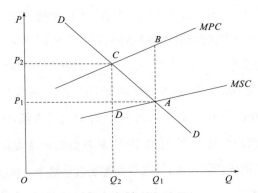

图 12—2　江河上游地区植树造林的正外部性

与图 12—1 相比较,在图 12—2 中,*MPC* 曲线和 *MSC* 曲线的相对位置发生了变换,由于正外部性的存在,*MSC* 曲线位于 *MPC* 曲线的下方,同时,由于这两条曲线的斜率不同,在每个单位植树造林面积上的 $-MEC$ 也是不同的。从社会效率而言,为了满足社会对植树造林的需要,按照 *MSC* 曲线和 *DD* 曲线的交点 *A* 决定最佳面积 Q_2 和成本价格 P_2,但在植树造林面积为 Q_2 时,*MSC* 为 AQ_2(或 P_2),而 *MPC* 为 BQ_2,其差额 *BA* 就是 $-MEC$。由于 P_2 没有反映面积为 Q_2 时的 $-MEC$,这对植树造林的私人来说成本价格太高而没有积极性。因此,从私人的角度而言,按照 *MPC* 曲线和 *DD* 曲线的交点 *C* 决定植树造林面积 Q_1 和成本价格 P_1 对自己更有利,这时,P_1 既包含了 *MSC*(即 DQ_1),也补偿了 *MEC*(即 *CD*)。但植树造林面积 Q_1 不能满足社会的需要(Q_2)。因此,这就产生一个如何促使私人自觉地把植树造林面积从 Q_1 转向 Q_2 的问题。解决这一正外部性问题的思路正好与解决负外部性问题的思路相反,即由政府以提供补贴的形式承担随着植树造林面积扩大而增加的外部成本。在植树造林面积为 Q_2 时,私人可以从政府得到价值为 *BA* 的外部成本补贴。这就能有效地刺激私人扩大植树造林的面积。

由上述分析可见,无论是存在负外部性还是正外部性,要达到社会福利最大化,其边际条件就不是私人的边际成本等于边际收益,而应当是社会的边际成本等于社会边际收益,从而把负外部性纳入社会经济决策之中。

第三节　外部性与政府管制

在市场经济体制下,市场在社会资源配置中具有基础性作用。但外部性使市场机制失效,造成市场失灵,因而需要政府管制。对此,著名经济学家米德认为,在 8 种情形下,政府采取干预与控制措施是有必要的,其中一种情形就是:市场机制往往不能很好地解决由于个人利益与社会利益的对立所引起的重要社会问题,例如,环境污染、资源枯竭、人口爆炸等等。这些问题均有赖于政府的控制和干预行动才能得以解决。① 在这里,个人利益与社会利益的对立就是外部性问题。本节我们通过讨论产生外部性的主要原因,以说明政府管制的必要性。

无论在人们的观念上还是在社会实践中,大气、江河湖泊、海洋、地下水都被认为是一种可以无偿使用的公共资源;而对于土地、森林、矿山等资源,虽然法律规定归国家所有,但由于缺乏有效的监督机制,在所有者与使用者之间的产权关系相当模糊,在实践中也被当作公共资源使用。由于对公共资源消费的控制成本很高,因此,通常处于一种自由消费的状态,从而不可避免地会发生滥用现象。对此,美国学者哈丁在其著名论文《公地的悲剧》中作了生动的描述:② 一群牧民生活在一

---

① 〔英〕詹姆士·E.米德:《明智的激进派经济政策指南:混合经济》,上海三联书店1989年版,第2—4页。

② Hardin, G., 1968, "The Tragedy of the Commons", *Science*, Dec. 13, 1968. 转引自戴星翼:《走向绿色的发展》,复旦大学出版社1998年版,第65页。

片草原上,草原是对所有牧民开放的牧场。牧场是公有的,畜群则是私有的。假如每个牧民都追求个人的眼前利益最大化。因此,以个人利益为出发点,个人利益要求尽可能地增加自己的牲畜头数。因为每增加一头牲畜,个人就得到由此带来的全部收入。但另一方面,当牧场的畜牧承载能力难以长期维持更多牲畜时,再增加一头牲畜会给草场带来某些损害。而这种损害是全体牧民分担的。这一群牧民中的每个人都有足够的聪明,每个人都努力地去增加自己的牲畜数,而由大家分摊由此带来的成本。其必然结果是,牧场越来越退化,直至毁灭。

上述"公地的悲剧"具有相当的普遍性,渔场就是另一个很好的例子。由于在一定时期内某一渔场中的鱼是一个定量,一个(或一群)渔民捕较多的鱼就意味着其他渔民只能捕较少的鱼。因此,每个渔民都有一种赶在他人之前尽可能捕到更多鱼的刺激,即使有的渔民认识到鱼资源的稀缺性,但在相互的利益竞争中,他们也只能参加到掠夺性捕鱼的行列。在这方面,一个典型的例子就是中国南海曾一度恶性扩散的电网捕鱼。电网捕鱼的收获量比其他捕鱼方式要高得多,这使采用这种捕鱼方式的渔民获得很大的短期利益,在渔民的利益竞争中,电网捕鱼方式很快扩散。但在电网捕鱼过程中,在电流的作用范围内,所有的水生动物都被电流击死或击伤,因此,电网捕鱼导致渔业资源再生能力大幅度下降甚至枯竭,南海的一些水域成为无鱼可捕的地方。又如,在江河上游,私人的植树造林行为有利于避免水土流失,提高水质,为社会特别是下游的人们带来利益,但在自由市场经济下,上游的私人往往缺乏植树造林的积极性,相反,为了取得更多的短期利益,他们还会对沿岸的树林实行乱砍滥伐,或毁林造地,或开采矿物资源,从而造成水土流失甚至洪水泛滥,这对社会特别是下游的人们来说是一种很大的成本,但上游的私人不承担这种成本。对我们的日常生活具有更为直接影响的是,由于大气、江河湖泊是一种公共资源,许多工厂向大气和江河湖泊排放各种污染物,造成水污染、空气污染,产生严重的负外部性。

从上述的负外部性现象中不难得出的一个结论是:市场机制不能对各种公共资源发挥优化配置的作用,造成市场失灵,因此,为消除各种负外部性,就需要借助政府的力量,对各种公共资源实行有效的政府管制。同样,对于植树造林、清洁河道、建设公园、草地等不能或难以补偿行为者成本的正外部性,也需要实行政府管制,通过建立某种补偿机制,以刺激私人的正外部性行为,或在许多场合下,直接由政府从事正外部性活动。

值得指出的是,由外部性造成的市场失灵是实行政府管制的必要条件,但不是充分条件。政府管制成为完全必要还要求政府管制的收益必须大于政府管制的成本,而且,从一般意义上讲,政府管制的目标是要使政府管制的净收益(即政府管制的收益与成本之差)达到最大。尽管我们在本书第一章第三节对政府管制的成本与收益问题已作了专门研究,但这里我们还是有必要结合环境质量管制对这一问题作进一步的探讨。

在环境质量管制中必然会发生立法(或计划)成本、实施成本等,同时,环境质量管制能为社会带来许多利益,如减少医疗费用、延长人的寿命等等。环境质量管制的必要性首先要求其收益大于成本,更为理想的是,我们要使这种环境质量管制产生最大净收益,这种净收益就是管制收益与成本的差额,因此,管制政策制定者的目标也就是追求管制收益与成本之间的差额最大化。现在,我们通过图12—3对此进行分析:

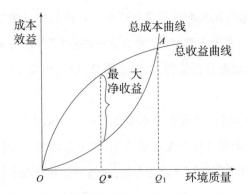

图 12—3 环境质量管制的总成本与总收益分析

在图 12—3 中,随着环境质量水平的提高,总成本曲线不断上升,而且,随着提高环境质量水平的难度不断增加,总成本上升率也不断提高。从总收益曲线看,在初始阶段的收益率很高,这是因为管制活动直接提高了人们的基本生活质量,随后,收益率递减。这两条曲线在 A 点相交,相应的环境质量水平是 Q_1,在 Q_1 的左边,总收益大于总成本,因此,在 O 和 Q_1 之间政府管制是必要的;而在 Q_1 的右边,总成本大于总收益,意味着政府管制是无效率的。政府管制者的任务不仅要发现政府管制必要的环境质量水平区域(在图中为 $O-Q_1$),而且要发现能使总收益与总成本的差异达到最大的环境质量水平点(在图中为 Q^*),在环境质量水平为 Q^* 时,政府管制的效率是最高的。

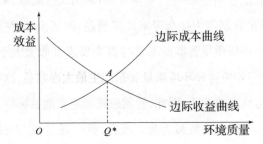

图 12—4 环境质量管制的边际成本与边际收益分析

另一种选择最有效率的环境质量管制水平的办法是对收益和成本实行边际分析,在图12—4中,随着环境质量水平的提高,边际成本不断上升,而边际收益不断下降(其理由同前),边际成本曲线与边际收益曲线相交于A点,相对应的环境质量水平是Q^*,因此,环境质量水平Q^*是政府管制者的最佳选择,这也是政府管制效率的最高点。

第四节　解决外部性问题的政府管制政策

政府可以设计许多政策措施以解决各种外部性问题,本节主要探讨政府对环境的外部性,特别是由环境污染引起的负外部性的管制政策问题。我们可以把众多的政府管制政策措施归纳为三大类,即行政法规政策、经济政策和利用市场机制政策,它们共同构成一个政府管制政策体系。

一、行政法规政策

行政法规政策是世界各国政府解决外部性问题最基本、最常用的政府管制政策。政府采取行政政策措施的特点是:(1)政府可以利用权力来签订协约,例如禁止在某个地方以某种方式使用土地,以防止损害邻近的财产所有者;(2)政府可以坚持自己在处理一些外部性时采取的正确行动,比如对烟囱排放物的种类和数量进行限制;(3)政府可以采取积极行动,或提供与外部性相对抗的服务措施,例如,针对某种传染病政府可以强迫进行预防注射。[①] 但在市场经济国家里,政府采取行政措施必须以一定的法规为依据,因此,行政法规政策往往被看作是一个整体。当然,在实践中两者也可以单独实施。而且,法规政策措

---

① 参见〔美〕斯蒂格勒:《价格理论》,北京经济学院出版社1990年版,第334页。

施比单纯的行政措施更具有权威性和强制性。例如,根据 1970 年开始生效的《美国空气洁净法》,对美国工商业界来说,到 90 年代末,为执行此法令将每年花费 250 亿美元。在其他领域,此法令将迫使石油公司砍掉炼油厂废气排放量的 90%,在烟雾笼罩的都市区,要开发更干净的燃油。此法令还规定 191 种化工产品为有害品种(而在 1970 年只有 7 种),并要求全国的发电厂的二氧化碳排放量(酸雨的主要成因)到 1995 年减少 500 万吨,到 2000 年再减少 1000 万吨。[①]

政府运用行政法规政策控制由环境污染引起的负外部性的基本政策手段是制定排污标准(emission standards),它是由有关政府管制部门制定并依法强制实施的每一污染源特定污染物排放的最高限度,如某一化学制品厂每日污水的排放量。通常,排污标准和惩罚相联系,超过排污标准的企业或个人将受到惩罚。政府制定合理的排污标准的前提是首先要确定最优排污量。对此,我国学者张帆已作了专门研究,[②]首先请见图 12—5。

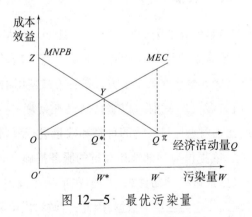

图 12—5　最优污染量

①　参见〔美〕帕屈克·卡森、朱莉亚·莫顿:《绿就是金——企业家对企业家谈环境革命》,广东人民出版社 1998 年版,第 28—29 页。

②　参考张帆:《环境与自然资源经济学》,上海人民出版社 1998 年版,第 159—162 页。

在图 12—5 中，*MNPB* 表示边际私人净效益（marginal net private benefits），它是改变一单位经济活动水平所追加的净效益。*MEC* 表示边际外部成本（marginal external cost），它是由生产活动产生但不是由生产者承担的成本。由于这两条曲线都表示边际量，它们下方的面积就表示总量，即 *MNPB* 以下的面积表示总私人净效益，*MEC* 以下的面积表示总外部成本。政府管制的目标是使总效益与总成本之差最大，由图 12—5 可见，当经济活动量为 Q^* 时总效益与总成本之差最大，这时两者之差由三角形 *OZY* 表示。相应的最优经济活动量为 Q^*。假定经济活动量和污染量是成正比的，每一个 Q 都有一个相应的 W 水平，则由最优经济活动量 Q^* 所对应的最优污染量为 W^*。

但实际上，自然界对污染物有一定的吸收能力，当污染量小于某一值时，自然界可以把污染物吸收并转化为无害物。例如，少量污水排入江河可以被稀释。但当污染物的排放超过一定限度时，自然界就不能吸收全部污染物，就会产生负外部性。因此，考虑到环境对污染物的吸收能力，就需要对图 12—5 作一定的调整，请见图 12—6。

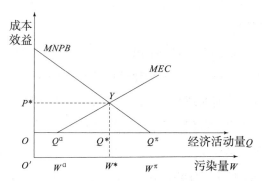

图 12—6　考虑环境吸收能力的最优污染量

在图 12—6 中，环境对污染物的吸收能力由 *MEC* 曲线的起始点表示，*MEC* 在经济活动量为 Q^a 点开始，在此点左侧，污染物被环境吸收，负外部性为零。比较图 12—5 和图 12—6,考虑到环境对污染物的吸收能力后,最优污染量向右位移,其距离为 OW''。可见,零污染并不是最优污染量,而零外部性并不要求经济活动量也为零。

综上所述,政府管制的目标不是要消灭污染,而是要确定最优污染量,并以此作为制定排污标准的重要依据。同时,对于超标准排污的经济惩罚水平应该为 P^*(见图 12—6),即同决定最优污染量的 $MNPB$ 曲线与 MEC 曲线的交点 Y 所对应的纵坐标点,因为当罚款为 P^* 时,如果排污量大于 W^*,则边际罚款就超过边际私人净效益,从而促使排污者把排污量控制在 W^* 以内。此外,企业或个人超标排污受惩罚的概率应为 100%,否则,排污者就会产生机会主义倾向,排污标准的约束力就会被弱化。

上述对超标准排污者的经济惩罚在中国环境保护实践上被称为"排污收费制度"(或"征收排污费制度"),《中华人民共和国环境保护法》(1989 年)第二十八条明文规定:排放污染物超过国家或者地方规定的污染物排放标准的企事业单位,依照国家规定缴纳超标准排污费,并负责治理。排污收费制度是环境立法有关"谁污染谁治理"原则的具体体现。根据《中华人民共和国环境保护法》及其相关行政法规,中国对环境污染管制的基本法律制度还有:(1)环境影响评价制度。它是指对可能造成环境影响的各种建设项目事先进行调查、预测与评价,在此基础上提出可能对环境造成的影响和具体防治环境破坏的方案,最后由环境保护主管部门决定是否予以批准实施建设项目的一项法律制度。这一制度是环境立法有关"预防为主、防治结合、综合治理"原则的具体体现。(2)"三同时"制度。它是指一切新建、改建和扩建的基本建设项目、技术改造项目、区域开发项目、自然资源开发项目等,其防治环境污染和生态破坏的设施,必须与主体工程同时设计、同时施工、同时投产或使用的一项法律制度。这是一项控制新污染源的行政法律制度。(3)排污许可证制度。它是指排放污染物的企事业单位，必须事先向环境保护行政主管部门申报登记，经审查批准，领取许可证后才能排污的一项法律制度。这一制度是排污行政许可工作的法制化，是环境保护主管部门掌握环境状况，根据不同对象和情况有针对性地采取相应环境污染管制措施的重要手段。(4)环境监测制度。环境监测是指运用物理、化学、生物等方法，对环境质量的某些代表值进行长时间的监视、测定过程。也就是在一定时期内，测定环境中某种或某些污染物的浓度，跟踪其变化情况及其对环境产生影响的过程。环境监测制度就是指环境监测计划、组织、操作、管理等活动的一整套法制化规则。它是政府有效地实行环境污染管制的基础。(5)限期治理制度。它是指对造成严重污染的企事业单位和在特殊保护区域内超标排污的已有设施，由有关政府机关依法限定其在一定期限内完成治理任务，达到治理目标的一项法律制度。其特点是以时间限制为手段，强制排污单位限期治理污染。对逾期未完成治理任务的排污单位，除按照国家规定加收超标排污费外，还可以根据造成危害后果的大小处以罚款，或者责令停止、关闭。(6)现场检查制度。它是指依法行使环境行政监督管理权的部门，按照法定程序进入管辖区域内排污单位的现场，对污染物排放状况进行监督检查的一项法律制度。它具有随机性和强制性的特点，法定检查机关可以随时对排污单位进行现场检查，而且不需要经被检查的排污单位同意。它能促使排污单位加强对环境污染的自我监督管理，减少污染物的排放，及时发现和消除污染事故隐患。(7)污染事故报告处理制度。它是指因发生环境污染事故或其他突发性事件，使环境受到或者可能受到严重污染，威胁居民生命财产安全的紧急情况时，污染事故发生单位必须及时通报附近可能受到污染危害的单位和居民，并向当地环境保护行政主管部门和有关部门报告情况，同时，及时采取应急措施的一项法律制度。

二、经济政策

政府运用经济政策以解决外部性问题的核心内容是税收和补贴。征收污染税现在已成为各国政府最普遍采用的控制污染的经济政策措施。征收污染税的政策思路最早是由英国经济学家阿瑟·庇古（Arthur C. Pigou）提出的，他在 1920 年出版的《福利经济学》（*The Economics of Welfare*）一书中指出，政府应当根据污染所造成的负外部性对排污者征税，用税收来弥补私人成本与社会成本之间的不一致性。因此，征收污染税也被称为"庇古税"，其特点是对排污者征税。其目的是使负外部性问题内部化，通过税收的形式由排污者承担外部成本。广义的庇古税通常也包括"排污收费"。而污染税的标准则取决于特定经济活动所造成的负边际外部成本。如前面图 12—1 所示，当火力发电厂的发电量为 Q_1 时，污染税为 BA，而当发电量为 Q_2 时，污染税则为 CD。政府通过收取污染税，促使火力发电厂把发电量由 Q_1 减至 Q_2，从而使产量限制在价格等于边际社会成本之处，实现资源的有效配置。同理，对于正外部性问题，政府应当给产生正外部性的行为主体以一定的补贴，其补贴额取决于特定经济活动所带来的正边际外部成本。如在图 12—2 中，当江河上游地区植树造林面积为 Q_1 时，补贴额为 CD，而当 Q_2 时，补贴额就为 BA。政府通过提供补贴，鼓励江河上游地区植树造林的面积达到社会所需（或社会最有效率）的水平（在图 12—2 中为 Q_2）。

除了税收和补贴外，政府还可以运用其他经济措施解决外部性问题，例如：（1）产品税。一些产品的生产或消费或废弃会对环境造成危害，产品税就是对这些产品征税。具体做法是对产生负外部性的产品征税，如对香烟征税；也可以对作为生产投入物的产品征税，如对燃油征税。如果一个生产过程中有许多单项的投入物对环境可能造成危害,逐项征收产品税就会大幅度提高成本,从而限制生产。根据有关资料,①西欧国家的经验表明,对投入物征收产品税比对最终产品征收产品税更有效。在欧洲,如荷兰以附加税的形式对燃油征收产品税,挪威和瑞典对电池、化肥和农药征收产品税,意大利则对塑料袋征收产品税。产品税的管制效率被证明是很高的。(2)"三同时"保证金制度。如前所述,"三同时"是指对环境有影响的一切基本建设项目,其中防治污染和生态破坏的设施,必须与主体工程同时设计、同时施工、同时投产使用,"三同时"保证金制度就是在某一项目投入之前,生产者先缴纳一定数额的保证金,如果该项目最终没有实现"三同时",形成对环境危害或污染超过规定水平,生产者就失去其保证金。保证金的价值应大于预期环境损害的价值。这种制度有利于减少基建项目对环境可能造成的危害。

三、利用市场机制政策

外部性问题的存在造成市场失灵,这就要求政府实行较为直接的管制。政府制定与实施前面讨论的行政法规政策和经济政策就是以此为理论依据的。事实上,这种理论与实践在20世纪60年代以前一直处于主导地位(甚至可以说是处于独一无二的地位)。1960年,诺贝尔经济学奖获得者科斯发表了著名的《社会成本问题》一文,②对庇古为代表的解决外部性问题的传统理论提出了挑战。科斯在该文开门见山地指出:本文涉及对他人产生有害影响的那些企业的行为。一个典型的例子就是某些工厂的烟尘给附近的财产所有者带来的有害影响。对

---

① 参见戴星翼:《走向绿色的发展》,复旦大学出版社1998年版,第89页。

② Coase,R.,1960,"The Problem of Social Cost," *Journal of Law & Economics* 3:1–44. 读者也可参见〔美〕罗纳德·哈里·科斯:《论生产的制度结构》,上海三联书店1994年版,第141—196页。

于此类问题,经济学通常是从工厂的私人成本与社会成本之间的矛盾展开分析的。对此,许多经济学家都因袭了庇古在《福利经济学》中提出的观点。他们的分析结论无非是要求工厂对烟尘所引起的损害负责赔偿,或者根据工厂排出烟尘的数量及其所造成损害的相应金额标准对工厂征税,或者最终责令工厂迁出居民区或对他人产生有害影响的其他地区。在科斯看来,这些解决办法并不合适,因为它们所导致的结果不是人们所需要的,甚至通常也不是人们所满意的。其深层次的原因是,传统的方法掩盖了不得不作出的选择的实质。人们一般将该问题视为甲给乙造成损害,因而所要决定的是:如何阻止甲?但这是错误的。因为这一问题具有相互性,即避免对乙的损害将会使甲遭受损害,必须决定的真正问题是:是允许甲损害乙,还是允许乙损害甲?关键在于避免较严重的损害。

为此,科斯以农夫和养牛人在毗邻的土地上经营,而且,土地之间没有任何栅栏的情况下,养牛人的牛损坏农夫谷物生长为例,分别分析了对损害负有责任的定价制度和对损害不负责任的定价制度,前者的基本假定是:农夫具有谷地的产权,养牛人无权让牛群吃谷。这样,如牛群吃谷,养牛人就要向农夫补偿谷物损失;后者的基本假定是:养牛人有权让牛群吃谷。这样,如果农夫要减少谷物损失,就要向养牛人支付因减少牛的数量而造成的损失。由于在上述两种情况中,产权是明确的,农夫和养牛人通过讨价还价最终都能达成双方能够接受的协议。从这不难引申出这样的结论:只要产权明确,不管产权归属于谁,私人成本和社会成本就会相互一致,实现社会成本内部化。这无疑为政府运用市场机制解决外部性问题提供了重要的理论基础。

但是,科斯理论是以交易双方不存在交易费用(即交易费用为零)为基本假定条件的,而在现实世界中,不仅存在交易费用,而且交易费用很高,以致不能达成交易。同时,如果某种活动的受害者是由许多人构成的一个群体时,还会出现严重的"搭便车"问题,使受害者的利益都得不到保护。特别是现实的环境污染问题,往往是混合污染源导致混合受害人,即某种污染物是由许多污染源共同产生的,而受害人不仅人数众多,而且受害程度也有很大差异,这就决定了难以通过讨价还价的交易方式解决环境污染之类的外部性问题。

虽然科斯理论在实际应用中存在局限性,但它主张通过明确产权关系以解决外部性问题的理论思路则是一种重大的创新,著名经济学家戴尔斯(Dales)就是在科斯理论启发下完成其专著《污染、产权和价格》的,他为政府运用市场机制,实行污染权交易提供了理论基础。[①]在戴尔斯看来,外部性问题导致市场失灵,造成环境污染,对此,单独依靠政府干预或单独依靠市场机制都难以奏效,只有将政府干预和市场机制相结合才能有效地解决外部性问题,控制环境污染。他认为,环境是一种属于政府所有的商品,政府可以将环境污染物分割为一定标准的单位,然后在市场上公开标价出售一定数量的污染权,即实行污染权交易,每一份污染权允许其购买者可排放一单位的污染物。在特定区域内所出售的污染权数量要足以保证环境质量。同时,在产生外部性的污染者之间,政府也应允许其对污染权进行交易。政府则可以用出售污染权得到的收入来提高环境质量。在实践中,自20世纪70年代开始,美国等经济发达国家就较为广泛地运用污染权交易以解决环境污染问题。[②]

由此可见,解决外部性问题的三类政府管制政策具有相互联系、相互交叉的特点,如行政法规政策中,向超标排污者征收排污费实际上也

---

① Dales, J., 1968, *Pollution, Properties and Price*, University of Toronto Press. 转引自郑秉文:《市场缺陷分析》,辽宁人民出版社1993年版,第185—186页。

② 详见:Viscusi, W. K., J. M. Vernon, and J. E. Harrington, 1995, *Economics of Regulation and Antitrust*, The MIT Press, pp. 669 – 672。

是一种采取经济手段的办法；而经济政策中向排污者征税是以一定的行政法规为依据的；利用市场机制政策必须有赖于有效的行政法规，而且，它本身就是一种经济手段。因此，上述三类政策的划分是相对的。

　　最后值得一提的是，上述解决外部性问题的行政法规政策、经济政策和利用市场机制政策各有利弊，例如，行政法规政策具有强制性，见效快，但政府制定和实施排污标准并不容易；经济政策以征收税收或提供补贴为杠杆，有利于促使企业的外部成本内部化，但这会出现企业向政府寻租，下级政府向上级政府寻租的可能性；而利用市场机制政策能较好地利用市场机制的作用，但在环境资源的产权界定方面存在相当大的困难。正因为如此，各国政府都几乎同时运用这三种政策，当然，这需要根据各国的经济发展水平，特别是针对不同的环境污染类型而对这三种政策有所侧重，实行优化组合，以形成一个科学的政府管制政策体系。

第十三章　信息不对称理论

　　我们在本书第二章第三节曾讨论的"信息不对称"（asymmetry of information）下的政府管制理论，主要探讨管制者（政府）与被管制者（企业）之间的信息不对称问题以及相应的政府管制理论。而本章讨论的信息不对称理论则主要探讨市场交易者（即卖者与买者）之间的信息不对称问题。由于信息不对称，在市场交易发生的前后可能会发生"逆向选择"（adverse selection）和"道德风险"（moral hazard）问题，导致市场失灵。由于单纯利用市场机制难以缓解信息不对称问题，这就为通过政府管制以缓解信息不对称问题提供了客观必要性。① 本章讨论的逻辑顺序是：首先讨论信息不对称及其普遍性；其次讨论由信息不对称引起的逆向选择与道德风险问题；然后探讨利用市场机制缓解信息不对称的途径；最后讨论信息不对称与政府管制问题。本章讨论的信息不对称理论是下面探讨政府对产品质量管制的理论基础。

第一节　信息不对称及其普遍性

　　传统的经济学理论把完全竞争模型作为理想模型，因为在这种模型下才能实现帕累托最优，达到最高经济效率。而完全竞争模型的一

---

　　① 在这里，我们说"缓解"信息不对称，而不是说"解决或消除"信息不对称，是因为在绝大多数情况下，信息不对称是难以彻底解决或消除的，只能通过努力缓解信息不对称。

个基本假设条件是:在完全竞争市场上,生产者和消费者都拥有充分信息,所有与产品有关的信息都是完全公开的,生产者和消费者可据此作出正确的决策。但在现实世界中,完全竞争模型的这种基本假设条件往往难以得到满足,大量存在的是市场交易者之间的信息不对称现象。这就刺激更多经济学家对信息不对称理论进行研究,并取得了相当的研究成果,其中,美国哥伦比亚大学的威廉姆·维克瑞(William Vick-ery)和英国剑桥大学的詹姆斯·米尔利斯(James A. Mirlees,又译莫里斯)这两位经济学家分别在 20 世纪 60 年代和 70 年代揭示了信息不对称对交易所带来的影响,并提出了相应的对策,为表彰他们对信息不对称理论所作出的开拓性贡献,他们获得了 1996 年的诺贝尔经济学奖。从而进一步推动了人们对信息不对称理论及其应用的研究。

信息不对称的基本特征是:有关交易的信息在交易者之间的分布是不对称的,即一方比另一方占有较多的相关信息,处于信息优势地位,而另一方则处于信息劣势地位。这种信息不对称问题是普遍存在的,例如,在产品市场上,市场交易者由生产者、销售商和消费者组成。其中,生产者一般只生产少数几种产品,经过产品生产的整个过程,充分掌握自己产品的质量、性能和成本状况等方面的信息,因此,生产者与销售商、消费者相比,显然处于信息优势地位。对于销售商来说,虽然他们没有像生产者那样占有充分的信息,但他们经过多年的销售活动,对自己所经营产品的各种品牌、质量、可操作性等方面的信息也相当了解,形成了对消费者的信息优势。在同类产品的市场需求方面,销售商甚至比生产者掌握更多的信息。这样,对产品有关信息了解最少的是消费者,他们完全处于信息劣势地位。因此,消费者常常成为被欺骗的对象。在保险市场上,则存在另一种类型的信息不对称问题,其中多数信息不对称产生于保险(如汽车保险)的买主与卖主之间对所投保的不确定事件(如汽车被盗)所拥有的信息差异上。由于保险的购买者直接面对这些不确定事件,因此,他们通常在了解这些事件会发生的真实概率方面处于信息优势地位,并且通常还可以采取能够影响事件发生概率的行动(如加强或放松防盗措施)。劳动力市场与产品市场一样,也存在信息不对称问题,雇员十分清楚地知道自己拥有多少技能和敬业精神等,但雇主只能凭雇员的学历、外表和工作简历等对雇员进行评价,即雇员比雇主掌握更多的信息。此外,在医生和病人之间更是存在严重的信息不对称问题,医生清楚地知道给病人所开药方中药品的功效,而多数病人对此几乎毫不了解,因此,少数缺德的医生为了得到药品生产经营企业的好处而存在滥开药方的倾向,把一些对病情无关紧要的药品介绍给病人。目前在中国,在诸如电信、电力、煤气和自来水供应等具有自然垄断性质的服务供应市场上,企业与消费者之间在价格信息方面的不对称问题已成为社会关注的热点问题,企业完全了解其成本及其成本结构信息,而消费者则在缺乏选择对象的情况下,很难得到有关价格的真实信息。

由上可见,信息不对称问题是广泛而普遍存在的。事实上,凡是存在市场交易的地方,都不同程度地存在信息不对称问题。那么,为什么会存在信息不对称问题? 其基本原因主要包括以下几个方面:

1. 社会分工和劳动分工造成不同市场交易者所拥有的知识的不对称性。社会分工使每一个企业(事业)专门从事某一项特定的业务活动,特定企业较全面地掌握自身业务范围的知识,而对其他业务领域的知识缺乏了解。如机械产业的企业一般不了解化工产业的知识,家电产业的企业通常不掌握电力产业的知识,等等。这就是所谓的"隔行如隔山"。进一步说,在家电产业内部,多数电视机生产企业往往对空调的知识缺乏了解。即使在同一电视机产业内,电视机生产企业和电视机销售企业的知识结构也存在较大差异,如电视机生产企业较多掌握有关电视机生产、技术和原材料等方面的知识,而电视机销售企业则较多地掌握有关电视机市场需求和销售方面的知识。随着社会专业分工的发展,不同企业组织在知识结构上的差异存在越来越扩大的趋势。同时,随着劳动分工的发展,专业化劳动使劳动者个体之间的知识结构差异性也进一步扩大。因此,由于企业和个人知识范围的局限性,他们作为市场交易者总体,相互间必然产生信息不对称问题,表现为在多数市场上,特定产品的生产者或卖方总是拥有比消费者或买方更多的信息。

2. 信息的搜寻成本。从理论上说,处于信息劣势方的市场交易者可以通过搜寻大量的交易信息,以取得比较完全甚至完全的信息。但在现实中,搜寻信息是需要成本的,例如,作为一种普遍现象,消费者准备购买某一特定品牌的产品后,往往要到几家商店对同种品牌的产品售价进行比较,消费者在搜寻这种价格信息过程中,必然要花费一定的时间、精力和交通费用等等。这些都构成消费者的"搜寻成本"(search cost)。对于绝大多数消费者来说,他们往往只走访了少数几家商店后就采取购买决策,而不是走访了所在区域的所有商店,发现了"全城最低价"后才购买。这是因为,消费者搜寻信息越努力,他们所发生的搜寻成本就越大,因此,消费者就要权衡搜寻成本和"搜寻收益"(search benefit),只有当搜寻收益大于搜寻成本时,才会刺激消费者去继续搜寻有关信息。从相反的角度看,当消费者认为搜寻成本大于搜寻收益时,就会停止搜寻有关信息,从而在信息不充分(甚至很不充分)的情况下就采取购买行为。这就必然在市场交易者之间存在信息不对称问题。

3. 拥有信息优势的交易者对信息的垄断。在市场交易活动中,交易双方是根据自己所掌握的信息制定决策的,而决策的正确性在相当程度上取决于所掌握的信息数量与质量。因此,拥有信息优势的交易者为了在交易活动中取得主动权,往往会产生垄断某些真实信息的动机,有的交易者甚至会发出一些虚假信息,误导交易对方,以实现自身利益最大化。如少数不法企业以次充好,欺骗消费者;收受回扣的医生向病人滥开药方,推销低劣无效药品等都是属于这种情况。因此,在拥有信息优势的交易者对真实信息实行垄断的情况下,即使其他交易者愿意花费很大的信息搜寻成本,也难以获得比较充分的信息。事实上,在现实经济中,信息优势方对信息的垄断是产生信息不对称问题的一个重要原因。

第二节　逆向选择与道德风险

本节主要讨论由信息不对称引起的,在市场交易发生前后可能产生的逆向选择与道德风险问题,以及它们对市场效率的影响。

一、逆向选择问题

美国加利福尼亚大学的乔治·阿克洛夫(George Akerlof)在 1970 年发表的著名论文《次货市场:质量不确定性与市场机制》一文,[1]为研究逆向选择问题奠定了理论基础,阿克洛夫所设计的旧车市场模型则成为分析逆向选择问题的经典例子。在阿克洛夫的旧车市场模型中,逆向选择问题是由卖主与买主对车的质量信息不对称而引起的。每个卖主都知道车的真实质量,但买主不知道每辆车的真实质量,只知道车的平均质量,因而只愿意按平均质量支付价格。这样,车的质量高于平均水平的卖主就会感到吃亏而被迫退出市场,其结果是在旧车市场上,车的平均质量下降,相应地,买主愿意支付的价格也进一步下降,从而又迫使更多的车的质量较高的卖主退出市场。其最终结果是,在旧车

---

[1]　Akerlof, G., 1970, "The Market for Lemons: Quality Uncertainty and the Market Mechanism," *Quarterly Journal of Economics* 84: 488–500.

市场均衡的状况下,只有低质量的旧车成交;而在极端状况下,可能造成旧车市场不存在。这样,就产生逆向选择效应:旧车卖主的构成随着价格下降而发生"逆向"变化,即价格越低,车的质量较高的卖主就越少。

　　我们可以用数字具体分析上述旧车市场上存在的逆向选择问题:①假设旧车市场上有高、中、低这三类不同质量的车,又假设卖主对高、中、低这三类不同质量旧车愿意出售的底价分别为11000元、8000元和5000元,而买主对这三类旧车愿意支付的最高价格分别是12000元、9000元和6000元。为便于说明起见,假设这三类车的质量分布是均匀的,即买者任意挑一辆旧车,该车是高质、中质和低质的概率都是1/3。显然,如果所有卖主能如实标明所售旧车的质量等级,并按质定价,或者,所有的买者能客观分辨每辆旧车的质量等级,并按质支付价格,那么,对旧车质量水平有不同偏好的买主就会分别选购高、中、低这三类不同质量的旧车,由于每类旧车的买主愿意支付的价格都高于同类旧车的卖主的底价1000元(即存在1000元的讨价还价余地),经过卖主和买主讨价还价一般都能达成交易。但问题是只有高质量的旧车卖主才会真实标明所售车的质量水平,而中、低质量水平的旧车卖主为了以高价出售,会向买主谎称自己的车也属于高质量的。同时,买主也不能客观辨别旧车的质量水平。因此,在旧车市场上买卖双方就存在着信息不对称问题,从而影响旧车交易的正常进行。在此情况下,由于买主不知道车的真实质量,他买到一辆高质量车、中等质量车和低质量车的概率都为1/3,愿意支付的价格分别为12000元、9000元和6000元,这样,买主购买旧车的期望价格(EP)为:

　　①　参见周惠中:《略谈伪劣商品和打假——不对称信息理论的应用》,载汤敏、茅于轼主编:《现代经济学前沿专辑》(第三集),商务印书馆1999年版,第250—272页。

$$EP = 12000 \times \frac{1}{3} + 9000 \times \frac{1}{3} + 6000 \times \frac{1}{3} = 9000(元)$$

这就是说,如果旧车的价格超过 9000 元,买主就不能接受。但对旧车卖主来说,如果买主愿意支付的价格不能超过 9000 元,那么,由于高质量旧车的卖主的底价是 11000 元,这部分卖主就会退出市场,只有中等和低质量车的卖主才能出售其旧车。但当买主知道在 9000 元的价格下,高质量车的卖主退出市场后,旧车市场上只剩下中等和低质量的旧车,买主的期望价格就会作相应的调整。由于买到中等质量和低质量旧车的概率相等($\frac{1}{2}$),则买主的期望价格(EP)调整为:

$$EP = 9000 \times \frac{1}{2} + 6000 \times \frac{1}{2} = 7500(元)$$

这样,当买主最多只愿意支付 7500 元购买旧车时,拥有中等质量旧车的卖主(其底价为 8000 元)就会退出市场。最后的结果是,只有质量最差的旧车才能在市场上成交。从而造成旧车市场萎缩,成为一个"稀薄"的市场。

上述旧车市场模型虽然非常简单,但它反映了由信息不对称而引起的逆向选择会造成"劣质产品驱逐优质产品",劣质产品泛滥的经济机制。从实质上看,逆向选择的"逆向"就是指这种"劣质产品驱逐优质产品"的不正常现象。旧车市场模型也适用于其他许多产品市场。对多数消费者来说,他们可以凭直觉和购买经验辨别诸如大米、蔬菜、毛巾等一般日用品的质量,而对多数产品,消费者就缺乏辨别质量差异的能力,特别是对外形基本相同的家用电器必须使用一段时间后才能知道其内在质量。因此,对那些价格比较敏感、具有求廉动机的消费者来说,他们既然无法辨别同类产品的质量,作出购买决策的主要依据就是价格,这样,尽管某些产品的质量较高,但由于价格高于同类产品,这些消费者就不会购买。当然,在市场上有一部分消费者以价格为指示器来辨别产品的质量,但劣质产品的卖主也可以标高价格以显示其产品的高质量,这就会使"高质高价"的机制失效。因此,在不少消费者的心目中,优质产品和劣质产品便是一个价。由于产品的质量水平与生产成本密切相关,优质产品的生产成本总是高于劣质产品的生产成本,如果优质产品和劣质产品同价,生产优质产品的企业就吃亏,而生产劣质产品的企业则占了便宜。这样,一个理性的生产者就不会自觉生产优质产品,从而造成市场上的产品质量不断下降,最终劣质产品就会将优质产品赶出市场。希望购买优质产品的消费者只能到其他产品市场上去购买替代品,从而造成市场萎缩。

二、道德风险问题

　　道德风险的一般含义是指交易双方达成一项合同或契约后,交易一方在单纯追求自身利益时作出对另一方不利的行动。道德风险最早是在保险业中被发现的一种经济现象:一些人购买某项保险后就会产生一种依赖心理或麻痹大意,降低了他们防范风险发生的努力程度,并且,通常还可能采取能够影响事件发生概率的行动,从而提高了风险发生的概率,使交易对方受到损失。例如,某一个购买了汽车保险的人,他知道把汽车停在什么地方可能被盗,停在什么地方比较安全。他也可以花一定的代价(如停车费)把汽车停到比较安全的地方,他还可以在车上装上防盗装置,以减少汽车被盗的概率。但由于他购买了汽车保险,他就会减少在这些方面的努力。这就属于道德风险问题。对汽车保险公司来说,要搞清每位汽车投保者怎样选择停车场,在汽车防盗方面所作出的努力程度等方面的信息是十分困难的,其代价非常大。所以,保险公司只能以众多投保者的平均行为作为确定保险费的基础。而这又会引起逆向选择问题,即保险费越高,投保的人就越少,最后只有汽车被盗可能性最大的人才愿意投保。由于存在道德风险问题,会造成一些保险业务难以为继。如目前中国许多城市的保险公司都不愿意开展自行车保险业务，其主要原因是许多投保人为自行车购买保险后，就会对自行车的失窃放松防范，从而造成自行车的失窃率很高，保险公司的损失较大，最后不得不放弃自行车保险业务。

　　除了保险市场，在其他市场上也存在大量的道德风险问题，如许多人都要经历几次房屋装修，在房屋装修市场上，装修公司在人员素质、技术水平、用料等方面都拥有完全信息，而客户很少了解这些信息，即存在着信息不对称问题。装修公司和客户谈判结果所签订的装修合同也不可能是完全的，即不可能对每个细节都作出严格的规定。因此，这就容易产生道德风险问题，一些装修公司可能使用价格低廉的劣质材料以替代合同规定的优质材料，也可能减少工艺，偷工减料。从而使客户蒙受损失。近几年在中国的消费者投诉中，对装修公司道德风险的投诉就有不少。又如，在汽车和家用电器等修理市场上也会普遍发生道德风险问题，修理商与客户达成修理价格（这实际上也是一种契约）后，修理商可能会使用一些劣质零配件，以减少修理成本，从而使客户不能得到按他们所付费用应该得到的修理质量。

　　综合上面的讨论，由信息不对称引发的逆向选择和道德风险都会严重影响公平交易，造成市场低效率。因此，要减少逆向选择和道德风险现象，就要从根本上缓解交易双方的信息不对称问题。而缓解信息不对称的途径主要有如下两个方面：一是利用市场机制本身缓解信息不对称问题；二是通过政府管制缓解信息不对称。我们将在下面分别对它们作较为深入的探讨。

第三节　利用市场机制缓解信息不对称

　　利用市场机制缓解信息不对称问题的基本思路是，在交易者之间加强信息沟通，"信息传递"（signalling）和"信息甄别"（screening）则是实现信息沟通的基本途径，而广告、产品"三包"、信誉等则是利用市场机制实现信息沟通的基本方式。

一、信息传递与信息甄别

在市场交易活动中，如果拥有信息优势的交易方能主动地将有关信息传递给缺乏信息的交易对方，或者处于信息劣势的交易方能发现或诱使对方暴露有关信息，则就能缓解交易者之间的信息不对称问题。我们把信息优势方主动向市场发送信息的行为称作"信息传递"，而把信息劣势方主动发现或诱使对方暴露信息的行为称作"信息甄别"。

信息传递理论是由迈克尔·斯彭斯（Michael Spence）在1974年首先提出的，[①]他着重研究了劳动力市场上存在的雇主对雇员能力的信息不对称问题。雇主在决定是否要雇佣某个雇员以及付给多少报酬时，需要了解这个雇员的敬业精神、技术水平、工作能力和稳定性等方面的信息。但雇主在劳动力市场上难以获得这些信息，只有在雇员工作了相当长的一段时间后才能掌握这些信息。诚然，雇主可以先让雇员先工作几个月后再决定是否雇用，但解雇一个已经工作了几个月的雇员并不容易，雇主需要提出充分的理由，还要付出解雇费等。而且，雇员上岗前需要经过一定时间的职业培训，雇主为此需要投入相当的资金。因此，对雇员进行试用不是上策，最好是在雇用前就能了解潜在雇员的质量。那么，作为雇员如何主动地向雇主传递有关信息，以证明自己拥有较高的质量水平呢？打扮得整齐和漂亮一些虽然能传递一些信息，但即使是那些低质量的雇员在求职时也会进行适当打扮。因此，

---

① Spence, M., 1974, *Market Signalling: Information Transfer in Hiring and Related Screening Processes*, Cambridge, Mass.: Harvard University Press.

理智的雇主是不会以外表取人的。这就是说，外表是一个"弱信息"，它不能区分高质量的雇员和低质量的雇员。相比之下，学历则是一个能表明雇员质量的"强信息"，虽然学历不等于能力，但在一般情况下，学历高的人总是比低学历的人掌握较多的知识，具有较高的素质，特别是发展潜力较大。因此，在人才市场上，雇主希望在重要岗位都能招聘到高学历的雇员。如在中国的人才市场上，近几年来，中专和大专毕业生已开始供过于求，本科生也不那么紧俏，而研究生则容易找到较好的单位。此外，与学历相关，名牌学校的毕业生总是比普通学校的毕业生更受欢迎。因此，一个具有高学历，毕业于名牌学校的人可以将他受教育的有关信息传递给雇主，成为进入好单位的"敲门砖"。

在大量的产品市场上，由于交易双方的信息不对称，不仅缺乏信息的一方吃亏，拥有充分信息的一方也会吃亏。如在前面讨论的旧车市场模型中，拥有高质量旧车的卖主因买主缺乏辨别高质量旧车和低质量旧车的信息而被低价赶出市场，造成"劣质产品驱逐优质产品"的现象。因此，为了改变这种"吃暗亏"的状况，拥有高质量旧车的卖主就会向市场传递信息，如向购买者提供一定的保证，以显示其旧车的高质量。更一般地，在产品市场上，许多拥有高质量产品的卖主往往通过广告、提供产品"三包"、建立信誉等基本方式进行信息传递（我们将在下面对它们分别进行讨论）。

与信息传递相关的一个概念是信息甄别。如前所述，信息甄别是处于信息劣势的交易方主动发现或诱使信息优势方暴露信息的行为。如某个汽车购买者缺乏汽车性能方面的知识，但他可以在购买汽车前请机械师检验汽车的质量，也可以请富有经验的老驾驶员试用汽车，以取得一些有关汽车质量方面的信息。又如在汽车保险市场上，为了减少道德风险问题，保险公司可以提供不同类型、不同收费的保险合同让投保人选择,不同风险水平的投保人就会自觉选择自己认为最合适的保险类型,从而将有关汽车被盗概率的信息暴露给保险公司。

二、信息传递方式之一:广告

广告是信息传递的一种最为普遍的方式,按照广告的功能,可将广告分为告知性广告和说服性广告。告知性广告的主要功能是:让消费者了解某种新产品已投入市场;向消费者介绍某种新产品的新用途;介绍某种产品价格调整情况;解释产品的使用、保养方法;介绍企业能提供的服务项目等等。而说服性广告的主要功能则是:当市场上存在许多同类产品时,企业通过广告使消费者认识到本企业产品的高质量和特色,能为消费者带来满意的使用价值,促使消费者对本企业的产品产生偏爱。因此,向市场传递产品高质量信息的广告实际上都是说服性广告。企业愿意花费大量的钱做广告这一事实会使不少消费者相信,企业对自己产品的质量很自信,因而,这些消费者认为做广告的产品比一般产品具有较高的质量。事实上,不少消费者正是以广告为指示器辨别产品质量,采取购买行为的。

三、信息传递方式之二:产品"三包"

向消费者提供"三包"(即包修、包换、包退)服务是优质产品的所有者向市场传递信息的一种重要手段。由于优质产品的质量高,消费者购买产品后需要返修、退换的可能性较小,因此,提供"三包"服务的成本就比较低。而劣质产品经使用一段时期后,需要返修、退换的可能性就较大,提供"三包"服务的成本很高,甚至会造成经营亏损。因此,劣质产品的卖主就不能模仿优质产品的卖主而不得不放弃提供"三包"服务。这样,产品"三包"就成为区别优质产品和劣质产品的重要信息,即消费者会认识到,提供产品"三包"服务的才是优质产品,否则就是劣质产品。消费者也就愿意为提供"三包"服务的产品支付较高的价格。如在前面讨论的旧车市场模型中,高质量的旧车卖主可以向买主提供"三包"服务,其成本较低,而低质量的旧车卖主如果也仿效提供"三包"服务,就会发生高额的成本。这样,低质量的旧车卖主就不能坚持提供"三包"服务。因此,高质量的旧车卖主就通过传递向买主提供"三包"服务这种信息,可以把优质旧车和劣质旧车区分开,旧车买主就愿意为优质旧车支付较高的价格,而劣质旧车只能以低价出售。在大量的耐用消费品市场上,几乎所有的消费者都把企业是否提供"三包"服务以及"三包"服务期的长短作为制定购买决策的重要依据。

四、信息传递方式之三：信誉

从长远的观点看,信息传递最有效的方式是信誉。信誉是企业经过长期努力逐步形成的,信誉一旦形成便成为企业的无形资产。信誉可分为企业信誉和产品信誉,两者相互联系、相互转化。对生产型企业来说,首先要创建名牌产品,形成产品信誉,在此基础上才能形成企业信誉,而良好的企业信誉又能强化产品信誉。因此,名牌企业和名牌产品密不可分。对经营型企业(如商店)来说,由于它们本身不生产产品,只是销售产品,就需要经过长期销售货真价实的产品,提供良好的服务等方面的努力建立企业信誉,消费者根据企业信誉就会相信企业所经营的产品质量和服务质量。在现实经济中,许多消费者就是根据信誉作出购买决策的,表现为不少消费者愿意购买名牌产品而不惜支付较高的价钱,如在目前的中国家电市场上,"海尔"空调、电冰箱的价格明显高于其他品牌的同类产品价格,但许多消费者还是乐于购买。又如许多小商品市场的产品价格大大低于百货商店经销的同类产品价格,但许多消费者还是愿意到信誉好的商店去购买产品。在这里,信誉起着传递信息、引导购买的重要作用。

从建立信誉的成本与收益分析,在建立信誉阶段,由于企业必须生产经营优质产品,而其价格不能高于市场上同类产品的价格,同时,还要向买主提供良好的"三包"服务等,因此,可能造成企业微利甚至亏本。但信誉一旦建立后,企业就可以制定较高的价格,取得一部分额外利润,这种额外利润被称为"信誉租金"(reputation rent),它是对企业享有良好信誉的报酬,从而进一步刺激企业建立和维护良好的信誉。正因为如此,许多企业都致力于实施名牌战略,以建立并维持企业信誉和产品信誉。

第四节　信息不对称与政府管制

信息不对称会降低市场效率,导致市场失灵,同样,在利用市场机制缓解信息不对称的过程中也会造成市场失灵。这为政府对信息不对称问题实行管制,以校正市场失灵提供了理论基础。同时,政府还可以利用其公共权力,积极采取各种政策措施以缓解信息不对称问题。

一、利用市场机制缓解信息不对称中的市场失灵

我们在上一节曾指出,利用市场机制缓解信息不对称的基本思路是通过信息传递和信息甄别这两种基本途径,以加强市场交易者之间的信息沟通。而广告、产品"三包"、信誉则是实现信息沟通的基本方式。但是,在利用市场机制缓解信息不对称的过程中会出现市场失灵,从而大大削弱了市场机制在这方面的作用。

1. 虚假广告的大量存在使消费者对广告信息产生怀疑,从而降低了广告传递优质产品信息的功能。广告是一种大规模传递信息的重要手段,拥有优质产品的卖主可以通过广告传递其产品高质量的信息,以

促使消费者对其产生偏爱。但是,劣质产品的所有者也可以隐瞒其产品的缺陷,通过虚假广告标榜自己产品的质量。这样,两种不同质量产品的所有者发出基本相同的信息,消费者在购买与使用产品前就难以辨别产品的质量水平。这就在广告传递信息中造成市场失灵。

2. 对产品担保的承诺与实施之间的差异弱化了产品担保在信息传递方面的作用。产品担保的主要内容是产品"三包",在市场机制正常运行的状况下,优质产品的生产经营者可以通过向市场提供"三包"服务而区分优质产品与劣质产品。但是,劣质产品的生产经营者同样可以向市场承诺"三包"服务,因为在实施"三包"服务前,"三包"服务的承诺只是"空头支票",劣质产品生产经营者会在履行"三包"服务承诺时,以种种理由拒绝履行以前的各种承诺。事实上,在中国近几年的消费者投诉中,对生产经营者不履行"三包"服务的投诉居高不下。这就必然使消费者对众多生产经营者提供的各种担保难辨真伪,其结果造成消费者对担保缺乏信任感,从而使产品担保在信息传递中的作用大打折扣。

3. 假冒产品会造成信誉传递信息机制不能正常运作。对多数企业来说,企业信誉和产品信誉相联系,而良好的产品信誉又以名牌产品的形式表现出来的,这样,名牌产品意味着高质量,成为消费者购买的重要对象。正因为如此,一些低劣产品的生产者就会仿制名牌产品,向市场提供假冒产品。这就会对生产名牌产品的企业造成双重影响:一是消费者买到假冒产品后,如果不知道这是假冒产品,就会对真正的名牌产品质量感到不满意,从而影响名牌产品的信誉。二是假如消费者知道市场上有一部分是正宗名牌,一部分是假冒产品,在真假名牌产品难辨的情况下,消费者就会减弱购买这种名牌产品的动机。对于坚持购买名牌产品的消费者来说,他们对名牌产品愿意支付的期望价格也会下降。假设消费者认为市场上的真假名牌产品各占一半,消费者愿意为正宗名牌产品支付 600 元,为假冒产品只能支付 200 元。则消费者愿意支付的期望价格就是:$600 \times \frac{1}{2} + 200 \times \frac{1}{2} = 400$ 元。这就会导致真正生产名牌产品的企业因只有微利甚至亏本而退出市场,即出现由"逆向选择"而造成的"假冒产品驱逐名牌产品"的现象。

二、利用政府管制缓解信息不对称

市场机制在缓解信息不对称过程中发生的市场失灵,为实行政府管制提供了客观必要性。政府管制具有权威性和强制性,政府可以运用其公共权力,通过对广告、产品质量的管制,整治虚假广告,打击假冒伪劣产品,强制生产经营者落实产品担保承诺等管制措施,以弥补市场失灵,发挥市场机制对缓解信息不对称的正常作用。同时,政府管制还能够独立地对缓解信息不对称发挥积极作用。例如,政府可采取行政法规手段,强制生产经营者向市场提供真实的、比较全面的信息(如要求有关企业必须在药品包装上标明配方、药品有效期、适用范围、使用方法、批号等方面的真实内容),以缓解交易双方的信息不对称问题。政府也可以对传递虚假信息,欺骗交易对方的行为给以严厉的惩罚。政府还可以通过产品质量检查、市场调查等方式收集有关信息,向市场推荐名牌产品,等等。这些都有利于缓解市场交易者之间的信息不对称问题。对于这些政府管制政策措施,我们将在下面作较为系统和深入的探讨,这里暂不展开讨论。

第十四章　政府对环境污染的管制

　　人类社会总是在一定的环境下存在和发展的,环境质量在很大程度上决定人类的生活质量。然而,随着社会经济的发展,环境污染问题日益严重,在很大程度上影响了环境质量,而环境污染是一种负外部性问题,需要政府采取多种直接和间接的管制措施。在现实中存在着各种各样的环境污染,其中,大气污染、水污染、固体废物污染和环境噪声污染则是最基本的环境污染类型。因此,为提高对问题讨论的集中度,本章将紧密联系中国环境污染的实际情况,在分析环境污染的政府管制需求的基础上,着重探讨上述 4 类环境污染的政府管制问题。

第一节　环境污染的政府管制需求

　　关于环境污染(environmental pollution)的概念,比较有影响的是经济合作与发展组织(OECD)在 1974 年的一份建议书中提出的,为其成员国共同接受的定义:被人们利用的物质或者能量直接或间接地进入环境,导致对自然的有害影响,以至于危及人类健康、危害生命资源和生态系统,以及损害或者妨害舒适和环境的其他合法用途。[①] 通常,环境污染也被称为公害。如在日本的环境立法中,较少使用环境污染的

---

　　① 转引自汪劲:《中国环境法原理》,北京大学出版社 2000 年版,第 123—124 页。

概念,与环境污染类似的概念就是"公害"(kogai)。虽然日本在有关法律中早就使用"公害"一词,但现代日本环境法意义上的"公害"概念,首次被定义于1967年通过的《公害对策基本法》中,该法第2条规定:本法所称的"公害",是指由于工业或人类其他活动所造成的相当范围的大气污染、水质污染、土壤污染、噪声、振动、地面沉降以及恶臭,导致危害人体健康或者生活环境的现象。中国现行的环境立法虽然使用"环境污染和其他公害",但没有对其作出严格的定义,不过,《中华人民共和国环境保护法》(1989年)第四章(防治环境污染和其他公害)第二十四条对环境污染和其他公害作了以下列举:在生产建设或者其他活动中产生废气、废水、废渣、粉尘、恶臭气体、放射性物质以及噪声、振动、电磁波辐射等对环境的污染和危害。从字面上看,其主要内涵是指"环境污染"而"其他公害"是对前者的补充。如有的学者认为,"其他公害"是指除前述的环境污染和危害之外,现在尚未出现而今后可能出现的,或者现在已经出现但尚未包括在《环境保护法》第二十四条所列举的9种环境污染和危害之中的公害,如废热、光污染等。① 因此,本书在没有特别说明时,将环境污染等同于公害。

　环境污染是人类直接或间接地向环境排放超过其自净能力的各种物质或能量的结果,由于环境污染而降低了环境质量,对人类的生存与发展、生态系统和财产等造成多种不利影响,正因为如此,环境污染也被称为公害。在正常的环境中,环境中的物质与人体之间保持着动态平衡,使人类得以正常地生产、发育,从事生产劳动,为社会创造财富。但环境中的废气、废水、废物和噪声等,常常使人发生中毒,或者感到厌烦,注意力不集中,容易疲劳和激动,工作效率降低,患病率上升。从环境污染所造成的经济损失看,根据有关资料,20世纪90年代以来,水

---

① 韩德培主编:《环境保护法教程》,法律出版社1998年版,第178页。

污染每年给中国造成的经济损失为 40 多亿美元；大气污染每年给中国造成的经济损失为 500 多亿美元。① 而就环境污染的本质而言，它是一种典型的负外部性问题，排污者所造成的社会成本往往高于其私人成本，导致很大的外部成本。外部性问题使市场失灵，市场机制不可能促使私人自愿承担由其造成的外部成本，最终只能由社会来承担这种成本。因此，为了解决因环境污染这种外部性问题而造成的市场失灵，客观上就需要政府加强对环境污染的管制，以保护人类生存和发展所需要的环境。

第二节　政府对大气污染的管制

本节首先分析大气污染及其可能造成的主要危害，中国大气污染的现状，然后着重讨论政府对大气污染的管制问题。

一、大气污染及其危害

大气是人类和其他生物赖以生存和发展的环境要素，大气具有调节热能，维持地球外围的热量、动量、水、气的相互转换和生态平衡，并阻挡和吸收对生物有害的宇宙射线和紫外线等多种功能。因此，大气是生命存在的必要条件。大气污染是指由于人类活动或自然过程使得某些物质进入大气，导致其化学、物理、生物或者放射性等方面特性的改变，造成大气质量恶化，从而危害人体健康和财产安全，以及破坏自然生态系统等的现象。但从政府对大气污染管制的角度而言，大气污染只是指人为因素所造成的大气污染，而不包括自然过程所导致的大气污染（如火山爆发而产生的污染等）。大气污染是一种流动性污染，

---

① 参见《法制日报》，2000 年 6 月 18 日。

随大气环境和风向的移动而漂移,具有扩散速度快、传播范围广、持续时间长、损害大等特点。

大气污染是由大气污染物造成的,大气污染物的种类繁多,常见的有100多种,其中危害较大的污染物有二氧化硫、颗粒物、一氧化碳、氮氧化物、二氧化碳、臭氧、硫化氢、铅、氟化物、光化学烟雾、苯并芘和放射性物质等。由于各个国家和地区的工业化程度和能源结构不同,其排放的大气污染物的种类也存在较大的差异,从而使大气污染表现为不同的类型。主要的大气污染类型有:(1)煤烟型大气污染。它主要是由于煤的燃烧而造成的污染。主要污染物是颗粒物、二氧化硫、一氧化碳等。(2)石油型大气污染。它主要是由于使用、生产石油和石油化工产品所造成的污染。主要污染物是氮氧化物、臭氧、光化学烟雾、烯烃和其他烃类。(3)混合型大气污染。它是介于煤烟型和石油型之间的一种大气污染。(4)特殊型大气污染。它主要是由于某些工业企业排放的特殊气体,如氯气、氟化氢、硫化氢、金属蒸汽等造成的大气污染。由于在中国的一次能源结构中,70%以上是煤炭,因而中国主要属于煤烟型大气污染,即以烟尘和酸雨(二氧化硫)的污染危害最大。

大气污染会对环境、人体健康和动植物等造成多种危害。大气污染对自然生态环境的危害主要表现为全球变暖和臭氧层变薄。由于全球燃烧矿物质燃料的不断增加,导致大量二氧化碳等气体的排放,而二氧化碳能吸收太阳辐射线和地面热量,使气温升高并形成一个球形贮热层,从而产生"温室效应",有的科学家预言,21世纪地球的气温将会升高5℃。这将导致海平面上升、沿海及河流三角洲地区被淹没,农业节气将被打乱,各种恶劣气候如台风、飓风将更具有破坏性。排放到大气中的氟氯烃的不断增加,会使大气中的臭氧层变薄,从而增强到达地球表面的太阳紫外线,使农作物被毁、皮肤癌病增加。大气污染会直接危害人体健康,引起呼吸道疾病,如气管炎、哮喘、肺气肿及肺癌等。突发性的高浓度大气污染会使人急性中毒,甚至夺去生命,如印度博帕尔市农药厂剧毒物异氰酸甲酯外溢事件,就夺去了 2000 多人的生命。在 20 世纪 60 年代前发生的 8 大公害事件中,有 5 起就是大气污染事件,即比利时马斯河谷烟雾事件、美国多诺拉烟雾事件、美国光化学烟雾事件、伦敦烟雾事件和日本四日市哮喘病事件。在最近 20 年发生的 6 大新公害事件中,多数也属大气污染引发事件,如意大利塞维索化学污染事件、墨西哥液化气爆炸事件等。这些事件每次都造成众多人员的患病和死亡。[①] 联合国最近一项调查表明,全球有近十亿人直接受大气污染的毒害,每年大约有 300 万人死于大气污染。[②] 大气污染还会危害动植物的生存,使牲畜大批患病甚至死亡,使大片农作物枯萎,造成产量下降、质量变差,甚至颗粒无收。大气污染还使野生动植物大量减少,降低生物多样性程度。因此,为了尽可能减少大气污染可能造成的各种危害,各国政府都应十分重视对大气污染的管制。

二、中国大气污染的现状

根据国家环境保护总局公布的《1999 年中国环境状况公报》,1999 年,中国的大气环境污染仍然以煤烟型为主,主要污染物为总悬浮颗粒物(TSP)和二氧化硫。少数特大城市属煤烟与汽车尾气污染并重类型。酸雨污染范围大体未变,污染程度居高不下。因此,从总体上看,中国的大气污染还比较严重,需要加强政府对大气污染的管制。

就城市空气质量状况看,在 338 个被统计的主要城市中,33.1% 的城市达到国家空气质量二级标准,66.9% 的城市超过国家空气质量二

---

①　参见孙非亚主编:《环境资源法教程》,中国财政经济出版社 1999 年版,第 259—260 页。

②　参见李肇东:《大气污染无国界》,《光明日报》,2000 年 9 月 29 日。

级标准,其中超过三级标准的有 137 个城市,占被统计城市的 40.5%。总悬浮颗粒物是中国城市空气中的主要污染物,60.0% 的城市总悬浮颗粒物浓度年均值超过国家二级标准。二氧化硫浓度年均值超过国家二级标准的城市占被统计城市的 28.4%,氮氧化物污染较重的多为人口超过百万的大城市。与 1998 年相比,城市空气质量恶化的趋势有所减缓,部分城市空气质量有所改善,但部分城市大气污染仍较严重。

就酸雨分布的状况看,中国酸雨分布区域广泛,成因复杂。酸雨出现的区域主要分布在长江以南、青藏高原以东的广大地区及四川盆地。华中、华南、西南及华东地区存在酸雨污染严重的区域,北方地区局部区域出现酸雨。酸雨区面积占国土面积的 30%。

从废气及主要污染物排放量看,1999 年,全国废气中二氧化硫排放总量 1857 万吨,其中工业来源的排放量 1460 万吨,生活来源的排放量 397 万吨;烟尘排放总量 1159 万吨,其中工业烟尘排放量 953 万吨,生活烟尘排放量 206 万吨;工业粉尘排放量1175万吨。可见,工业大气污染是中国大气污染的主要来源,政府应以工业大气污染作为管制的重点。

三、政府对大气污染的管制

由于大气污染会给人类带来巨大的危害,各国政府都十分重视对大气污染的管制,而由大气污染的特点所决定,政府主要通过行政法规政策措施对大气污染实行管制。

根据有关资料,①美国在大气污染管制方面颁布了一系列的法律,如 1963 年的《清洁空气法》、1965 年的《汽车空气污染控制法》、1966

---

① 参见〔美〕瓦伦·弗雷德曼:《美国联邦环境保护法规》,中国环境科学出版社 1993 年版。

年的《清洁空气法修正案》、1967 年的《空气质量法》、1970 年的《清洁空气法修正案》、1974 年的《能量供应与环境协调法》、1977 年的《清洁空气法修正案》、1990 年的《清洁空气法修正案》等。这些法律对大气污染管制的基本内容包括:(1)通过规定特定区域的空气污染最高允许水平,并确定与此允许水平相一致的排放水平,以实现对空气质量的管制;(2)通过制定国家标准对某些污染物的排放实行管制。而且,美国对大气污染的管制还有不断强化的特点,如在 1970 年的《清洁空气法修正案》中,只有 7 种化工产品被规定为有害品种,而在 1990 年的《清洁空气法修正案》中,规定 191 种化工产品为有害品种。

中国的香港地区面积小、人口密度高,容易造成严重的大气污染。因此,香港政府十分重视对大气污染的管制。香港政府在大气污染方面的整体政策目标是,提高空气质量,保障市民的健康。为治理大气污染问题,香港政府制定了大气污染管制指标,对空气中 7 种主要污染物(二氧化硫、总悬浮粒子、可吸入悬浮粒子、二氧化氮、一氧化碳、光化学氧化剂和铅)的成分规定了具体的量度和比例,并定期进行检查。为了加强对大气污染源的法律管制,香港政府对"固定污染源"和"流动污染源"分别作了不同的规定。1983 年制定(1993 年修订)的《空气污染管制条例》及其附属法例就是控制固定空气污染源的法规,1992 年制定的《道路交通条例》及其附属法例则是旨在控制流动污染源。这两方面法规的基本内容有:(1)关于设立空气质量管制区的规定。根据《空气污染管制条例》的规定,香港总督有权宣布香港的任何地区为空气质量管制区,并指派空气质量管制区的管制部门。(2)关于取缔空气污染妨害的规定。《空气污染管制条例》规定,厂商必须防止因设备设计不善而导致过量污染物排入空气中或使污染物在其他方面造成环境问题。该条例规定,环境保护部门如发现空气污染的严重危险,必须尽快以书面或口头方式通知引起污染或可能引起污染的业主。在通知中,环境保护署可要求业主减少空气污染物的排放量至特定水平或停止排放,以保证空气质量符合指标,否则将受到严厉的处罚。(3)关于管制指定工序的规定。《空气污染管制条例》规定制铝、制铜、钢铁、硫酸、石棉、镀锌、玻璃等31种可能引起空气污染的工序为指定工序,对指定工序通过发牌(许可证)制度加以严格控制。(4)关于车辆废气排放的管制。香港管制车辆废气排放的法规主要是《空气污染管制条例》及其附属法例和《道路交通条例》及其附属法规。这些附属法规主要有:《空气污染管制(车辆燃料)规例》、《空气污染管制(车辆设计标准)(排放)规例》、《道路交通(车辆构造保养)规例》等。按照这些法规,为进一步严格管制汽油引擎车辆排放烟雾和进一步加强对柴油引擎车辆烟雾排放标准的管制,从1991年4月起,全香港所有的加油站必须同时出售无铅汽油;从1995年4月1日起,柴油引擎车辆必须使用含硫量低于0.2%的低污染柴油;从1992年1月起,对所有的汽油车辆实施最严格的废气管制标准;1995年后,超过2.5吨的柴油车辆,必须符合最严格的废气管制标准,并加重对排放过量黑烟车辆的处罚。①

　　中国政府十分重视对大气污染的管制,并制定了一系列相应的法规。早在1953年,原劳动部就制定了《工厂安全卫生暂行条例》,其中就包含了防治大气污染的内容。1973年,中国制定了《工业"三废"排放试行标准》,以标准的形式对大气污染物的排放作出了定量的规定。1979年,在中国制定的第一部环境保护法律《环境保护法(试行)》中,首次以法律的形式对大气污染管制作出了原则性的规定。1982年,国务院环境保护部门颁布了国家《大气环境质量标准》,随后又颁布了《锅炉烟尘排放标准》、《关于防治煤烟型污染技术政策的规定》、《城市

---

① 参见王新建主编:《香港民商法实务与案例》,人民法院出版社1997年版。

烟尘控制区管理办法》和《关于发展民用型煤的暂行办法》等。为了进一步加强对大气污染的管制,中国政府在1987年9月颁布了第一部对大气污染实行管制的专门法律——《大气污染防治法》,1991年5月,经国务院批准,国家环境保护局还公布了《大气污染防治法实施细则》。随后,有关政府部门还先后颁布了《汽车排气污染监督管理办法》、《全国机动车尾气排放监测管理制度(暂行)》、《大气环境质量标准》、《锅炉大气污染物排放标准》、《工业窑炉烟尘排放标准》等。1995年8月,根据中国大气污染的特点,中国修订颁布了新的《大气污染防治法》,在原有法律的基础上,增加了对燃煤产生的大气污染的防治规定;对企业实行清洁生产工艺的规定;对严重污染大气环境的落后生产工艺和落后设备实行淘汰制度的规定。由于近几年来中国的大气污染未能得到有效控制,还有局部恶化的趋势,因此,2000年4月29日中华人民共和国第九届全国人大常委会第十五次会议通过了经再次修订的《大气污染防治法》,它成为中国面向21世纪的一部对大气污染实行有效管制的专门法律,新的《大气污染防治法》对大气污染管制的主要法律制度有:

1. 大气污染物排放标准管制制度。大气污染物排放标准是政府对大气污染实行有效管制的基础。根据《大气污染防治法》有关规定,国务院环境保护行政主管部门按照国家大气环境质量标准和国家经济、技术条件制定国家大气污染物排放标准。省、自治区、直辖市人民政府对国家大气污染物排放标准中未作规定的项目,可以制定地方排放标准;对国家大气污染物排放标准中已作规定的项目,可以制定严于国家排放标准的地方排放标准。地方排放标准须报国务院环境保护行政主管部门备案。

2. 大气环境影响评价制度。这一制度是对大气污染实行"预防为主、防治结合"原则的体现。根据《大气污染防治法》,新建、扩建、改建向大气排放污染物的项目，必须遵守国家有关建设项目环境保护管理的规定。建设单位提交的建设项目的环境影响报告书，必须对建设项目可能产生的大气污染和对生态环境影响作出评价，制定防治措施，并按照规定的程序报环境保护行政主管部门审查批准。同时，建设项目投入生产或者使用之前，其大气污染防治设施必须经过环境保护行政主管部门验收，达不到国家有关环境保护管理规定要求的建设项目，不得投入生产或者使用。

3. 大气污染物排污许可证制度。为了有效地控制大气污染物的排放总量，就需要对各排污单位实行排污许可证制度。根据《大气污染防治法》，国务院和地方政府可以根据特定区域的大气污染情况划定主要大气污染物排放总量控制区。大气污染物总量控制区内有关地方人民政府依照国务院规定的条件和程序，按照公开、公平、公正的原则，核定企事业单位的主要大气污染物排放总量，核发主要大气污染物排放许可证。有大气污染物总量控制任务的企事业单位必须按照核定的主要大气污染物排放总量和许可证规定的排放条件排放污染物。

4. 大气污染事故报告处理制度。为了及时处理大气污染事故，尽可能减少损失，根据《大气污染防治法》的规定，因发生事故或者其他突发事件，排放和泄漏有毒、有害气体和放射性物质，造成或者可能造成大气污染事故、危害人体健康的，必须立即采取防治大气污染危害的应急措施，通报可能受到大气污染危害的单位和居民，并报告当地环保部门，接受调查处理。在大气受到严重污染，危害人体健康和安全的紧急情况下，当地人民政府还应当及时向当地居民公告，采取强制性应急措施，包括责令有关排污单位停止排放污染物。

5. 大气污染物排污收费制度。前面4种制度是政府主要以行政命令为基本手段对大气污染实行管制的制度，而排污收费制度则同时运用经济手段以管制大气污染，因此，它是行政法规政策和经济政策的综合运用。根据 2000 年的《大气污染防治法》,国家实行按照向大气排放污染物的种类和数量征收排污费的制度,根据加强大气污染防治的要求和国家的经济、技术条件合理制定排污费的征收标准。征收的排污费一律上缴财政,按照国务院的规定用于大气污染防治,不得挪作他用,并由审计机关依法实施审计监督。而 1995 年的《大气污染防治法》第十二条规定:向大气排放污染物的单位,超过规定的排放标准的,应当采取有效措施进行治理,并按照国家规定缴纳超标准排污费。征收的超标准排污费必须用于污染防治。可见,2000 年的《大气污染防治法》对排污收费有了更严格的规定,即在不超标排污的情况下,根据国家的有关规定也可向排污单位征收排污费。这也说明中国更加重视运用经济手段对大气污染实行管制。

此外,除了上述 5 种基本制度外,2000 年的《大气污染防治法》还对限期治理制度、现场检查制度、大气污染监测制度等也作了相应的规定。

从总体上而言,中国政府在不断强化对大气污染的管制,并且取得了一定的成效。同时,不难发现,中国政府主要是以行政法规政策管制大气污染的,与中国社会主义市场经济的客观要求相比较,在运用经济政策,特别是利用市场机制政策以管制大气污染的政策实践还比较缺乏,这需要在政府对大气污染的管制实践中进行积极探索。

第三节　政府对水污染的管制

本节采取前一节的结构,在分析水污染及其危害,中国水污染现状的基础上,着重探讨政府对水污染的管制问题。

一、水污染及其危害

水是人类生存和发展必不可少的环境要素。通常把海洋、江河、湖泊、运河、渠道、水库等地表水和地下水总称为水体。而在环境科学中，则把水中包含的各种溶解物质、悬浮物、水生生物甚至底泥也作为水体的有机组成部分。所谓水污染，就是指水体因某种物质介入，而导致其化学、物理、生物或者放射性等方面特性的改变，从而影响水的有效利用，危害人体健康或者破坏生态环境，造成水质恶化的现象。① 水体的污染源主要有两种类型，一是"点源"（point sources），主要指工业污染源和生活污染源，如工业废水、矿山废水和城市生活污水等；二是"面源"（area sources），主要指农村污水和灌溉水，此外还有因地质的溶解以及降水对大气的淋洗所导致水体的污染。根据污染物质及其形成污染的性质，可以将水污染分为三类：即化学性污染（主要有酸碱污染、重金属污染、需氧性有机物污染、营养物质污染、有机毒物污染等）、物理性污染（主要有悬浮物污染、热污染、放射性污染等）和生物性污染（主要指致病菌及病毒的污染）。此外，在有关水污染防治的法规中，还把所有的污染物分为一般污染物和有毒污染物两大类，前者是指可能造成水污染的各种物质，后者是指那些直接或者间接为生物摄入体内后，导致该生物或者其后代发病、行为反常、遗传异变、生理机能失常、机体变形或者死亡的污染物。显然，有毒污染危害大，是政府管制的重点。

水污染对人体健康、工农业生产和渔业生产等都会造成巨大的损失。人直接饮用含有病菌、病毒或寄生虫的污水后，会引起疾病蔓延，导致霍乱、伤寒、痢疾、传染性肝炎等疾病；人饮用了含有害污染物的污水后会直接引起中毒事故，严重危害人体健康甚至造成生命危险。水污染会对工农业生产造成多种危害，导致工农业产品质量下降，间接对

---

① 由于海洋污染具有相对独立性，限于篇幅，本节主要讨论除海洋以外的陆地水污染及管制问题。

人体健康造成危害。有的污水会直接造成农作物的枯萎、腐烂、死亡，使农作物减产甚至颗粒无收。水污染还会破坏鱼类的产卵场或阻断鱼类的洄游路线，使鱼的质量下降，生产率降低，严重的水污染甚至会造成鱼类大量死亡。受污染的鱼则会对人体健康造成损害，如日本的"水俣病"就是因长期食用受汞污染的鱼引起的。为了减少水污染所造成的各种危害，政府应加强对水污染的有效管制。

二、中国水污染的现状

根据国家环境保护总局公布的《1999 年中国环境状况公报》，中国主要河流有机污染普遍，面源污染日益突出。辽河、海河污染严重，淮河水质较差，黄河水质不容乐观，松花江水质尚可，珠江、长江总体良好。主要湖泊富营养化严重。就主要水系的具体情况看，长江流域的干流水质良好；而黄河流域面临着水资源短缺和水体污染的双重压力，主要污染指标为高锰酸盐指数、生化需氧量、氨氮、石油类等，主要支流汾河、渭河、伊洛河、小清河污染严重；珠江流域水质总体良好，但干流广州段污染相对较重，主要污染指标为高锰酸盐指数和氨氮等；松花江流域处于中等污染水平，主要污染指标也为高锰酸盐指数和氨氮；淮河流域水质较差，主要污染指标为非离子氨（氨氮）和高锰酸盐指数；海河流域和辽河流域污染都较严重。流经城市的河段普遍受到污染，63.8％的城市河段为Ⅳ至劣Ⅴ类水质，各城市典型水域仍以氨氮和有机污染为主，主要污染指标为氨氮、高锰酸盐指数和生化需氧量等。在大型淡水湖泊中，太湖流域全湖处于中富营养状态；滇池流域的富营养化依然严重；巢湖流域在 1999 年底工业污染源达标排放后，营养状态指数有所下降，但仍属富营养状态。全国多数城市地下水受到一定程度上的点状和面状污染，局部地区的部分指标超标，地下水水质污染有逐年加重的趋势。

从废水和主要污染物排放量看,1999 年,全国工业和城市生活废水排放总量为 401 亿吨,比上年增加 6 亿吨。其中工业废水排放量 197 亿吨,比上年减少 4 亿吨;生活污水排放量 204 亿吨,比上年增加 10 亿吨;生活污水排放量首次超过工业废水排放量。废水中化学需氧量(COD)排放总量 1389 万吨,其中工业废水中 COD 排放量 692 万吨,生活污水中 COD 排放量 697 万吨。由于生活污水来源分散,生活污水的增加对防治水污染增加了难度。

值得注意的是,中国一些地区的水污染近年来还有不断恶化的趋势。如根据有关资料,①太湖东北水域在 2000 年上半年再次爆发蓝藻,据环境监测中心监测,2000 年 5 月份太湖各湖区水质均劣于五类水标准,总体水质污染程度比 1999 年同期有所加重,高锰酸钾、总磷和总氮浓度分别上升了 46%、62% 和 24%,整体水质明显恶化。在环湖的主要河流中,水质总体达标率也仅为 21.5%。太湖污染加重的一个主要原因是入湖的污染物明显增加,5 月份 25 条入湖河流共向太湖排放了 9200 多吨化学需氧量,远远超过了太湖的承载能力。

由上可见,中国的水污染问题不仅仍然严重,而且还有局部恶化的趋势,这要求中国政府特别关注水污染问题,加强对水污染的管制。

三、政府对水污染的管制

针对水污染给人类造成的种种危害,各国政府都制定有关法规以加强对水污染的管制。如日本的《水质污染防治法》、荷兰的《地表水污染法》等,特别是美国,曾先后颁布了《联邦水污染控制法》(1972 年)、《清洁水法》(1977 年)和《水质量法》(1987 年)等,不断扩大联邦政府对水污染的管制范围。这些法律将水污染定义为:"人为导致的

---

① 参见《太湖告急! 25 条河流同向太湖排污》,《解放日报》,2000 年 6 月 29 日。

对水的化学的、物理的、生物的及放射意义上的完整性的改变"。因此,政府对水污染管制的目标是:恢复与维护国家水域化学的、物理的和生物的完整性。根据《清洁水法》,政府要求排放污染申请人应用各种技术防止水污染;鼓励保护养分和其他自然资源;为污染物确定最高排污标准。根据该法,州政府有权确定比国家环保局确定的排污标准更严格的标准。1987 年《水质量法》则加强了环保局起诉水污染者的权力:它被授权经非正式裁决听证后,对造成水污染者处以直至 25000美元/日的罚款;经正式的环保局裁决听证后处以直至 125000 美元/日的罚款。但其处罚需要受美国上诉法院的复审。同时,该法把原有民事处罚程序下的最高金额从 10000 美元/日提高到 25000 美元/日。[①]可见,美国联邦政府不断强化对水污染的行政法规管制。

中国的香港地区作为一个国际港口城市,水域面积大,因此,香港政府非常重视对水污染的管制。香港政府在 1989 年发表的环境白皮书中公布了管制水污染的整体政策目标:提高及保持沿岸水域的水质,使这些水域可供作正常用途;提供容量充裕的公共污水收集系统,以接收现时及将来排放的污水;为公共污水收集系统所收集的废水提供处理及处置设施,并确保达到和维持水质指标的水平;适当制定及执行法例,保障市民的健康及福利,以免他们受到污染水内有毒化学品及细菌对环境所造成的不良后果的影响。香港防治水污染的法律,主要是1980 年制定的《水污染管制条例》及其 47 项附属立法。该条例经 1990年、1993 年两次修订,确立了保护水环境的主要法律制度:(1)关于水质管制的规定。根据条例,香港总督有权宣布香港的任何部分为水质管制区并指派管制部门,管制污水排放。(2)关于排放牌照和排污收

---

① 参见〔美〕瓦伦·弗雷德曼:《美国联邦环境保护法规》,中国环境科学出版社1993 年版,第 37—44 页。

费的规定。根据条例,在指定管制区内,除住宅污水外,任何废水排入污水渠均必须申领牌照,否则即属违法。申请者必须报告排放资料,包括排放时间、地点、方式、数量、成分、浓度、速率等,经审查合格发给牌照。牌照内容包括排放成分、数量、浓度、速率及牌照有效期等。同时,为缓解和合力解决污水收集及处理计划所需费用,香港政府于 1995 年 4 月开始,实施排污收费制度。按照"污染者自付"的原则,收费依照产生的污水量来计算。(3)关于污水收集和处理的规定。该条例禁止排放或弃置污染物于管制区水体,规定任何对管制区水体排放或弃置污染物的行为都是违法行为。该条例规定实施废水分流,雨水渠是直接排入水域的,而工商业和住宅污水则必须经公共污水系统收集,经过处理后才能排入海港。(4)关于环境保护署执法权的规定。作为水质管制区的主管部门,条例规定环境保护署拥有多项权力,主要有:审批和签发排放牌照、规定排污者所必须遵守的各项条款、监督排放、撤销牌照、责令排污者恢复被污水体的原状、现场检查和要求排污者提供有关资料等。香港政府除了对水污染实行立法管制外,还推行污水收集计划,投入大量资金,兴建污水收集系统,为保证这项计划的实施,香港政府将全港划分为 16 个地区,分期分批地实行污水收集整体计划。同时,还全面推行策略性污水排放计划。由于上述两项长远的战略性计划耗资巨大,香港政府除拨款保证重点工程需要外,香港立法局于 1994 年通过法例,批准了政府的排污服务收费计划,根据"污染者自付"的原则,采取按照用户产生的污水量收费的办法,促请全港市民特别是工商业分担排污服务的费用。此外,还专门成立渠务署,加强对排污设施的维修和保养。①

　　新中国成立以来,为了有效地对水污染实行管制,尽可能减少水污

---

① 参见王新建主编:《香港民商法实务与案例》,人民法院出版社 1997 年版。

染所造成的各种危害,中国政府制定了一系列有关防治水污染的法规。1955 年,中国就制定了《自来水水质暂行标准》;1957 年,国务院有关部门颁布的《关于注意处理工矿企业排出有毒废水、废气问题的通知》,第一次对防治水污染问题作了具体规定。1984 年颁布的《水污染防治法》是我国第一部为专门防治陆地水污染而制定的法律,从而使中国对防治水污染问题的法律调整由行政法规和地方性法规上升到法律。为了更好地实施这项法律,国务院还在 1989 年批准了《水污染防治法实施细则》。此外,中国还陆续颁布了一系列配套法规,如《关于防治水污染技术政策的规定》(1986 年)、《水污染物排放许可证管理暂行办法》(1988 年)、《污水处理设施环境保护监督管理办法》(1988 年)、《关于防治造纸行业水污染的规定》(1988 年)、《饮用水源保护区污染防治管理规定》(1989 年)、《淮河流域水污染防治暂行条例》(1995 年)。此外,中国还制定了《地面水环境质量标准》(GB3838—88)、《农田灌溉水质标准》(GB5084—92)、《渔业水质标准》(GB11607—89)和《污水综合排放标准》(GB8978—1996)等一系列水环境保护标准。在总结水污染防治经验教训的基础上,中国在 1996 年颁布实施了新的《水污染防治法》,增加了对企业实行清洁生产工艺、对落后工艺和设备实行淘汰制度、防治流域水污染和实行重点区域排放量的总量核定制度等内容。2000 年 3 月,国务院还批准了新的《水污染防治法实施细则》,对《水污染防治法》中的一些问题作了具体规定。经过多年的法规制度建设,中国的水污染防治从小范围扩大到全国范围、从被动性防治走向主动监督管制、从先污染后治理逐步过渡到建设与控污同时进行,从而形成了比较系统而全面的水污染防治法规体系。根据《水污染防治法》及其实施细则,从政府对水污染管制的角度而言,主要法律制度包括:

1. 水污染物排放标准管制制度。水污染物排放标准,是国家为保护水环境而对人为污染源排出废水的污染物浓度或总量所作的规定。它是政府对水污染管制的基础。根据《水污染防治法》,国务院环境保护部门按照国家水环境质量标准和国家经济、技术条件,制定国家污染物排放标准。省级地方政府对国家水污染物排放标准中未作规定的项目,可以制定地方水污染物排放标准,对国家水污染物排放标准中已作规定的项目,可以制定严于国家水污染物排放标准的地方水污染物排放标准,但必须报国务院环境保护部门备案。这一方面体现了国家对水污染物排放标准的统一要求,另一方面也体现了地方政府可以根据本地实际情况而制定水污染物排放标准的灵活性。

2. 水污染影响评价制度和"三同时"制度。为了体现"以防为主、防治结合"的原则,新建、扩建、改建直接或间接向水体排放污染物的建设项目和其他水上设施,必须遵守国家有关建设项目环境保护管理的规定。建设单位提交的有关建设项目的环境影响报告书,必须对建设项目可能产生的水污染和对生态环境的影响作出评价,规定防治的措施,按照规定的程序报经有关环境保护部门审查批准。同时,建设项目中防治水污染的设施,必须与主体工程同时设计、同时施工、同时投产使用(即"三同时"制度)。防治水污染的设施必须经过环境保护部门检验,达不到规定要求的,该建设项目不准投入生产或使用。否则环境保护部门可责令其停止生产或者使用,并处以罚款。

3. 水污染物排放总量控制和核定制度。水污染物排放总量控制是指在一定时期内,根据经济、技术等条件,采取向水污染物排放源分配水污染物允许排放量的形式,将一定空间范围内水污染源排放的污染物数量控制在水环境质量可以容纳限度内而实行的一种水污染控制方式,也是一种比浓度控制更先进、更有效的方式。根据《水污染防治法》,水污染总量控制制度适用的范围是实行水污染物达标排放仍不能达到国家规定的水环境质量标准的水体,总量控制的对象是重点污染物。同时,对有排污量削减任务的企业实施重点污染物排放量的核定制度,即在实行总量控制的区域内,各个污染源排放水污染物的数量由有关管理机关加以审核确定的制度。这实际上就是许多国家所实行的水污染物排放的许可证制度。

4. 水污染事故报告处理制度。为了尽可能减少水污染事故所可能造成的损失,排污单位发生事故或者其他突发性事件,排放污染物超过正常排放量,造成或者可能造成水污染事故的,必须立即采取应急措施,通知可能受到水污染危害和损害的单位和居民,并向当地环境保护部门报告,而环境保护部门应当报经同级人民政府批准,采取强制性应急措施,包括责令有关企事业单位减少或者停止排放污染物。

5. 水污染物排污收费制度。这是运用经济手段对水污染实行管制的一项法律制度。按照《水污染防治法》,企业事业单位向水体排放污染物的,按照国家规定缴纳排污费;超过国家或者地方规定的污染物排放标准的,按照国家规定缴纳超标准排污费。这就是说,对排放水污染物不超过水污染排放标准的污染源也要征收排污费,这有利于促使排污单位自觉减少排污量。而对超标准排污的单位,还要加收超标准排污费,同时,超标准排污单位还必须制定规划,进行治理。这就能有效地控制超标准排污现象。

除了上述 5 种基本法律制度外,对水污染管制的法律制度还有:对造成水体严重污染的排污单位实行限期治理制度;对水污染物排放单位实行现场检查制度;对重要流域实行水污染防治规划制度;划定饮用水源保护区制度和城市污水集中处理制度等。

从中国政府对水污染管制的实践看,政府主要是采取行政法规政策管制水污染,同时,在一定程度上运用经济政策,而在利用市场机制管制水污染方面还比较缺乏。但值得提倡的是,一些地方政府在这方面已作出了积极的探索,如上海市在黄浦江上游水源保护区的排污许可转让就是利用市场机制对水污染管制的有益探索。① 20 世纪 80 年代初,为了改变黄浦江水质不断恶化的局面,上海市政府制定了《黄浦江污染综合防治规则》,提出黄浦江上游江段的主要功能应确定为饮用水源,并建议划定准水源保护区和水源保护区。根据该规划,上海市分别颁布了《上海市黄浦江上游水源保护条例》及其《实施细则》,以立法的形式确定水源和准水源保护区的法律地位。此后,上海市环保局在水源保护区和准水源保护区内实施污染物排放总量控制和浓度控制相结合的制度,向排污单位颁发排污许可证。并规定排污总量在涉及的区县范围内可以综合平衡。这样,如果黄浦江上游地区要新建、扩建和改建有污水排放的工业项目,不仅要求原来的企业将排放量削减到排放许可允许的水平,还要腾出新的排放量给新项目。显然,如果没有足够的经济激励,拥有排污许可的老企业是没有积极性的。在这种情况下,上海市开始了排污权有偿转让的尝试。第一家购买排污许可的是上海永新彩色显像管有限公司。这是一家中外合资企业,属国家重点项目,拟建于梅陇准水源保护区。厂址附近环境条件较好,但没有排污指标。因此,由环境保护部门牵线搭桥,1987 年这家企业以 150 万元购入宏文造纸厂 195 公斤 COD 日排放量指标。这笔交易达成后,宏文造纸厂上马污水治理项目,使污染物排放下降到大大低于新标准的水平。此后,又达成了约 20 项类似的排污有偿转让交易。这无疑为中国利用市场机制对水污染实行有效管制提供了成功的范例。

第四节　政府对固体废物污染的管制

本节在分析固体废物污染及其危害的基础上,重点探讨政府对固体废物污染的管制问题。

---

① 转引自戴星翼:《走向绿色的发展》,复旦大学出版社 1998 年版,第 117—118 页。

一、固体废物污染及其危害

固体废物是指在生产建设、日常生活和其他活动中产生的污染环境的固态、半固态废弃物质。固体废物的分类方法很多,按其形态可分为块状、粒状、粉状和半固体(如泥状、浆状、糊状等);按其性质和危险程度可分为有机固体废物和无机固体废物、一般废物和危险废物;按其来源可分为矿业固体废物、工业固体废物、城市垃圾、农业废弃物和放射性固体废物等。固体废物污染是指因不适当地排放、收集、贮存、运输、利用和处置各种固体废物而污染环境、损害人体健康的现象。

固体废物污染会对环境质量造成多方面的危害,主要表现为:(1)占用土地,污染土壤。土地是许多固体废物处置的主要场所,需要占用大量土地。同时,如果不适当地堆放、填埋固体废物,就会使一些固体废物所含有害物质渗入土壤,造成土壤污染。据有关监测资料,受污染土壤的面积一般大于堆放固体废物面积的1—2倍。(2)污染水体。露天堆放的固体废物由于雨水冲刷,使固体废物随水流带入水体,造成地表水污染;长期堆放的固体废物会使一些有害物渗入地下水,造成地下水污染。而一些企事业单位和个人将固体废物直接排入江、河、湖、海之中,更会直接造成水体污染。(3)污染大气。固体废物中的细粒、粉末因风力作用进入大气,导致飘尘和颗粒物,进而造成大气污染;城市生活垃圾等有机固体废物因集中堆放,在一定的湿度、温度条件下会发酵而释放出有害气体污染大气;一些无机固体废物因自身发生化学反应也会产生有害气体污染大气。(4)直接危害人体健康。一些固体废物所含的有毒物质和病原体,会通过生物、水、气传播和扩散,影响人体健康;同时,固体废物的不适当堆放、处置也会招致有害生物(如鼠、蚊、苍蝇等),传播病菌,危害人体健康。

随着社会经济发展、人口增加和人民生活水平的提高,固体废物的产生量也日益增加。如根据中国国家环境保护总局公布的《1999 年中国环境状况公报》,在 1999 年,中国工业固体废物产生量为 7.8 亿吨,其中,县及县以上工业固体废物产生量为 6.5 亿吨,占产生总量的 83.3%;乡镇工业的产生量为 1.3 亿吨。工业固体废物排放量为 3881 万吨,其中,乡镇工业的排放量为 2726 万吨,占排放总量的 70.2%。危险废物产生量为 1015.5 万吨,其中,县及县以上工业产生量为 910.5 万吨,占产生总量的 89.7%。另据《光明日报》(2000 年 7 月 19 日)报道,1999 年中国 668 个城市生活垃圾年清运量达 1.14 亿吨,由于处理设施不足,目前无害化处理的水平还很低,大多数垃圾只是简易填埋,有的地方甚至露天堆放,污染了城市的环境,而且侵占了大量宝贵的土地资源。近十几年来,中国城市生活垃圾的年平均增长率为 7%。

根据上述固体废物所造成的多种危害和固体废物不断增加的发展趋势,客观上要求政府应强化对固体废物污染管制。

二、政府对固体废物污染的管制

固体废物污染与大气污染、水污染等相比有其特殊性。由于固体废物不是一种环境要素,而是一种潜在污染物,不存在其本身被污染的问题,而是要防治其对各种环境要素的污染。因此,有的国家和地区将有关防治固体废物污染的法规称为固体废物处置法或固体废物管理法,中国则称为《固体废物污染环境防治法》。

美国在 1965 年就颁布了《固体废物处置法》,后来又进行了多次修改。该法对固体废物的定义是:产生于工业、商业、采矿和农业生产及社会活动的各种垃圾、废料、废渣……及其他排放物,包括固体、液体、半固体或含有气体的物质。该法对美国各州利用当地的、有创造性地解决固体废物的方法提供了依据和动力。该法的主要作用在于帮助制定固体废物的处置计划,并鼓励当地采用有效的固体废物处置方式,但不涉及州计划的制定,不要求绝对依从联邦计划。处置计划必须对下列问题加以分析:从市政废物获得的再生能源进入市场的机会、矿物燃料和再生资源的费用比较、运输和贮存的可行性、保护效果、资源再生和处置的费用——效益比较等。可见,美国的《固体废物处置法》十分强调对固体废物的再利用问题,从法规上鼓励将固体废物尽可能当作可再生资源来利用。① 除美国外,英国在 1958 年就颁布了《垃圾法》,1972 年又颁布了《有毒废物倾倒法》;日本在 1970 年制定了《废弃物处理和清扫法》;瑞典在 1979 年制定了《废物收集和处置法》;荷兰在 1973 年制定了《化学废物处理法》,1975 年又制定了《废物处理法》。为了管制危险物的越境转移,国际社会在 1989 年 3 月通过了《控制危险废物越境转移及其处置巴塞尔公约》,中国在 1991 年也加入了该公约。

中国的香港政府对固体废物的管制十分重视,香港政府对固体废物管制的整体政策目标是:制定和执行法规,使人们的健康和福利免受贮存、收集、处理和处置各种废物时所产生的不良环境影响。同时使私营机构和公营部门提供的各项设施,在废物处理和处置方面均发挥最佳的经济效益和环保效益。1980 年香港政府颁布的《废物处置条例》是香港主要的废物管制法规。该条例分别在 1987 年、1991 年、1994 年和 1995 年经多次修改,并先后制定了 11 项附属法规,从而为香港的废物管制提供了基本的法律制度。条例全面管制从废物产生来源到最终处置各阶段。香港政府还将香港的饲养禽畜业、化学废物的包装、标识、储存、收集、处理及弃置方法、废物进出口、废物处理收费计划等全部纳入了废物管制范围。此外,香港还有其他法规对特定类型的废物实行管制。如《建筑物条例》、《公共卫生及市政条例》、《郊野公园条

---

① 参见〔美〕瓦伦·弗雷德曼:《美国联邦环境保护法规》,中国环境科学出版社 1993 年版,第 141—142 页。

例》等,以确保香港每天产生的数千吨废物能够以符合环境标准的方式处置。①

中国对固体废物污染管制的专门立法起步较晚,不过,在中国政府先后颁布的《环境保护法》、《海洋环境保护法》、《水污染防治法》、《大气污染防治法》、《水法》和《矿产资源法》等法律的有关条款中,对固体废物污染的防治和管制作了规定。进入 20 世纪 90 年代后,随着中国的固体废物污染问题日益严重,政府也加强了在这方面的立法工作,先后制定的主要法规有:《防止含多氯联苯电力装置及其废物污染环境的规定》(1991 年)、《关于严格控制境外有害废物转移到中国的通知》(1991 年)、《防治尾矿污染环境管理规定》(1992 年)、《关于防止铬化物生产建设中环境污染的若干规定》(1992 年)、《城市市容和环境卫生管理条例》(1992 年)、《城市生活垃圾管理办法》(1993 年)。这些法规虽然对固体废物污染的防治和管制提供了一定的法律基础,但不能满足防治和管制固体废物污染环境的客观需要,因此,1995 年 10 月,中国颁布了专门的《固体废物污染环境防治法》。该法也适用于液态废物和置于容器中的气态废物的污染防治工作。而该法的重点是对工业固体废物、城市生活垃圾和危险废物污染环境的防治和管制。从政府对固体废物污染环境的管制而言,主要法律制度有:

1. 固体废物环境影响评价和"三同时"制度。该制度主要适用于建设产生工业固体废物的项目以及建设贮存、处置固体废物的项目。建设单位提交的建设项目的环境影响报告书,必须对建设项目产生的固体废物对环境的污染和影响作出评价,规定防治环境污染的措施,并按照国家规定的程序报环境保护行政主管部门批准。环境影响报告书经批准后,审批建设项目的主管部门方可批准该建设项目的可行性研

---

① 参见王新建主编:《香港民商法实务与案例》,人民法院出版社 1997 年版。

究报告或者设计任务书。而且,建设项目的环境影响报告书确定需要配套建设的固体废物污染环境防治设计,必须与主体工程同时设计、同时施工、同时投产使用。固体废物污染环境防治设计必须经原审批环境影响报告书的环境保护行政主管部门验收合格后,该建设项目才可投入生产或使用。同时,对固体废物污染环境防治设施的验收应当与对主体工程的验收同时进行。否则,有关环境保护部门可责令其停止生产或者使用,并可以处以十万元以下的罚款。

2. 固体废物申报登记制度。国家实行工业固体废物申报登记制度。产生工业固体废物的单位必须按照国务院环境保护部门的规定,向所在地县级以上地方政府环境保护部门提供工业固体废物的产生量、流向、贮存、处置等有关资料,以便有关环境保护部门掌握情况,针对性地采取有关管制措施。

3. 固体废物转移管制制度。固体废物转移是指将固体废物从一地搬运到另一地方的活动。从固体废物转移的地域看,可分为国内转移和国际转移。在中国境内,转移固体废物出省、自治区、直辖市行政区域贮存、处置的,应当向固体废物移出地的省级政府环境保护部门报告,并经固体废物接受地的省级环境保护部门许可。由于经济发达国家的环境保护要求标准较高,其固体废物处置费用也很高。一些企业为了减少固体废物处置费用,试图将固体废物转移到发展中国家处置。因此,为了制止这种固体废物污染转嫁行为,中国禁止境外的固体废物进境倾倒、堆放、处置。同时,禁止进口不能作原料的固体废物;限制进口可以用作原料的固体废物。

4. 危险废物经营许可证制度。危险废物的危险特性决定了只有具备一定安全和防治设备、设施,并具有熟悉危险废物收集、贮存、处置相应专业的技术人员的单位才有可能防止从事此类活动时造成污染危害,也才有资格从事此类活动。因此,有必要对经营危险废物实行许可证制度。按照法律规定,从事收集、贮存、处置危险废物经营活动的单位,必须向县级以上人民政府环境保护部门申请领取经营许可证。禁止无经营许可证或者不按照经营许可证规定从事危险废物收集、贮存、处置的经营活动。

5. 危险废物污染事故报告处理制度。为了尽可能减少事故损失,因发生事故或者其他突发性事件,造成危险废物严重污染环境的单位,必须立即采取措施消除或者减轻对环境的污染危险,及时通报可能受到污染危害的单位和居民,并向所在地县级以上地方环境保护部门和有关部门报告,接受调查处理。在发生危险废物严重污染环境、威胁居民生命财产安全时,县级以上地方政府环境保护部门必须向本级地方政府报告,由政府采取有效措施,消除或者减轻危害。

除了上述固体废物污染管制的基本制度外,还有对造成固体废物严重污染环境的企事业单位实行的限期治理制度;对与固体废物污染环境防治有关的单位所实行的现场检查制度等。

可能是由固体废物污染的特点所决定,到目前为止,各国政府主要是运用行政法规政策管制固体废物污染,在运用经济政策,特别是利用市场机制政策管制固体废物污染的政策实践还比较少,这将是一个值得探讨的研究课题。

第五节　政府对环境噪声污染的管制

本节首先讨论环境噪声污染及其危害,然后着重探讨政府对环境噪声污染的管制问题。

一、环境噪声污染及其危害

虽然人们对环境噪声有不同的解释,但从有关法律的角度看,环境噪声主要是指在工业生产、建筑施工、交通运输和社会生活中所产生的干扰周围工作和生活环境的声音。可见,法律意义上的环境噪声必须是人为活动所产生的声音,非人为活动所产生的声音就不属于环境噪声;同时,环境噪声必须是干扰周围工作与生活环境的声音,虽然有噪声存在,但只要它不干扰周围的工作与生活环境,也不属于环境噪声。环境噪声污染则是指所产生的环境噪声超过国家规定的环境噪声排放标准,并干扰他人正常生活、工作和学习的现象。与其他环境污染比较,环境噪声污染的特点是:环境噪声污染只有局部性和暂时性。即环境噪声污染属于一种能量污染,能量在向周围传播的过程中,随着距离的增加和阻碍物的阻挡而不断减弱,受影响的范围局限于噪声污染源附近,这就决定了环境噪声污染是一种局部性污染。同时,环境噪声污染源一旦停止发声,环境噪声污染就会立即消失,即具有暂时性。

由于环境噪声污染的大小不仅取决于环境噪声本身的强度,而且还与人的生理和心理因素有关,也就是说,不同的人对同一环境噪声有不同的感受,从而使对环境噪声污染的评估具有复杂性,这就需要建立衡量环境噪声的客观标准。大家知道,人们是通过声波运动对一定范围的大气压力的不同来感知声音大小的。这种声波运动对大气产生的压力就是声压。声压的大小用声压级表示,单位是分贝,记作 dB(deci-bel)。声压级也就是噪声级,单位也是分贝。声学专家还模拟人耳对噪声感觉的特点,设计了一种测量环境噪声的标准——A 声级,用 A 声级作为度量噪声的标准,通过仪器测量的噪声大小,基本上能与人对噪声的感觉相一致。现在,世界各国都普遍利用 A 声级噪声标准,它通常用"dBA"表示。另外,如果在一段时间内有连续起伏不定的噪声,就可以把几个不同 A 声级按能量平均,以一个 A 声级表示该段时间内噪声的大小。这种声级被称为等效声级,用 Leq 表示。

环境噪声污染的危害是多方面的:在听觉方面,人在较强噪声环下暴露一定时间会出现听力下降现象;噪声对人的神经系统及心血管系统等方面有明显影响,长期接触噪声的人,会产生头痛、多梦、嗜睡、心慌、记忆力减退和全身乏力等临床症状;噪声不仅危害人体健康、干扰休息,使人感到烦恼,而且也会降低工作效率,打断思维的整体性,使人精神涣散,注意力不集中,以致造成工伤事故。尽管环境噪声引起的经济损失是极其复杂而不易确定的,但它所造成的潜在损失是很大的。据研究测算,中国每年因道路交通噪声污染导致的经济损失约合人民币216亿元;美国由于工业噪声所致的意外事故、缺勤、赔偿损失费等高达40亿美元,受交通噪声影响的区域内,为搬迁居民就耗资27亿美元。①

中国随着工业生产、交通运输、城市建设的迅速发展及城市生活的多样化,正面临着环境噪声污染的严重挑战,并在一定程度上影响了经济的发展和人们的健康。据《1999年中国环境状况公报》的有关资料,1999年,中国在开展道路交通噪声监测的212个城市中,污染较重、中度污染、轻度污染和声环境质量较好的城市比例分别为5.2%、8.5%、27.3%和59.0%。而在开展区域环境噪声监测的159个城市中,污染较重、中度污染、轻度污染和声环境质量较好的城市比例分别为8.2%、27.7%、25.2%和38.9%。这说明中国的环境噪声污染现象还比较严重,需要政府对其加强有效的管制。

二、政府对环境噪声污染的管制

针对环境噪声污染的危害,许多国家都制定了相应的法规,如瑞士在1914年就制定了第一个机动车辆的规则,规定机动车辆必须装配消

---

① 参见国家环境保护局:《中国环境保护21世纪议程》,中国环境科学出版社1995年版,第87页。

声器;英国在 1974 年颁布的《污染控制法》中,对环境噪声污染的管制
作了专门规定;日本在 1968 年就专门颁布了《噪声控制法》,以后又作
了多次修订;法国在 1971 年颁布了《飞机噪声法》,1980 年又制定了
《噪声防护法》。美国在 1972 年制定了《噪声控制法》,并建立了美国
国家环境保护局所属的噪声消减和控制办公室,负责全面的噪声调查
以及对公众健康和福利影响的研究。美国国家环保局对于那些被认为
是主要污染源如建筑设备、运输设备、发动机以及电机或电子设备等类
产品都建立噪声排放行为标准。为标准所限制的产品生产者必须保证
其产品设备符合环保局的标准。国家环保局保留各州拥有通过许可证
的权力,以管制或限制产生噪声的产品或设备等,以控制环境噪声。此
外,美国有的地方政府还根据本地区的特点制定了地方法规。如在
1972 年,纽约市通过了修订的《噪声法》,内容包括禁止诸如汽车鸣笛
等不必要的噪声,对于特定的噪声源建立特定的噪声排放水平,确定周
围噪声质量区域,并且成立了环境控制委员会,还通过市民抗议和投诉
来监督噪声标准的执行。①

　　中国的香港政府在 1988 年制定了《噪音管制条例》及其 6 项附属
法例,此外,还制定了《民航(飞机噪音)条例》和《道路交通条例》等。
香港政府对噪音管制的整体政策目标是:通过立法和执法,加强对噪音
来源的管制;把噪音标准纳入"香港规划标准与准则"内,以便向制定
规划以对付噪音的人士提供指导;政府在制定建设和发展计划时,要充
分顾及噪音问题,在制定分区计划大纲图及发展计划图时,预先作好对
付噪音的规划。《噪音管制条例》等法规对住宅楼宇和公共场所的噪
音、建筑工地的噪音及其他地点发出的噪音都作出详细的管制规定。

---

　　①　参见〔美〕瓦伦·弗雷德曼:《美国联邦环境保护法规》,中国环境科学出版社
1993 年版,第 110—112 页。

同时,香港环保部门还采取了一系列补充措施以减少各类噪音对环境的干扰。如对可能产生噪音的发展项目,在规划土地用途时即予以充分论证,并在检讨城市规划条例时加以深入研究。香港环保署还对所有公共及私人发展计划的环境影响的评估进行可行性研究,以减少这些项目施工时及建成后可能造成的噪音污染和其他环境污染。同时,香港政府在1992年开始推行一项计划,在现有项目不发生大的改变的基础上,减少过去因规划失误或疏忽而导致的噪音影响。这项计划主要内容包括实行严格的交通管制措施;兴建和安装隔音设施和设备;郊野公园计划,在各公园内兴建许多康乐设施,以使市民能够通过暂别"尘世"的方式而得到宁静。①

中国对环境噪声污染管制的法规建设起始于20世纪50年代,1956年劳动部颁发的《工厂安全卫生规程》中,就对工厂内各种噪声源规定了防治措施;1957年中国又制定了《治安管理处罚条例》,对在城市任意发射高大声响,影响周围居民的工作和休息,又不听制止者规定了具体的处罚条款;1979年,中国颁布的《环境保护法(试行)》以正式法律的形式对环境噪声污染的管制作了原则规定;同年,中国政府有关部门还颁发了《工业企业噪声卫生标准(试行草案)》、《机动车辆允许噪声标准》;1982年,中国颁发了《城市区域环境噪声标准》,为评价环境噪声污染提供了依据;1986年,国务院发布了《民用机场管理暂行规定》,对防治民用飞机噪声污染作了具体规定;1989年,国务院发布了专门的《环境噪声污染防治条例》,为全面开展防治环境噪声污染提供了法规依据。1996年,在总结环境噪声污染防治工作的经验教训的基础上,中国制定了《环境噪声污染防治法》,从而形成了较为系统的环境噪声污染防治法规体系。从政府对环境噪声污染管制的角度看,主

---

① 参见王新建主编:《香港民商法实务与案例》,人民法院出版社1997年版。

要法律制度有：

1. 环境噪声标准管制制度。对环境噪声污染实行有效管制，首先要判定是否存在环境噪声污染，这就客观上要求建立环境噪声标准管制制度。根据《环境噪声污染防治法》的有关规定，国务院环境保护行政主管部门分别不同的功能区制定国家声环境质量标准，并根据国家声环境质量标准和国家经济、技术条件，制定国家环境噪声排放标准。县级以上地方政府根据国家声环境质量标准，划定本行政区域内各类声环境质量标准的适用区域，并据此进行管制。

2. 环境噪声影响评价制度和"三同时"制度。为了从源头开始管制环境噪声污染，新建、改建、扩建的建设项目，必须遵守国家有关建设项目环境保护管理的规定。建设项目可能产生环境噪声污染的，建设单位必须提出环境影响报告书，规定环境噪声污染的防治措施，并按照国家规定的程序报环境保护行政主管部门批准。而且，在环境影响报告书中，应当有该建设项目所在地单位和居民的意见。同时，建设项目的环境噪声污染防治设施必须与主体工程同时设计、同时施工、同时投产使用。建设项目在投入生产或者使用之前，其环境噪声污染防治设施必须经有关环境保护主管部门验收；达不到国家规定要求的，该建设项目不得投入生产或者使用。

3. 环境噪声污染限期治理制度。对于在噪声敏感建筑物集中区域（即医疗区、文教科研区和以机关或者居民住宅为主的区域）内造成严重环境噪声污染的企业事业单位，实行限期治理制度。被限期治理的单位必须按期完成治理任务。限期治理由县级以上人民政府按照国务院规定的权限决定。对小型企业事业单位的限期治理，可以由县级以上人民政府在国务院规定的权限内授权其环境保护部门决定。对经限期治理逾期未完成治理任务的企事业单位，除依照国家规定加收超标准排污费外，可以根据所造成的危害后果处以罚款，或者责令停业、搬迁、关闭。

4. 环境噪声排放申报登记制度。在工业生产中因使用固定的设备造成环境噪声污染的工业企业,必须按照国务院环境保护主管部门的决定,向所在地的县级以上地方政府环境保护主管部门申报拥有的造成环境噪声污染的设备的种类、数量以及在正常作业条件下所发出的噪声值和防治环境噪声污染的设备情况,并提供防治噪声污染的技术资料。造成环境噪声污染的设备的种类、数量、噪声值和防治设施重大改变的,必须及时申报,并采取应有的防治措施。而在城市市区范围内,建筑施工过程中使用机械设备,可能产生环境噪声污染的,施工单位必须在工程开工十五日以前向工程所在地县级以上地方政府环境保护主管部门申报该工程的项目名称、施工场所和期限、可能产生的环境噪声值以及所采取的环境噪声污染防治措施的情况。

5. 环境噪声超标排污收费制度。由于超标准环境噪声所造成的危害较大,因此,除了运用行政手段对它进行管制外,还要对它运用经济手段,实行超标排污收费制度。按照《环境噪声污染防治法》的有关规定,产生环境噪声污染的单位,应当采取措施进行治理,并按照国家规定缴纳超标准排污费。不按照国家规定缴纳超标准排污费的,县级以上地方政府环境保护主管部门可以根据不同情节,给予警告或者处以罚款。

对环境噪声污染管制除了上述基本制度外,还有环境噪声监测制度、环境噪声现场检查制度等,它们和上述基本制度共同构成中国对环境噪声污染管制的法律制度体系。

第十五章 政府对产品质量的管制

本章以信息不对称理论为指导，专门讨论政府对产品质量的管制问题。产品质量不仅直接决定消费者需求的满足程度，而且，在市场国际化的条件下，产品质量还决定了一个国家的国际竞争力。由于在产品生产经营者和消费者之间对产品质量存在信息不对称，因而可能产生逆向选择问题，导致劣质产品驱逐优质产品。而单纯运用市场机制不能解决这种信息不对称问题，这就需要政府加强对产品质量的管制。本章将以分析产品质量的政府管制需求为起点，紧密联系中国的产品质量管制实际，着重探讨政府对广告、名牌产品和产品"三包"等售后服务的管制问题，以弥补利用市场机制在传递产品质量信息中的缺陷。同时，对食品和药品这两类直接关系到消费者安全和健康的产品质量作专题讨论。

第一节 产品质量的政府管制需求

产品质量是产品的安全性、有效性、耐用性、可靠性、准确性、美观性、易操作和维修性以及其他有价值的特性的组合。对于不同的产品，衡量其质量的特征和重要性权数也是不同的，如对于药品来说，安全性和有效性是衡量其质量的最重要的特征；对于服装，特别是工艺品来说，美观性就上升到主导地位；而对于仪器、仪表来说，可靠性和准确性便成为最为重要的质量特征。对于服装、蔬菜、大米和多数日用品，消费者通过看、听、闻、触、味这 5 方面的感觉器官就能大致了解产品的质量,消费者通过搜寻、比较同类产品,一般就能买到符合其质量要求的产品,因此,这类产品可被称为"搜寻产品"(search products)。但许多产品的质量特征并不是显在的,如家用电器要使用一段时间后才能知道其质量水平,病人服药后才能知道该药品的安全性和有效性,照相机的使用者至少拍摄、冲印一卷胶卷后才能了解它的易操作性、可靠性和准确性等质量特征,等等。由于这类产品在消费者使用后才能了解其质量水平,因此,它们被称为"经验产品"(experience products)。① 由此可见,我们前面所讲的生产经营者与消费者之间对产品质量的信息不对称问题主要就是发生在这类"经验产品"之中。而对于"搜寻产品"来说,并不存在多大的信息不对称问题。这样,我们就可以把对产品质量问题的讨论集中在"经验产品"上,在没有特别说明的情况下,本章中提到的产品质量就主要是指"经验产品"的质量。

由于在生产经营者与消费者之间对产品的真实质量存在信息不对称,从而产生逆向选择问题,最终出现劣质产品驱逐优质产品的现象。优质产品的生产经营者为了向消费者显示其产品的质量水平,可以通过广告、创建名牌以建立企业和产品信誉、提供产品"三包"服务等市场机制向广大消费者传递信息。但由于虚假广告、假冒伪劣产品的存在以及一些企业不能履行产品"三包"的承诺等原因,会导致市场失灵。这就要求政府通过对广告、名牌产品和产品"三包"等售后服务的管制,以弥补这种市场失灵。即通过同时发挥市场这只"看不见的手"和政府这只"看得见的手"的作用,共同缓解生产经营者和消费者之间对产品质量的信息不对称问题。同时,政府应该主动利用其公共权力,

---

① 有关对"搜寻产品"和"经验产品"的详细讨论可参见 Nelson, P., 1970, "Information and Consumer Behavior", *Journal of Political Economy* 78: 311–329。

以法律为基本准则,运用行政手段对产品质量实行有效管制,促使企业提高产品质量。

由于在产品生产经营者和消费者之间的信息不对称中,企业处于信息优势方,而消费者处于信息劣势方,与此相适应,政府也应实行不对称管制,即政府主要以企业及其产品为管制对象,强制企业承担有关产品质量责任(特别是产品安全责任),以保护处于信息劣势方的消费者的权益。例如,美国商务部在1979年公布的《美国统一产品责任示范法》,对产品制造者、销售者的责任、消费者向产品生产经营者的索赔、政府管制机关的职责、仲裁规则等都作了较为详细的规定。在此基础上,1982年美国政府颁布了更具法律效力的《产品责任法》。此外,美国还对一些直接关系消费者安全的产品专门制定了法律,如《食品、药品和化妆品法》、《消费品安全法》、《联邦危险品法》、《易燃纤维品法》、《毒品包装法》、《电冰箱安全法》、《食品安全法》、《天然气管道和煤气安全法》、《儿童保护与玩具安全法》等。可见,美国在有关产品质量管制方面的立法已经比较成熟,表现在法规数量多、范围广,政府管制内容比较具体,可操作性强。日本在产品质量管制方面也建立了比较健全的法律体系,主要法律包括:《食品卫生法》、《药事法》、《药品副作用被害救济金法》、《毒品及剧烈物品取缔法》、《煤气事业法》、《玩具安全对策法》、《纤维制品质量表示法》和《家庭用品质量表示法》等。

中国作为一个发展中国家,科学技术的总体水平还不高,这在客观上必然影响产品质量,使中国许多产品的质量尚未达到国际先进水平。从主观上分析,中国一些企业存在片面追求短期经济效益的倾向,忽视技术创新和新产品开发。不少企业甚至在产品生产过程中偷工减料,以次充好,生产假冒伪劣产品。从而在更大程度上影响了中国的产品质量水平,损害了消费者权益。这些都在客观上要求中国各级政府加强对产品质量的管制。作为对产品质量问题所作出的积极反应,中国在1993年2月曾颁布《中华人民共和国产品质量法》,2000年7月又对该法作了较大幅度的修改与调整,删去了2条,修改了20条,新增加了25条,总共有74条,从而加大了该法的力度,增强了可操作性。新修改的《产品质量法》有以下特点:(1)在总则部分首次明确指出,各级人民政府应当把提高产品质量纳入国民经济和社会发展规划,加强对产品质量工作的统筹规划和组织领导,引导并督促生产者、销售者加强产品质量管理,提高产品质量,组织各有关部门依法采取措施,制止产品生产、销售中违反产品质量法规定的行为。这就从法律上规定了政府对产品质量管制的责任。(2)对企业提出了更高的产品质量要求,即要求企业必须建立健全内部产品质量管理制度,严格实施岗位质量规范、质量责任及相应的考核办法,不得拒绝产品质量监督部门依法组织进行的产品质量监督检查,对监督抽查中的问题必须做出整改,拒不执行,情节严重的将给予吊销营业执照的处分。这就强化了企业是决定产品质量的主体的法律责任。(3)规定了质量监督部门在行政执法过程中可以采取的必要的行政强制措施的权力,这就保证了质量监督部门执法的法定权力。(4)对违法企业处罚的范围作了新的界定,加大了对产品质量违法行为的法律制裁力度。(5)规定了产品质量监督部门进行产品质量监督抽查的监督检查制度、产品质量认证制度等。当然,中国新修改的《产品质量法》的法律效果在相当程度上还取决于政府管制执法效果,因此,需要相应地加强政府管制执法。同时,与经济发达国家相比,中国在产品质量管制的法律体系建设方面还有一定的差距,如中国对一些直接关系到消费者安全和健康的产品尚未颁布专门的法规,在这方面还存在较大的政府管制立法需求。

第二节　政府对广告的管制

广告是企业运用市场机制,传递产品质量信息的一种重要方式。企业能够花大量的钱做广告这一事实,会使许多消费者感到企业对自己的产品很自信,因此,尽管消费者对广告信息的真实性持有不同程度的怀疑,但许多消费者还是更愿意购买那些广告做得多的产品。如果广告能提供足够准确的关于产品质量的信息,那么,政府对广告的管制是不必要的。但在事实上,由于许多企业做广告的主要目的是为了推销其产品,因此,不少企业往往在广告中会倾向于夸大其产品质量,一些企业甚至会做虚假广告,欺骗、误导消费者,使消费者受骗上当。从检验技术上看,画清劝说性广告和欺骗性广告之间的界线常常是困难的。一些做广告的企业似乎已经摸到了一种打"擦边球"的窍门。一则引起联想的广告可能起到与一则可能被认为是欺骗性的广告相同的效果。这样,广告信息与产品质量之间的关系对于广告的管制就显得非常重要。政府对广告管制的主要目标就是要尽可能消除虚假广告,使广告成为真实地传递产品质量信息的有效方式。因此,本节内容的安排是首先讨论虚假广告及其危害,然后分析虚假广告的主要表现形式,在此基础上,着重探讨政府对广告的管制问题。

一、虚假广告及其危害

《中华人民共和国广告法》《反不正当竞争法》及其他有关法律都没有对虚假广告作明确的定义。一般认为,虚假广告就是指广告活动主体通过广告对产品的质量、成分、性能、用途、生产者、有效期、产地以及其他有关产品和服务的信息作虚假的或引人误解的宣传的行为。其目的是为了通过欺骗、误导消费者,促使消费者选择、购买广告宣传的产品。但在广告管制实践中,虚假广告与合理夸张的广告往往难以画清明确的界线。广告作为一种以赢利为目的的促销活动,为了宣传特定产品和服务,必须要有一定的感染力,吸引广告宣传的对象,以促使他们选择、购买其产品和服务。这是由广告的特点所决定的。所以,广告中合理的、独特的夸张通常是必需的,也是广告独特的价值所在。问题的关键是广告合理的夸张必须在一定的程度范围内,超出了这一"度",则就可能转化为虚假广告。一般地说,虚假广告具有两个显著特征:一是虚假广告在主观上具有故意欺骗性。即虚假广告是广告主体利用广告形式,故意提供虚假的、令人误解的信息,欺骗广告对象,误导其对广告宣传的特定产品作出错误选择。二是虚假广告在客观上具有产生误导的必然性。即根据广告宣传对象的常识和正常判断能力,如果对某一广告内容必然会产生某种误导,作出不是出于本意的错误决策,则这种广告就是虚假广告。

虚假广告必然会对社会,特别是对消费者和生产经营同类产品的企业带来许多危害:

1.损害了消费者的合法权益。消费者在购买、使用产品过程中,拥有知情权、公平交易权、自主选择权、人身安全、财产安全等合法权利。但随着社会经济的发展与市场的繁荣,市场上的产品(特别是"经验产品")越来越丰富,这必然导致生产经营者与消费者之间对产品质量的信息不对称问题日益突出,广告作为信息传递的一种有效形式,是广告主(生产经营者)为缓解这种信息不对称而作出的积极反应,同样,消费者接受广告信息也是为了改变其信息劣势地位,以更多地掌握有关广告宣传产品的信息,从而更好地体现其知情权和公平交易权。然而,由于虚假广告向广大消费者传递欺骗性信息,反而人为地扩大了生产经营者(广告主)和消费者之间的信息不对称问题,致使消费者受骗上当购买假冒伪劣产品后,造成消费者人身和财产损害,严重损害了消费者的合法权益。

2. 损害了同类产品生产经营者的合法权益。在一定时期、一定市场范围内,某类(或某种)产品的需求量是相对稳定的。许多消费者受虚假广告的欺骗或误导,选择并购买了虚假广告所宣传的产品,对其他同类产品的需求量必然减少。这就使虚假广告所宣传的产品挤占了其他同类产品的市场份额,损害了正常生产经营者的合法权益。同时,由于虚假广告所宣传的产品大多是假冒伪劣产品,消费者使用产品后发现受骗上当,就会对其他同类产品的质量也会产生怀疑,如山西的假冒伪劣白酒案曝光后,一度导致整个白酒市场消费需求的萎缩,严重损害了正常生产经营者的产品声誉和市场需求,进一步损害了同类产品生产经营者的合法权益。

3. 扭曲了正常的市场竞争机制,造成社会资源的巨大浪费。市场竞争机制的基本作用是优胜劣汰,产生优质产品驱逐劣质产品的积极效果。但其前提条件是要求这种竞争是正当的、公平的竞争。而虚假广告被一些生产经营者用作不正当竞争的手段,使许多消费者真伪难辨,反而购买受虚假广告影响的假冒伪劣产品,其结果造成劣质产品挤占优质产品的不正常现象,市场竞争机制难以发挥正常作用。同时,虚假广告还会造成社会资源的巨大浪费。首先,制作、发布虚假广告必然要投入一定的社会资源,但虚假广告所产生的是负经济效益,这就决定了这种投资纯粹是一种社会资源的浪费;其次,虚假广告宣传的大多是假冒伪劣产品,不能为消费者提供正常的使用价值,因此,生产经营这些假冒伪劣产品所耗费的资源也是一种浪费;再次,无论是政府有关部门打击查处虚假广告,还是消费者为了维护其合法权益,都需要消耗大量的社会资源,而这些社会资源的不必要消耗,完全是由虚假广告造成的。

二、虚假广告的表现形式

分析虚假广告的表现形式,是政府针对性地管制广告活动的基础。虚假广告的表现形式复杂多变,根据一些学者的研究,①至少可以罗列以下几种主要表现形式。

1.消息虚假。它是指广告所宣传的能提供的产品或服务根本不存在。即广告主在主观上根本没有提供其所宣传的产品或服务的意图,有的根本无能力提供有关产品或服务。一些人受骗上当交付款项后,广告主并不提供任何产品或服务,或者逃之夭夭。这类虚假广告经常发生在招生、招聘广告中,以骗取报名费或学费。有时也发生在耐用消费品、房地产定购中。

2.品质虚假。它是指广告主实际提供的产品或服务在很大程度上没有达到广告中所宣称的质量标准或技术标准。这种虚假广告最为普遍,其结果必然造成消费者对产品质量的错误认识,误导消费者购买低质量产品。

3.功能(用途)虚假。它是指广告主实际提供的产品或服务不具备或不完全具备广告所宣传的功能(或用途)。这种虚假广告更多地出现在药品、滋补品、化妆品等消费者难以直观辨别的产品中,其产品不能满足消费者所期望的使用价值。

4.证明虚假。它是指广告主为宣传其产品或服务,故意提供虚假的证明材料,渲染其产品或服务的质量、功能等,使广告信息接受者信以为真,从而受骗上当。

5.来源虚假。它是指广告主对其所提供的产品或服务的来源(如

---

① 参见聂洪勇、王少华、王贤富:《广告欺诈及其防治》,法律出版社1998年版,第65—76页。

产地、生产者、原料来源等)进行虚假的广告宣传。许多产品或服务的来源是产品质量的重要标志,如瑞士的手表、法国的葡萄酒、杭州的龙井茶等,一些广告主故意虚假宣传其产品或服务的来源,其目的就是为了误导消费者把劣质产品当作优质产品,一般产品误认为著名产品。因此,这种虚假广告宣传的产品一般都是假冒伪劣产品。

6. 成分虚假。它是指广告主对产品的组成成分或者有关成分的含量所作的虚假宣传。产品的成分和含量与产品的性能具有密切关系,因而成为许多消费者评价产品质量,选购产品的重要依据。这种虚假广告表现为把低质量的成分宣传为高质量的成分,或把某种成分较少的含量宣传成为较多的含量。如将混纺面料的服装作全毛服装宣传,将人工原料说成是天然原料等等。这种虚假广告较多地出现在药品、食品、滋补品等产品广告中。

此外,还有价格虚假广告、时间虚假广告等等。

无论是哪种类型的虚假广告都是欺骗性广告,都会使广告信息接收者产生错误认识,作出错误的选择、购买决策,结果必然会损害其合法权益。这就决定了政府应该把尽可能减少虚假广告作为广告管制的出发点和最终目标,使广告成为传递产品或服务质量真实信息的有效方式。

三、政府对广告的管制

在现代社会经济生活中,广告在传递产品信息、促进生产、扩大销售、指导消费等方面发挥着日益重要的作用,但虚假广告的存在也给社会,特别是给消费者的权益造成损害。因此,为了充分发挥广告的积极作用,尽可能减少虚假广告,世界各国政府都十分重视对广告的管制。

根据有关资料,①美国最早的广告法案是 1911 年通过的《普令泰

---

① 参见朱李明、杭忠东主编:《广告监督管理》,河海大学出版社 1997 年版,第 228—250 页。

因克广告法案》，根据该法案规定，对做虚假广告者治以轻罪，并处以
罚金。1938 年，美国又制定了《食品、药物和化学物品法》，对虚假广告
作出了更严厉的制裁措施。1966 年，美国制定了《正当包装与商标
法》，1968 年又通过了《消费者信贷保护法》、《控制辐射确保健康与安
全法》和《家禽制品批发法》，1969 年还通过了《玩具安全法》，这些法
律都对广告活动作了明确规定，并把各种形式的虚假广告列为禁止和
制裁之列。美国对广告的管制涉及到多个机构，其中，美国对商业广告
的主要政府管制机构是联邦贸易委员会，而联邦通信委员会主要是通
过批准或吊销各类电台、电视台的营业执照对广播、电视、电话、电报业
等广告发布机构实施管制；消费品安全委员会则保证实施涉及有危险
性的消费品管制条例，并有权在广告中加入警告性文字；美国邮政局有
权停止投递非法邮件，对虚假广告进行管制；食品及药品管理局则负责
对各类包装药品及医药品的广告管制。日本在广告业的发展过程中，
形成了比较完善的法规体系。1940 年，日本政府颁布了《日本广告律
会》，宣布对广告实行管制，同时规定了多项管制规则。1962 年，日本
政府公布了《不正当赠品及防止不正当标志法》，这一法规全面限制了
包含广告在内的"不正当表示和禁止提供过多的赠品的做法"。此外，
还有《户外广告法》、《不正当竞争防止法》、《滞销商品及其不正当宣传
防止法》等。这些法规从多个方面对虚假广告制定了管制措施并采取
相应的处罚措施。日本管制广告的最重要的政府机构是成立于 1974
年的日本广告审查机构，其主要管制对象是广告客户，主要管制任务是
对广告内容进行审查，责令有问题的广告客户改正错误，并受理消费者
对广告的投诉，以维护消费者利益。英国是较早发展广告事业的国家
之一，早在 1907 年，英国政府就颁布了《广告法》，随后，由于广告业的
发展，各类虚假广告名目增多，为此，1925 年，英国政府颁布了新的《广
告法》，此外，英国政府还制定了《商标法》、《医药治疗广告标准法典》

和《销售促进法典》等,严格禁止各种类型的虚假广告和不正当广告。英国的广告业务标准委员会是一个完全独立的不带任何偏见的组织,其职责是审查各类广告,保证广告的真实性,维护公众的利益。法国、德国、加拿大、澳大利亚等经济发达国家也都制定了有关广告管制的法规,重点也是禁止虚假广告。

中国政府也十分重视对广告的管制,并从20世纪80年代起先后制定了一系列广告管制法规,不断加强对广告的管制,其中主要的广告法规有:1982年2月国务院发布的《广告管理暂行条例》,1987年10月国务院又发布了《广告管理条例》,1988年1月国家工商行政管理局又发布了《广告管理条例施行细则》,1994年10月中国正式颁布了《中华人民共和国广告法》,并从1995年2月1日起施行。此外,中国有关政府部门还颁布了《广告语言文字管理暂行规定》、《药品广告审查办法》、《医疗器械广告审查办法》、《农药广告审查办法》、《医疗广告管理办法》、《化妆品广告管理办法》、《烟草广告管理暂行办法》、《酒类广告管理办法》、《食品广告发布暂行规定》等法规。此外,《中华人民共和国反不正当竞争法》、《关于禁止有奖销售活动中不正当竞争行为的若干规定》等法规的有关条款,也直接或间接地涉及广告管制。从《中华人民共和国广告法》等主要广告法规看,中国政府对广告的管制内容主要包括以下三个方面:

1. 广告活动主体管制制度。广告主、广告经营者和广告发布者共同构成广告活动主体。对广告的管制,首先要从源头加强对广告活动主体的管制。按照法律规定,广告主体从事广告活动,应当遵守法律、行政法规,遵循公平、诚实信用的原则。依法订立书面合同,明确各方的权利和义务,不得在广告活动中进行任何形式的不正当竞争。

广告主自行或者委托他人设计、制作、发布广告必须做到:所推销的商品或者所提供的服务应当符合广告主的经营范围;委托的广告经营者和广告发布者均具有合法经营资格;应当具有或者提供真实、合法、有效的下列证明文件:(1)营业执照以及其他生产、经营资格的证明文件;(2)质量检验机构对广告中有关商品质量内容出具的证明文件;(3)确认广告内容真实性的其他证明文件。如果发布某些特殊内容的广告,依法需经有关行政主管部门审查的,还应当提供有关批准文件。

广告经营者除符合企业登记条件外,还应具备下列条件:(1)有负责市场调查的机构和专业人员;(2)有熟悉广告管理法规的管理人员及广告设计、制作、编审人员;(3)有专职的财会人员;(4)申请承接或代理外商来华广告,应当具备经营外商来华广告的能力。具备以上条件的企业方可按照不同的辖属范围向相应级别的工商行政管理机关办理广告经营者的审批登记,核准后发给营业执照。广告经营者还有责任对广告主的证明文件及广告内容进行查验、核实,不得发布不符合规定的广告。同时,广告经营者还应当建立、健全广告业务的承接登记、审核、档案管理制度。

广告发布者从事广告活动应具有法律规定的资格条件,并应建立、健全广告业务的承接登记、审核、档案管理制度。广告发布者应依法查验所发布广告的有关证明文件,核实广告内容,对广告内容不实或者证明文件不全的广告不得发布。广告发布者向广告主、广告经营者提供的媒介覆盖率、收视率、发行量等资料应当真实;不得发布法律、行政法规规定禁止生产、销售或禁止发布广告的商品或者服务的广告。

2.广告内容管制制度。按照中国的广告法规,广告应当真实、合法,符合社会主义精神文明建设的要求,不得含有虚假的内容,不得欺骗和误导消费者。广告内容应当有利于人民的身心健康,促进商品和服务质量的提高,保护消费者的合法权益,遵守社会公德和职业道德,维护国家的尊严和利益。广告不得使用中华人民共和国国旗、国徽、国歌;不得使用国家机关及其工作人员的名义;不得使用国家级、最高级、最佳等用语;不得妨碍社会安定和危害人身、财产安全,损害社会公共利益;不得妨碍社会公共秩序和违背社会良好风尚;不得含有淫秽、迷信、恐怖、暴力、丑恶的内容;不得含有民族、种族、宗教、性别歧视的内容;不得妨碍环境和自然资源保护。广告中对商品的性能、产地、用途、质量、价格、生产者、有效期限、允诺或者对服务的内容、形式、质量、价格、允诺有表示的,应当清楚、明白。广告使用数据、统计资料、调查结果、文摘、引用语,应当真实、准确,并表明出处。广告中涉及专利产品或者专利方法的,应当标明专利号和专利种类;未取得专利权的,不得在广告中谎称取得专利权;禁止使用未授予专利权的专利申请和已经终止、撤销、无效的专利做广告。广告不得贬低其他生产经营者的商品或者服务。广告应当具有可识别性,能够使消费者辨明其为广告。同时,中国的广告法规还对关系人民生活和身体健康的药品、医疗器械、农药、食品、烟酒、化妆品的广告内容都作了专门规定。

　　3.广告违法行为的法律责任制度。根据中国的广告法规,对广告活动中的各种违法行为,规定了严格的法律责任,主要内容有:(1)民事责任。发布虚假广告对消费者的侵权行为及其他侵权行为应承担民事责任;发布虚假广告,欺骗和诱导消费者,使购买商品或者接受服务的消费者的合法权益受到损害的,由广告主依法承担民事责任;广告经营者、广告发布者明知或者应知广告虚假仍设计、制作、发布的,应承担连带责任;广告经营者、广告发布者不能提供广告主的真实名称、地址的,应当承担全部民事责任;社会团体或者其他组织,在虚假广告中向消费者推荐商品或者服务,使消费者的合法权益受到损害的,应依法承担连带责任等。(2)行政责任。行政责任分为行政处罚和行政处分。

行政处罚主要涉及发布虚假广告,违反广告法关于广告内容的基本要求及广告禁止的情形,违反广告法对广告中涉及某些内容的具体规定,违反广告法关于广告具有可识别性的规定,违反广告法关于药品、医疗器械、农药、食品、酒类、化妆品及烟草广告的规定,违反广告法关于广告审查的规定,以及违反广告法对法律、行政法规禁止生产、销售和发布广告的商品或服务,提供设计、制作、发布的行为;广告主提供虚假证明文件的行为;伪造、变造或者转让广告审查决定文件的行为等所作的规定。具体的处罚措施是:罚款、没收广告费用、停止发布、公开更正、停止广告业务等。对广告监督管理机关和广告审查机关工作人员玩忽职守、滥用职权、徇私舞弊的,给予行政处分。(3)刑事责任。对发布虚假广告,违反广告法关于广告内容的基本要求及广告禁止的情形,伪造、变造广告审查决定文件以及广告监督管理机关和广告审查机关工作人员的渎职行为构成犯罪的,依法追究刑事责任。

第三节　政府对名牌产品的管制

名牌不同于商标,它不是一个法律概念,因此,对名牌产品没有统一的定义。一般认为,名牌产品是指具有高质量、高知名度,被许多消费者喜爱与信赖的产品。高质量是名牌产品的内在基础,高知名度是名牌产品的外在表示,受消费者喜爱与信赖是市场对名牌产品的评价。名牌产品是企业长期努力的结果,是产品信誉和企业信誉的结晶,因此,它也是企业向市场传递产品高质量信息的重要方式。但由于假冒产品的干扰,会导致利用名牌产品传递产品质量信息的这种市场机制被人为扭曲,在真假名牌产品难分的情况下,消费者会作出"逆向选择",从而造成"假冒产品驱逐名牌产品"的现象。因此,这要求政府通过对名牌产品的管制,以弥补这种市场失灵。政府对名牌产品管制的主要内容一是要打击假冒产品,二是要通过对商标(特别是驰名商标)、专利等的管制以保护名牌产品。本节在分析假冒产品及其危害的基础上,着重讨论政府以多种途径对名牌产品的管制问题。

一、假冒产品及其危害

通常,人们往往将"假冒伪劣产品"作为一个专用语相提并论,但严格地说,假冒产品和伪劣产品是有区别的。① 假冒产品又称为冒牌产品,即俗称"冒牌货"。它是指含有关于产品声誉的虚假信息,足以误导消费者的产品。假冒产品的主要表现形式有:(1)假冒他人注册的商标;(2)擅自使用名牌产品所特有的名称、包装、装潢或者使用与名牌产品极为相似的名称、包装、装潢,造成和名牌产品相混淆,使消费者误认为名牌产品;(3)冒用他人的企业地址、名称;(4)伪造或者冒用名牌产品的认证标志,名优标志或许可证标志;(5)伪造产地,对产品质量作引人误解的虚假表示。可见,从广义上看,假冒产品的内容与名称不相符,也属于伪劣产品的范围。但从狭义上看,假冒产品和伪劣产品则存在一定的区别:假冒产品这一概念着眼于产品所传递的信息是否真实;而伪劣产品这一概念则偏重于产品的内在质量是否符合标准。在实践中,有的假冒产品并不一定存在质量问题,只是向消费者提供了一种不真实的信息,使消费者将某一假冒产品与特定的名牌产品联系起来,误认为该假冒产品享有某种实际上并不存在的信誉。而狭义的伪劣产品往往以低质量为重要特征。当然,在实践中,一些制售伪劣产品者为了打开市场销路,往往也假冒名牌产品生产销售伪劣产品。这样,这种产品既是伪劣产品,又是假冒产品,二者合而为一。这也是假

---

① 有的学者对此作了专门讨论,可参见刘福谦:《产品欺诈及其防治》,法律出版社1997年版,第7—8页。

冒产品和伪劣产品难分难解的一个重要原因。

像虚假广告一样,假冒产品也会损害消费者和名牌产品生产经营企业的合法权益。对消费者来说,假冒产品以假充真,消费者的知情权受到侵害;假冒产品的价格与价值严重背离,消费者的公平交易权就受到侵害;许多假冒产品存在的缺陷还会使消费者的人身、财产安全权受到威胁。对名牌产品的生产经营者来说,名牌就是效益,企业在创名牌产品的长期努力过程中付出了巨大的代价,要通过名牌效应取得回报,假冒产品的存在使名牌企业的这种合法权益无法实现;由于假冒产品以名牌产品的面目出现,混淆真假,许多缺乏鉴别能力的消费者误以为名牌产品质量下降,对名牌产品的信任度大打折扣,从而败坏名牌产品的信誉,严重影响名牌企业的形象和市场竞争能力;在一定时期内,市场对某种产品的需求总是有限的,假冒产品进入市场后,就与名牌产品争夺市场,同时,由于假冒产品成本低,可以制定较低的价格,在真假产品争夺市场中,假冒产品还会把名牌产品挤出市场,对名牌产品的生产经营者造成灾难性的损失,甚至造成破产倒闭。然而,从本质上看,假冒产品对社会造成的最大危害是,扭曲了以优胜劣汰为特征的市场竞争机制,破坏了名牌产品代表良好的产品信誉和企业信誉,传递高质量产品信息的市场功能。这些都要求政府加强对名牌产品的管制。

二、政府对名牌产品的管制

从现象上看,名牌产品的最大威胁是假冒产品。名牌产品具有较高的知名度和美誉度,成为畅销产品后,就会出现假冒产品,从生产资料到日用消费品,从一般产品到高档精品,从劳动密集型产品到高科技产品,从内销产品到出口产品,都存在大量的假冒产品。因此,保护名牌产品必须"打假"。但笔者认为,"打假"治"标"不治"本",要从根本上减少假冒产品,政府应加强对名牌产品本身的管制,保护名牌产品的知识产权,以增加假冒名牌产品的难度。

从法律的角度看,名牌产品是一组知识产权的结合体:驰名商标、知名商号、原产地名称等知识产权是名牌产品的识别性特征;专利技术、商业秘密等知识产权则是名牌产品的内在特征。因此,对名牌产品的管制可以具体化为对从属于名牌产品的这些知识产权的管制,以保护名牌产品。考虑到商标和专利技术是构成名牌产品的两种最重要的知识产权,因此,限于篇幅,本节着重讨论中国政府对商标、驰名商标和专利技术的管制制度。

1. 政府对商标的管制制度。商标是产品生产经营者为把自己的产品与其他生产经营者的产品相区别而使用的一种标志。改革开放以来,中国政府十分重视对商标的管制。1982 年 8 月,全国人大通过了《中华人民共和国商标法》,1993 年 2 月又对《商标法》作了修订。1988 年 1 月,经国务院批准,国家工商行政管理局公布了《中华人民共和国商标法实施细则》,1995 年 5 月又公布了经修订的《实施细则》。国家工商行政管理局还先后公布了《驰名商标认定和管理暂行规定》、《商标印刷管理办法》、《商标代理组织管理暂行办法》、《集体商标、证明商标注册和管理办法》、《商标评审规则》、《企业商标管理若干规定》和《商标评估机构管理暂行办法》等法规。从而形成了比较完善的商标管制法律体系。政府对商标管制的主要目的是为了保护商标专用权,促使生产经营者保证产品质量和维护商标信誉,以保障消费者的利益,促进社会经济的发展。根据我国商标法规的有关规定,我国商标注册有两大原则:一是自愿注册原则。即当事人是否要将自己使用或将要使用的商标提出注册申请由当事人自己决定,国家不予强制。但对人用药品、烟草制品等部分产品采取强制注册。二是申请在先原则。即在两个或两个以上申请同一商标注册的申请人中,先提出申请的获得商标权。若同时就同一商标提出申请的,先使用的申请人获得商标权;若同时使用或均未使用的,则由当事人自行协商,协商不成的由商标局裁定。

在商标使用方面,为了保护消费者的权益,使用注册商标,其产品粗制滥造,以次充好,欺骗消费者的,由各级工商行政管理部门根据不同情况,责令限期改正,并可以予以通报或者处以罚款,或者由商标局撤销其注册商标。使用未注册商标,但冒充注册商标的或者使用法律规定不准使用的文字、图形的或者粗制滥造,以次充好,欺骗消费者的,也要受到同样的法律制裁。注册商标的续展、转让和使用许可都要按照法定程序进行。

在注册商标专用权的保护方面,经商标局核准注册的商标为注册商标,商标注册人享有商标专用权,受法律保护,但注册商标的专用权,以核准注册的商标和核定使用的产品为限。我国商标法规的有关条款还列出了侵犯注册商标专用权的主要行为:(1)未经注册商标所有人的许可,在同一种产品或者类似产品上使用与其注册商标相同或者近似的商标的;(2)销售明知是假冒注册商标的商品的;(3)伪造、擅自制造他人注册商标标识或者销售伪造的、擅自制造的注册商标标识的;(4)经销明知或者应知是侵犯他人注册商标专用权产品的;(5)在同一种或者类似商品上,将与他人注册商标相同或者近似的文字、图形作为产品名称或者产品装潢使用,并足以造成误认的;(6)故意为侵犯他人注册商标专用权行为提供仓储、运输、邮寄、隐匿等便利条件的。侵犯注册商标专用权的行为不仅严重损害消费者利益,而且也损害注册商标人的利益。因此,当发生这种侵权行为时,被侵权人应通过行政程序或诉讼程序请求法律保护。有关法律规定,被侵权人可以向侵权人所在地的县级以上工商行政管理部门要求处理,也可以直接向有管辖权的人民法院起诉。地方工商行政管理部门在受理侵犯注册商标专用权的案件时,对已构成侵权行为的,应当责令立即停止销售;收缴并销毁侵权商标标识;消除现存商品上的侵权商标等。被侵权人要求赔偿损失的,依法责令侵权人赔偿。侵犯注册商标专用权,未构成犯罪的,工商行政管理部门可以处以罚款。对于假冒他人注册商标,构成犯罪的,除赔偿被侵权人的损失外,依法追究刑事责任。

由于一些不法分子利用消费者购买名牌产品的愿望大搞假冒名牌商标,而这些商标标识往往来源于某些商标印刷企业,因此,防止假冒商标还需要加强对商标印刷的管制。为此,国家工商行政管理局在1996年9月公布了《商标印制管理办法》(1998年12月作了修订),对印制商标制定了具体的管制办法。

2. 政府对驰名商标的管制制度。由于名牌产品与驰名商标具有密切联系,因此,政府对驰名商标的管制就自然成为管制名牌产品的重要内容。为此,国家工商行政管理局根据《商标法》及其《实施细则》,在1996年8月公布了《驰名商标认定和管理暂行规定》(1998年12月作了修订),按照该规定,驰名商标是指在市场上享有较高声誉并为相关公众所熟知的注册商标。并由国家工商行政管理局商标局负责驰名商标的认定与管理工作,任何组织和个人不得认定或者采取其他变相方式认定驰名商标。商标注册人请求保护其驰名商标权益的,应当向国家工商行政管理局商标局提出认定驰名商标的申请,同时提交有关证明文件,商标局可以根据商标注册和管理工作的需要认定驰名商标。驰名商标经认定并公布后,就具有法律效果,自驰名商标认定之日起,他人将与该驰名商标相同或者近似的文字作为企业名称一部分使用,且可能引起公众误认的,工商行政管理机关不予核准登记;已经登记的,驰名商标注册人可以自知道或者应当知道之日起两年内,请求工商行政管理机关予以撤销。对于未经国家工商行政管理局商标局认定,伪称其商标为驰名商标,欺骗公众的,由行为地工商行政管理机关视其情节予以警告,并酌情处以罚款。

3. 政府对名牌产品专利的管制制度。专利是知识产权的重要组成部分,它是国家专利机关依据专利法授予申请人在法定期限内对其发明创造所享有的专利权。它具有排他性,任何单位和个人未经专利权人的许可,都不得实施其专利。而冒牌产品的一种主要现实表现形式是模仿名牌产品的形状、图案、色彩及其组合,导致许多消费者误认误购,因此,政府不仅要对名牌产品的商标实行管制,而且要对名牌产品的专利实行管制。① 通常,产品的外观设计是指对产品的形状、图形、色彩或者这种特征的组合所作的富有美感并适于工业上应用的新设计。根据《中华人民共和国专利法》(1992 年)的有关规定,授予专利权的外观设计,应当同申请日以前在国内外出版物上公开发表过或者国内公开使用过的外观设计不相同或者不相近似。外观设计专利权被授予后,任何单位或者个人未经专利权人许可,不得为生产经营目的制造、销售其外观设计专利产品。可见,名牌产品的外观设计只有通过申请获得专利权后,才能得到法律的保护。值得一提的是,虽然商标本身不能申请外观设计专利保护,但如果商标所有者将其商标图案或具有装饰性的文字商标作为产品的包装或装潢时,就可以申请外观设计专利保护。由于名牌产品的包装和装潢被假冒后,很可能误导消费者购买假冒产品,因此,有必要对名牌产品的包装和装潢申请专利权,以保护名牌产品。

为加强对名牌产品的政府管制,国家工商行政管理局在 1995 年 7

---

① 根据中国《专利法》规定,名牌产品中的发明创造即发明、实用新型和外观设计这三种类型可以申请获得专利保护。其中,发明、实用新型在相当程度上决定名牌产品的内在质量,外观设计决定名牌产品的外在质量。而就消费者来说,对外观设计的假冒最可能误导消费者的购买行为。因此,限于篇幅,这主要讨论对名牌产品外观设计的专利管制制度。

月公布并实施了《关于禁止仿冒知名商品特有的名称、包装、装潢的不正当竞争行为的若干规定》,①据此规定,仿冒知名产品特有的名称、包装、装潢的不正当竞争行为,是指擅自将他人知名产品特有的产品名称、包装、装潢作相同或者近似使用,造成与他人的知名产品相混淆,使购买者误认为是该知名产品的行为。该规定所称特有,是指产品名称、包装、装潢非为相关产品所通用,并具有显著的区别性特征。特有的产品名称、包装、装潢应当依照使用在先的原则予以认定。工商行政管理机关在监督检查仿冒知名产品特有的名称、包装、装潢的不正当竞争行为时,对知名产品的特有名称、包装、装潢一并予以认定。对采取仿冒知名产品特有的名称、包装、装潢的不正当竞争行为的生产经营者,工商行政管理机关应当责令其停止违法行为,没收违法所得,可以根据情节处以违法所得一倍以上三倍以下的罚款;情节严重的,可以吊销营业执照;销售伪劣产品,构成犯罪的,依法追究刑事责任。而对侵权物品可作如下处理:(1)收缴并销毁或者责令并监督侵权人销毁尚未使用的侵权的包装和装潢;(2)责令并监督侵权人消除现存产品上侵权的产品名称、包装和装潢;(3)收缴直接专门用于印制侵权的产品包装和装潢的模具、印版和其他作案工具;(4)采取上述措施不足以制止侵权行为的,或者侵权的产品名称、包装和装潢与产品难以分离的,责令监督侵权人销毁侵权物品。

第四节 政府对产品"三包"的管制

企业向消费者提供售后服务的核心内容是实行产品"三包"(包

---

① 根据该规定,知名产品是指在市场上具有一定知名度,为相关公众所知悉的产品。而名牌产品则在市场上有很高的知名度。因此,笔者认为,知名产品的范围比名牌产品更广,即知名产品包括名牌产品。

修、包换、包退）服务。由于优质产品以高质量为特征，这就决定优质产品生产经营企业向消费者提供产品"三包"服务的成本较低；相反，劣质产品生产经营企业向消费者提供产品"三包"服务的成本就较高，甚至会导致经营亏损。因此，优质产品生产经营企业可以通过提供产品"三包"服务而向市场传递产品高质量的信息。但由于产品"三包"服务通常是在消费者购买产品并经过一定使用期后才实施，这就给劣质产品的生产经营者提供了一种"钻空子"的机会，即劣质产品生产经营企业在消费者购买产品前承诺提供产品"三包"服务，而一旦消费者购买产品后，便以种种理由拒绝实施产品"三包"服务。这就会使消费者对产品"三包"服务的真实性产生怀疑，从而弱化"三包"服务在传递产品高质量信息方面的作用，造成市场失灵。这就要求政府对产品"三包"实行管制，使产品"三包"服务质量真正成为产品质量的一个有机组成部分，进而使其成为传递产品高质量信息的重要方式。本节首先讨论产品"三包"的范围，然后着重讨论政府对产品"三包"的主要管制内容。

一、产品"三包"的范围

1986 年 7 月，国家经委、商业部、财政部、轻工业部、电子工业部、机械工业部、国家行政管理局、国家标准局这 8 个部门联合颁发了《部分国产家用电器"三包"规定》，把彩色电视机、黑白电视机、电冰箱、洗衣机、电风扇、收录机这 6 种国产家用电器（包括进口零部件组装的家用电器），作为"三包"的产品范围。为了加强对产品"三包"的管制，1995 年 8 月，国家经贸委、国家技术监督局、国家工商行政管理局、财政部又发布了《部分商品修理、更换、退货责任规定》，扩大了"三包"的产品范围，并对"三包"的有效期、主要部件、折旧率指标等都作了比较明确的规定（见表15—1）。

表 15—1　实施"三包"的部分商品目录（第一批）

名　称	三包有效期（年）		主要部件名称	折旧率（日）	备　注
	整机	主要部件			
自行车	1	2	车架、变速器	0.05%	
彩色电视机	1	3	显像管、行输出变压器、高频头、集成电路	0.1%	
黑白电视机	1	3	显像管、行输出变压器、高频头、集成电路	0.05%	
家用录像机	1	1	磁鼓电机、主导轴电机、加载电机、集成电路	0.1%	
摄像机	1	1	磁鼓电机、主导轴电机、加载电机、带盘电机、镜头、集成电路、磁头	0.1%	
收录机	0.5	1	电机、激光头、集成电路、电位器	0.05%	含音响
电子琴	1	无	无	0.05%	37 键（含）以上
家用电冰箱	1	3	压缩机、风扇电机、温控器、蒸发器、电磁阀、过滤器、冷凝器、毛细管	0.05%	含冰柜
洗衣机	1	3	电机、定时器、程控器、电容器	0.05%	
电风扇	1	3	电机、定时器、程控器	0.05%	
微波炉	1	2	电机、磁控管、定时器	0.05%	
吸尘器	1	3	电机	0.05%	
家用空调器	1	3	压缩机、风扇电机、温控器	0.1%	
吸排油烟机	0.5	1	电机	0.05%	
燃气热水器	1	1	电子打火部分	0.05%	
缝纫机	1	1	无	0.05%	
钟表	1	1	无	0.05%	50 元以上
摩托车	见备注①②		发动机	0.2%	①三包有效期为 1 年或行驶里程 6000km，达到其中一项者；②含残疾人三轮摩托车，其他三轮摩托车除外。

　　应该指出的是，表 15—1 所列商品目录中规定的指标是有关企业履行"三包"服务的最基本要求，必须严格执行。同时，政府鼓励企业

制定严于政府规定的"三包"实施细则,其主要形式是企业与消费者之间确立某些约定。双方除就"三包"问题作出约定外,还可根据产品的不同情况约定其他责任(如送货上门等)。双方约定和政府规定同样有效,企业必须按要求履行,不得故意拖延或者无理拒绝。对于非属于表15—1中规定的产品,按照《中华人民共和国产品质量法》第40条,只要售出的产品有下列情况之一的,销售者应当负责修理、更换、退货;给购买产品的消费者造成损失的,销售者应当赔偿损失:(1)不具备产品应当具备的使用性能而事先未作说明的;(2)不符合在产品或者其包装上注明采用的产品标准的;不符合以产品说明、实物样品等方式表明的质量状况的。销售者按规定负责修理、更换、退货、赔偿损失后,属于生产者的责任或者属于向销售者提供产品的其他销售者(即供货者)的责任的,销售者有权向生产者、供货者追偿。这就是说,中国的所有产品都属于"三包"的产品范围,只是对表15—1中所列的产品作了更为具体的"三包"规定而已。事实上,上述《部分商品修理、更换、退货责任规定》就是在《产品质量法》、《消费者权益保护法》等法规的基础上制定的。

二、政府对产品"三包"的管制内容

政府为了达到对产品"三包"管制的目标,需要制定一系列管制制度,对产品"三包"实行全面、有效地管制。根据中国有关产品"三包"法规的规定,主要管制制度有:

1.产品"三包"的分类责任制度。产品"三包"要直接或间接地通过销售者、生产者和修理者才能得到实施,为了明确各方的责任,要求对产品"三包"实行分类责任制度。根据《部分商品修理、更换、退货责任规定》,销售者的"三包"责任是:(1)不能保证实施"三包"规定的,不得销售实施"三包"的商品目录所列产品;(2)保持销售产品的质量;

（3）执行进货检查验收制度,不符合法定标识要求的,一律不准销售；（4）产品出售时,应当开箱检验,正确调试,介绍使用维护事项、"三包"方式及修理单位,提供有效发票和"三包"凭证；（5）妥善处理消费者的查询、投诉,并提供服务。修理者的"三包"责任是：（1）承担修理服务业务；（2）维护消费者、生产者的信誉,不得使用与产品技术要求不符合的元器件和零配件。认真记录故障及修理后产品质量状况,保证修理后的产品能够正常使用30日以上；（3）保证修理费用和修理配件全部用于修理。接受销售者、生产者的监督和检查；（4）承担因自身修理失误造成的责任和损失；（5）接受消费者有关产品修理质量的查询。生产者的"三包"责任是：（1）明确"三包"方式。生产者自行设置或者指定修理单位的,必须随产品向消费者提供"三包"凭证、修理单位的名单、地址、联系电话等；（2）向负责修理的销售者、修理者提供修理技术资料、合格的修理配件,负责培训,提供修理费用。保证在产品停产后5年内继续提供符合技术要求的零配件；（3）妥善处理消费者直接或者间接的查询,并提供服务。

2. 销售者对产品"三包"的先行负责制度。为了避免生产者和销售商对产品"三包"责任相互推托、"互踢皮球"、消费者投诉无门的现象,同时,由于消费者是与销售者直接发生交易的,因此,有必要实行销售者对产品"三包"的先行负责制度。对此,我们在前面引用的《中华人民共和国产品质量法》第40条,不仅涉及产品"三包"的范围,而且也体现了销售者对产品"三包"的先行负责制度。《部分商品修理、更换、退货责任规定》第9—11条则作了更为具体的以下规定：产品自售出之日起7日内,发生性能故障,消费者可选择退货、换货或修理。退货时,销售者应当按发票价格一次退清货款,然后依法向生产者、供货者追偿或者按购销合同办理。产品自售出之日起15日内,发生性能故障,消费者可选择换货或者修理。换货时,销售者应当免费为消费者调换同型号同规格的产品,然后依法向生产者、供货者追偿或者按购销合同办理。在"三包"有效期内,修理两次,仍不能正常使用的产品,凭修理者提供的记录和证明,由销售者负责为消费者免费调换同型号同规格的产品或按规定退货,然后依法向生产者、供货者追偿或者按购销合同办理。

3. 产品"三包"时效制度。产品"三包"是在一定时间内实施的,因此,必须建立相应的时效制度。根据有关规定,产品"三包"的有效期自开具发票之日起计算,扣除因修理占用和无零配件待修的时间。同时,根据不同的产品特性规定相应的"三包"有效期(见表15—1)。在"三包"有效期内,消费者可凭发票及"三包"凭证办理修理、换货、退货。换货后的"三包"有效期自换货之日起重新计算,由销售者在发票背面加盖更换章并提供新的"三包"凭证或者在"三包"凭证背面加盖更换章。同时,在"三包"有效期内,提倡销售者、修理者、生产者上门提供"三包"服务。

4. 产品"三包"的调解与申诉制度。消费者因产品"三包"问题与销售者、修理者、生产者发生纠纷时,可以向消费者协会、质量监督管理协会用户委员会和其他有关组织申请调解,有关组织应当积极受理。销售者、修理者和生产者未按规定执行产品"三包"的,消费者可以向产品质量管理部门或者工商行政管理部门申诉,由上述部门责令其按"三包"规定办理。消费者也可以依法申请仲裁解决,还可以直接向人民法院起诉。

第五节　政府对食品与药品质量的管制

食品与药品是两类直接关系到人类身体健康、生命安全的特殊产品,这就决定了政府对食品与药品质量的管制具有特别重要的意义。

这也是本节为什么对食品与药品质量的政府管制问题进行专题讨论的原因。本节将在简要讨论对食品与药品质量的政府管制需求的基础上,结合中国对食品与药品质量管制的有关法规,分别探讨政府对食品质量和药品质量的管制制度。

一、食品与药品质量的政府管制需求

"民以食为天",食品是人类生存与发展的最基本的物质。但如果食品质量有问题,就有可能使食品中含有的各种有害因素给人类带来疾病,影响健康,甚至危及生命。根据现代科学研究,可以将食品对人类的危害分为两大类:一类是食品本身含有毒素,如各种毒蘑菇和土豆发芽后产生的龙葵素等,对此,可以通过食品卫生与安全的宣传教育,使人们自觉不食用此类食品而避免危害。另一类是食品在生产、贮存、运输和销售等过程中,被有害物质所污染,一般可分为生物性污染和化学性污染,其中,生物性污染主要是细菌及毒素、霉菌及毒素、病毒、寄生虫及其卵,以及某些昆虫对食品的污染;化学性污染主要包括除虫剂、除草剂、增效剂等农药,汞、镉、铅、砷等有害金属和多环芳烃等有机毒素对食品的污染,以及由于食品腐败变质而造成的污染。这些污染大多是人为造成的。如果人们食用了被污染的食品,有的可能造成急性、慢性中毒,有的可能致癌,有的可能造成胎儿畸形而危害后代。目前,中国在食品卫生中也存在许多问题,不符合卫生标准的劣质食品大量流入市场,恶性食品中毒事故也时有发生。如 2000 年,中国消费者协会与北京、河北、广东、重庆、青岛及武汉等省市消费者协会联合开展了一次桶装饮用纯净水的质量测试,对于微生物指标,主要测试了样品的菌落总数和总大肠菌群指标。结果发现,桶装饮用纯净水的卫生程度令人担忧,在 72 个样品中,19 个样品超过《瓶装饮用纯净水卫生标准》,特别是 14 个样本菌落总数连基本的《生活饮用水卫生标准》都达不到,远不如合格的自来水。造成这些现象的主要原因是,一些企业只顾自己的利益,不惜采取偷工减料,或以劣质原料代替优质原料等行为,以降低成本,结果使其产品不符合食品质量标准。由于绝大多数消费者凭其感官难以辨别劣质食品,使用结果往往危害消费者的身体健康。这就要求政府对食品质量实行严格管制。

药品是一类具有相当特殊性的产品,其特殊性表现在:(1)药品的专用性。药品只能用于治疗、预防、诊断疾病或计划生育,许多药品只有通过医生的检查、诊断,并在医生的指导下合理使用时,才能收到良好的效果;(2)药品的两重性。一方面,药品可以预防疾病,健康身体,但另一方面,如果药品使用不当,也会危害使用者的身体健康和生命安全;(3)药品的限时性。药品是治疗疾病的物质,一般在生病时才吃药,药品的限时性要求药品生产、经营部门和医疗卫生单位,对药品要有适当的储备;(4)药品质量的严格性。它集中表现在不允许假药、劣药进入市场,一旦不合格的药品进入市场,就意味着药品的疗效和安全性无法得到保证,就可能产生危害人们生命健康的危险。但对广大消费者来说,他们没有能力评价药品质量,也无法识别药品的真伪。医生是消费者获得有关药品使用建议的主要来源,但即使是医生也通常不具有评价有关药品安全和有效性的专门技术,他们较多地从有关书籍、药品标签等方面获得药品信息。因此,药品的特殊性和消费者对药品的无知性,都要求政府加强对药品的管制,通过专业技术人员运用专门的技术设备对药品质量进行严格鉴定,防止假冒伪劣药品进入市场,危害消费者健康。目前,中国的药品质量问题还比较严重,如国家药品监督管理局在 1998 年全国药品市场抽检的 38.7 万批次的药品中,有13% 为不合格品。甚至在救灾物品中也发现劣质药品,如 1998 年夏天,江西省内一家单位为支援抗洪救灾工作,在江苏省某制药厂驻赣办事处购买了一批产于河南南阳一家制药厂的"诺氟沙星胶囊",经江西省药检部门技术鉴定,发现存在严重质量问题,并全部查获这批劣质药品,才避免了劣质药品流入灾区,坑害灾民。[1]　可见,中国政府正面临着十分严峻的对药品质量的管制问题,需要加强对药品质量的管制。

二、政府对食品质量的管制制度

由于食品和药品的特殊性,世界各国(特别是经济发达国家)政府都十分重视对食品和药品的管制。如早在 1906 年,美国政府就颁布了《食品与药品法》(*Food and Drug Act*),1938 年,美国政府又颁布了《食品、药品与化妆品法》(*Food, Drug and Cosmetic Act*),以后,又对这些法律作了修改,以加强政府对食品和药品的管制。为了有效地执行这些法律,美国政府专门设立了"食品与药品管理局"(Food and Drug Administration,简称 FDA),它每年有 5 亿多美元的财政拨款,约 7300 个职员,通过制定"安全标准"(safety standards)、"纯净标准"(purity standards)、"污染标准"(contamination standards)、"产品识别标准"(product identity standards)、"生产清洁标准"(production cleanliness standards)和"效能标准"(efficacy standards)等规则,对食品与药品质量依法实行全面而严格的管制。[2]

中国政府也十分重视对食品的管制工作,1953 年,卫生部就颁发了《清凉饮食物管理暂行办法》,这是新中国成立后第一个食品卫生管制方面的法规;1964 年,国务院转发了《食品卫生管理试行条例》,规定了卫生部门对食品卫生进行监督和各有关食品生产经营部门的职责与卫生要求;1979 年,国务院正式颁发了《食品卫生管理条例》;1982 年,

---

① 参见李争艳:《救灾品中发现劣质药》,《中国质量报》,1998 年 8 月 27 日。

② 详见 Stephen J. K. Walters,1993,*Enterprise, Government, and the Public*,McGraw-Hill, Inc.,pp. 522—525。

全国人大颁布了《中华人民共和国食品卫生法（试行）》，有力地促进了中国在食品管制方面的法制建设；1995年，在总结原试行法实施经验的基础上，全国人大又颁布了《中华人民共和国食品法》，使中国的食品管制法律制度比较完备。此外，有关政府部门还颁发了《盐业管理条例》（1990年）、《食盐加碘消除碘缺乏危害管理条例》（1994年）、《食盐专营办法》（1996年）、《查处食品标签违法行为规定》（1995年）、《食品广告管理办法》（1993年）和《食品广告发布暂行规定》（1998年）等法规。综合有关法规，中国政府对食品质量的主要管制制度有：

1. 食品生产经营企业的卫生许可证制度。对食品生产经营企业实行卫生许可证制度是政府对食品质量管理的重要手段，食品生产经营企业必须首先取得卫生许可证，才可以向工商行政管理部门申请登记，取得生产经营资格。这一制度把某些可能产生的食品卫生方面的问题，控制在食品生产经营活动之前，控制那些不具有生产经营条件的企业生产经营食品，从而有利于保证食品质量。

2. 食品卫生标准制度。食品卫生标准是政府对各种食品和与食品有关的工具、容器、包装材料等以及生产经营企业规定的最低卫生质量要求。食品卫生标准的内容，包括两个部分：一部分是食品卫生质量标准，即对各种食品的卫生质量规定必须达到的客观指标；另一部分是相应的食品卫生管理办法和检验规程，它是对各类食品生产经营企业规定的行为规范。中国实行国家和地方两级食品卫生标准制度。国家卫生标准是指由国务院卫生行政部门制定或批准颁发的卫生标准，在全国范围内适用。地方卫生标准是国家尚未制定卫生标准的食品，省、自治区、直辖市人民政府可以制定的卫生标准，在该地区范围内适用。食品卫生标准是食品生产经营者必须遵守的基本准则，也是政府对食品管制的重要法律依据。

3. 食品卫生监督制度。食品卫生监督是食品卫生监督机关依照食品卫生法对食品卫生进行监督、检查、监测、检验、卫生鉴定、卫生评价、必要时采取紧急控制的措施。中国的食品卫生监督制度采取国家行政监督制，即由法律规定直接授权给政府的卫生行政部门进行强制性行政监督，包括检查、采取控制措施和进行行政处罚等。根据有关法规，国务院卫生行政部门主管全国食品卫生监督管理工作。县级以上地方人民政府卫生行政部门在管辖范围内行使食品卫生监督职责。铁道、交通行政主管部门设立的食品卫生监督机构，行使国务院卫生行政部门会同国务院有关部门规定的食品卫生监督职责。这一制度授权比较明确，富有技术性，有利于食品卫生监督。

4. 食品包装标识管制制度。许多消费者购买食品时，是以食品包装标识所介绍的内容作为重要信息源的，这就要求对食品包装标识实行管制，促使食品包装标识内容真实，充分反映食品特性。根据中国的有关法规，定型包装食品和食品添加剂，必须在包装标识或者产品说明书上根据不同产品分别按照规定标出品名、产地、厂名、生产日期、批号或者代号、规格、配方或者主要成分、保质期限、食用或者使用方法等。食品、食品添加剂的产品说明书，不得有夸大或者虚假的宣传内容。同时规定，食品包装标识必须清楚，容易辨识。在国内市场销售的食品，必须有中文标识。

5. 保健食品审批管制制度。随着社会的发展和人民生活水平的提高，对保健食品的需求不断扩大，保健食品逐渐成为人们在解决温饱后所追求的饮食目标。但一些企业为了牟取暴利，大量生产经营不合格的"保健"食品，这些假保健食品不仅没有保健功能，有的还有害于身体健康，对消费者的安全造成严重威胁。因此，为了加强对保健食品质量管制，切实保护消费者的权益，就有必要对保健食品实行审批管制制度。根据中国的有关法规，保健食品的产品和说明书必须报国务院卫生行政部门审查批准。其他任何单位无权审批保健食品的产品及说明书。同时,保健食品的卫生标准和生产经营管理办法,由国务院卫生行政部门制定。此外,还规定表明具有特定保健功能的食品,不能有害于人体健康,其产品说明书内容必须真实,该产品的功能和成分必须与说明书相一致,不得有虚假。这一制度通过对保健食品实行严格的审批和管制,以促进保健食品的正常生产经营,更好地满足消费者对保健食品的需求。

6. 进出口食品管制制度。经济全球化和市场国际化已成为一种必然趋势,中国加入世界贸易组织后,将进一步促进这一必然趋势转化为经济现实。与此相适应,各国之间的食品交易将会有迅速发展。为了保护本国和其他国家的消费者利益,就要求对进出口食品实行严格的管制制度。根据中国的有关法律规定,进口食品必须符合国家卫生管理办法的规定。进口食品由口岸进口食品卫生监督检验机构进行卫生监督、检验。检验合格的,方准进口,海关凭检验合格证书放行。检验机构依照国家卫生标准进行检验,尚无国家卫生标准的,进口单位必须提供输出国(地区)的卫生部门或者组织出具的卫生评价资料,经口岸进口食品卫生监督检验机构审查检验并报国务院卫生行政部门批准。进口单位在申报检验时,应当提供输出国(地区)所用的农药、添加剂、熏蒸剂等有关资料和检验报告。同时,出口食品的安全卫生和食品的其他质量要求都由国家进出口商品检验部门进行卫生监督、检验。海关凭国家进出口商品检验部门出具的证书才能放行。此外,食品卫生监督机构要对管辖范围内的出口食品和生产出口食品的工厂以及整个生产经营过程进行监督检查。这一制度有利于保证进出口食品中的卫生和质量要求。

7. 食品广告管制制度。由于食品的消费面广,购买者众多,许多食品生产经营企业都把广告作为传递食品信息的重要方式,而多数消费者缺乏识别食品质量的能力,往往把食品广告信息作为制定购买决策的重要依据。这就要求政府对食品广告制定特殊的管制制度。根据中国有关食品广告的法规,不得发布法律禁止生产经营的以及违反国家食品卫生有关规定生产经营的食品广告。广告主发布食品广告,应当具有或者提供有关真实、合法、有效的证明文件。同时,对食品广告的内容作了较为具体的规定,如食品广告不得含有"最新科学"、"最新技术"、"最先进加工工艺"等绝对化的语言或者表示;食品广告不得出现与药品相混淆的用语,不得直接或者间接地宣传治疗作用,也不得借助宣传某些成分的作用明示或者暗示该食品的治疗作用;食品广告不得明示或者暗示可以替代母乳,不得使用哺乳妇女和婴儿的形象;食品广告中不得使用医疗机构、医生的名义或者形象。食品广告中涉及特定功效的,不得利用专家、消费者的名义或者形象作证明;保健食品的广告内容应当以国务院卫生行政部门批准的说明书和标签为准,不得任意扩大范围;普通食品、新资源食品、特殊营养食品广告不得宣传保健功能,也不得借助宣传某些成分的作用而明示或者暗示其保健作用,等等。这些规定无疑有利于保证食品广告的真实性、合法性、科学性和准确性,防止欺骗和误导消费者的广告行为。

三、政府对药品质量的管制制度

如前所述,由于药品具有特殊性,美国等经济发达国家十分重视对药品质量的管制,在制定有关法律的同时,设立专门的政府管制机构,对药品质量实行严格的管制。中国对药品管制的法律制度建设起步较晚,但发展速度较快。1984年9月,全国人大通过了《中华人民共和国药品管理法》,并于1985年7月起正式施行,这为政府对药品质量管制提供了基本法律依据;1989年经国务院批准由卫生部发布了《中华人民共和国药品管理法实施办法》,增强了《药品管理法》的可操作性。国务院还对一些特殊药品制定了一系列具体管理办法,如《麻醉药品管理办法》(1987年)、《医疗用毒性药品管理办法》(1988年)、《精神药品管理办法》(1988年)等;为了防治与打击假药、劣药的生产经营活动,卫生部等部门制定了《假药、劣药报告制度》(1987年)、《国务院批转卫生部等部门关于严厉打击制售假劣医药商品违法活动报告的通知》(1992年);此外,国务院有关部门还制定了《新药审批办法》(1985年)、《进口药品管理办法》(1990年)、《药品生产质量管理规范》(1992年)、《药品行政保护条例》(1992年)、《药品广告审查办法》等法规。从而形成了较为系统的药品质量管制法律体系。从《药品管理法》等重要法律看,中国有关药品质量的主要管制制度有以下几个方面:

1. 药品生产经营企业许可证制度。由于药品具有特殊性,这要求药品生产经营企业必须具有一定的生产经营场所、专业技术人员、设备等。对药品生产经营企业实行许可证制度,就是要求药品生产经营企业必须达到政府规定的基本条件,防止不合格企业生产经营药品,以保证药品质量。根据《药品管理法》的有关规定,开办药品生产企业必须由所在省、自治区、直辖市药品生产主管部门审查同意,经所在省、自治区、直辖市卫生行政部门审核批准,并发给《药品生产企业许可证》;开办药品经营企业必须由所在地药品生产经营主管部门审查同意,经县级以上卫生行政部门审核批准,并发给《药品经营企业许可证》。没有取得药品生产经营企业许可证的,工商行政管理部门不得发给《营业执照》。同时,药品生产经营企业许可证都规定有效期,到期重新审查发证,以动态地审查药品生产经营企业的资格。

2. 药品标准制度。药品标准是有关药品规格及检查方法的技术规范,由一系列反映药品特征的技术参数和技术指标组成,是药品生产、经营、使用、检验和管理等环节都必须执行的一种统一规范。药品标准为强制性标准,不符合强制性标准的药品,禁止生产、销售和进口。中国的药品标准分为国家药品标准和省、自治区、直辖市药品标准。《中华人民共和国药典》及卫生部颁发的药品标准属于国家药品标准;各省、自治区、直辖市卫生厅(局)批准的药品标准属地方药品标准。对于这两种不同级别的药品标准,都相应规定应该达到的基本要求。药品标准制度为政府对药品质量管制提供了基本法律依据,因此,这是政府对药品质量管制的一项重要制度。

3. GMP 制度。GMP 是指药品生产质量管理规范,英文为"Good Practice in the Manufacture and Quality Control of Drugs"或"Good Manufacturing Practice"(简称 GMP)。GMP 是药品生产质量全面管理的准则,其特点是:(1)它强调药品生产和质量管理的法律责任。只要是开办药品生产企业,就要向卫生行政部门履行审批手续,其药品质量管理就要按 GMP 的要求,接受卫生行政部门的监督;(2)对凡能影响药品质量的诸因素均有严格要求,并强调从事生产人员的业务素质、技术水平和教育;(3)强调生产全过程的全面质量管理,建立全面质量管理档案;(4)强调检、防结合,以防为主;(5)重视为用户服务,要求建立销售档案,并做好用户信息反馈。现行的 GMP 有 3 种:一是国际的 GMP。如世界卫生组织(WHO)提出的 GMP;二是各国政府颁布的由卫生行政部门监督实施的国家级 GMP;三是制药工业组织自定的 GMP。中国十分重视 GMP 制度建设,从 1984 年开始 GMP 的制定工作,1988 年 3 月由卫生部发布施行《药品生产质量管理规范》,1992 年 12 月又作了重新修订,对药品生产的人员、厂房、设备、卫生、原料与辅料及包装材料、生产管理、包装和贴签、生产管理和质量管理文件、质量管理部门、自检、销售记录、用户意见和不良反应报告等内容都作了具体规定。因而,这一制度对提高药品质量,加强药品质量管制具有相当重要的作用。

4. 药品监督制度。药品监督就是各级卫生行政部门按照法律授权,对药品生产、经营、使用等各个部门的药品实行的管制措施。药品监督的目的是确保用药安全,保证药品质量,促进药品生产经营企业的发展动力,及时发现药品使用中存在的质量问题,打击那些生产、销售、使用假药、劣药的违法行为,保护人民健康。根据中国的有关法规,国务院卫生行政部门主管全国药品监督管理工作,县级以上卫生行政部门行使药品监督职权。药品监督的主要依据是国家的有关法律、法规、政策和药品质量标准。由于假药、伪药对社会造成巨大的危害,目前中国一些不法企业生产经营假药、伪药的现象又比较严重,这就要求政府加强对假药、劣药的监督。1987 年 8 月,卫生部就发布了《假药、劣药报告制度》,对假药、劣药确定了具体的判断标准。制售假药、劣药不仅是违法行为,而且是犯罪行为,对于这种行为,既要追究行政责任,也要追究刑事责任。

5. 新药审批制度。新药是指国内未生产过的药品。新药是相对于旧药而言的,新药经过一定期限的使用,性能和疗效为人们所熟知后,新药也就不成其为新药了。所以,从这个角度而言,对新药质量的管制是对整个药品质量管制的基础。而对新药质量的管制主要是通过新药审批制度实现的。实施这一制度的目的是为了保证新药的安全性与有效性。中国政府很重视新药审批制度,除了在《药品管理法》中作了原则规定外,卫生部还另行颁布了《新药审批办法》、《新药审批工作程序》、《关于新药审批管理的若干补充规定》、《有关新药报批若干问题的通知》等法规。按照有关法律规定,国家鼓励研究、开发新药。但研制新药必须按照规定向国务院卫生行政部门或者省、自治区、直辖市卫生行政部门报送研制方法、质量指标、药理及毒理试验结果等有关资料和样品,经批准后,方可进行临床试验或者临床验证。完成临床试验或者临床验证并通过鉴定的新药,由国务院卫生行政部门批准,发给证书。生产新药,必须经国务院卫生行政部门批准,并发给批准文号。生产已有国家标准或者省、自治区、直辖市标准的药品,必须经省、自治区、直辖市卫生行政部门征求同级药品生产经营主管部门意见后审核标准,并发给批准文号。

对于新药审批制度的严格性问题,国内外有关新药审批的理论与实践表明,新药审批者总是面临着这样一种两难选择:严格审批新药固然能避免批准不安全或无效新药的风险,但会增加检验审批成本,延长审批时间,从而会延缓新药的生产和使用,降低企业研究与开发新药的动力。相反,放松审批新药虽然有利于调动企业开发与生产新药的积极性,促使新药尽早投入使用,但会增加批准不安全或无效新药的风险,增加社会成本。因此,如何正确把握新药审批制度的严格性始终是新药审批实践中面临的难题。

6.进出口药品管制制度。在经济全球化的过程中,随着对外贸易的发展,各国之间的药品交易也不断增加。因此,为了加强对进出口药品的管制,保证进出口药品的质量和安全有效性,维护消费者的权益,就有必要建立和健全进出口药品管制制度。根据中国的有关法规,进口药品必须是国内医疗需要的安全有效的品种,禁止进口疗效不确、不良反应大或者其他原因危害人民健康的药品;禁止进口国外未批准生产和未经临床研究或正在进行研究的药品;首次进口的药品,进口单位必须提供该药品的说明书、质量标准、检验方法等有关资料和样品以及出口国(地区)批准生产的证明文件,经国务院卫生行政部门批准,方可签订进口合同;进口的药品,必须经国务院卫生行政部门授权的药品检验机构检验,检验合格的,方准进口。出口药品应本着"先国内,后国外"的原则,以优先满足国内市场的需要。对于国内紧缺的药品,尤其是难以满足国内市场需要的中药材和中成药,必须限制或禁止其出口。出口药品必须保证质量,药品生产企业应按卫生行政部门批准的质量标准进行生产。外贸部门必须根据药品检验合格证,办理出口业务。

7. 药品广告管制制度。由于药品对人的身体健康和保健具有特殊作用,药品广告信息会在很大程度上促使消费者相信并使用某种药品,因此,药品广告的真实性就显得特别重要,这就决定了政府应重视药品广告管制制度建设。中国除了《广告法》、《药品管理法》外,国家工商行政管理局、卫生部联合公布了《药品广告审查办法》,国家工商行政管理局还公布了《药品广告审查标准》。根据这些法规的有关规定,药品广告必须经省、自治区、直辖市卫生行政部门审查批准;未经批准的,不得刊登、播放、散发和张贴;外国企业在中国申请办理药品广告,必须提供生产该药品的国家(地区)批准的证明文件、药品说明书和有关资料;药品广告内容必须以国务院卫生行政部门或者省、自治区、直辖市卫生行政部门批准的说明书为准。药品广告不得有以下内容:(1)含有不科学的表示功效的断言或者保证的,如"疗效最佳"、"药到病除"、"根治"、"安全无副作用"等;(2)说明治愈率或者有效率的;(3)与其他药品的功效和安全性比较的;(4)利用医药科研单位、学术机构、医疗机构或者专家、医生、患者的名义和形象作说明的;(5)使用儿童的名义和形象,以儿童为广告诉求对象的;(6)含有"无效退款"、"保险公司保险"等承诺的;(7)声称或者暗示服用该药能应付现代紧张生活需要,标明或者暗示能增强性功能的。同时,在国家规定的应当在医生指导下使用的治疗性药品广告中,必须注明"按医生处方购买和使用"。

第四篇　展望

第十六章　中国政府管制的两大
趋势及其政策思路

任何一个国家的政府管制实践都受特定的历史条件制约,随着一系列主客观因素的变化,必然要求对原有的政府管制体制进行改革,以适应社会生产力发展的需要。由于经济性管制与社会性管制具有不同的性质,这两类政府管制也会出现不同的发展趋势。本章将紧密联系中国实际,着重探讨中国的经济性管制和社会性管制的发展趋势,即中国放松经济性管制的趋势和加强社会性管制的趋势,并讨论与这两大发展趋势相适应的政策思路。

第一节　中国放松经济性管制的趋势

经济性管制主要是政府对那些具有固定网络系统的自然垄断产业的管制。20 世纪 80 年代以来,放松经济性管制已成为一种世界潮流,而科技进步则对放松经济性管制产生强有力的推动作用。中国在计划经济时代形成的高度集中的经济性管制体制存在的一系列低效率问题,客观上也要求中国放松经济性管制。

一、以放松经济性管制为特征的改革已成为
一种世界潮流

由于自然垄断产业具有特殊性,长期以来,传统的政府管制理论认

为,自然垄断产业应该由政府垄断经营。但理论与实践都证明,政府垄断经营往往使企业缺乏竞争活力,从而使自然垄断产业处于低效率运行状况。20 世纪 70 年代以来,经济发达国家在政府管制经济学的理论研究方面有了较快的发展,提出了许多新的政府管制理论与方法,特别强调在自然垄断产业重视运用市场竞争机制,以提高经济效率。这在实践上就表现为,在 80 年代以来,经济发达国家对交通运输、电信、电力、煤气和自来水供应等自然垄断产业纷纷实行了重大的政府管制体制改革,积极引进和不断强化市场竞争机制的力量,以提高自然垄断产业的运行效率,从而形成了一股世界范围的政府管制体制改革浪潮。

尽管世界各国在自然垄断产业政府管制体制改革的时间、具体改革内容等方面存在较大差异,但其改革的实质内容就是放松政府管制,实行开放与竞争政策,即通过改革原有政府垄断经营的管制体制,实行政企分离,使自然垄断产业的经营企业成为自负盈亏的竞争主体,在此基础上,开放自然垄断产业市场,允许国内外新企业进入,强化市场竞争力量对经济效率的刺激作用,从而使弱肉强食、优胜劣汰的竞争规律成为一种普遍规律。而且,这种竞争逐渐跨越国界,形成了国际化竞争的势态。

由于政策上的限制,中国在自然垄断产业所面临的国际竞争还仅仅是初步的,但随着中国加入世界贸易组织,中国的自然垄断产业市场,特别是电信市场的开放将势在必行。因此,如何在自然垄断产业大规模开放前,增强与国外企业的竞争能力,这已成为中国所面临的一个重要问题。对此,中国应顺应世界发展潮流,对自然垄断产业实行以放松经济性管制为主要导向的政府管制体制改革。

二、科技进步对放松经济性管制的推动作用

政府对自然垄断产业如何进行管制,如何确定管制的范围和内容,

建立什么样的政府管制体制,对于这些问题,不是由政府决策者的主观意志决定的,而应该主要根据自然垄断产业的技术经济特征。这就是说,有效的政府管制体制应以自然垄断产业的技术经济特征为基础。因此,政府管制体制与自然垄断产业的技术经济特征存在某种函数关系,在这一函数关系中,自然垄断产业的技术经济特征(T)是自变量,而政府管制体制(G)是因变量,即:$G=f(T)$。这一简单的函数表达式实际上蕴含着两方面的关系:一是从静态看,要根据自然垄断产业的技术经济特征设计政府管制体制及其相应的政府管制政策。二是从动态看,随着自然垄断产业技术经济特征的变化,要对原有的政府管制体制作相应的调整,从动态上保持政府管制体制与自然垄断产业的技术经济特征相协调。可见,自然垄断产业技术经济特征的可变性是政府管制体制改革的基本原因。因此,高效率的政府管制体制不仅要根据自然垄断产业的技术经济特征而建立,更重要的是,应当随着自然垄断产业技术经济特征的变化而改革,以得到不断优化。

科学技术的进步对自然垄断产业的影响是多方面的,它会引起自然垄断产业设备的革新、运作方式的变化、企业组织结构的调整,等等,从而引起自然垄断产业技术经济特征的变化。对此,最明显的产业是电信产业。众所周知,电信产业是科学技术和经济结构变化最快的自然垄断产业,随着无线区域网络、电视和电话信号共用的同轴电缆、从模拟向数字信号的转换、通信卫星、蜂窝电话、光纤和微波等科学技术在电信产业中的应用,电信产业的网络经济性明显减少,从而大大缩小了自然垄断的范围,甚至有人提出,电信产业将不再具有自然垄断性质。电信产业的这种技术经济特征的重大变化,为新企业进入电信产业,建立新的、比原有通信网络效率更高的新型通信网络提供了现实可能性。这就要求改革电信产业的政府管制体制,适度放松进入管制,让更多的新企业进入电信产业,强化市场竞争机制的作用。

从实证资料看,许多经济发达国家放松经济性管制的改革都是以电信产业为开端的。这也是中国电信产业成为政府管制体制改革较早、改革幅度较大的一个自然垄断产业的基本原因。在电力、铁路运输、自来水与煤气供应等自然垄断产业,科技进步对放松经济性管制也产生了重要的推动作用。

三、中国现行经济性管制体制的低效率问题

新中国建立以来,对自然垄断产业基本实行政府直接投资、垄断经营的政府管制体制。其主要特征是:企业由政府建,企业领导由政府派、资金由政府拨,价格由政府定,盈亏由政府负,不存在什么经营风险,即实行政企高度合一的管制模式。从历史的角度看,这种高度集中的政府管制体制在建国后的一定时期内,在集中大量资金投资建设自然垄断产业方面曾发挥了相当大的作用,但随着中国经济、技术的发展,这种高度集中的政府管制体制的弊端就日益明显。这可以从以下两个方面略加分析:

1. 垄断经营使企业缺乏竞争活力。根据中国自然垄断产业现行政府管制体制,铁路运输、有线通信、电力、煤气、自来水等产业的主要业务是由中央政府或地方政府的企业(或机构)垄断经营的,政府既是管制政策的制定者和监督者,又是具体业务的实际经营者,这就决定了这种垄断的性质是一种典型的行政性垄断,而不是基于自然垄断的经济性垄断。在这种行政性垄断状况下,往往会导致企业组织管理效率低的问题,其结果使企业实际达到的生产成本大大高于按企业能力可能获得的最小生产成本,从而存在严重的低效率的问题。其根本原因就是在于不存在外部竞争压力,企业内部就没有追求成本极小化的刺激,因此,在许多方面企业浪费现象十分严重,致使企业成本费用膨胀,最终使产品的平均成本大大高于"最低可能成本",造成效率低下。

2. 价格形成机制不能刺激生产效率。中国的电力、煤气、自来水、通信、铁路运输等自然垄断产品或服务主要采取"成本加成定价法"，即以实际成本为基础，加上一定的利润。这种价格形成机制不能刺激企业努力降低成本，通过提高效率而取得更多的利润。这是因为，由于企业在特定的地区范围内，甚至在全国范围内具有垄断经营权，不存在由多家企业的平均成本决定的社会成本，这样，企业的实际成本就成为"社会成本"，在利润率一定的情况下，企业降低成本就意味着降低价格。因此，以企业实际成本作为定价的基础就不可能刺激企业努力降低成本，从而不能促使企业提高生产效率。同时，自然垄断产业的价格对整个物价水平具有举足轻重的影响力，政府作为自然垄断产业的价格制定者，为了控制物价总水平，往往较严格地控制价格，这就使自然垄断产业的服务价格成为政府保持政治稳定的工具。

中国自然垄断产业的上述定价方法在实践中会产生两方面的后果：一是由政府对价格的控制，企业投资回报率往往较低（事实上，政府在制定自来水、管道煤气等价格时常常没有考虑投资成本而只考虑生产经营成本），从而影响企业通过自我扩张，提高自然垄断产业服务的供应能力；二是由于按企业实际成本定价，致使企业生产经营成本居高不下，即使在成本的基础上加上较低的利润率，仍然会使最终消费价格高于国际水平。例如，中国的国际长途电话收费价格等都高于国际水平。

显然，中国要消除自然垄断产业的低效率问题，就必须改革现有过于集中、垄断经营的政府管制体制，以放松经济性管制，尽可能运用市场竞争机制的积极作用。

第二节　中国放松经济性管制的政策思路

与经济发达国家相比较，目前，中国的经济性管制还不规范，管制效率较低,主要表现在:在法制建设方面比较薄弱,政府管制缺乏有效的法律制度支持,在政府管制执法方面存在相当大的主观任意性;在许多自然垄断产业还没有真正实现政企分离,缺乏有效的政府管制机制和高效率的企业经营机制;政府管制的目标导向不明确,表现为在市场结构重组和进入管制方面缺乏明确的政策目标;管制价格的制定与调整还是采取传统的按成本定价的方法,缺乏经济原理的指导,管制价格不能有效地发挥刺激企业生产效率、促进社会分配效率和维护企业发展潜力的作用。本节的任务就是针对上述问题,为提高中国的经济性管制效率,借鉴经济发达国家的有关经济教训,从 4 个方面探讨中国在放松经济性管制过程中的政策思路。①

一、法律制度是政府管制的基本准则

市场经济是一种法治经济,中国的政府管制必须适应法治经济的要求。根据经济发达国家在政府管制法律制度方面可资借鉴的经验,中国应建立政府管制体制的法律框架,作为政府管制的基本准则。

从国际经验看,美国在 70 年代对航空运输业实行了以放松管制为主要特征的政府管制体制改革,为适应改革的需要,在 1977 年和 1978 年分别颁布了《航空货运放松管制法》和《航空客运放松管制法》。日本国会在 1986 年 1 月通过了《国有铁路改革法》,然后在 1987 年 4 月将国有铁路分割改组成 7 个客、货运股份公司。在这方面,英国在 80 年代对自然垄断产业进行重大政府管制体制改革中,更清楚地体现了政府管制体制改革以立法为先导的原则,使政府管制体制改革具有明确的法律依据和实施程序。表 16—1 归纳了英国政府在电信、煤气、自

---

① 本章的部分内容可参见王俊豪:《中国基础设施产业政府管制体制改革的若干思考——以英国政府管制体制改革为鉴》,《经济研究》1997 年第 10 期。

来水和电力产业实行重大政府管制体制改革时所颁布的主要法规,对各产业政府管制体制改革的重要问题作了规定。

表16—1　主要法规与重要内容

法规名称	颁布时间	重　要　内　容
《电信法》	1984 年	建立"电信管制办公室";废除英国电信公司在电信产业的独家垄断经营权;允许该公司向社会出售股份。
《煤气法》	1986 年	建立"煤气供应管制办公室";废除英国煤气公司的独家垄断经营权;允许该公司向社会出售股份。
《自来水法》	1989 年	建立"国家江河管理局";建立"自来水服务管制办公室";允许 10 个地区自来水公司向社会出售股份。
《电力法》	1989 年	建立"电力管制办公室";把电力产业分割为电网、分销和电力生产公司;允许这些公司向社会出售股份。

资料来源:V. V. Ramanadham(ed.) ,1993,*Privatization:A Global Perspective*, Routledge, p. 5。

由表16—1 可见,英国政府在为四大自然垄断产业制定的4 个法规中,都建立了一个法定的政府管制机构(在自来水产业,由于涉及重要的环境管制问题,除了建立"自来水服务管制办公室"外,还建立了"国家江河管理局",各自从不同方面对自来水产业实施管制)。同时,由负责各产业的国务大臣委任一名总监(Director General),担任政府管制办公室主任。例如,根据1984 年的《电信法》有关规定,英国贸工大臣委任卡斯伯格(Carsberg)为电信(管制)总监,担任电信(管制)办公室主任。有关法规在规定各个产业管制总监职责的同时,也授予他们相当大的法定权力,如总监与负责本产业的国务大臣协商后有权发放企业经营许可证,总监还有权根据具体情况修改经营许可证的一些条款。此外,总监还对被管制企业的价格、质量、投资等方面具有较大的管制权力。①

从中国 20 年的经济管理体制改革实践看,似乎有一种先改革后立法的传统,经过一段时期的改革,根据在改革中取得的经验教训再制定相应的法规,中国的《反不正当竞争法》等法规就是在这样背景下形成的。这种立法思路虽然有针对性的特点,但是,它是以较大的改革成本为代价的。这是因为,从开始改革到颁布法规这一时期,由于缺乏改革的法律依据和实施程序,必然会产生不少混乱现象,同时也为投机者提供了"钻空子"的机会。例如,中国电信产业的无线寻呼领域在 20 世纪 80 年代末就开始改革,有线通信领域在 90 年代初就酝酿和实施改革,可是,至今尚未颁布一部《电信法》。虽然取得了相当的改革成效,但在无线寻呼领域出现了过多企业进入,无序和过度竞争等混乱现象,在有线通信领域,中国电信和中国联通等企业间一直存在许多矛盾,从而影响了改革的深入进行。这与电信产业的法律制度建设滞后有关。

根据中国在经济性管制法制建设方面所存在的问题,借鉴经济发达国家在这方面的经验,为适应社会主义市场经济的要求,提高改革的效率,中国自然垄断产业政府管制体制改革应该采取"以立法为先导"的原则,根据各自然垄断产业的技术经济特征、政府管制体制改革的目标等因素,由全国人大颁布相应的法规。自然垄断产业政府管制法规的主要内容应包括:改革的目标、程序;确定执法机构,明确其责权;规定企业经营许可证的具体内容,明确企业的责权利关系;对价格、服务质量、新企业进入产业条件、竞争企业间的关系等重要政策问题

---

① 有关对英国政府管制体制的讨论,详见王俊豪:《对英国现行政府管制体制的评论》,《经济科学》1998 年第 4 期。

作出规定。

由于自然垄断产业具有专业技术性强等特点,适宜在特定的自然垄断产业或相关的几个自然垄断产业,单独建立精干、办事效率高的政府管制机构,作为专门执法机构。这些政府管制专门机构必须得到法律确认,具有特定的法律地位。考虑到建立新的管制机构会增加政府财政支出和人员编制,政府管制机构可以从原有自然垄断产业的行政部门中招聘一批懂技术、善管理的人员。同时,由于政府管制必然要涉及经济、政治、技术、管理、法律等方面,这就要求向社会招聘一些专家参加政府管制。从而形成由行业管理专家、技术专家、经济学家、法学家等组成的专门政府管制机构。

此外,为了提高政府管制机构执法的公正性,了解公众的反映,也可考虑在有关自然垄断产业建立消费者协会之类的机构。如根据英国1986 年颁布的《煤气法》,在煤气供应产业建立了"煤气消费者委员会"(Gas Consumer's Council)。①

由上可见,中国政府管制的法律框架是由政府管制立法,按照法律设立专门政府管制机构,依法监督执行有关管制法规,消费者组织对政府管制机构实行社会监督等部分组成。

二、政企分离是规范政府管制的前提

中国多数自然垄断产业现行政府管制体制的基本特征仍是政企合一,因此,规范政府管制的前提是实行政企分离。而政企分离的实现则是要通过改革现行的政府管制体制。政企分离在自然垄断产业政府管制体制改革中的关键作用表现为:在政企分离的管制体制下,企业才能

---

① 详见王俊豪:《中英自然垄断性产业政府管制体制比较》,《世界经济》2001 年第 4 期。

形成作为市场主体所必需的经营机制;政府则从自然垄断产业的垄断经营者转变为竞争性经营的组织者,从而提高政府管制的效率。目前,由于中国在自然垄断产业还是实行政企合一的政府管制体制,企业的主要生产经营活动,特别是较大的投资项目一般都由国家计划安排,企业没有实质性的生产经营决策权;企业的生产经营成果与企业自身物质利益没有密切联系;如果企业发生亏损,则由政府财政进行填补,企业感受不到经营风险。因而,企业缺乏有效地开展市场经营活动的活力、动力和压力。要使中国自然垄断产业的国有企业具有适应市场经济特点的经营机制,一个重要的前提条件就是把政企合一的政府管制体制改革成为政企分离的体制。

在自然垄断产业实行政企分离的政府管制体制后,政府将不再直接干预企业的日常生产经营活动,而是通过新设立的专门管制机构来监督、管制企业的市场行为。企业则根据政府颁发的经营许可证的有关条款,按照市场经济原则开展生产经营活动,使企业成为真正的市场主体,从而实现企业经营机制的根本性转换。但是,实行政企分离的政府管制体制后,企业以追求利润最大化为经营目标,同时,自然垄断产业的经营企业具有相当的垄断地位。这就会产生一种扭曲社会分配效率的潜在可能性,即这些企业有可能利用其市场垄断力量,通过制定垄断价格,提供较低的服务质量以取得垄断利润。这就需要政府采取必要的管制措施来规范企业的市场行为。在政企分离的政府管制体制下,政府管制的新职能主要包括以下内容:(1)制定有关政府管制规则;(2)颁发和修改企业经营许可证;(3)制定和监督执行管制价格;(4)实行进入市场的管制,等等。

总之,在自然垄断产业实行政企分离的政府管制体制后,政府并不是让企业放任自流,而是通过重新规定政府管制的新职能,由政府直接干预企业的经营活动转变为政府通过控制与监督企业的主要业务,以间接控制企业的市场行为。以体现"放小管大"的改革原则。这一方面让企业成为真正的市场主体,具有参与市场经济活动的活力、动力和压力,促使企业努力提高产业效率;另一方面,政府又能控制企业的市场行为,引导企业的经营活动符合公共利益目标。这就使政府从自然垄断产业的垄断经营者转变为竞争性经营的组织者。

三、有效竞争是政府管制的政策取向

自然垄断产业需要巨大的投资,这些投资要通过较长的时期才能逐步得到回报,其投资的专用性较强,一旦投资就难以挪作他用,沉淀成本很大。这意味着只有经济实力较强的企业才有能力经营自然垄断产业。更为重要的是,自然垄断产业的建设项目一旦投入使用,单位产品的成本会随着产出量的增加而下降,即表现为巨大的规模经济性或显著的成本弱增性。这就是说,由一家或极少数几家企业提供特定自然垄断产品或服务能使成本效率极大化。这就要求政府制定限制进入的管制政策,以保证自然垄断产业的规模经济性。但这会导致这些垄断经营企业放松内部管理和技术创新,从而使实际达到的生产效率大大低于可能达到的最大生产效率,即导致生产低效率。不仅如此,这些垄断企业还可能凭借其市场垄断力量,制定大大高于边际成本或平均成本的垄断高价以谋取垄断利润,从而导致分配效率低下。这意味着为克服市场垄断所造成的生产低效率和分配低效率,提高自然垄断产业的经济效率,就应该允许较多的企业进入产业进行竞争性生产经营活动,发挥市场竞争机制作用,以刺激经济效率。这就要求政府制定放松进入产业的管制政策。这样,对自然垄断产业政府管制政策的制定者来说,就面临规模经济与竞争活力的两难选择:即由一家或极少数几家企业垄断经营,以追求规模经济效率;还是由多家企业竞争性经营,以较充分地发挥竞争机制的作用,提高经济效率的取舍问题。

　　显然,规模经济与竞争活力具有对立性,为了达到最大产业经济效率,对于一个明智的政府管制政策制定者来说,不应该只追求规模经济或竞争活力,而应以规模经济与竞争活力相兼容的有效竞争作为政府管制的政策取向。① 同时,借鉴经济发达国家在自然垄断产业政府管制体制改革中的经验教训,中国以有效竞争作为政府管制的政策取向应该重视以下几点:

　　1.实行自然垄断性业务与非自然垄断性业务相分离的政策。在特定的自然垄断产业中,总是既有自然垄断性业务,又有非自然垄断性业务。显然,对于自然垄断性业务,政府应该只允许一家或极少数几家企业经营,以维护规模经济;而非自然垄断性业务的规模经济不显著,可由多家企业进行竞争性经营。对同一产业的不同性质业务实行区别对待才能实现有效竞争。根据自然垄断的性质,自然垄断性业务主要是指那些固定网络性操作业务,如电力、煤气和自来水供应产业中的线路、管道等输送网络业务,电信产业中的有线通信网络业务和铁路运输中的铁轨网络业务。其他领域的业务则属于非自然垄断性业务。这样,在自然垄断产业实行有效竞争的一个比较可行的管制政策思路是:首先区分自然垄断性业务与非自然垄断性业务,然后把自然垄断性业务从其他业务中独立出来,由一家或极少数几家企业垄断性经营,政府以这类业务作为管制的重点,建立模拟竞争机制的管制机制;而对非自然垄断性业务则由多家企业竞争性经营。在总体上使整个自然垄断产业处于规模经济与竞争活力相兼容的有效竞争状态。

　　2.对地区性垄断企业有效运用区域间比较竞争管制方式。由产业的技术经济特点所决定,某些产业或某些产业中的特定业务适合地区性企业垄断经营,但这些企业在特定的地域范围内具有相当大,甚至完

---

　　① 对于有效竞争的详细讨论可参见本书第八章第一节。

全的市场垄断力量,这就往往使这些企业因不存在直接竞争而缺乏竞争活力,从而偏离有效竞争状态。为此,政府管制者可以运用本书第八章所讨论的区域间比较竞争管制方式,促使各地区性垄断企业开展间接竞争。例如,中国的自来水和煤气供应等产业都是地区性企业垄断经营的,因而在这些产业都可以运用这种政府管制方式。

3.政府管制政策应具有动态性。政府制定管制政策的主要依据是具体自然垄断产业的技术经济特征,随着科学技术的发展,各产业的技术经济特征也会发生变化,这就要求政府制定或调整管制政策,从动态意义上保证产业的有效竞争状态。对于自然垄断产业,管制政策制定者特别要关注自然垄断性业务范围的变化。技术进步不断改变着自然垄断的边界,这在电信产业表现得非常突出,如前所述,随着光缆技术的发展,卫星和无线电话技术的广泛使用,电信产业的技术经济特征发生了重大变化,这为新企业进入电信产业,建立新的、比原有通信网络效率更高的新型通信网络提供了可能性,其结果缩小了电信产业成本弱增的范围,这就要求管制政策制定者适度放松进入管制,让更多的新企业进入电信产业提供通信服务,使电信产业成为一个充满竞争活力又不失规模经济要求的高效率运作的自然垄断产业。

四、经济原理是政府制定管制价格的基础

新中国成立以来,中国政府在自然垄断产业的价格管制实践中,并没有按照经济原理,而是在相当程度上出于政治考虑确定管制价格的。其客观原因在于:电力、通信、交通运输、煤气和自来水供应等自然垄断产业所提供的产品或服务,不仅是国民经济中其他生产部门的投入物(或称上游产品),其价格水平直接影响众多生产部门的成本和最终销售价格,而且,这些自然垄断产业所提供的产品或服务也是居民家庭不可或缺的生活必需品,其价格水平也直接影响居民的日常生活费用。

因此,政府为了控制通货膨胀,使大多数居民在工资增长速度较低的情况下仍能提高实际生活水平,就不得不对自然垄断产业制定较低的管制价格。其结果是自然垄断产业的固定成本(即投资额)基本上由政府负担,管制价格构成中的成本主要是可变成本。因此,这种管制价格实际上不仅低于由固定成本和可变成本共同构成的平均成本,而且低于边际成本。由于自然垄断产业经营企业很少考虑投资,主要核算日常运行成本,虽然在企业的财务账目上略有赢利,但实际上政府要负担巨大的亏损额(外在表现形式是政府对自然垄断产业的无偿投资)。这种缺乏经济原理而偏重政治因素的价格管制体制不仅缺乏对企业生产效率的刺激,难以维护企业自身的发展潜力,而且,由于价格低于边际成本,因此,不利于促进社会分配效率。

20 世纪 80 年代以来,中国政府放松了对电信产业的价格管制,但仍然缺乏经济原理。例如,在 80 年代中后期,一部模拟移动电话售价高达两三万元,而建成、放号使用一部移动电话的成本只需六七千元,其价格严重脱离成本。目前,中国的电话收费价格(包括市内电话、国内长途电话和国际长途电话收费价格)都比较高,这虽然与通信技术发展水平相关,但不能否定通信服务价格在相当程度上高于成本这一事实。许多原邮电部系统外的企业纷纷要求进入电信产业便是对这一事实最有力的佐证。在这种价格管制制度下,由于价格大大高于成本,这就不能实现分配效率;由于凭较高的价格就能取得高额利润,就会削弱企业提高生产效率的刺激;而对企业的发展潜力则取决于政府与企业间如何分配利润,以及企业利润的多大比例用于发展生产。这些都取决于自然垄断产业的分配制度。可见,这种价格管制制度从另一极偏离了价格形成的经济原理,缺乏实现价格管制三维政策目标的经济性能。

从上面的分析不难得出这样的结论:中国自然垄断产业现行价格

管制体制中存在问题的主要原因是:长期脱离经济原理制定管制价格,价格不能刺激产业经济效率。因此,笔者认为,改革中国自然垄断产业现行价格管制体制的基本思路,应该逐步以经济原理为基础建立高效率的新型价格管制体制。

根据中国现行价格管制体制存在的问题,中国在建立价格管制新体制时,至少应重视以下问题:

第一,管制价格应具有刺激企业努力降低成本,提高生产效率的功能。由于被管制企业通常具有市场垄断力量,这要求管制价格制定者首先能够识别被管制企业的两种利润来源:即较高的生产效率和市场垄断力量。然后,客观评价企业应该达到的一般成本水平,在此基础上确定一个合理的最高限价。所谓"合理",是指在这个最高限价中已剔除了企业利用市场垄断力量谋取利润的因素。这样,企业在规定的最高限价下,要取得较多的利润,就只有通过技术革新、提高管理效率等多种途径以降低成本水平。从而发挥管制价格刺激企业提高生产效率的功能。

第二,确定一个适当的管制价格调整周期。由于科学技术的发展及其在生产中的应用,自然垄断产业的生产效率会不断提高,成本水平会相应地下降。这就要求政府对管制价格进行周期性调整。但管制价格的调整周期对企业降低成本的刺激会产生直接影响。从本书第四章第二节讨论的"政府管制滞后效应"理论的角度分析,如果管制价格调整周期太短,由于自然垄断产业的投资回收期较长,这就会抑制企业通过投资进行技术革新,以降低成本的积极性。相反,若管制价格调整周期太长,虽然这会刺激企业进行大规模投资,以取得投资的长期效益,但会使现实的成本水平大大低于当时核定的成本水平,这就不仅会使企业取得过多的利润,也会因企业能轻易取得利润而削弱进一步提高生产效率的刺激。同时,为了提高企业对政府管制的可信度,应该事先向企业明确价格调整周期,使企业消除在没有取得投资回报前,政府会进行价格调整这一后顾之忧,以促进企业大胆进行投资活动。

第三,价格管制不仅要因产业而异,而且要因同一产业不同业务性质而异。由于各自然垄断产业的技术经济特征存在很大差异,政府在制定特定产业的管制价格时,虽然要以相同的价格管制原则为指导,但需要制定与产业特征相适应的特定价格管制模型。这一点在英国的价格管制政策中十分明显,虽然各个自然垄断产业都采用同一价格管制模型(RPI-X),但各个产业的 X 值存在很大差别(见表 5—1)。同时,在许多自然垄断产业中都存在自然垄断性业务领域和非自然垄断性业务领域,由于在自然垄断性业务领域通常只由一家或极少数几家企业垄断经营,因而是政府管制的重点;而非自然垄断性领域通常由多家企业竞争性经营,市场竞争机制会自动调整价格,政府对非自然垄断领域只要制定指导性价格。这有利于加强价格管制的针对性,提高价格管制效率。

第四,运用区域间比较竞争管制方式制定价格。在电力、煤气和自来水供应等自然垄断产业中,具有地区性垄断经营的特点,而不同地区的企业又是在不同的外部环境下经营的,这就给政府制定管制价格造成了困难。对此,可采取区域间比较竞争管制方式(详见第八章),对不同地区的企业实行价格管制。运用这种管制方式,有助于管制价格制定者通过比较不同地区企业的经营绩效,以成本较低的地区企业为基准,并考虑各地区经营环境差异,在此基础上制定管制价格,促使各地区的企业努力降低生产经营成本,以取得较多的利润。目前,中国的电力、自来水和煤气供应等产业基本上是由地区性企业垄断经营的,地方政府对制定管制价格有较大的权力。为了刺激各地区企业的生产效率与分配效率,提高制定管制价格的科学性,中央和地方政府都可以运用区域间比较竞争管制方式。对中央政府来说,采用这种管制方式有利于向各地方政府提供不同地区企业的经营成本信息和指导性价格；而对地方政府来说，运用这种管制方式则有利于打破本地区企业对信息的垄断，有利于发现本地区企业的真实成本和降低成本的潜力，从而为制定合理的管制价格提供客观依据。

第五，价格管制要以其他经济杠杆作为补充手段。在自然垄断产业以经济原理为基础制定管制价格，这就在客观上要求政府对企业的社会政治目标（或责任）与经济目标区别对待，以促进社会分配效率。例如，企业有社会责任向边远的农村、山区提供通信、电力等服务，但提供这些服务需要大量的投资和经营成本，而又不能相应提高服务价格，这就会使有关企业造成亏损。这种政策性亏损应由政府财政补贴加以补偿。而对于赢利水平较高的业务，政府可以向企业征收一定比例的税收，以作为财政补贴的来源，例如，1996 年英国政府对铁路运输实行管制体制改革后，仍然不取消财政补贴，第一年的补贴额为 20 亿英镑，但以后逐渐减少财政补贴。同时，英国政府对电信等自然垄断产业一方面制定最高限价，另一方面征收高达 17.5% 的增值税，以增加财政收入。1997 年工党执政后，还试图对利润额较大的英国电信公司、英国煤气公司等大型自然垄断产业经营企业征收"特别收益税"（windfall tax）。英国政府还在电信产业设立电信社会服务专项基金，在 1999 年开始对人口稀少的边远农村地区提供电信服务，对难以支付一般电话费用的低收入居民家庭提供特殊价格折扣以及提供公共电话亭服务等政策性亏损服务项目进行资助，以进一步体现公平分配、平等竞争的原则。① 英国利用这些税收、财政补贴和专项基金等经济杠杆作为价格管制补充手段的做法都是值得中国借鉴的。此外，对于投资回收期长、

---

① OFTEL, 1997, *Universal Telecommunication Service*; *A Consultative Document*, London: Office of Telecommunications.

投资额大的自然垄断产业建设项目,政府还可以通过提供长期低息贷款,甚至无息贷款予以支持。这也有利于弥补纯粹价格管制的不足。

第三节　中国加强社会性管制的趋势

社会性管制涉及的领域十分广泛,与前面的内容相联系,本节主要从政府对环境污染的管制和产品质量的管制这两方面讨论中国加强社会性管制的趋势。

一、中国加强对环境污染管制的趋势

对环境污染的政府管制需求与经济发展的阶段密切相关。库兹涅茨(Kuznets)在20世纪50年代曾提出一个假说,[1]即在经济发展过程中,人们的收入差距由小变大,然后再缩小。这种收入不平均和人均收入之间的倒U形关系,被称为库兹涅茨曲线。据观察,在经济发展过程中,随着经济的发展(以收入水平提高为标志),环境也同样存在先恶化后改善的情况,环境经济学家据此提出了存在环境库兹涅茨曲线的假说(见图16—1)。

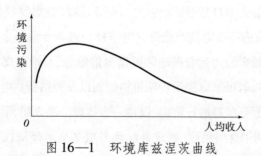

图 16—1　环境库兹涅茨曲线

---

① Kuznets,S.,1955,"Economic Growth and Income Inequality",*American Economic Review* 45:1-28. 转引自张帆:《环境与自然资源经济学》,上海人民出版社 1998 年版,第250—251 页。

由图 16—1 可见,在经济发展的低级阶段,由于经济活动量较小,环境污染水平也较低;在经济起飞、制造业大发展阶段,资源的耗费超过资源的再生,环境恶化;而到了经济发展的高级阶段,由于产业结构调整与升级,人们的环境保护意识加强,因此,环境状况开始改善。有的学者还以人类社会所经过的原始人类阶段、农牧业发展阶段、产业革命阶段和工农业高度发展阶段这 4 个发展阶段来说明环境污染的阶段性特点:①在原始人类阶段,人类与环境的关系主要表现为人类对环境的适应和服从,人类主要使用石器工具进行原始采集和捕猎活动,生产能力极为有限,对环境的干预和影响较弱,基本上不存在环境污染问题;在农牧业发展阶段,随着农牧业经济的发展,人口的增加,城市的出现和发展,环境污染现象开始出现,在一些早期形成的城市中,因人口拥挤、生活废弃物增加,出现了较为集中的环境污染,这时主要是水污染、固体废弃物污染、噪声污染;在产业革命阶段,机器劳动逐渐代替手工劳动,生产力水平大大提高,电的使用,有机合成化学物的出现,煤、石油的大量开采和使用,使人类对自然环境的开发利用能力达到了空前的程度。但在另一方面,这一时期人类对自然资源进行了掠夺性的开发利用,使局部地区的自然环境受到严重破坏。同时,人类又毫无顾忌地向自然环境排放废弃物,造成严重的城市和工业区的环境污染,并且在许多污染物进入人体及生物体之后,又产生了潜在的和远期的危害,从而导致局部地区严重的环境污染事件的出现,如震惊世界的 8 大公害事件;而到了农业高度发展阶段,在经历了 20 世纪 60 年代严重的环境污染和环境破坏事件后,引起了人们对环境问题的重视,加强了对环境污染的治理,环境条件有所改善。但从世界范围来看,环境污染与

---

①　参见孙非亚主编:《环境资源法教程》,中国财政经济出版社 1999 年版,第 10—12 页。

生态破坏问题并未解决,而且还在不断恶化,从 20 世纪 70 年代末 80 年代初开始,全球性的环境危机开始出现,更为严重的环境污染和更大范围的生态破坏事件频繁发生,出现了明显不同于以往环境问题为特征的现代环境问题,如酸雨、臭氧层破坏、全球性气候异常、生物多样性减少、有毒化学品污染及越境转移、土壤退化加剧、淡水资源枯竭与污染、突发性环境污染事故及大规模生态破坏。

　　由上可见,根据环境库兹涅茨曲线理论,随着经济的发展,环境污染存在先恶化后改善的特点。而根据经济发展与环境污染的阶段性理论,随着经济的发展,环境污染也会日趋严重。虽然这两种理论存在着不一致性,但我们不难得出这样的结论:随着社会经济的发展,经济活动量增加,环境污染的现实和潜在危害也必定增加,这就更加需要政府加强对环境污染的有效管制。

　　就中国的情况看,目前中国的人均收入还比较低,尚处于产业革命阶段,因此,无论是按照环境库兹涅茨曲线理论还是经济发展与环境污染的阶段性理论,中国正处于环境污染的“高发期”。事实上,中国的环境污染问题正是与工业化相伴而生的。在 20 世纪 50 年代前,中国的工业化刚刚起步,工业基础薄弱,环境污染问题并不突出;50 年代后,随着工业化的大规模开始,重工业的迅猛发展,环境污染问题逐渐成为一个引人关注的社会问题,但这时的环境污染范围主要局限于城市,环境污染的危害程度也比较轻;而到了 70 年代,特别是 80 年代后,随着改革开放和经济的高速发展,中国的环境污染日益严重,特别是乡镇企业的发展,使环境污染向农村急剧蔓延。从国家环境保护部门发布的历年环境状况公报可见,中国的环境污染在 20 世纪 70 年代呈点状分布,80 年代城市的河流和大气污染严重,90 年代则呈区域扩大的态势。根据国家环境保护总局发布的《1999 年中国环境状况公报》,据环境监测结果统计分析,全国环境形势仍然相当严峻,各项污染物排放总量很大,污染程度仍处于相当高的水平,一些地区的环境质量仍在恶化,相当多的城市水、气、声、土壤环境污染仍较严重,农村环境质量有所下降,生态恶化加剧的趋势尚未得到有效遏制,部分地区生态破坏的程度还在加剧。我们可以从经济发达国家的经验教训中得到启示,中国不能走"先发展经济,后治理环境"的曲折道路,要保证中国的可持续发展,必须在大力发展经济的同时,政府应加强对环境污染的有效管制。事实上,中国在这方面已经有深刻的教训,例如,据有关资料,1995年中国有关部门曾对淮河沿岸的一些小造纸厂作了调查,有的企业年产值仅二三十万元,这对于一个乡来说可能是不小的产值,但是这些企业将污染的治理成本转嫁到国家和淮河流域的居民身上了。治理淮河的"零点行动"已经结束,其治理成本达几十亿元,远远超过当时一个个小企业为国家创造的财政收入的总和。① 因此,理论与实践都证明,针对严重的环境污染问题,中国政府应实行有效的管制,以尽可能减少由此所造成的负外部性问题。试想,如果当年就对淮河沿岸的小造纸厂所造成的水污染问题及时采取必要的政府管制措施,就能大大减少后来的治理成本。

因此,在今后相当长的一个时期内,由于中国处于环境污染的"高发期"这一特殊阶段,这就决定了中国对环境污染的政府管制需求是特别强烈的,中国政府正面临着如何加强对环境污染有效管制的严峻挑战。

二、中国加强对产品质量管制的趋势

对产品质量的政府管制需求也与经济发展水平有关。在经济发展水平较低的国家,由于市场上产品处于供不应求状态,企业粗制滥造的

---

① 周宏春:《对我国环境问题的一些思考》,《经济研究参考》2000 年第 32 期。

产品也不愁没有销路,而政府主要关注如何促进生产,满足市场需求,对产品质量的管制并不严格,从而导致产品质量普遍低下。随着生产力的发展,经济发展水平不断提高,市场上产品从供不应求转化为供过于求,而且供过于求的程度不断提高,企业之间的竞争不断加剧。消费者对产品有充分的选择余地,随着生活水平的提高,许多消费者重视选购名牌产品,那些粗制滥造的低质产品就失去了原有的市场。在这种情况下,有的企业就以虚假广告传递虚假的质量信息,有的企业仿照名牌产品,生产经营假冒产品,有的企业对产品"三包"开空头支票,不履行"三包"服务承诺,有的企业则对上述行为兼而有之。虽然形式不同,其实质都是欺骗消费者,误导消费者选择假冒伪劣产品。由于市场机制本身难以单独解决这些问题,这就要求政府加强对产品质量的管制。

从中国的现实情况看,在改革开放前,市场上各类产品处于严重的供不应求状态,属于典型的"短缺经济",几乎不存在虚假广告和假冒伪劣产品之类的问题。进入 20 世纪 80 年代后,随着改革开放的不断深入,市场上部分产品开始供过于求,企业之间的竞争不断加剧,一些处于竞争劣势的企业就试图生产经营假冒伪劣产品,并以虚假广告欺骗消费者。进入 20 世纪 90 年代以来,随着企业间在产品和服务方面的竞争进一步加剧,这种情况不但没有消除,而且呈不断蔓延之势,假冒伪劣产品不仅发生在高档消费品中,近年来在许多日用品中也出现了不少假冒伪劣产品。如在 2000 年下半年,一些不法分子甚至在大米中掺入对人体会造成严重影响甚至危及生命的工业用油,制造"有毒大米",流入广州等地。① 由于工业油无色无味,混在食品中又光又亮,一般消费者凭感觉难以识别是否添加了工业油,因此,容易使消费者受

---

① 参见梁鹏、林鬼:《"有毒大米"是如何流入市场的》,《光明日报》,2000 年 12 月 12 日。

骗上当,对社会造成严重的危害。一些不法分子还在芥末油、玉米色拉油中掺加矿物油,对消费者健康构成极大威胁。针对多种制售假冒伪劣产品的违法行为,国务院发出了"关于开展严厉打击制售假冒伪劣商品违法犯罪活动联合行动的通知",①该"通知"指出,制售假冒伪劣商品的违法犯罪活动还没有从根本上得到有效遏制,主要表现为:假冒伪劣商品品种多、数量大、范围广;有些地方区域性、集团性、大规模地制假售假问题越来越突出;有些地区拒绝、阻碍或者以暴力手段抗拒国家工作人员依法执行打假任务的事件时有发生。假冒伪劣商品横行,严重损害国家和人民利益,危害人民的生命和财产安全,侵犯消费者和企业的合法权益,干扰市场经济秩序,损害我国的国际形象。同时,利用虚假广告欺骗消费者,不履行产品"三包"服务承诺的现象也时有发生。这些都要求中国加强对产品质量的管制。

第四节　中国加强社会性管制的政策思路

随着社会经济的发展,从总体上而言,中国对社会性管制的需求呈现出不断增长的趋势,由于社会性管制涉及所有产业、社会生活各个领域,其管制范围的广泛性要求从更广阔的视野来思考如何加强社会性管制的问题。本节将从社会性管制的立法、执法和社会监督这三个主要方面讨论中国加强社会性管制的政策思路。

一、完善社会性管制的法律体系,增强法律的有效性

与经济性管制相比,中国对社会性管制的法制建设起步较早,如在

---

① 见《光明日报》,2000 年 11 月 7 日。

大气污染、水污染、固体废物污染和环境噪声污染等环境污染管制方面，在新中国建立不久，就相继颁布了有关法规，在广告、名牌产品、食品和药品质量管制方面，中国也在 20 世纪 80 年代以来相继制定并修订了大量的法规。但无论与经济发达国家相比较，还是与中国对社会性管制的法律制度建设的现实需要相衡量，中国在社会性管制方面尚未形成比较完善的法律体系，与社会性管制的广泛性、深入性不相适应。如在一些重要领域只颁布了一种或极少数几种法规，尚未形成必要的法规群体。如中国在 1993 年就颁布了《产品质量法》，但没有像一些发达国家那样，对一些重要产品制定产品质量法规，如美国的《易燃纤维品法》、《电冰箱安全法》、《儿童保护与玩具安全法》等。由于不同的产品有不同的质量特征，仅有一部《产品质量法》就只能对产品质量的管制问题作出原则性的法律规定，从而缺乏可操作性。又如，在不少法规中，没有明确执法机构的法律地位，从而在相当程度上影响执法效果（对此，我们将在下面作较为详细的讨论）。此外，不少法律对违法者的处罚太轻，没有起到应有的法律威慑作用。例如，制售假冒伪劣产品的现象在中国比较严重，而且长期没有得到有效遏制的一个重要原因就是对违法者缺乏严厉的惩处。如中国在 2000 年 7 月修订的《产品质量法》的罚则（第五章）规定：在产品中掺杂、掺假、以假充真，以次充好，或者以不合格产品冒充合格产品的，责令停止生产、销售，没收违法生产、销售的产品，并处违法生产、销售产品货值金额百分之五十以上三倍以下的罚款；有违法所得的，并处没收违法所得；情节严重的，吊销营业执照；构成犯罪的，依法追究刑事责任。伪造产品产地的，伪造或者冒用他人厂名、厂址的，伪造或者冒用认证标志等质量标志的，责令改正，没收违法生产、销售的产品，并处违法生产、销售产品货值金额等值以下的罚款；有违法所得的，并处没收违法所得；情节严重的，吊销营业执照。可见，《产品质量法》对制售假冒伪劣产品的违法行为的罚则规定得较轻。由于这些违法行为被抓住的概率较小,提高法律威慑力的唯一办法就是实行严惩严罚。处罚太轻的必然结果是降低违法者的风险,使制售假冒伪劣产品的现象难以得到有效遏制,甚至有局部蔓延的趋势。因此,完善社会性管制的法律体系,增强法律的有效性,这是中国加强社会性管制的基础。

二、设立具有相对独立性的社会性管制机构, 提高执法效果

制定社会性管制法规只是为社会有关组织和个人树立了"路标",而要达到社会性管制的目标,还有赖于"养路人"——执法机构有效地监督执行社会性管制法规。由于立法是执法的前提和依据,而执法是立法得以实施的必然途径,只有立法与执法并重,才能收到理想的社会性管制效果。那么,应该由谁担当某一特定法规的执法主体,其主要职权是什么,这就成为值得认真研究的问题。

从中国许多社会性管制的法规看,并没有明确执法机构的法律地位,而是由一些国家行政管理部门按照各自的职能共同执法。如中国的《反不正当竞争法》第十六条规定:"县级以上监督检查部门对不正当竞争行为,可以进行监督检查。"而监督检查部门包括工商、物价、卫生、计量、环保等行政管理部门。这样,该规定就意味着这些国家行政管理部门都是《反不正当竞争法》的执法机构;又如中国《产品质量法》第八条规定:"国务院产品质量监督部门主管全国产品质量监督工作。国务院有关部门在各自的职责范围内负责产品质量监督工作。县级以上地方产品质量监督部门主管本行政区域内的产品质量监督工作。县级以上地方人民政府有关部门在各自的职责范围内负责产品质量监督工作。"由于产品质量监督部门既包括质量技术监督部门,也包括工商行政管理部门,中央或地方有关部门也可以在其职责范围内实行产品

质量监督工作。因此,这一规定实际上也意味着可由多个部门共同担当《产品质量法》的执法部门,而且以各级地方行政管理部门为主要执法机构。再如,中国的《食品卫生法》第三条规定:"国务院卫生行政部门主管全国食品卫生监督管理工作。国务院有关部门在各自的职责范围内负责食品卫生管理工作。"这一规定同样意味着可由多个行政管理部门担当《食品卫生法》的执法机构。这种由多个行政管理部门共同执法的体制的一个突出问题是,把对特定对象的管制职权分散于多个行政管理部门,缺乏一个统一的、具有权威性的机构实行统一执法。同时,中国现行的国家行政管理部门之间存在着较严重的职能交叉现象,这又必然会引起各行政管理部门职权不明,执法严度不一,相互推诿责任和重复执法等问题。此外,按照许多社会性管制的法律规定,地方政府及其行政管理部门是实际的执法者,而从中国的现实情况看,在改革过程中不断强化的地方利益机制驱动下,不少地方政府为片面追求本地区的利益,往往对本地企业的违法行为采取宽容态度,有的地方政府甚至充当了某些生产经营假冒伪劣产品企业的"保护伞",而对外地企业则多方刁难。因此,由隶属于地方政府领导的行政管理部门作为社会性管制法规的执法机关,必然会受地方政府意志的支配,缺乏执法机关应有的相对独立的法律地位,从而必然会产生相当大的执法偏差,影响法律效果。可见,虽然中国早已颁布了不少社会性管制法规,但法律效果不尽如人意,各种违法行为屡禁不止,甚至在某些方面还有愈演愈烈之势,严重扰乱了市场秩序,影响社会安定。这与中国在许多社会性管制领域缺乏专门的、具有相对独立法律地位的执法机构有相当大的关系。

基于以上分析,笔者认为,为了维护社会性管制法规的统一性和权威性,在一些重要的、技术性较强的社会性管制领域,中国需要设立一批直属于全国人大的执法机构,在全国各地可设立垂直领导的执法机构,以排除地方政府的干扰。事实上,一些经济发达国家在制定有关社会性管制法规时,为了保证执法效果,一般都设立具有较强独立性的执法机构,如美国的"联邦贸易委员会"、日本的"公正交易委员会"和英国的"公平交易办公室"等就是主要为监督执行有关竞争法规而专门设置的执法机构。美国的"食品与药品管理局"则是为监督执行有关食品、药品管制法规而专门设立的政府管制机构。这些都值得中国借鉴。

三、建立社会监督体系,充分发挥社会监督的重要作用

对社会性管制的社会监督主要是指新闻舆论机关、各种社会团体和个人通过各种渠道,以多种形式,对所有损害社会公众利益的行为所进行的监督。各种社会监督力量相互联系、相互影响,形成一个社会监督体系。社会监督以监督主体的广泛性为特征,由于社会性管制的范围十分广泛,仅靠法律监督、行政监督难以达到理想的管制效果,这就决定了对社会性管制来说,社会监督具有特别重要的作用。社会监督的特点是:(1)社会监督的实施不一定要有某一专门法律或专门法律条文的规定,其遵循的依据主要是国家宪法赋予的批评建议权和民主与法制的总原则;(2)社会监督权不必经国家专门机关的授权,社会监督活动不是根据国家强制性的命令来进行,也不以国家的名义出现,监督的动因是依据新闻舆论机关的职责,社会团体的章程和个人的主动性。因此,社会监督的结果不具有法律的强制执行效力;(3)社会监督所采用的方法不能是行政命令,也不是司法强制,而是批评建议、申诉、举报、支持或参与起诉,社会监督主体不能直接处罚损害社会公众利益者,但能产生很大的社会影响。

在社会监督主体中,新闻舆论机关发挥着重要作用。新闻舆论的

社会监督主要是通过报纸、杂志、广播、电视等信息传递媒介进行的,由这些媒介的特点所决定,新闻舆论的社会监督具有影响面大、效果显著、监督及时等优点。这些新闻媒介有的见诸文字,随时可查,有的借助电波,传及中外,有的现场录像,原样反映,其社会监督效力各有所长。如中央电视台曾播放的"产品质量万里行"、"世纪环保行"等重要节目,通过现场采访和曝光,对中国各级政府加强产品质量管制和环境管制产生了重要的影响。各个新闻舆论监督主体利用自己的特点,在宣传社会性管制法规,批评、揭露损害社会公众利益的行为,督促有关国家行政管理机关和司法机关履行社会性管制职责等方面都能发挥相当的作用。

社会团体的类型众多,性质各异,但在社会监督方面都能发挥重要作用。其中,中国的消费者协会从中央到地方已形成多层次的组织网络,在协助政府机关制定与完善消费者权益保护法规,受理消费者对产品质量投诉,开展产品质量监督检查,打击假冒伪劣产品等方面的活动十分活跃,正发挥着日益重要的作用。而在环境保护方面,一些国家已成立了绿色环保组织,协助政府实行环境管制或独立开展环境保护活动。而中国至今还没有形成这种类型的社会团体,需要政府加以引导,以培育类似于绿色环保组织的社会团体。

社会公众在社会监督中的作用不可忽视,社会公众由每一个社会成员组成,数量巨大,分布广泛,事实上,各种产品质量问题、假冒伪劣产品、环境污染事件往往首先是由社会公众发现的,然后通过举报或建议等形式,借助有关政府行政管理机关或社会团体的力量加以管制、阻止。从这个意义上讲,社会公众是社会监督的基础。重要的是要通过宣传教育,增强社会公众的产品质量和环境保护等意识,自觉、主动地对所见所闻的各种损害社会公众利益的行为进行监督。

主要参考文献

1. 陈小洪:《中国电信业的初步研究》,《经济工作者学习资料》1998 年第 71—73 期。

2. 戴星翼:《走向绿色的发展》,复旦大学出版社 1998 年版。

3. 〔美〕丹尼尔·F. 史普博:《管制与市场》,上海三联书店、上海人民出版社 1999 年版。

4. 樊纲:《市场机制与经济效率》,上海三联书店 1992 年版。

5. 〔美〕范里安:《微观经济学:现代观点》,上海三联书店、上海人民出版社 1994 年版。

6. 〔美〕哈尔·瓦里安:《微观经济学》,经济科学出版社 1997 年版。

7. 黄亚钧、姜纬:《微观经济学教程》,复旦大学出版社 1995 年版。

8. 刘福谦:《产品欺诈及其防治》,法律出版社 1997 年版。

9. 〔美〕莱斯特·C. 梭罗:《中国的基础设施建设问题》,《经济研究》1997 年第 1 期。

10. 刘树杰:《垄断性产业价格形成机制改革研究》,《中国物价》1998 年第 8 期。

11. 南振兰、白云飞:《名牌产品的知识产权保护》,中国物资出版社 1999 年版。

12. 〔美〕乔治·J. 施蒂格勒:《产品组织和政府管制》,上海三联书店 1989 年版。

13. 沈志渔:《当前我国自然垄断产业存在的主要问题》,《经济工作者学习资料》1997 年第 52 期。

14. 宋立:《现代西方规制理论及其演进》,《经济学动态》1997 年第 9 期。

15. 王俊豪:《市场结构与有效竞争》,人民出版社 1995 年版。

16. 王俊豪:《英国政府管制体制改革研究》,上海三联书店 1998 年版。

17. 王俊豪主笔:《中国政府管制体制改革研究》,经济科学出版社 1999 年版。

18. 王俊豪:《自然垄断产业的政府管制理论》,浙江大学出版社 2000 年版。

19. 王俊豪等:《现代产业组织理论与政策》,中国经济出版社 2000 年版。

20. 王俊豪:《中国基础设施产业政府管制体制改革的若干思考》,《经济研究》1997 年第 10 期。

21. 王俊豪:《论自然垄断产业的有效竞争》,《经济研究》1998 年第 8 期。

22. 王俊豪:《论社会主义市场经济下的企业竞争》,《中国工业经济研究》1993 年第 9 期。

23. 王俊豪:《中英电信产业政府管制体制改革比较》,《中国工业经济》1998 年第 8 期。

24. 王俊豪:《发达国家的市场结构政策及其启示》,《世界经济》1996 年第 9 期。

25. 王俊豪、鲁桐、王永利:《西方国家的政府管制俘虏理论及其评价》,《世界经济》1998 年第 4 期。

26. 王俊豪、鲁桐、王永利:《发达国家基础设施产业的价格管制政策及其借鉴意义》,《世界经济与政治》1997 年第 10 期。

27. 王俊豪:《对英国现行政府管制体制的评价》,《经济科学》1998 年第 4 期。

28. 王俊豪:《论有效竞争》,《中南财经大学学报》1995 年第 5 期。

29. 王俊豪:《中国市场结构理论模式研究》,《经济学家》1996 年第 1 期。

30. 王俊豪:《区域间比较竞争理论及其应用》,《数量经济技术经济研究》1999 年第 1 期。

31. 王俊豪:《美国和英国的价格管制模型及其启示》,《价格理论与实践》2000 年第 4 期。

32. 王俊豪:《中国自来水产业政府管制体制改革的探讨》,载迟福林主编:《走入 21 世纪的中国基础领域改革》,中国经济出版社 2000 年版。

33. 王俊豪、陈平,"Utility Regulatory Reform in China," *World Economy & China*, 2001, No. 1。

34. 王俊豪:《中英自然垄断性产业政府管制体制比较》,《世界经济》2001 年第 4 期。

35. 王辰:《基础产业瓶颈:体制与非体制成因的系统考察》,《管理世界》1995 年第 3 期。

36. 汪劲:《中国环境法原理》,北京大学出版社 2000 年版。

37. 肖立武:《电信产业并非自然垄断》,《中国工业经济》1999 年第 9 期。

38. 严学军、王俊豪、宋华:《中国消费者权益保护规则研究》,中国商业出版社 1995 年版。

39. 余晖:《政府与企业:从宏观管理到微观管制》,福建人民出版社 1997 年版。

40. 余晖:《中国电信产业体制及其改革方向》,《经济工作者学习资料》1997 年第 68 期。

41. 余晖:《政府管制与行政改革》,《中国工业经济》1997 年第 5 期。

42. 张昕竹主编:《中国规制与竞争:理论与政策》,社会科学文献出版社 2000

年版。

43. 张帆:《环境与自然资源经济学》,上海人民出版社 1998 年版。

44. 张维迎:《博弈论与信息经济学》,上海三联书店、上海人民出版社 1996 年版。

45. 张维迎、盛洪:《从电信业看中国的反垄断问题》,《改革》1998 年第 2 期。

46. 张宇燕:《国家放松管制的博弈——以中国联合通信有限公司的创建为例》,《经济研究》1995 年第 6 期。

47. 〔日〕植草益:《微观规制经济学》,中国发展出版社 1992 年版。

48. Akerlof, G., 1970, "The Market for Lemons: Qualitative Uncertainty and the Market Mechanism", *Quarterly Journal of Economics* 84:488–500.

49. Allen, F., 1984, "Reputation and Product Quality", *Rand Journal of Economics* 15:311–327.

50. Armstrong, M., S. Cowan, and J. Vickers, 1994, *Regulatory Reform: Economic Analysis and British Experience*, Cambridge: The MIT Press.

51. Arnott, R. and J. E. Stiglitz, 1986, "Moral Hazard and Optimal Commodity Taxation", *Journal of Public Economics* 29:1–24.

52. Averch, H. and L. Johnson, 1962, "Behavior of the Firm under Regulatory Constraint", *American Economic Review* 52:1052–1069.

53. Bailey, E. E. and W. J. Baumol, 1984, "Deregulation and the Theory of Contestable Markets", *Yale Journal on Regulation* 1:111–137.

54. Bailey, E. E. and R. D. Coleman, 1971, "The Effect of Lagged Regulation in an Averch-Johnson Model", *Bell Journal of Economics and Management Science*, Spring:278–292.

55. Baron, D. P., 1981, "Price Regulation, Product Quality, and Asymmetric Information", *American Economic Review* 71:212–220.

56. Baron, D. P. and D. Besanko, 1984, "Regulation, Asymmetric Information, and Auditing," *Rand Journal of Economics* 15:447–470.

57. Baron, D. P. and R. B. Myerson, 1982, "Regulating a Monopolist with Unknown Cost", *Econometrica* 50:911–930.

58. Baumol, W. J., 1977, "On the Proper Cost Test for Natural Monopoly in a Multiproduct Industry", *American Economic Review* 67:809–822.

59. Baumol, W. J., 1972, "On Taxation and the Control of Externalities", *American Economic Review* 62:307–332.

60. Baumol, W. J., Panzar and R. D. Willig, 1982, *Contestable Markets and the Theory of Industry Structure*, New York: Harcourt Brace Jovanovich.

61. Beales, H., R. Craswell, and S. Salop, 1981, "The Efficient Regulation of Consumer Information", *Journal of Law and Economics* 24:491–539.

62. Beesley, M., 1996, *Regulating Utilities: A Time for Change?* London: Institute of Economic Affairs.

63. Besanko, D. and D. M. Sappington, 1987, *Designing Regulatory Policy with Limited Information*, Chur, Switzerland: Harwood Academic Publishers.

64. Bishop, M., J. Kay, and C. Mayer, 1995, *The Regulatory Challenge*, Oxford: Oxford University Press.

65. Borenstein, S., 1985, "Price Discrimination in Free-Entry Markets", *Rand Journal of Economics* 16:380–397.

66. Braeutigam, R. R., 1980, "An Analysis of Fully Distributed Cost Pricing in Regulated Industries", *Bell Journal of Economics* 11:182–196.

67. Braeutigam, R. R., 1984, "Socially Optimal Pricing with Rivalry and Economies of Scale", *Rand Journal of Economics* 15:127–134.

68. Breyer, S., 1982, *Regulation and Its Reform*, Cambridge, MA: Harvard University Press.

69. Brown, D. J. and G. Heal, 1980, "Two-Part Tariffs, Marginal Cost Pricing and Increasing Returns in a General Equilibrium Model", *Journal of Public Economics* 13:25–49.

70. Calem, P. S. and D. F. Spulber, 1984, "Multiproduct Two-Part Tariffs", *International Journal of Industrial Organization* 2:105–115.

71. Chiang, R. and C. S. Spatt, 1982, "Imperfect Price Discrimination and Welfare", *Review of Economic Studies* 49:155–181.

72. Chubb, J. E., 1983, *Interest Groups and the Bureaucracy*, Stanford: Stanford University Press.

73. Clark, J. M., 1940, "Towards a Concept of Workable Competition", *American Economic Review* 30:241–256.

74. Cooper, R. and T. W. Ross, 1984, "Prices, Product Qualities and Asymmetric Information: The Competitive Case", *Review of Economic Studies* 51:197–207.

75. Cornes, R. and T. Sandler, 1986, *The Theory of Externalities, Public Goods and Club Goods*, Cambridge: Cambridge University Press.

76. Crew, M. A. and P. R. Kleindorfer, 1978, "Reliability and Public Utility Pricing", *American Economic Review* 68:31–40.

77. Crew, M. A. and P. R. Kleindorfer, 1986, *The Economics of Public Utility Regula-*

tion, London: Macmillan.

78. Davis, E. G., 1973, "Dynamic Behaviour of a Regulated Firm with a Price Adjustment Rule", *Bell Journal of Economics* 4:270–282.

79. Derthick, M. and P. J. Quirk, 1985, *The Politics of Deregulation*, Washington, D. C. : Brookings Institution.

80. Dieter, H. and T. Jenkinson, 1997, "The Assessment: Introducing Competition into Regulated Industry", *Oxford Review of Economic Policy* 13:1–14.

81. Eckel, C. C., 1985, "A General Model of Customer-Class Pricing", *Economics Letter* 17:285–289.

82. Encaoua, D. and A. Jacquemin, 1980, "Degree of Monopoly, Indices of Concentration and Threat of Entry", *International Economic Review* 21:87–105.

83. Epstein, R. A., 1985, "Products Liability as an Insurance Market", *Journal of Legal Studies* 14:645–669.

84. Fiorina, M. P., 1982, "Legislative Choice of Regulatory Forms: Legal Process or Administrative Process", *Public Choice* 39:33–66.

85. Foster, C. D., 1992, *Privatization, Public Ownership and the Regulation of Natural Monopoly*, Oxford: Blackwell.

86. Gormley, W. F., Jr., 1983, *The Politics of Public Utility Regulation*, Pittsburgh: University of Pittsburgh Press.

87. Green, R. J. and D. M. Newbery, 1992, "Competition in the British Electricity Spot Market", *Journal of Political Economy* 100:929–953.

88. Greenwald, B. C., 1984, "Rate Base Selection and Structure of Regulation", *Rand Journal of Economics* 15:85–95.

89. Greenwald, B. C., 1986, "Adverse Selection in the Labor Market", *Review of Economic Studies* 53:229–264.

90. Hay, G. A., 1982, "The Economics of Predatory Pricing", *Antitrust Law Journal* 51:361–374.

91. Heal, G. M., 1976, "Do Bad Products Drive out Good?" *Quarterly Journal of Economics*, August:489–502.

92. Hemming, R. and A. M. Mansoor, 1988, *Privatization and Public Enterprises*, Washington, D. C. : International Monetary Fund.

93. Henney, A., 1987, *Privatise Power: Restructuring the Electricity Supply Industry*, London: Centre for Policy Studies.

94. Hogan, W., 1992, "Contract Networks for Electric Power Transmission", *Journal of*

Regulatory Economics 4:211–242.

95. Joskow, P. L. and A. K. Klevorick, 1979, "A Framework for Analysing Predatory Pricing", *Yale Law Journal* 89:213–270.

96. Kalt, J. P. and M. A. Zupan, 1984, "Capture and Ideology in the Economic Theory of Politics", *American Economic Review* 74:279–300.

97. Kambhu, J., 1982, "Optimal Product Quality under Asymmetric Information and Moral Hazard", *Bell Journal of Economics* 13:483–492.

98. Kay, J. A., C. Mayer, and D. Thompson, 1986, *Privatisation and Regulation: The U. K. Experience*, Oxford: Oxford University Press.

99. Kihlstrom, R. E. and M. H. Riordan, 1984, "Advertising as a Signal", *Journal of Political Economy* 92:427–450.

100. Landes, W. M. and R. A. Posner, 1985, "A Positive Economic Analysis of Product Liability", *Journal of Legal Studies* 14:535–568.

101. Littlechild, S., 1983, *Regulation of British Telecommunications Profitablity*, London: HMSO.

102. Littlechild, S., 1986, *Economic Regulation of Privatised Water Authorities*, London: HMSO.

103. Lyon, R. M., 1982, "Auctions and Alternative Procedures for Allocating Pollution Rights", *Land Economics* 58:16–32.

104. Mankiw, N. G. and M. D. Whinston, 1986, "Free Entry and Social Inefficiency", *Rand Journal of Economics* 17:48–58.

105. Meier, K. J., 1985, *Regulation: Politics, Bureaucracy, and Economics*, New York: St. Martins Press.

106. Milgrom, P. and J. Roberts, 1986, "Price and Advertising Signals of Product Quality", *Journal of Political Economy* 94:796–821.

107. Mitchell, B. M. and I. Vogelsang, 1991, *Telecommunications Pricing: Theory and Practice*, Cambridge: Cambridge University Press.

108. Noll, R. G. and B. M. Owen, 1983, *The Political Economy of Deregulation: Interest Groups in the Regulatory Process*, Washington, D. C. : American Enterprise Institute.

109. Pryke, R., 1982, "The Comparative Performance of Public and Private Enterprise", *Fiscal Studies* 3:68–81.

110. Riordan, M. H., 1984, "On Delegating Price Authority to a Regulated Firm", *Rand Journal of Economics* 15:108–115.

111. Samuelson, W., 1984, "Bargaining under Asymmetric Information", *Econometrica* 52:995-1005.

112. Sappington, D. M., 1983, "Optimal Regulation of a Multiproduct Monopoly with Unknown Technological Capabilities", *Bell Journal of Economics* 14:453-463.

113. Sharkey, W. W., 1982, *The Theory of Natural Monopoly*, Cambridge: Cambridge University Press.

114. Shepherd, W. G., 1984, "'Contestability' vs. Competition", *American Economic Review* 74:572-587.

115. Sheshinski, E., 1976, "Price, Quality and Quantity Regulation in Monopoly Situations", *Economica* 43:127-137.

116. Shleifer, A., 1985, "A Theory of Yardstick Competition", *Rand Journal of Economics* 16:319-327.

117. Spulber, D. F., 1988, "Bargaining and Regulation with Asymmetric Information about Demand and Supply", *Journal of Economic Theory* 44:251-268.

118. Sugden, R., 1993, *Industrial Economic Regulation: A Framework and Exploration*, London: Routledge.

119. Varian, H. R., 1985, "Price Discrimination and Social Welfare", *American Economic Review* 75:870-875.

120. Vickers, J. S. and G. K. Yarrow, 1988, *Privatization: An Economic Analysis*, Cambridge: The MIT Press.

121. Viscusi, W. K., J. M. Vernon, and J. E. Harrington, Jr., 1995, *Economics of Regulation and Antitrust*, Massachusetts: The MIT Press.

122. Vogelsang, I. and J. Finsinger, 1979, "A Regulatory Adjustment Process for Optimal Pricing by Multiproduct Monopoly Firms", *Bell Journal of Economics* 10: 157-171.

123. Waterson, M., 1988, *Regulation of the Firm and Natural Monopoly*, Oxford: Basil Blackwell.

124. Wolinsky, A., 1983, "Prices as Signals of Product Quality", *Review of Economic Studies* 50:647-658.

后　记

本书是国家自然科学基金项目(批准号为:79970086)的最终研究成果。

虽然我在20世纪90年代初撰写博士论文《市场结构与有效竞争》时,就提出在自然垄断产业应打破垄断,实现"公共企业垄断竞争市场结构",其中涉及一些政府管制经济理论,但真正系统学习与研究这一理论是在1996—1997年,我受"中英友好奖学金"资助,在英国斯特拉斯克莱德大学经济系做博士后水平的学术研究工作期间。这有一点偶然性,出国前,我原计划研究流通产业组织理论,但到英国不久,我就发现英国在20世纪80年代初开始对电信、电力、自来水和煤气供应、铁路运输等自然垄断产业实行所有制变革后,对这些产业的政府管制体制也进行了大幅度改革。因此,在政府管制经济理论与实践方面有大量的文献资料,其中许多内容为国内所鲜知,对改革我国政府管制体制具有相当的参考价值和借鉴意义。为了更好地利用我在英国的有限时间,掌握国内较为稀缺的信息资源,我就放弃了原来的研究计划,集中精力研究政府管制经济理论,着重研究英国的政府管制体制改革问题。除了查阅有关资料外,我还先后实地访问了英国电信管制办公室(OF-TEL)、电力管制办公室(OFFER)、煤气供应管制办公室(OFGAS)、自来水服务管制办公室(OFWAT)、英国公平交易办公室(OFT)、垄断与兼并委员会(MMC)等政府管制机构,取得了大量的第一手资料。在此基础上,我把主要精力放在写作上,并在回国前,我就基本完成了《英国政府管制体制改革研究》一书的初稿,回国不久,我便获得国家教育部"资助优秀年轻教师基金"的资助,由上海三联书店出版了我在英国的研究成果。回国后,根据我国的现状,我便产生了紧密结合我国实际来研究政府管制体制改革的强烈动机,以便把在英国取得的研究成果应用于我国的经济与政治体制改革的实践之中。1998 年上半年,我申报的研究项目获得了国家社会科学基金的资助,并对我国的电信、电力、自来水、管道煤气和铁路运输这 5 个自然垄断产业的政府管制体制改革问题进行了系统研究,1999 年由经济科学出版社出版了《中国政府管制体制改革研究》一书,并先后在《经济研究》、《中国工业经济》、《世界经济》、《数量经济与技术经济研究》等杂志上发表了多篇学术论文。值得高兴的是,我的学术论著出版后,产生了较大的社会反响,理论界和实际部门对我的研究成果都有相当高的评价,信息产业部曾三次邀请我作了有关"中国电信产业政府管制体制改革"的学术报告,并分别为浙江省电力局、杭州市市政公用局作了"电力产业改革与政府管制政策"和"城市公用事业政府管制体制改革"的学术报告,还承担了信息产业部、杭州市政府委托的有关电信、自来水、管道燃气和公共交通管制价格模型与形成机制方面的研究课题。因此,我对政府管制经济学的研究兴趣越来越浓,并一直希望能在现有政府管制体制改革研究成果的基础上,撰写一本更强调政府管制经济学基础理论的专著。1999 年,我获得了国家自然科学基金项目"自然垄断产业价格管制模型研究"。在研究过程中,我认识到自然垄断产业的价格管制理论和投资管制理论、进入管制理论、竞争理论、自然垄断的基本理论等密不可分,因此,对该研究项目的内容进行了扩展,不仅系统研究了与自然垄断产业价格管制理论相关的基本理论,同时,以电信产业、电力产业和自来水产业的政府管制问题为例,讨论了上述理论的具体应用问题。此外,还对社会性管制的理论与实践问题作了研讨,最后终于完成了